Introduction to Public Administration

by

Prof. Dr. Hyun Ki Shin

2019

Jin Young Sa

Seoul Korea

행정학개론

신현기 저

2019년 02월 15일 초판 인쇄
2019년 02월 18일 초판 발행

발행인 박 진 영
발행처 도서출판 진영사
인천광역시 부평구 갈산동 185번지 풍진빌딩 303호
전화 : 032)505-4207
팩스 : 032)505-4206
E-mail : 0183734207@hanmail.net
등록 : 122-91-77317

ISBN 978-89-6541-413-8 93350
값 20,000원

이 저서는 2017학년도 한세대학교 교내학술연구비 지원에 의하여 연구되었음.

행정학개론

신현기 저

도서출판 진영사

머 리 말

원래 행정학 연구분야에서 행정학개론은 필수과목으로 다루어지고 있다. 그러나 행정학개론은 그 내용이 워낙 방대하여 행정학도들은 이를 모두 이해하고 다루는 데 있어 어려움이 적지 않다고 지적하고 있다. 저자는 이점에 착안해 행정학개론을 처음 접하는 학생들에게 조금이나마 도움을 주고자 최대한 방대한 분량을 간소화 하고 줄여서 쉽게 이해하도록 노력했다. 즉 행정학도가 반드시 알아야 할 영역만 정리하여 전달하고자 심혈을 기울였다. 본 저서는 다음과 같이 9개의 장으로 구성했다. 즉 본 저서에서 다룬 핵심 영역은 제1장 행정학의 기초이론, 제2장 행정학의 이해, 제3장 정책학, 제4장 조직론, 제5장 인사행정론, 제6장 재무행정론, 제7장 지방행정론, 제8장 행정책임과 행정통제, 제9장 행정의 개혁 등이다. 오늘날 대부분의 대학들은 한 학기를 15주로 운영하고 있고 중간고사와 기말고사 기간을 제외하면 13주 정도로 한 학기가 이루어지는 데, 이 13주 강의 시간 동안에 소화할 만큼의 분량으로 간소화 하여 집필하는 데 초점을 맞추었다. 향후 저자는 부족한 영역에 대해 지속적으로 연구하고 보완하여 더 좋은 학술서가 되도록 끊임없이 노력해 나갈 것을 약속한다.

끝으로 행정학개론 출판을 위해 많은 토론에 참여해준 한세대학교 학사, 석사, 박사학위 과정생들에게도 진심으로 감사한다. 이들의 앞날에 무궁한 발전을 기원한다. 저자의 박사학위 지도교수이신 독일 뮌헨(München)대학교 페터 요함임 오피츠(Prof. Dr. Peter J. Opitz) 교수님에게 이 자리를 빌려 심심한 감사를 전한다. 그리고 이번 저술 출판 작업에 있어 어려운 여건에도 불구하고 출판을 마다하지 않으신 진영사 사장님께 이 자리를 빌려 고마움을 전한다.

2019년 새봄을 맞이하며

신산본에서

신현기

목 차

제1장 행정학의 기초이론

제2장 행정학의 이해

제3장 정책학

제4장 조직론

제5장 인사행정론

제6장 재무행정론

제7장 지방행정론

제8장 행정책임과 행정통제

제9장 행정의 개혁

Chap. 1

행정학의 기초이론

제1장 행정학의 기초이론

제1절 행정의 의의

1. 행정의 개념

행정이란 무엇인가? 이 질문에 대해서는 학자마다 각기 다르게 정의하고 있다. 전통적으로 내려 온 행정의 개념은 정부 혹은 공공조직이 공공의 이익을 달성하기 위해 활동하는 모든 활동과 내부적 운영 관리를 의미한다. 보다 구체적으로 행정의 개념은 두 가지 차원에서 정의해볼 수 있다. 하나는 넓은 의미의 행정이고 다른 하나는 좁은 의미의 행정이다. 즉 넓은 의미의 행정은 협동적 인간노력을 통한 형태인데, 공공단체나 기업체 및 민간단체에서 쉽게 찾아볼 수 있고 그 좋은 예가 학교행정이나 군대행정 및 교회의 목회행정 등이다. 이에 반해 좁은 의미의 행정은 정부관료제를 중심으로 이루어지는 활동, 국가목적을 실현하기 위해 행정을 행하거나 정부가 정책을 결정하고 집행해 나가는 일련의 정치과정으로 보는 견해인데 뒤에서 살펴보게 될 행정관리설, 통치기능설, 행정행태설, 발전기능설 등이다.[1] 이 밖에 오늘날 행정개념으로 많이 논의되고 있는 거버넌스(governance)로서의 행정도 있다. 이 거버넌스는 정부의 일과 민간의 일을 구분하기보다는 공공이라는 개념을 통해 공·사를 구분하지 않고 상호 모두를 포함하고 있다.

이렇게 볼 때, 행정이란 두명 이상의 사람이 모여 합리적으로 행하는 협동적인 집단행동이라고 볼 수 있다.[2] 물론 여기에는 조직, 인사, 예산, 대안을 위한 정책 등 다양한 요소들이 포함되어 있다.

---

1) 이동진 · 한인규, 『행정학개론』(서울: 대영문화사, 2014), p. 29.
2) 제갈돈 외 4인, 『행정학개론』(파주: 법문사, 2017), p. 3.

1) 행정법학적 행정개념

일반적으로 행정법학적 행정개념은 19세기 근대 의회민주주의 시대의 비교적 엄격했던 권력분립을 전제로 하고 있다. 이는 행정을 간단하게 법이나 정책을 구체화하기 위한 수단으로 인식하고 있는 입장이다. 문제는 행정법학적 행정개념은 행정이 정치적 및 사회적으로 그 기능이 중요시되고 행정의 기능적 특성 자체에 대한 분석이 상당히 요구되는 현실에 있어서 그 타당성 인정이 떨어질 수 있다는 점이다.

(1) 삼권분립적 행정개념

이는 소극적인 공법학적 행정개념이다. 즉 이는 입법과 사법영역을 제외한 나머지 모든 영역의 국가활동을 행정이라고 입장이다. 하지만 현대행정은 준입법적이며 준사법적 기능까지 수행하고 있음을 볼 때 이 영역을 간과하고 있다는 비판을 받기도 한다.

(2) 국가목적실현설

o. Mayer 등이 주장한 학설인데 행정은 이미 제정된 법질서 하에서 국가목적인 공익을 적극적이고 구체적으로 실현하기 위해 행하는 일련의 작용으로 보는 입장이다.[3)]

(3) 법함수설

이는 행정을 일반적 법규범을 개별화 하는 법적 작용으로 파악하려는 입장을 취하고 있는데, 순수 법학적 행정개념입장이다. 하지만 오늘날의 행정은 법의 제한을 받으면서도 다른 한편에서 법이 인정하는 재량권의 범위 내에서 사회정의를 추구하지 않으면 안되는 경우가 있는데, 이 점에서는 충돌이 올 수 있다.

3) 공무원시험연구소 편, 『행정학개론』(서울: 2017), p. 10.

2) 행정학적 행정개념

행정학적 행정개념은 위에서 살펴본 행정법학적 행정개념의 결함을 극복하고 적극적인 행정개념을 세우려는 입장이다. 이러한 입장은 행정관리설, 통치기능설, 행정행태설, 발전기능설 등으로 변천되어 나왔다.

(1) 행정관리설

행정관리설은 윌슨(W. Wilson)과 화이트(L. D. White) 등에 의해 주장되었다. 이는 정치행정이원론이나 기술적 행정학의 입장에서 행정을 관리현상으로 분석하는 입장이다. 이 학설은 공공행정과 경영이 별로 차이가 없이 같다고 하는 이른바 공사행정일원론의 입장을 취한다. 이 학설이 대두하게 된 이유는 미국의 엽관주의(spoils system)의 폐해로 인해 행정이 부정부패와 비능률이 만연한다고 비판하는 입장에서 나타난 것이다. 따라서 행정에서 정치를 분리시켜야 한다는 주장을 펼쳤다.

(2) 통치기능설

이는 1930년대 디목(M. E. Dimock), 애플비(P. H. Appleby) 등 정치행정일원론 혹은 기능적 행정론자들에 의해 주장된 학설이다. 즉 행정의 개념을 정치적인 기능을 수행하는 것으로 파악했다. 통치기능설에 따르면 행정이란 이미 결정된 정책을 구체화 하는 동시에 적극적으로 수립하고 결정하는 기능을 담당한다고 보는 입장을 취했다.

(3) 행정행태설

이는 1940년대 사이몬(H. A. Simon), 화이트(L. D. White) 등에 의해 주장 되었는데, 집단의 행위를 경험적이고 실증적으로 연구하여 설명하고자 하는 사회심리학적 행정개념이다. 즉 이는 행정의 과학적 연구를 위하여 가치판단을 배제하고 행정의 과정면을 중시하면서 공사행정일원론 입장에서 공공행정과 경영의 차이를 인정하지 않는 입장이다. 이는 행정관리설과 유사한 입장을 취한다.

(4) 발전기능설

1960년대 에스맹(M. Esman), 와이드너(E. Weidner) 등 발전행정론자에 의해 주창되었는데, 정치행정일원론의 입장에서 행정이 단순히 정책형성, 유지기능에만 국한되면 안되고 국가발전 목표에 적극적으로 참여하며 발전계획을 주도적으로 수립과 동시에 집행해 나가는 것으로 보았다.

(5) 정책화기능설

이스턴(D. Easten), 샤칸스키(I. Sharkansky), 데이비스(J. Davis) 등이 대표학자로서 이는 사회문제 해결자로서 행정기능이다. 1960년대 말 격동기의 미국사회를 배경으로 나타난 이론이다. 사회문제 해결을 위해서 행정이 중요한 역할을 해야 하는 이른바 행정의 정책지향성과 가치지향성을 강조한 입장이다.

(6) 신공공관리

1980년대의 신보수주의와 신자유주의 입장에서 주장했으며 전통적인 행정개념에 반대되는 개념이다. 행정의 경영성을 강조했는데 그 이유는 정부실패를 극복하기 위해 정부기능을 축소해야한다는 주장을 펼쳤다. 대표학자로 피터스(B. G. Peters)가 있는데, 그는 국가가 행정을 통해 국민을 일방적으로 통치나 지배하는 것이 아니라 국가와 국민을 동반자로 보면서 시장원리에 입각해 국가경영을 해야 한다고 주장했다.

(7) 뉴거버넌스

1990년대 뉴거버넌스(new governance)는 이른바 시장화 논리에 치우친 국가경영과는 다른 차원에서 신뢰를 기본 토대로 하는 서비스망 혹은 연계망(network)에 의한 행정을 중요시하는 입장이다. 정부 이전의 개념으로 인식하는 입장이다. 대표학자는 로드스(R. A. W. Rhodes)인데, 그는 행정을 신뢰를 바탕으로 구성된 서비스 연계망을 관리하는 정부의 활동이라고 정의했다.[4]

4) 이동진 · 한인규, 『행정학개론』(서울: 대영문화사, 2014), p. 30.

3) 행정의 특징

현대행정은 국가가 스스로 국가발전 목표를 세우고 이것을 달성하기 위해서 국가정책을 수립, 결정, 집행하면서 그 정책을 구체화하는 것이다. 그리고 이를 위해 사무, 관리, 기술 등에 바탕을 둔 집단적이며 협동적인 일련의 의사결정과정으로 이루어져 있다. 다음과 같은 행정의 특징을 이해해야만 행정개념을 정확하게 정립할 수 있다.

첫째, 행정은 안정성과 계속성을 특징으로 한다. 즉 행정은 국민의 요구와 국가적 이익을 추구하는 과정이기 때문이다. 왜냐하면 행정이 안정되어야지 그렇지 않으면 사회가 혼란해지고 행정의 계속성이 유지되지 않으면 국가의 장기적인 정책수행이 어렵기 때문이다.

둘째, 행정은 합리성과 기술성을 특징으로 한다. 어디까지나 행정은 최소의 비용을 투입해서 최대의 목적을 달성하려는 합리성을 추구하는 특징을 가지고 있다. 그리고 행정은 공공사무처리과정, 인적자원관리, 공공정책결정과 집행을 수행하는 과정에서 고도의 기술을 필요로 하는 특징도 지니고 있다.

셋째, 행정은 권력성과 강제성을 특징으로 한다. 행정은 국가사회체제를 유지해야 하기 때문에 어느 정도는 권력을 가지고 강제력에 기반을 두고 통제관리 기능을 수행한다.

넷째, 행정은 정치성을 특징으로 한다. 한 국가의 모든 행정은 정치적 환경 속에서 수행되고 있으며 행정과정과 정치과정과 하나로 얽혀 있을뿐만 아니라 상호 중첩 및 밀접하게 관련되어 있다.

다섯째, 행정은 공공성과 공익성을 특징으로 한다. 행정은 공공적 성격을 지니고 공익을 실현시키고자 하는 작용을 수행하고 있다. 국가는 국민을 위해 중요한 의사결정을 할 때 국민 전체에 이익이 되는 공익에 따라야만 한다. 여기서 공익이란 불특정 다수인의 이익이나 공공복리라는 뜻인데 국민 전체를 의미한다고 볼 수 있다.

여섯째, 행정은 협동성과 집단성을 특징으로 한다. 국가의 행정은 협동적인 집단행위를 통해서 그 목적을 구체화하고 있다.

2. 행정과 정치

일반적으로 행정은 두 가지 성격을 지니고 있는데, 하나는 정치적 성격이다. 그리고 또 하나는 기술적인 경영관리적 성격이다. 그래서 행정현상은 흔히 정치와의 관련성 차원에서 논의되고 있다. 그래서 행정은 정치에 영향을 받기도 하지만 반대로 주기도 한다. 그렇다고 무조건 이 양자가 동일범주에서 이해되는 것은 아니다. 즉 국가별, 시기별로 행정의 정치적 맥락이 형성되었고 민주정치의 맥락이 형성되었으며 행정의 역할과 실체도 변화해 나왔다. 국가들마다 행정과 정치의 관계는 국가발전 요구에 맞게 변화 적응해 나왔다. 정치행정의 상호간 관계도 정치우위론, 정치행정일원론, 정치행정이원론, 행정우위론 등으로 변천 및 발전되어 나왔다.

〈표 1-1〉 행정개념에 대한 학설 비교표

시기	학설	행정본질	학파	정치/행정	행정/경영	대표학자	특징	한계
1829-1883	엽관주의			정치 우위론			민주성 ↑	•능률성 ↓ •부패만연
1880-1930년대	행정 관리설	관리 · 집행→관리 기술	기술적 행정학	이원론 (분리)	일원론 (동일시)	W. Wilson L.D. White	엽관주의 패턴극복(능률성↑) 행정학 성립기의 개념	경제 대공황 발생
1930-1940년대	통치 기능설	정책구체화+정책형성 및 결정+준입법적 기능	기능적 행정학	이원론 (연계) 이원론	이원론	M. Dimock P. H. Appleby	•시장실패의 극복 •현대 행정국가성립 •가치 지향성 및 기술성 중시	행정 연구의 과학성

시기	학설	행정본질	학파	정치/행정	행정/경영	대표학자	특징	한계
1950–1960년대	행정 행태설	합리적인 의사결정 행태	행정 행태설	새이원론 (사실 결정)	새일원론 (차이x)	H. A. Simon, J. March	행정 연구의 과학화 추구: 논리실증주의+사회심리학	사회적 적실성 · 실천성↓
1960년대	발전 기능설	국가발전 목표+결정기획+집행발전행정론	발전 행정론	새일원론 (행정 우위론)	새이원론	M. Esman	개도국의 발전유도 : 효과성	큰정부: 정부실패
1970년대	정책화 기능설	공공정책 형성+집행과정	정책과학 신행정론	새일원론 (가치 지향)	새이원론	D. Easton/ I Sharkansky	·정책지향성·가치지향성 강조 ·사회문제 해결: 형평성↑	큰 정부: 정부실패
1980년대	신공공 관리설	공공관리 (governance)	신공공 관리론	새이원론 (신자유주의)	새일원론 (행정의 시장화)	B. G. peters C. Hood	정부실패의 극복: 시장기법의 도입, 작은 정부 추구	민주성↓
1990년대	뉴거버넌스	new governance	신공공서비스론	새일원론 (행정의 재정치화)		R. A. W. Rhodes	행정의 신뢰를 기반으로 한 서비스 연계망 관리와 봉사: 민주성↑	

출처: 이동진 · 한인규, 『행정학개론』(서울: 대영문화사, 2014), p. 33.

1) 정치행정이원론

미국 윌슨(W. Wilson)이 1887년 행정의 연구(The Study of Administration)라는 제목의 연구논문을 발표한 이후부터 1940년대 까지 정치행정이원론(기술적 행정학)의 시기를 말하는데, 이때는 행정학 초기로서 정치와 행정을 명확하게 구분하려는 입장이었다. 정치행정이원론이 대두된 배경을 보면 이때 정치가 행정보다 우위에 잇던 근대 민주국가시대의 엽관제적 폐해에 대한 비판이 일어났고 행정현상에 대한 연구가 시작되면서 발달한 이론이다. 이 때 학자들은 정치로부터 행정을 분리하여 독자적인 행정학을 정립하고자 노력했다.[5]

2) 정치행정이원론

1940년대 정치행정이원론이 비판을 받으면서 정치와 행정은 엄격히 구분되기보다 상호 밀접한 관계에 있다고 주장한 이론이다. 이는 행정을 파악하는데 있어서 정치와 상관관계를 중시하고 행정을 정치의 기능면에서 파악하고자 한 이론이다. 이는 기능적 행정학파에 해당한다. 정치행정일원론(기능적 행정학)은 정치와 행정의 관계를 연속적으로 파악하고자 했다. 그리고 행정의 정치에 대한 우위를 인정하여 행정이 종래의 정치기능을 대체할 수 있다는 절대관계론을 주장하기도 했는데, 러너(Lerner), 디목(M. E. Dimock), 애플비(P. A. Appleby) 등이다.

3) 새이원론(행태론)

1940년대 중반 이후 사이몬(H. Simon)을 중심으로 한 행태주의 학자들이 초기 정치행정이원론과 다른 새로운 이원론을 제기했다. 행태론자들은 논리적 실증주의에 입각하여 행정학의 과학화에 입각하여 행정학의 과학화를 위해 가치와 사실을 구분하여 행정연구의 대상은 오직 가치판단은 배제하고 논리나 과학으로 입증 가능한 사실적인 것에 한정해야 한다고 보았다.

---

5) 신현기 · 김택 · 박억종 · 성조환 · 최미옥 · 한형서 · 황명선 공저, 『행정학개론』(서울: 웅보출판사, 2004), pp. 19-20.

4) 새일원론(행정우위론 혹은 발전행정론)

1960년대 와이드너(E. W. Weidner)와 에스맹(M. J. Esman) 등에 의해 행정이 국가발전을 위해 정치, 경제, 사회의 변동을 유도해야 한다는 발전행정론이 제기된 것이다. 이들은 정치보다 행정우위론을 강조하는 새로운 정치행정일원론을 강조한 것이다. 특히 발전도상국가에서 신생국가들이 신속하게 발전하기 위해서는 행정이 선도적으로 역할을 수행해 나가야 한다는 입장을 내놓은 것이다. 정치보다 행정이 더 선도적 역할을 해야만 신생국이 발전할 수 있다는 주장을 펼친 것이다.[6)]

5) 정치행정새이원론: 1980년대 국정관리론(governance)

행정의 경영화 및 시장화를 중요시한 주장이다. 즉 공공행정에 경영기법을 도입해야 한다고 강조한 입장을 가조했기 때문에 이는 정치행정새이원론으로 볼 수 있다.

6) 정치행정새일원론: 1990년대 신국정관리론(new governance)

이는 신뢰를 바탕으로 다방면의 구성원들이 참여하는 것을 강조한 입장이다. 이는 특히 행정의 정치성을 강조한다는 점에서 정치행정일원론(공사행정이원론)으로 볼 수 있다.[7)]

3. 행정과 경영(공행정과 사행정)

공행정(행정)이란 국가나 공공기관이 공익이나 특정한 목표를 달성하기 위해 행하는 일련의 활동이다. 사행정(경영)은 민간기업이나 민간단체가 조직목표를 달성하기 위해 행하는 일련의 활동이다. 사행정(경영)은 경영이나 관리라고도 부른다. 오늘날에는 대기업이 생겨나고 정치력 및 영향력도 행사하는 상황이 되다

---

6) 신현기 · 김택 · 박억종 · 성조환 · 최미옥 · 한형서 · 황명선 공저, 『행정학개론』(서울: 웅보출판사, 2004), p. 20.

7) 이동진 · 한인규, 『행정학개론』(서울: 대영문화사, 2014), p. 36.

보니 행정과 경영이 모호해지는 경향까지 생겨났다. 이들은 상호 경쟁이 아니라 보완적인 관계에서 긴밀한 협조관계를 유지해야 하는 입장에 있다.

1) 행정과 경영의 입장

행정과 경영의 입장 및 관계는 행정과 정치가 밀접한 관계에 있듯이 서로 가까운 관계에 있다.

2) 행정과 경영의 유사점과 차이점

행정과 경영은 다음과 같은 차원에서 유사점을 찾아 볼 수 있다.

첫째, 목적을 달성하는 수단면에서 유사성이 있다. 둘째, 행정과 경영은 관료제적 성격면에서 유사점을 지니고 있다. 즉 전문화, 분업, 계층제, 일반적인 법규체제를 특징으로 하는 비교적 규모가 큰 조직체들이다. 셋째, 행정과 경영은 목표달성을 위한 협동을 해야 하는 조직체라는 점에서 유사하다. 넷째, 행정과 경영은 관리기술이 필요한 조직이라는 점에서 유사하다. 물적·인적자원을 효율적으로 관리 및 이용해야 하는 입장에 있다. 다섯째, 양자는 여러 대안 중에서 최선을 선택해야 하는 행위를 한다는 점에서 유사한다. 여섯째, 행정과 경영은 각각 국민과 소비자에게 질좋은 서비스를 제공해야 한다는 유사점을 지니고 있다. 일곱째, 행정과 경영은 외부와 단절되어서는 안되며 항상 개방체제로 외부와 상호 의존작용 관계를 유지해야 한다는 유사점이 있다. 이를 정리해보면 행정과 경영은 한마디로 협동행위, 의사결정, 의사결정방식, 관리기술활동, 목표달성수단, 관료제적 성격, 봉사성 면에서 유사성을 찾아볼 수 있다.

한편 행정과 경영은 많은 차이점을 지니고 있는데, 도표를 통해 살펴보면 다음과 같다.

〈표 1-2〉 행정과 경영의 차이점

구분	행정(공공행정)	경영(사행정)	거버넌스 개념의 영향
목적	공익, 질서유지 등 다원적 목적(공익)	이윤 극대화라는 일원적 목적(사익)	행정의 사익추구 기업의 공익추구
활동 주체	정부/ 공공단체	민간기업	
정치적 성격	강함(정치성 내포)	약함(정치로부터 분리)	
권력의 종류	강제적 권력보유	공리적/경제적 권력 보유	
능률의 측정	곤란	용이	
독점의 정도	강함	약함	· 행정의 독점적 지위가 완화 · 기업의 독점적 현상이 존재
관할의 범위	포괄적 · 전국적	한정적 · 지역적	다국적 기업 존재
평등의 원칙	강하게 적용	차별성이 인정	
공개성	공개성이 높음	비공개가 많음	
공공성 (책임성) 높음	높음	낮음	기업의 사회적 책임 강조
신분 보장	강함	약함	
법적 규제	강함(획일성 강함)	약함(자율성 강함): 정관 또는 규칙	
권력 수단	강제적 · 정치적 권력수단 이용	공리적 권력(권력수단 없음)	
기대 수준	높음	낮음	

출처: 이동진 · 한인규, 『행정학개론』(서울: 대영문화사, 2014), p. 38; 공무원시험연구소 편, 『행정학개론』, 서울: 서원각, 2017, p. 15를 참고로 재정리.

4. 행정의 이념

대학에는 교육이념이 있듯이 행정에도 행정이념이 존재한다. 행정이념이란 행정이 현재와 미래에 지향해 나갈 최고의 가치 혹은 지도정신을 의미하는 것이다. 주요한 것은 행정이념이 변하지 않고 고정되어 있는 것이 아니며 국가상황이나 시대에 따라서 계속해서 변화되고 있다는 점이다. 우리나라에서는 오래전부터 행정의 이념으로 민주성, 능률성, 효과성, 합법성, 책임성, 공익성, 사회적 형평성 등이 제시되어 왔다. 행정이념이 필요한 이유는 행정지도이념에 따라 행정을 수행해 나가면 급격한 사회변동이 온다하더라도 그에 대한 행정의 대응능력이나 문제해결 능력을 가질 수 있다는 점이다. 유럽대륙이나 2차대전 이전의 일본은 행정이념으로 합법성을 주요시 했고, 2차대전 후 신생국에서 행정이념은 효과성이 중요시되었다. 오늘날 행정이념으로 중요시되는 것은 민주성, 능률성, 효과성, 생산성, 합법성, 책임성, 공익성, 안정성, 합목적성, 공평성, 정의, 복지, 인간존중, 사회적 형평성 등이다. 위의 행정이념을 간략하게 살펴보면 다음과 같다.

〈표 1-3〉 행정이념의 대두 시기

대두시기	이념	개념
근대입법국가(19세기 초)	합법성	법을 떠난 자의적인 행정은 불가함을 의미, 즉 법률적합성
과학적 관리론(19세기 말)	능률성	최소의 투입비용으로 최대의 산출수익을 얻고자 하는 이념, 즉 양적개념
인간관계론(1930년 전후) 통치기능설(1930-40년대)	민주성	민주성은 행정책임이 확보된 상태로 대외적으로 국민을 위하고 대내적으로 공무원의 인간적 가치를 존중하는 인간 중심의 행정
행태론(1950년대)	합리성	목표 달성에 대한 수단의 기여도를 의미, 즉 목표에 대한 수단의 적합성
발전행정론(1960년대)	효과성	목표의 달성 정도를 의미, 즉 질적 개념
신행정론(1970년대)	사회적 형평성	분배의 공평성(정의)을 의미, 즉 소외계층(극빈계층)의 이익을 우선적으로 증진
신공공관리론(1980년대)	생산성	최소의 비용으로 최대의 효과 달성을 의미, 즉 능률성과 효과성의 조화
뉴거버넌스(1990년대)	신뢰성	정부에 대한 믿음, 즉 사회적 자본

출처: 이동진 · 한인규, 『행정학개론』(서울: 대영문화사, 2014), p. 89 재인용.

1) 행정의 합법성

행정의 합법성(legality)이란 행정이 법에 토대를 두고 오직 법에 의해서 행정이 규제되어야 한다는 것이다. 즉 법의 테두리를 벗어나서 행정이 자기 마음대로 활동해서는 안된다는 이념을 행정의 합법성이라고 한다. 입법국가나 자유민주국가에서 합법성이 매우 중요시되었다. 그러나 이법국가 시대가 시간이 지나면서 행정우위의 행정국가로 변화하였고 소극적 행정에서 적극적 행정으로의 경향이 확연히 나타나게 되었다. 시대가 흐르면서 오늘날에는 적극적이고 능동적인 행정이 요구되고 있다. 특히 전문화, 복잡화, 기술화의 경향은 현대행정의 특징으로 나타났는데, 이러한 경향들은 행정에 대한 위임 입법과 자유재량권을 확대시키고 있다.[8] 이러한 결과들은 엄격한 합법성을 행정에 적용하는 것을 어렵게 하고 있다. 반대로 너무 합법성을 강조해도 문제인데 이는 민주적이고 능률적인 행정을 수행하는데 있어서도 하나의 저해요인이 될 수 있다.

2) 행정의 능률성

한마디로 능률성(efficiency)이란 투입(input)에 대한 산출(output)의 비율을 의미한다. 즉 산출에 대한 합리적 비용의 관계라고 하는 이른바 조직 내의 조직으로 해석해 볼 수 있다.[9] 행정의 능률성이 높으냐 낮으냐 하는 것은 적은 투입으로 얼마나 많은 결과를 산출해 내느냐하는 문제와 직결된다. 행정은 국민에 대해 행정서비스를 제공하고 그로부터 산출이 얼마나 많았느냐를 정리해 내야 하는 것이다. 행정 서비스란 국민에게 투입한 행정예산의 결과를 직접 민간으로부터 거두어들여야 그 액수가 파악될 수 있는데, 실상 이게 불가능하거나 어렵다는 점이다. 이 능률성은 오늘날 행정국가시대에 발맞추어 행정 기능이 확대 및 변화되면서 행정이념으로서 중요한 위치에 서게 되었다.

---

8) 이종수 외, 『새행정학』(서울: 대영문화사, 1997), p. 161.

9) E. Michael Urban, The Idology of Administration: American and Soviet Cases, Albany: State University of New York Press, 1982, p. 35.

3) 행정의 민주성

흔히 행정의 민주성(democracy)이란 행정과정의 민주화 속에서 국민의사가 가장 우선적이며 그 국민의사를 존중하고 적극 반영시키는 것을 의미한다. 이는 어느 한쪽에 치우쳐지는 것이 아니고 전체 국민복지를 위한 행정을 펼치는 동시에 전적으로 국민에게 책임을 지는 행정을 말한다. 이러한 행정의 민주성은 과학적 관리론의 한계 및 기계적 능률관이 비판되면서 1930년대 인간관계론과 정치행정 일원론의 주장과 동시에 강조되었다. 사실 행정의 민주성과 능률성은 1950년대까지 미국의 지배적 행정이념이었다. 행정의 민주성은 목적가치에 해당되고 행정의 능률성은 수단가치이다. 따라서 행정의 민주성을 적극적으로 추구하면서 수단적 가치로서 능률성도 추구되어야 한다.

4) 행정의 효과성

이는 행정목표의 달성도를 뜻하는 기능적 개념을 말한다.[10] 행정은 예산을 지출하면서 행정서비스를 제공하면서 행정목표를 세우게 된다. 즉 행정이 세운 목표를 과연 몇퍼센트를 달성하였느냐 하는게 관건이 된다. 행정목표가 100%였다고 가정할 때, 어느 A라는 행정관청이 세운 목표가 100%이었는데, 100% 이상의 목표가 나왔다면 그 행정의 효과성은 매우 높게 목표를 달성한 것이 된다. 반대로 행정이 세운 목표달성이 80%였다면 이는 비교적 낮은 행정의 효과성을 달성한 것이 된다. 이 행정의 효과성은 1960년대 발전행정에서 매우 중요시되던 행정이념에 해당한다. 흔히 효과성(effectiveness)과 능률성(efficiency)을 합쳐서 효율성이라고 부른다. 이 두 개념은 상반되는 개념도 아니며 항상 일치하는 개념도 아니다.

5) 행정의 생산성

이는 특정한 행정활동의 투입에 대한 산출의 비율을 말한다. 결국 행정의 생산

---

10) 신승춘 · 하재룡 · 최미옥 · 신현기 · 신윤창 · 장덕희 · 김병준, 『현대행정의 이해』, 서울: 대영문화사, 2015, p. 43.

성이란 능률성과 효과성을 내포하는 개념이다. 이는 효율성과 유사한 개념이기도 한다. 이는 대부분 인력이나 인적자원의 생산성에 중점을 두는데, 그 이유는 이와 같은 생산성이 물가변동이나 보수인상 등과 밀접한 관련성이 있을뿐 아니라 그 비중이 크며 계산도 가능하기 때문이다.[11]

6) 행정의 중립성

이는 행정의 정치적 중립성을 의미한다. 반면에 정치적 변동에 대한 행정의 안정성을 의미하기도 한다. 행정이 정치적 중립을 지킴으로써 정치적 변동에도 영향을 받지 않으며 행정이 자기의 고유영역을 유지할 수 있다. 동시에 행정의 계속성, 안정성, 합리성, 능률성도 확보할 수 있는 것이다. 중요한 것은 행정이 정치적 중립성과 안정성을 확보하기 위해서는 공직자의 실적주의, 신분보장, 전문화 등도 확보하는 일이 필요하다.[12]

7) 행정의 형평성

이는 형식적인 평등이 아니라 실제적인 평등을 의미하는 것이다. 행정의 형평성 주장은 그동안 우리사회에서 소외되었던 계층에게 사회정의의 실현과 인간다운 삶의 질적 향상을 강조한데서 시작되었다. 이는 1968년부터 신행정학이 발전하면서 새로운 행정이념으로 부각되었다. 신행정론자들은 1960년대 말 미국 사회에서 심화되었던 빈곤, 실업, 무지, 정치적이며 경제적 소외계층의 각종 문제 등은 비민주적이고 기존의 대표성을 상실한 관료제의 무관심에 의한 것이라고 평가하였다. 이런 문제들을 개선하기 위해 행정공무원들이 새로운 가치와 패러다임을 통해 사회적 형평을 실현시켜야 할 윤리적 책임이 있다고 주장한바 있다.[13]

---

11) 신현기 · 김택 · 박억종 · 성조환 · 최미옥 · 한형서 · 황명선 공저, 『행정학개론』(서울: 웅보출판사, 2004), p. 27.
12) 제갈돈 · 김병규 · 도수관 · 윤기웅 · 이곤수, 『행정학개론』(파주: 2017), p. 47.
13) 신승춘 · 하재룡 · 최미옥 · 신현기 · 신윤창 · 장덕희 · 김병준, 『현대행정의 이해』, 서울: 대영문화사, 2015, p. 47.

제2절 현대행정의 특징

현대행정은 행정구가 아래에서의 행정을 의미하며 행정국가란 이법구가보다 더 우위에서는 지위에 있는 국가를 말한다. 2차대전 후 식민지로부터 독립국가들이 다수 생성되었고 후발주자 신생국가들이 자본주의 구가의 발전모델을 신속하게 따라가기 위해서는 그 국가가 중아에서 강력한 통치와 통제가 필수적이었다. 이것이 행정국가화 현상이었다. 20시기에 들어서면서 대부분의 전세계 국가들이 행정국가화 현상을 보여주었다. 현대행정의 특징은 양적특징과 질적 특징으로 나누어 볼 수 있다.

1. 양적인 특징

1) 행정기능의 확대와 행정업무량의 증가

어느 국가든지 행정국가현상에 따라 새 행정수요를 증가시키면서 양적증대를 초래하게 되었다. 예를 들어 지방행정은 국가위임사무의 증가와 함께 행정의 양적증가를 가져왔다.

2) 행정기구의 확대

한국은 1945년 일제 식민지에서 해방되고 행정기구가 급격히 증가되었다. 60년대 이후부터는 중앙정부 주도의 경제성장 정책을 펼쳤으며 이에 따라 행정의 영역이 확대되는 동시에 행정의 비대화 현상이 나타나기도 했다.

3) 공무원 수의 증가

행정이 확대되면서 공무원 수가 상당히 증가하게 되었다. 정치적 전통, 문화적 특징, 인구밀도, 경제체제 등은 공무원 수 증가에 영향을 미치는 요인으로 작용하고 있다. 공무원의 수는 파킨슨법칙(Parkingson's Law)이 잘 설명해 주듯이 공무원의 업무량이나 경중과 무관하게 증가해 왔다. 한국의 공무원 수도 이미 100만명이 넘어섰다.

4) 예산규모의 증가

행정국가화 속에서 공무원의 수가 증가하면서 예산의 규모도 비례하여 확대되고 있다. 2018년 한국의 예산도 400조가 넘었으며 2019년에는 470조에 육박했다. 이는 재정규모의 팽창, 민간부문에 대한 정부의 지원확대, 사회간접자본에 대한 투자 등에 기인하고 있다.

5) 공기업의 증가

공기업은 민간기업이 접근하고 감당하기 어려운 분야에 대해 국가가 공기업을 세워 담당해 오면서 정부의 기능도 확대되었다. 공기업이 필요했던 이유는 독과점의 폐해, 소득의 불평등을 해결해 나가면서 공공재의 생산과 외부경제 효과를 얻기 위한 목적으로 정부가 주도하고 추진해 나왔다. 정부가 투자해 만든 공기업은 정부에서 점차 민영화 절차를 밟아 나가고 있다.

2. 현대행정의 질적 특징

1) 행정의 전문화와 기술화

현대사회는 매우 복잡한 시대로 접어들고 있다. 따라서 행정은 이러한 복잡한 문제들을 해결하기 위해서 전문화 및 기술화를 추구하고 있다. 행정의 전문화와 기술화를 촉진시키는 대표적인 요인은 관리과학 이용, 고도의 과학기술의 발달, 다양한 사회문제의 발생, 분업의 증대 등이다. 예를들어 행정의 능률화와 효율성을 위해 컴퓨터를 통한 행정전산화 및 행정정보화 기법 등이 활발하게 적용되고 있다. 이와 관련해 오늘날 행정에서 전문성과 기술을 지닌 기술관료를 확보하는 데도 많은 노력을 경주하고 있다.[14)]

---

14) 신현기 · 김택 · 박억종 · 성조환 · 최미옥 · 한형서 · 황명선 공저, 『행정학개론』(서울: 웅보출판사, 2004), p. 33.

2) 기획기능의 중요시

행정은 1920년대 경제대공황, 1940년대 제2차세계대전의 발생 및 도시화가 급속도로 진전되면서 관련 문제들을 해결하고 선도하기 위해 주도적인 역할을 수행해 나갔다. 행정의 주도적인 역할의 수단으로 기획기능으로써 평가기법, 조사, 통계, 심사분석이 중요시되었다.

3) 동태적 조직의 요구

일반적으로 행정조직은 계층제를 기본으로 하는 관료제로 유지되고 있다. 이는 그 규모가 거대하고 경직되어 있는 속성 때문에 급변하는 환경에 신속하게 대응해 나가기가 어렵다. 이처럼 급변하는 행정환경에 적극적으로 대처해 나갈 수 있는 방안을 찾는데 있어서 이전의 고전적인 관료제 조직으로는 불가능하다는 문제에 직면하게 되었다. 이 때문에 행정조직은 전통적인 계층제적 관료제 형태와 함께 새로운 형태인 애드호크라시(adhocracy), 테스크포스(task force), 매트릭스(matrix), 팀 프로젝트(team project) 등 일시적 조직들도 적극 활용하고 있는 실정이다.

4) 중앙집권화 경향

오늘날 공공기관에서도 중앙집권화 현상이 나타나고 있는데 그 이유는 과학기술, 통신기술 발달, 경제생활권의 급속한 확대 등에 기인하고 있다. 우리나라는 1991년 지방자치제를 실시하였고 세계적으로 분권화 시대에 놓여 있다. 하지만 아무리 지방화 시대라고 하더라도 지방정부가 혼자서 지방정부 위주로만 행정을 펼칠 수는 없다. 또 다른 한편에서는 미국, 영국, 한국 등에서도 신중앙집권화 현상도 나타나고 있다. 중앙과 지방간의 불균형발전의 격차로 인해 신중앙집권화 경향이 생기기도 하고 영미법계에서는 신종 테러들로 인해 신중앙집권화 경향도 보여주고 있다.

연습문제

01. 행정의 개념에 대해 설명해 보시오.

02. 행정의 특징에 관해 설명해 보시오.

03. 행정과 경영의 유사점과 차이점

04. 현대행정의 특징에 대해 설명하시오.

05. 행정의 이념에 대해 설명하시오.

Chap. 2

행정학의 이해

제2장 행정학의 이해

제1절 행정학의 발달과정과 접근방법

1. 행정학의 발달과정

현대적 의미의 행정은 국가가 형성되고 그 위에 관료제가 중심을 선상에 서게 되었다. 이를 바탕으로 전문직업관료들이 등장하였으며 근대적 관료제가 형성되었다. 이에 따라 행정에 대한 체계적인 연구가 체계화 되면서 하나의 독립된 분과학문으로서 행정학이 자리를 잡게 되었다. 행정학은 두 가지로 나누어지는데 하나는 독일행정학이고 다른 하나는 미국행정학이다. 독일행정학은 16세기말부터 18세기까지 관방학에서 출발하여 행정법학에서 연구되다가 점차 로렌츠 폰 슈타인의 행정학 연구를 거쳐 발전되어 나왔다. 그러나 독일 행정학은 행정법학 속에서 연구되다 보니 행정학 연구가 공법학의 일부로 묶여 독자적인 학문으로 발전하는데 실패했다.[1] 따라서 독일의 관방학은 현대행정학으로 보지 않는 경향이 강하다. 우리가 흔히 현대행정학의 기원으로 보는 것은 미국 행정학 연구의 단초를 제공한 1887년 윌슨(W. Willson)의 행정의 연구(The Study of Administration)이다. 사실상 오늘날 우리나라 뿐만 아니라 세계 모든 나라에 영향을 미친 것은 미국 행정학이다.

1) 독일에서 행정학은 행정법의 토대위에서 깊이 있는 연구를 이룬 라인란트-팔츠州 루드빅스하펜(Ludwigshafen)시의 근처에 위치한 슈파이어(Speyer) 행정대학교이다. 슈파이어는 프랑스와 경계를 이루는 근처이다. 이곳 슈파이어 행정대학교에서는 행정법을 중심으로 행정학을 발전시켰으며 오늘날은 독자적인 행정학 연구에 집중하여 온갖 연구가 현대적 행정학 분야로 집중되었다. 또 다른 한곳은 스위스와 경계를 이루는 보덴호수(Boden See) 근처의 독일 콘스탄츠(Konstanz)대학교에서 미국식 행정학을 받아들여 정착 발전시켜 나왔다. 오늘날에는 독일에서 이 두 곳의 대학교에서 행정학(Verwaltungswissenschaften)을 깊이 있게 연구할 수 있다.

1) 유럽행정학의 발달과정

(1) 독일의 관방학

관방학(Cameralism, Kameralwissenschaft)이라는 행정사상은 프러시아(독일과 오스트리아)에서 16세기 중엽부터 18세기 말에 이르기 까지 발달했다. 영국과 프랑스는 독일국가를 이루었지만 프러시아는 통일국가를 이루지 못했던 관계로 절대군주가 통일국가를 이루는데 있어 통치술을 필요로 했는데 바로 이것이 관방학이다. 이 관방학 속에 내포되어 있는 근본사상은 절대군주 국가가 국민을 위해 모든 복지와 행복을 제공해 준다는 이른바 행복촉진주의적 복지국가관이었다는 사실이다. 1727년 독일의 프랑크푸르트 대학과 할레(Halle)에 관방학 강좌가 개설되었다.[2] 전기관방학은 폰 오제(M. von Osse)를 중심으로 발전시켰고 후기관방학은 유스티(H. G. Justi)를 중심으로 연구되었다.

〈표 2-1〉 전기관방학과 후기관방학

구분	전기 관방학	후기 관방학
시대	1727년 이전	1727년 이후
사상	신학(왕권신수설)	자연법 사상(계몽주의 사상)
학자	오제(Osse), 제켄도르프(Seckendorf)	관방학의 아버지 유스티(Justi)
국가기능의 분화	미분화(통합)	경찰학의 분리 · 독립
기타	왕실재정의 가계화	재정상의 분리

출처: 김영식, 『논점행정학』(서울: 대명출판사, 1999), p. 36; 신현기 · 김택 · 박억종 · 성조환 · 최미옥 · 한형서 · 황명선 공저, 『행정학개론』(서울: 웅보출판사, 2004), p.36.

물론 관방학은 왕의 정대주의적 지배권 유지를 위한 지배권의 이념을 공공복지에서 구했으며 동시에 프로이센 국가의 민족적 통일국가 달성과 경제적 발전

2) 신승춘 · 하재룡 · 최미옥 · 신현기 · 신윤창 · 장덕희 · 김병준, 『현대행정의 이해』(서울: 대영문화사, 2015, p.71.

에 적지 않은 공헌을 했다. 이에 반해 관방학은 절대왕권의 통치술 연구를 위한 핵심역할을 수행하는데 그친감이 있으며 독자적인 학문적 영역을 구축하지 못했다는 점과 정치(헌정)와 행정(집행)의 미분화 상태에서 헌정(정치)에 의한 통치를 상당히 중시하였다는 점에서 많은 비판을 받고 있다.

(2) 독일의 슈타인 행정학

로렌츠 폰 슈타인(Lorenz von Stein) 학자는 관방학과 공법학에 대해 비판하면서 독자적으로 행정학을 등장시켰다. 슈타인 학자는 자신의 행정학 구축에서 경찰개념을 가치개입적인 정책결정을 담당하는 헌정(Verfassung)과 사실적인 정책집행 기능인 행정(Verwaltung)의 구분하는 이원화를 시도했다. 슈타인 학자는 헌정을 정책결정에 참여하는 개인의 권리로 보았다. 이에 반해 행정을 개인의 복지향상을 촉진시키는 국가활동(정책집행)으로 파악하였다. 그는 행정에 대한 헌정의 절대적 우위를 주장했던 행정법학을 강하게 비판하는 동시에 헌정과 행정은 서로의 입장에 따라서 서로 달라지는 것이라고 강조했다. 그는 행정분야를 다섯개로 구분하였는데, 내무행정, 재무행정, 법무행정, 군무행정, 외무행정이 바로 그것이다. 아쉽게도 슈타인 학자는 자신의 행정학을 계승자 키워놓지 못하고 사망함으로써 더 이상 발전하지 못했다.

(3) 프랑스 행정학

프랑스의 행정학 연구 기원은 18세기 말에 발달했던 경찰학에 근거를 두고 있다. 이 시기에 경찰은 국가작용과 활동의 주체였다. 프랑스에서 행정연구는 법학적 차원에서 연구가 주류를 이루었다. 다른 한편에서 페이욜(Henry)은 경영학적 행정연구를 진행했고, 크로지에(M. Crozier)는 사회학적 행정연구를 진행했다. 페이욜은 1916년 산업 및 일반행정이라는 저서에서 최고 관리자의 관점에서 관리의 문제를 집중 연구했다. 크로지에는 1963년 프랑스 행정학 연구에서 관료제 현상이라는 저서를 통해 관료제 병리현상을 분석하기도 했다.[3] 오늘날 프랑스의 공

---

3) 신현기 · 김택 · 박억종 · 성조환 · 최미옥 · 한형서 · 황명선 공저, 『행정학개론』(서울: 웅보출판사, 2004), p.37.

무원 양성기관인 국립행정학교(E. N. A) 출신의 고급행정공무원들이 실제업무담당과 연계한 행정학을 연구해 나가고 있다. 오늘날 프랑스에서는 고급행정공무원이 되기 위해서는 반드시 국립행정학교를 나와야 한다고 알려져 있기도 하다.

(4) 영국의 행정학

영국에서는 의회주의가 지배하고 있었기 때문에 관방학이나 경찰학이 발전할 필요가 거의 없었다. 특히 행정학 연구에는 별로 신경 쓰지 않았으며 군주의 정실주의가 상당히 지배하였다. 그럼에도 불구하고 1921년 창설된 영국 왕립행정학회가 행정학 발전에 주요 역할을 수행했는데 실무공무원들로 구성된 회원들이 주류를 이루고 본 학회에서 공무원 교육도 담당했을 뿐 아니라 1922년부터 발행된 공공행정(Public Administration) 이라는 저널이 큰 역할을 했다. 그 밖에 미국 행정학의 영향을 받았으며 지방자치에 많은 관심을 보였고 1970년대 신진학자들은 조직론과 정책학이 새 관심분야가 되었다. 특히 정책학은 영국에서 70년대와 80년대에 행정학계에 제도화 및 정착되었다. 영국 행정학계는 80년대와 90년대에 신공공관리(new public management)가 주된 연구대상이었다.[4)]

(5) 미국의 행정학

미국은 잭슨(A. jackson)이 대통령에 등장하면서 엽관주의(spoils system)가 도입되었는데, 이로 인한 병폐가 노정되었고 이것을 시정하는 조치로서 이른바 펜들턴법(Pendelton Act)를 제정해 이를 바탕으로 실적제에 의한 인사행정을 펼쳤다. 이 때 미국 행정학의 출발점이 된 1887년 윌슨의 행정의 연구 논문과 1900년 굿노우(F. J. Goodnow)가 정치와 행정(policitics and Administration)이라는 저서였다. 특히 윌슨은 행정의 연구라는 논문에서 행정은 사무분야와 같고 행정은 정치의 고유영역 밖에 놓여 있으며, 행정문제는 정치가 아니다 라는 이른바 정치행정이원론의 입장을 주장하기도 했다.

4) 권경주 외, 『현대행정의 이해』(서울: 대영문화사, 2002), p.55.

(6) 한국 행정학의 현주소

1945년 해방이후 미국 행정학이 본격 도입되어 오늘에 이르고 있다. 1960년대 말 이후 공공정책적 차원에서 관심이 많았다. 1970년대에는 비교행정론과 발전행정 분야가 우리나라 행정학 발전에 기여했다. 1980년대에는 정부주도의 경제정책에 대한 재평가가 이루어졌으며 규제완화와 민영화 행정분야에도 관심이 많이 이루어졌다. 1990년대 이후에는 지방자치가 도입되어 지방행정 분야 관련 연구가 주류를 이루었다.

2. 행정학의 학문적 성격

행정학이 하나의 독자적인 학문으로 성립되기 위해서는 연구자, 연구대상 및 연구이론 등이 필수이다. 오늘날 행정학은 어떠한 성격을 가지고 있는지 정리해 보면 다음과 같다.

첫째, 행정학은 분명히 사회과학의 한 분과학문인 동시에 응용과학이라는 성격을 지니고 있다. 일반적으로 사회과학은 인간과 사회를 연구대상으로 연구하는 학문분야이다. 사회과학연구방법을 통해 그 대상을 연구하는 것이다. 행정현상은 정치, 경제, 법, 사회측면에서 다양하다. 행정학은 사회현상의 일부인 행정현상을 연구하는 분과학문에 해당한다. 행정학은 응용과학적 성격을 가지고 있으며 행정현상을 설명하고 이와 관련된 문제들을 연구해 나가는 학문이다.

둘째, 행정학은 전문직업적인 학문이다. 행정학은 과학적 지식을 추구하는 학문인 동시에 공공행정에 관련된 일반관리자, 행정실무가, 전문행정가의 양성에 많은 비중을 두기도 한다. 특히 행정학은 과학성을 추구하기보다는 사회문제와 공공문제를 해결하려는 과정을 연구하기 때문에 사회공학적 혹은 사회의학적 성격도 지니고 있다.[5] 이러한 차원에서 볼 때, 행정학은 전문직업성을 지니고 있는 학문이다.

셋째, 행정학은 과학성과 기술성을 포함하고 있는 학문이다. 행정학이 과학이

5) 제갈돈 · 김병규 · 도수관 · 윤기웅 · 이곤수, 『행정학개론』(파주: 법문사, 2017), p.22; 신승춘 · 하재룡 · 최미옥 · 신현기 · 신윤창 · 장덕희 · 김병준, 『현대행정의 이해』, 서울: 대영문화사, 2015, p.69.

냐 아니면 기술이냐 하는 물음은 오래전부터 있어왔다. 이러한 논쟁은 한마디로 정의하기는 어렵다. 다만 분명한 사실은 행정학이 기술성만으로 이루어진 것도 아니고 과학성만으로 이루어진 것도 아니라는 사실이다. 이 때문에 행정학은 기술성과 과학성을 함께 포함하고 있는 것으로 결론지을 수 있으며 분류할 수도 없는 동시에 양자의 조화를 추구해야만 하는 입장이다.[6]

넷째, 행정학은 범학문적(interdisciplinary) 혹은 종합학문적인 성격을 지닌다. 행정학은 혼자가 아니라 다른 인접학문 분야의 지식과 이론을 활용하여 행정현상들을 연구하면서 우리 사회의 공공문제를 해결해 나간다. 우리사회의 행정현상들은 복합적인 성격을 띠고 있는 것이 많기 때문에 어느 한 분야의 이론만 가지고 해결하는 것이 불가능한 특징을 지니고 있다. 행정학은 심리학, 경영학, 사회학, 철학, 정치학, 경제학, 법학 등과 유용한 지식들을 이용한다. 이것은 행정학이 범학문적 혹은 종합학문적인 행정체제를 지니고 있는 학문이라는 점을 보여주는 증거이다.

제2절 행정학연구의 접근방법

우리가 행정학을 연구하는데 있어서 중요하게 활용되고 있는 접근방법 중 몇 가지만 살펴보면 다음과 같다.

1. 역사적 접근방법

행정학 연구에 있어서 역사적 접근방법(historical approach)은 과거와 현재의 역사적 사실들이 매우 다양한 방식으로 밀접하게 연결되어 있고 모든 사회와 인간들이 지나간 과거의 역사와 긴밀하게 연결되어 있다고 보고 있다. 이 때문에 행

---

6) 신승춘 · 하재룡 · 최미옥 · 신현기 · 신윤창 · 장덕희 · 김병준, 『현대행정의 이해』, 서울: 대영문화사, 2015, p.69; 신현기 · 김택 · 박억종 · 성조환 · 최미옥 · 한형서 · 황명선 공저, 『행정학개론』(서울: 웅보출판사, 2004), p.40.

정학을 연구하는데 있어서 지나간 과거를 잘 이해하고 분석하게 되면 현재의 사회문제들을 쉽게 이해하고 해결할 수 있다는 것이다.[7] 행정학 연구에서 이와 같은 접근방법은 과거나 현재에도 행정 관련 사건, 기관, 제도, 정책 등의 기원과 발전 과정을 이해, 설명, 분석하는데 비교적 많이 사용되고 있다. 또한 역사적 접근방법은 특정한 정당의 이념이라든가 행정관리의 방법 및 특정사회의 지배적 가치나 사회구조의 배경이나 원동력 등에 관심을 많이 갖는다.[8]

2. 제도적 접근방법

여기서 말하는 제도적 접근방법(institutional approach)은 행정제도의 기술이나 분석에 큰 관심을 두는 전통적 접근법이며 흔히 정부조직법, 국가공무원법 등처럼 이른바 법규를 중심으로 해서 한 국가의 정부구조와 기능, 예산절차 혹은 인사행정 등을 연구하는 데 초점이 주어져 있다.[9]

3. 관리기능적 접근방법

이는 행정의 관리문제에 초점을 두고 있다. 특히 이 관리기능적 접근방법은 관리문제를 연구하면서 실제에 적용하는 접근방법이다. 특히 전통적 행정학 연구의 경우는 행정의 효율성과 생산성을 매우 중요시하고 있으며 이를 깊이 있게 연구하기 위해 이른바 관리기능적 연구방법에 밀접하게 연계되어 있다.[10] 과거에 이어 현대행정에서는 컴퓨터를 이용하면서 수량적 계량모형을 활용한 의사결정 및 경제적 효과분석을 비롯해 관리적 의사결정을 중시하고 있다.

7) 이종수, 『새해정학개론』(서울: 대영문화사, 1997), p.90.
8) 신승춘 · 하재룡 · 최미옥 · 신현기 · 신윤창 · 장덕희 · 김병준, 『현대행정의 이해』, 서울: 대영문화사, 2015, p.87.
9) 이동진 · 한인규, 「행정학개론」(서울: 대영문화사, 2014), p.97.
10) 신현기 · 김택 · 박억종 · 성조환 · 최미옥 · 한형서 · 황명선 공저, 『행정학개론』(서울: 웅보출판사, 2004), p.43.

4. 행태론적 접근법

행태론적 접근방법(behavioral approach)은 행정학 차원에서 사회현상문제를 연구할 때, 이념이나 제도 등은 배제한 채, 가급적이면 인간의 행태를 관찰, 분석, 설명하고자 하는 일종의 사회심리학적 접근방법을 말한다. 특히 행태론은 행정제도 내에서 갈등, 권위, 리더쉽, 집단의사결정을 주로 연구대상으로 삼고 있다.

5. 생태론적 접근방법

행정학 연구에서 생태론은 행정을 주로 대외적인 환경과의 상호관계에서 이해하고 파악하였다. 그 때문에 행정조직 내부의 관리적 측면에 대해서는 거의 무관심했다는 문제를 노정시켰으며 나아가서 환경이 행정에 어떠한 연향을 미치고 있는가에만 강조를 하는데 그치고 있다는 점이 비판의 대상이 되었다.

6. 체제론적 접근방법

우리는 흔히 독립적인 동시에 상호의존적일뿐 아니라 상호작용하는 구성요소들의 집합체를 체제라고 부른다. 무엇보다 체제론적 접근방법은 우리사회의 자연현상이나 사회현상을 전체의 한 부분으로 보고 있다. 체제를 많이 연구한 대표적인 학자인 탈코트 파슨스(Talcott Parsons)는 모든 체제는 생존과 목적을 달성하기 위해 하위체제들이 네가지의 기본 기능을 수행한다고 주장했는데, 바로 체제가 환경의 변화에 적응해야 하는 적응기능(adaptation), 유형과 무형의 가치를 만들어 내는 목표달성 기능(goal attainment), 체제의 목표달성을 위해 하위체제의 활동을 조정하는 통합기능, 제도화된 체제를 유지하는 잠재적 유형유지 기능(latent pattern maintenance) 등이다.[11] 이 체제론적 접근방법은 행정학 연구에서 대표적인 접근방법이다. 이 체제론적 접근방법을 이스턴(David Easton)이 정치와 행정현상에 도입했다.

---

11) 제갈돈 · 김병규 · 도수관 · 윤기웅 · 이곤수, 『행정학개론』(파주: 법문사, 2017), p.14; 이동진 · 한인규, 「행정학개론」(서울: 대영문화사, 2014), p.114; 신승춘 · 하재룡 · 최미옥 · 신현기 · 신윤창 · 장덕희 · 김병준, 『현대행정의 이해』, 서울: 대영문화사, 2015, p.92.

7. 현상학적 접근방법

현상학적 접근방법(phenomenological approach)은 행태주의와 객관주의가 행정학을 과학화 시키는데 크게 공헌했음에도 불구하고 다른 한편에서 가치는 배제시켰기 때문에 사실 행정이 나아갈 방향을 제대로 제시하지 못했다는 비판을 받아왔다. 그러나 이러한 관계를 보완할 수 있는 새 연구방법으로 등장시킨 것이 바로 현상학적 접근방법이다. 이 현상학적 접근방법은 너무 사변적이라는 점, 행위의 목적성과 의도성을 찾는데만 초점을 두었지 그 해결방법을 제시하지 못했다는 비판을 받았다.

8. 비판론적 접근방법

이는 우리 사회의 모습을 총체적으로 분석하고 비판하는 동시에 그것을 변화시킬 수 있는 그 어떤 것을 밝혀보려는 입장이다. 비판이론의 특성은 사실 기술적 관심보다는 사회관계의 민주화를 우선으로 내세운다. 동시에 공공정책의 형성과 집행을 가치비판적 시각에서 바라보는 입장이다. 나아가서 비판이론은 조직과 관료제가 가지고 있는 각종 모순과 결함을 밝혀내고 개선하려는 대안도 제시했다. 하지만 의미 있는 그 어떤 대안도 내놓지는 못했다.[12)]

9. 공공선택이론 접근법

공공선택이론(Public Choice Theory)은 비시장적 결정에 대해 이른바 경제적 분석도구를 적용하여 제도적인 사호작용을 연구하는 일련의 시도라는 점에서 가치가 인정되며 나아가서 공공재 공급을 위한 의사결정 방법과 조직배열을 연구하는 데 초점을 두고 있다. 따라서 공공선택론적 접근방법의 특징은 정치경제학적 성격을 지녔다는 점이며 동시에 다양한 공공재와 공공서비스를 제공하며 정책의

12) 신현기 · 김택 · 박억종 · 성조환 · 최미옥 · 한형서 · 황명선 공저, 『행정학개론』(서울: 웅보출판사, 2004), p.46.

확산 효과를 강조했다는 점이다. 여기서 그 효과는 긍정적인 효과와 부정적인 효과가 모두 나타났다. 이 공공선택이론은 적지 않은 비판도 받았는데 사실 너무 지나치게 경제적 합리성을 강조했다는 점이고 나아가서 인간의 비합리적 측면과 경험을 제외시킨 결과를 초래했다는 점이다. 이러한 비판에도 불구하고 공공선택이론은 행정의 분권화, 탄력성, 대응성에 기여함으로써 민주행정의 실현과 자원배분의 효율성을 달성했다는 긍정적인 평가를 받았다.[13)]

제3절 행정문화

1. 행정문화의 내용

행정문화가 지니고 있는 특징은 다음과 같다. 즉 첫째, 서구국가의 행정문화 특징과 개발도상국가의 행정문화의 특징이 각각 특징을 보여주고 있다. 서구행정문회의 특징은 상대주의, 모험주의, 중립주의, 합리주의, 정실주의, 전문주의, 사실 정향주의 등으로 대변되고 있고, 개발도상국의 행정문화는 가족주의, 연고주의, 권위주의, 중립주의, 전문주의, 사실정향주의, 관직이관주의 등이 있다.

〈표 2-2〉 일반적인 서구 선진국과 발전도상국의 행정문화 차이

서구 국가의 행정문화	개발도상국의 행정문화
상대주의, 모험주의, 중립주의, 합리주의, 정실주의, 전문주의, 사실 정향주의	가족주의, 연고주의, 권위주의, 중립주의, 전문주의, 사실정향주의, 관직이관주의

출처: 이경서, 『행정학 강의』(서울: 삼영사, 2002), p.80; 신현기 · 김택 · 박억종 · 성조환 · 최미옥 · 한형서 · 황명선 공저, 『행정학개론』(서울: 웅보출판사, 2004), p.62.

13) 제갈돈 · 김병규 · 도수관 · 윤기웅 · 이곤수, 『행정학개론』(파주: 법문사, 2017), p.48; 신현기 · 김택 · 박억종 · 성조환 · 최미옥 · 한형서 · 황명선 공저, 『행정학개론』(서울: 웅보출판사, 2004), p.46.

서구 국가들의 행정문화에 대한 핵심 내용을 간략하게 살펴보면 다음과 같다.

1) 합리주의

합리주의는 서구 행정문화에서 가장 기초적인 특징을 지니게 되었다. 일찍이 서구 국가들에서 행정조직은 분명히 공정하고 능력을 지닌 전문관료들에 의해서 그리고 익히 근대화된 방법이나 기술에 따라 운영되어야 함을 원칙으로 하고 있었다. 이러한 이유 때문에 행정과정에서 근대관료주의가 생겨나게 된 것이다. 한마디로 합리주의라 함은 행정운영에 있어서 반드시 필요한 객관적인 여러 가지 조건들을 수집함은 물론 어떠한 감정도 개입되지 않은 공정한 분석을 지칭한다. 결국 합리주의는 공무원이 공공행정을 수행하면서 자기 개인적인 임의적 해석이나 판단을 배제해야 하며 반드시 법적 규칙을 바탕으로 모든 사람에게 행정서비스를 제공해야 한다.

2) 전문주의

전문주의는 점차적으로 우리 사회의 노동분업이 발달하면서 점차 중요시 되었으며 동시에 합리주의 본성과 매우 밀접하게 관련되어 있다. 오래전부터 유럽의 독일이나 프랑스 공공행정에서도 공무원들을 선발할 때, 행정의 전문주의가 잘 유지되어 나왔다. 특히 오늘날 독일의 공공행정에서 전문주의가 잘 정착도어 있다. 이에 반해 영국이나 미국에서는 전문주의 보다는 비전문가들에 의해 행정이 주도되었음을 어렵지 않게 찾아볼 수 있다.

3) 중립주의

행정에서 중립주의라 함은 공공관료가 행하는 행정은 모든 국민에게 공평한 동시에 객관적이어야 한다는 것을 뜻한다. 또한 행정의 중립주의는 이전에 존재하고 유지되는 사회균형을 깨지지 않게 하는 동시에 사회환경의 각종 위협으로부터 사회질서가 유지되도록 하는 것이다. 행정이 정치와 밀접하게 결탁하여 중립을 지키지 않는 상황이 발생한다면 공정한 정책이 불가능할 것이다.

4) 성취주의

성취주의는 오직 행정업무의 결과에 의해서 객관성을 유지하는 것을 의미하는 것이다. 따라서 성취주의에서 행정인의 출신성문, 사상적 편향, 종교 등과 아예 무관한 것이다.

5) 다원주의

다원주의란 우리의 사회구조 내에서 획일적 가치가 유지되는 것이 완전히 제외되는 것을 의미한다. 즉 여러 가지 행정 가치가 공존하는 것을 다원주의라고 해석된다. 다원주의는 행정조직에서 상대방의 여러 가지 실체를 인정하는 것을 최선의 미덕과 가치로 삼고 있다.

6) 사실 지향주의

사실 지향주의는 말 그대로 행정 가치를 분석 및 파악할 때 반드시 직접 눈으로 확인되는 것만 인정하는 태도를 의미한다. 때문에 눈으로 보이지 않으면 무조건 부정해 버리는 경향이 강하다. 전 세계 어느 국가에서든지 사실지향주의가 발달한 나라들에서는 행정조직의 가치판단이 정확할 수밖에 없기 때문에 공공행정에서 사회문제 해결을 위한 정책형성 시에 비교적 유리하게 작용할 수 있다고 한다. 이러한 토대 위에서 나온 정책은 투명하게 전개될 것이므로 모든 국민들이 행정을 더욱 신뢰하는 계기가 될 수 있다.

2. 한국의 행정문화

한국의 행정문화는 서구 국가들의 행정문화와 비교해서 여러 가지 면에서 또 다른 특징들을 보여주고 있다.

1) 권위주의

옛날부터 권위주의는 우리에게 별로 좋은 인상을 주지 못했다. 왜냐하면 권위주의는 수직적 관점에서 인간관계를 바라보는 의식구조에 기본 토대를 두고 있기 때문이다. 이 때문에 어디까지나 권위주의 하에서는 평등하거나 수평적이지 않다는 것이다. 권위주의야 말로 우리 한국 행정문화에서 가장 뿌리 깊게 자리 잡고 있는 제도이다. 권위주의는 우리사회에서 전통적으로 내려오는 양반의 지배로 하층민의 지배와 피지배 간의 복종관계에서 새겨난 결과물로 이해된다.[14] 특히 우리사회에서 권위주의가 만들어지는데 토대가 된 지배와 복종관계는 연령을 통한 장유유서, 사회적 지위나 신분, 남녀의 성에 따른 여러 관계들에서 쉽게 찾아볼 수 있다. 우리나라의 권위주의는 유교사상에서 강하게 생성되어 일제시대를 거쳐 오늘날 까지 이어지고 있다. 이는 관이 민을 지배하는 것을 의미하기 때문에 관의 공공행정이 국민을 위해 봉사하는 개념이 희박해질 수도 있다. 예를 들어 권위주의 행정체제 하에서는 하급공무원의 의견이 상급공무원에 의해 무시될 수 있다. 그래서 공공행정의 집행이 상급자 공무원의 의지에 따라 결정되는 병폐도 나타날 수 있다. 권위주의 행정하에서는 상하간의 소통도 막혀버릴 수 있다. 권위주의 체제하에서 공무원들의 행태를 살펴보면, 첫째, 공무원의 책임이 나타나지 않을 수 있다. 둘째, 권위주의 하에서 상관명령 대로 이루어질 수 있는 관계로 조직내의 의견과 행정은 잘 이루어진다. 셋째, 권위주의하에서 의사결정은 대부분 상위계층이 지배한다. 넷째, 정책결정 시에 문제해결은 차근차근 해결하는 방법을 취한다. 다섯째, 권위주의는 위기시 안정을 위해 권위주의 위력으로 문제를 신속히 해결한다.[15]

2) 권력지상주의

한국사회에서도 권력지상주의가 지배하고 있는 것이 사실이다. 권력을 최상으로 생각하는 것인데 권력은 한번 잡으면 재산축적을 수반하는 것으로 인식되었기 때문에 모든 사람에게 주요 관심사였다.[16] 권력지상주의 하에서는 행정가가

---

14) 제갈돈 · 김병규 · 도수관 · 윤기웅 · 이곤수, 『행정학개론』(파주: 법문사, 2017), p.50.
15) 백완기, 『한국의 행정문화』(서울: 고려대학교 출판부, 1982), p.55.
16) 박동서, 『한국행정론』(서울: 박영사, 1997), p.50; 신현기 · 김택 · 박억종 · 성조환 · 최미옥 · 한형서 · 황명선 공저, 『행정학개론』(서울: 웅보출판사, 2004), p.65.

권력을 개인 소유로 착각할 수도 있는데, 이런 경우 행정이 흔들리게 된다.

3) 연고주의

연고주의는 국가의 사회활동에서 개인들의 능력위주가 아니라, 밖으로 이탈하여 혈연, 학연, 지연 따위의 연고가 더 중요시되는 현상을 특징으로 한다. 연고주의 하에서는 실력이 오히려 무시되고 오직 연고가 우선되므로 행정조직 내의 갈등들이 표출됨은 물론 공직 내에서 승진이나 전보 및 채용 등이 공정하게 이루어지지 않는 특징을 보여준다.[17)]

4) 형식주의

형식주의는 의식주의라고도 불린다. 이는 절차, 형식, 선례 등을 매우 지나치게 따지며 중요시 하고 집착한다.[18)]

5) 운명주의

운명주의에 집착하거나 빠지면 행정업무를 수행해 나가는데 있어서 추진의지가 대폭 저하된다. 피동적으로 흐르게 되어 행정관료들이 매사에 자신을 잃고 행정을 제대로 수행하기 어렵다. 즉 행정인들이 합리적인 사고를 가지고 업무를 수행하기보다는 신비주의에 의지하게 된다. 소극적인 자세로 행정을 수행하게 되는 관계로 조직내 권위주의가 강화될 위험이 있으며 운명에 맡기는 자세를 취해 결국에는 행정능률이 극히 떨어진다.

6) 갈등기피주의

이는 사회체제하에서 구성원들의 상호간에 의견이 불일치되어 나타나는 것이다. 동양이든 서양이든 불문하고 공공행정에서 갈등은 나타난다. 예부터 서양 국

17) 김재기, 『행정학』(서울: 법문사, 1999), p.95.
18) 백완기, 『한국의 행정문화』(서울: 고려대학교 출판부, 1982), p.58.

가들에서는 갈등을 피하기보다 해결하려는 노력을 강하게 보여주었다. 한국은 유교문화 속에서 갈등을 나쁜 것으로 타부시 하고 기피하는 입장이 강했다. 갈등은 결코 나쁜 것이 아니다. 만일 갈등만 잘 해결한다면 오히려 그 행정 조직은 더 한층 성장하는 계기로 삼아질 수 있다. 반대로 갈등은 잘만 해결하면 긍정적인 가치도 많다는 점이다.

7) 관직우선주의

이것은 관직을 직업으로 보아야 하는데 반대로 출세 및 권력을 잡은 것으로 생각하는 경우이다. 관직우선주의는 권력지상주의와 일맥상통하기도 한다.

8) 총괄주의

이는 일반주의라고도 불린다. 혼자서 모든 일을 다해야 마음이 놓이는 과대망상적인 의식구조를 의미한다. 이런 행정가는 부하는 믿지 못하고 직접 다하는 입장이다보니 전문성이 떨어질 수 있다. 결국 부하의 사기가 추락하고 부하들은 항상 업무에 피동적이고 나태해지며 팀웍이 깨질 수밖에 없다.

연습문제

01. 행정학의 발달과정을 설명해 보시오.

02. 독일의 관방학에 대해 설명해 보시오.

03. 행정학의 학문적 성격에 대해 설명해 보시오.

04. 공공선택이론접근법에 대해 설명해 보시오.

05. 서양의 행정문화에 대해 설명해 보시오.

06. 한국의 행정문화에 대해 설명해 보시오.

Chap. 3

정책학

제3장 정책학

제1절 정책학의 이론적 배경

1. 정책과 정책학

1) 정책의 의의와 개념

(1) 정책의 의의

우리사회에는 끝임없이 사회 이슈가 발생한다. 정부는 모든 국민으로부터 세금을 징수하고 사회계약설의 원칙에 바탕을 두고 사회문제를 해결해 주어야 하는 의무를 지고 있다.[1] 정부는 사회문제가 발생할 경우 즉각적으로 사회문제를 해결하기 위해 정책(대책)을 수립하고 시행에 들어가야 한다. 정책학은 이러한 사회문제가 발생한 경우 정책을 수립하고 결정하며 집행하고 평가하여 바람직한 결과가 나타나도록 하는 필요 지식을 제공해 주는 학문을 말한다. 정책학의 아버지라고 알려진 사람은 라스웰(H. D. Lasswell)인데 그는 1951년 정책지향(policy orientation)이라는 논문에서 사회속의 인간이 부딪치는 근본적 문제를 해결하기 위해 정부가 수립하고 추진하는 정책 분야에 초점을 두었던 것이다.[2]

(2) 정책의 개념

정책이란 무엇인가? 정책이란 바람직한 우리 사회를 이루기 위해 권위있는 국

1) 제갈돈 · 김병규 · 도수관 · 윤기웅 · 이곤수, 『행정학개론』(파주: 법문사, 2017), p.121.
2) 신현기 · 박억종 · 성조환 · 윤종설 · 최미옥 · 한형서 공저, 『정책학개론』(서울: 웅보출판사, 2003), p.16; 신현기 · 박억종 · 노진덕 · 이상열, 『새행정학개론』(파주: 21세기사), p.82.

가기관이 공식적으로 결정한 매우 중요한 행동의 지침이라고 할 수 있다.[3)]

사실상 정책이란 우리 주변에서 하루에도 몇 번씩 들어보는 용어이다. 정책과 관련해서 외교정책, 국내정책, 복지정책, 대북정책, 운하정책, 도시정책, 사회정책, 경제정책, 문화정책, 인구정책, 외국인정책, 출산장려정책, 시골 귀농정책 등 매우 다양하게 그리고 수많은 정책이 시행되고 있다. 그 본 내용에 대해 정확하게 알 수는 없지만 대강 무엇을 의미하는 용어인지에 관해서는 대강 이해가 가능할 것이다.[4)] 정책(policy)이란 한마디로 표현해 국민으로부터 선거에 의해 출범한 합법정부가 국가가 제시한 목표에 대한 달성이나 각종 공공문제의 해결을 위해 구축해 놓은 여러 가지 일련의 활동지침을 의미한다. 이러한 맥락에서 볼 때 정책이란 각종 법령, 제도, 계획, 예산, 사업, 프로젝트, 대책, 조치 등의 형식으로 나타나서 정부가 집행해 나가고 있는 것이다.[5)]

이렇게 볼 때, 정책이란 수많은 사회문제를 정부가 즉시 해결해 나가기 위해서 수행하는 어떤 일련의 과제에 대한 계획이라고 정의된다. 정책의 개념을 자세히 이해하기 위해서는 다음과 같이 3개의 하위개념을 이해해야 한다.

① 정부정책은 정부 주체가 어떤 특별한 대상을 가진 공공사업을 준비하며 시행하는 일련의 계획을 지칭한다. ② 공공정책의 내용이라고 할 수 있는 어떤 일이라고 하는 것은 정부가 향후 수행해 나가려는 일련의 사업들을 의미한다. ③ 정책대안이라고 할 수 있는 계획은 정책이 정부가 의도적이며 체계적으로 사회문제에 적극 개입하려고 하는 일련의 대안이나 실행을 전제하고 있다. 위와 같이 정책개념을 이해하면 정책 주체, 목적, 내용, 대안에 대한 문제를 해결하기 위해 활용하는 수단으로 이해하게 되면서 정부의 역할과 존재이유를 부각시키는 장점도 있다. 그리고 정책이란 우리 사회의 문제를 해결하는 중요한 하나의 수단이기도 하지만 그 전개과정을 볼 때, 많은 이해당사자가 자신의 이익을 표명하고 투입하며 관철시키려는 매우 고도로 정치적인 과정의 중심점에 서있는 실정이다.[6)]

---

3) 공무원시험연구소, 『행정학개론』(서울: 서원각, 2018), p.92.

4) 박억종 외 5인, 『정책학개론』(서울: 웅보출판사, 2003), p.25; 신현기 · 김택 · 박억종 · 성조환 · 최미옥 · 한형서 · 황명선, 『행정학개론』(서울: 웅보출판사, 2004), p.74.

5) 제갈돈 · 김병규 · 도수관 · 윤기웅 · 이곤수, 『행정학개론』(파주: 법문사, 2017), p.123; 최창호 · 하미승, 『새행정학』(서울: 삼영사, 2006), p.188; 신현기 · 박억종 · 노진덕 · 이상열. 『새행정학개론』(파주: 21세기사, 2008), p.82.

2) 정책의 특징

정책은 다음과 같은 특징을 지니고 있다.[7] 첫째, 정책의 주체는 정부 내지는 공공기관을 의미한다. 둘째, 정책이란 공무원에 의한 행동과정이라고 할 수 있다. 그래서 정책은 분리되거나 구분된 의사결정이 아니어야 한다. 셋째, 정책이란 가시비용 및 비가시적 사회비용도 포함하고 있다. 넷째, 정책이란 언제든지 정치적 상황에 따라 변할 수밖에 없는 가변성을 지니고 있다. 다섯째, 정책이란 물론 정치적 성격을 크게 지니고 있다. 여섯째, 정책은 인간의 삶을 개선 및 향상시키려는데 초점을 두고 있다. 그러므로 일종의 인본주의적 성격을 강하게 유지하고 있다. 일곱째, 정책은 불완전성의 성질을 상당히 많이 지니고 있다. 여덟째, 정책이란 역동성뿐만 아니라 연관성을 동시에 지니고 있다. 아홉째, 정책이란 문제를 해결해야 하므로 언제나 의도적이며 목표지향적 성격이 강하다. 열번째, 정책은 중앙정부든 지방정부든 일정한 환경속에서 형성되고 집행되며 평가된다. 열한번째, 정책이란 국가목표를 달성하고 공공문제를 해결하려는 목표지향적인 활동을 강하게 추진하고 있다. 동시에 정책(policy)이란 용어는 시책, 대책, 정부방침, 정부지침, 법률, 규칙, 기획, 계획 등이 혼용되어 사용되기도 한다.

3) 정책의 유형

(1) 분배정책(Distributive Policy)

분배정책이란 특혜금융, 자금지원, 기술지도, 택지분양 등 어느 특정한 개인이나 기업체, 사회조직 및 지방자치단체 등에 금품, 편익, 서비스 등을 제공해 주는 일련의 정책을 의미한다. 정부가 정책을 수행하면서 수많은 갈등이 발생할 수 있는데, 분배정책은 경우에 따라서는 서로 갈라먹기식이라는 비판도 나타날 수 있기도 하지만 다른 한쪽에서 보면 사실상 수혜자와 비수혜자 간에 정면대결이 적어질 수 있다.[8]

6) 이종수 · 윤영진 · 곽채기 · 이재원 외, 『새행정학』(서울: 대영문화사, 2014), p.356.
7) 제갈돈 · 김병규 · 도수관 · 윤기웅 · 이곤수, 『행정학개론』(파주: 법문사, 2017), p.129; 박억종 외 5인, 상게서, p. 26; 최창호 · 하미승, 상게서, p.191.
8) 신현기 · 박억종 · 노진덕 · 이상열, 『새행정학개론』(파주: 21세기사, 2008), p.83.

(2) 재분배정책(Redistributive Policy)

재분배정책에서 좋은 예는 세액공제, 영세민취로사업, 누진소득세 및 임대주택 건설 등이다. 쉽게 이해해서 자본, 재산, 권리 등을 다수 소유하고 있는 그룹으로부터 작게 소유하고 있는 그룹으로 이전시키는 정책을 의미한다. 특히 복지사업 정책은 오늘날 재분배정책의 대표적인 예가 될 수 있다.[9]

(3) 규제정책

규제정책이란 정부정책에 제대로 동의하고 따르지 않는 개인이나 그룹에게 강제력을 행사하는 것을 특징으로 한다. 규제정책은 재산권 행사나 자유를 구속하는 성격을 지니고 있기 때문에 대부분 법률의 형태를 띠고 있다. 특히 규제정책의 결과를 보면 한쪽은 이익이 되고 다른 한쪽은 손해를 보게 되는 결과로 나타나기 때문에 그 결과에 대해서 상호 갈등이나 불만이 나타날 수 있다는 특징을 지니고 있다. 예를 들어 독과점규제, 환경오염규제, 공공요금의 규제, 수출입토제, 고성방가규제, 불량식품규제, 출입국관리통제, 신문윤리준수규제, 교통질서규제 등 다수가 있다.[10]

(4) 징발정책

징발정책은 다른 용어로 동원정책이라고도 한다. 좋은 예가 조세, 병역, 노역, 공공수용 등이다. 이는 국가가 국민들로부터 인적 혹은 물적 자원을 동원하는 정책이다.[11] 특히 이러한 정책은 국민에게 물적부담을 주는 정책이라는 점에서 신중하고 합리적으로 행해야만 한다.

---

9) 신현기 · 박억종 · 노진덕 · 이상열, 『새행정학개론』(파주: 21세기사, 2008), p.83.
10) 박억종 외 5인, 상게서, p.85; 최창호 · 하미승, 전게서, p.193.
11) 최창호 · 하미승, 상게서, p.193.

2. 정책학

1) 정책학의 새로운 패러다임

(1) 정책학의 연구목적

정책학을 왜 연구하는지에 대한 그 연구목적은 사회가 직면하고 있는 제반 문제들을 최대한 해결해 나가는 일련의 과정이다. 흔히 정책학이란 일정 국가사회의 정책문제를 해결해야 한다는 이른바 실천적 목표를 지니고 있기 때문에 문제지향적인 독특한 특징을 지니고 있다.[12)]

(2) 정책학의 연구대상

정책학이란 정책, 정책 산출, 실현, 종결하는 정책관련 상황, 일련의 활동들을 모두 연구의 대상으로 삼고 있다.[13)] 한편 정부의 정책 활동은 정책의제형성, 정책결정, 정책집행, 정책평가, 정책분석 등의 과정을 거쳐 이루어지는데, 이러한 과정들 모두가 정책학의 연구대상으로 연구되고 있다.

(3) 정책학의 연구방법

정책학을 연구하는데 있어서 흔히 경험적·실증적 접근방법과 규범적·처방적 접근방법이 활용되고 있다.[14)] 우선 경험적 · 실증적 접근방법은 어떤 것이 옳고 그른지, 어느 것이 최선 혹은 최악의 수단인지를 판단하도록 하는 접근방법을 의미한다. 또한 규범적 접근방법이란 바람직한 가치가 무엇인가를 판단하는 일종의 가치판단적 접근방법을 말한다. 예를 들어 인플레이션과 실업이 동시에 존재하여 경제가 불안한 경우 어떤 것의 안정을 정책목표로 삼을 것인지를 판단하는 것이 바로 규범적 접근방법이다. 그리고 처방적 접근방법이란 정책 목표가 결정되면 그 목표를 달성하기 위해 최선의 수단을 선택하는 방법을 의미한다.[15)]

---

12) 박억종 외 5인, 상게서, p.19.
13) 최창호 · 하미승, 상게서, p.196.
14) 정정길,『정책학원론』(서울: 대명출판사, 1997), pp.17-20.
15) 박억종 외 5인, 상게서, p.21.

2) 정책학의 특징

정책학의 아버지라고 불리는 라스웰(Lasswell)은 정책학의 특징을 다음과 같이 정의했다.[16]

첫째, 정책학은 문제해결 지향성을 가장 큰 특징으로 하고 있다. 원래 정책이란 국가사회에서 수많은 복잡한 문제들을 어떻게 하면 합리적으로 해결해 나갈 것인가 하는 수단으로서 그 존재의 가치를 지니고 있다. 둘째, 정책학은 방법의 다원성이라는 특징을 지니고 있는데, 정책 속에는 매우 복잡다기한 문제들이 뒤섞여 존재하고 있다. 이 때문에 정책학은 여러 가지 간학문적이며 학제간 연구를 통해 심층 연구해 나가야 한다. 정책학 연구와 관련된 가장 가까운 인접학문은 행정학, 정치학, 사회학, 사회심리학, 경영학, 경제학, 법학 등이다.[17]

3. 정책과정의 참여자와 정책윤리

1) 공식적 참여자

(1) 대통령

대통령은 국가원수로서 국가의 주요 정책을 직접적으로 참여하고 결정하게 된다. 대통령은 정책결정과 집행권의 주체이다. 우리나라는 특히 대통령제를 취하고 있는 관계로 대통령에게 모든 행정적 · 정치적 권력이 상당히 많이 집중되어 있다. 우리나라는 1991년 지방자치제를 시행하고 17개 광역시도를 중심으로 지방정부가 정착되고 있으며, 세계화, 분권화 및 지방화라는 흐름에 힘입어 일부나마 권력을 지방정부로 분배하는 노력을 조금씩 보여주고 있다.[18]

---

16) H. D. Lasswell, "Policy Orientation,"in Daniel Lerner and H. D. Lasswell(eds), Policy Sciences(Stanford : Stanford University Press, 1951), pp.3-20.

17) 신현기 · 박억종 · 노진덕 · 이상열, 『새행정학개론』(파주: 21세기사, 2008), p.85.

18) 박억종 외 5인, 상게서, p.66; 신현기 · 김택 · 박억종 · 성조환 · 최미옥 · 한형서 · 황명선, 『행정학개론』(서울: 웅보출판사, 2004), p.89.

(2) 행정기관

전세계는 하나의 울타리 안에서 하나의 시장을 형성하게 되었으며 글로벌화 속에 오늘날 정부가 해결해야 할 과제는 매우 복잡하고 지속적으로 증가일로에 직면해 있다. 특히 정부관료들이 훈련과 직무교육을 통해 점차 높은 수준의 전문성을 가지고 일련의 정책과정에 적극 참여하는 추세를 보이고 있다.[19]

(3) 법원

사실상 법원도 정책과 관련된 법적인 해석을 통해 정책과정에 참여하고 중요한 역할을 수행하고 있다고 본다. 미국의 경우가 그 대표적인 나라다.[20]

2) 비공식적 참여자

(1) 정당(의회)

여당인 경우는 자신들의 공약을 실천하기 위해 행정부의 지도층에 압력을 행사하거나 로비를 벌리기도 한다. 동시에 야당도 여당의 잘못된 정책을 파헤쳐 비판하고 문제를 제기하며 정부를 통제하는 기능을 수행하기도 한다. 특히 공식적인 정책결정 기관은 의회, 대통령, 행정부 등이다. 그러나 실질적으로 정당이 매우 큰 역할을 수행하고 있다. 집권당의 경우는 그들이 선거때 공약으로 제시한 정책대안이 정책사항으로 채택되는 것이 일반적이다. 이것을 행정부의 지도층에 그대로 영향력을 행사하게 된다.[21]

(2) 시민

오래전부터 시민은 직접 선거에 공직자를 참여해 선출하는 등 정책과정에 참여해 왔다. 하지만 다른 부류의 대상자들보다는 시민의 경우 비교적 소극적으로 참여해 온 것으로 평가된다. 하지만 최근에는 시민들이 사회적 관심에 적극성을 보여주고 있으며 정책과정에 참여하려는 움직임이 높아졌다. 정책결정에 시민이

19) 최창호 · 하미승, 상게서, p.203.
20) 최창호 · 하미승, 상게서, p.204.
21) 신현기 · 김택 · 박억종 · 성조환 · 최미옥 · 한형서 · 황명선, 『행정학개론』(서울: 웅보출판사, 2004), p.89.

참여하는 경향은 후진국에서보다는 선진국에서 더욱 적극적인 경향은 보여준다.22)

(3) 전문가

정책 관련 전문가들은 특정분야에 전문성을 지니고 있기 때문에 사회문제에 관해 이의를 제기하고 사회문제들이 정책의제화 되도록 하는 동시에 비판을 가하며 잘못된 점을 비판하기도 한다. 특히 전문가들은 정책을 비교평가하는 등 중요한 지적분석 작업을 수행하는 지식제공자로서 중요한 역할을 수행하고 있다.23)

(4) 이익단체(이익집단)

이익단체(이익집단)이란 집단 구성원의 공동이익을 증진함을 목적으로 하는 그룹이다. 특히 이익집단은 정책결정자에게 압력을 가하는 동시에 자신들의 정책목표가 국가의 정책결정에 관철되도록 영향력을 행사하기도 한다. 최근에는 의회의 대표성이 약화되고 이익집단의 입김이 강해진 경향을 어렵지 않게 찾아볼 수 있다. 예를 들어 이익단체가 모여 선거전에서 자기들과 의견을 달리하는 어느 국회의원을 정해 낙선운동을 벌리는 행위도 보여주었다.24)

(5) 언론(매스컴)

선진국일수록 그리고 민주주의 사회로 발달할수록 언론은 국가의 정책과정에 적극적으로 참여하게 된다. 그 대표적인 것이 매스컴의 경우 정책결정자를 정직하게 일하고 동시에 감시하는 역할까지도 수행한다. 민주국가에 바탕을 둔 사회일수록 정책과정에서 언론(매스컴)의 역할은 커진다. 언론은 공중, 정책결정자, 정책집행자가 정직성을 유지하도록 하는 중요한 역할을 수행하고 있다.25)

---

22) 신승춘 · 하재룡 · 최미옥 · 신현기 · 신윤창 · 장덕희 · 김병준, 『현대행정의 이해』(서울: 대영문화사, 2015), p114; 신현기 · 김택 · 박억종 · 성조환 · 최미옥 · 한형서 · 황명선, 『행정학개론』(서울: 웅보출판사, 2004), p.90.

23) 신현기 · 김택 · 박억종 · 성조환 · 최미옥 · 한형서 · 황명선, 『행정학개론』(서울: 웅보출판사, 2004), p.89.

24) 신승춘 · 하재룡 · 최미옥 · 신현기 · 신윤창 · 장덕희 · 김병준, 『현대행정의 이해』(서울: 대영문화사, 2015), p114; 박억종 외 5인, 상게서, p.67.

25) 신현기 · 김택 · 박억종 · 성조환 · 최미옥 · 한형서 · 황명선, 『행정학개론』(서울: 웅보출판사, 2004), p.90.

3) 정책윤리

한 국가의 주요 정책들이 옳바르게 결정되고 달성되기 위해서는 그 정책을 결정하는데 참여하는 일련의 행위자들이 고도의 윤리정신을 지니고 지켜나가는 일이 매우 중요하다. 정책윤리는 바로 정책관련자인 행정수반, 관료, 의회, 법원, 정당 등 모두에게 중요하게 요구된다.[26] 특히 정책들이 행정관료들에 의해 대부분 결정되고 있어 이들이 잘하면 국민의 삶의 질이 높아지고 잘못하면 국민이 직접적으로 피해를 입게 된다. 이런 의미에서 정책결정자들의 정책윤리는 매우 중요하게 요구된다.[27]

제2절 정책의제형성론

1. 정책의제의 설정

1) 정책의제 설정의 개념

정책의제설정(policy agenda building or setting)이란 다원화된 사회문제들 중 중앙정부 및 지방정부에 의해 해결해야만 하는 중요한 정책으로 채택되는 일련의 과정을 의미한다. 즉 정책의제설정은 중앙정부나 지방정부의 정책담당자가 공식적으로 결정해서 집행하기로 한 정책문제들을 말한다. 특히 정책의제의 형성과정은 사회에서 발생하는 사건 → 사회문제 → 이슈화 → 정책의제의 체계적 과정을 거쳐 이루어진다.[28]

---

26) 최창호 · 하미승, 상게서, pp.211-212.

27) 신현기 · 박억종 · 노진덕 · 이상열, 『새행정학개론』(파주: 21세기사, 2008), p.88.

28) Cobb Roger W. & Charles D. Elder, Participation in American Politics; the Dynamics of Agenda-Building, 2nd ed. (Baltimore: The Johns Hopkins University Press, 1983), p.14 참조; 신현기 · 박억종 · 노진덕 · 이상열, 『새행정학개론』(파주: 21세기사, 2008), p.88.

2) 정책의제의 종류

정책의제란 사회에서 발생하는 여러가지 정책문제들 중에서 실제 정책대응을 하기 위해 구체적인 논의의 대상으로 채택하거나 표명된 문제를 가리킨다.[29] 즉 정책의제란 사회문제-(이슈화) → 정책문제 -(채택 혹은 표명) → 정책의제로 선정 등으로 나타낼 수 있다.

코브와 엘더(Cobb &Elder)는 정책의제의 종류로 다음과 같이 분류했다. 첫째는 체제의제(공중의제)이다. 이것은 일정한 정치그룹의 구성원들에 의해 대중의 관심이 요청되고 정부의 합법적인 권한행사에 관련되는 문제라고 인식되는 모든 형태의 이슈들을 모두다 포함한다.[30] 특히 공중의제는 여러 개인이나 집단이 서로 다른 의견이나 입장을 달리하는 것이기 때문에 그 내용이 불명확할 뿐만 아니라 그 우선 순위도 통일되어 있지도 않다. 그리고 시간과 상황의 변동에 따라 가변적이다.[31] 둘째 제도의제(공식의제)인데, 이것은 책임 있는 정부의 정책결정자에 의해 명백하게 채택될 수 있도록 심층 고려된 의제로서 정부에게 의사결정의 대상이 되는 의제를 의미한다. 이러한 의미에서 제도의제는 정부의제 내지는 공식의제라고도 불리고 있다.[32]

3) 정책의제형성의 모형

일반적으로 누가 주도집단이 되느냐에 따라서 정책의제형성의 모형이 달라질 수 있는 것이다. 정책의제형성과 관련해 몇가지 모형을 살펴보면 다음과 같다. 첫째, 외부주도모형이다. 이것은 일반 대중이 중심이 되어 사회문제들에 대해 주도적으로 이슈화시켜 나가는 경우이다. 특히 주어진 사회문제에 대해 근본적인 해결방안을 중앙정부에 적극적으로 요구하는 형태에 해당한다고 볼 수 있다. 여기서 외부주도모형의 프로세스를 보면 이슈제기집단 → 대중매체 → 관련공중 → 정책결정자라고 하는 순서로 진행되는 것이 일반적이다. 여기서 대중매체와

---

29) 공무원시험연구소, 『행정학개론』(서울: 서원각, 2018), p.95.
30) 박억종 외 5인, 상게서, p.77.
31) 최창호 · 하미승, 상게서, p.216.
32) 신현기 · 박억종 · 노진덕 · 이상열, 『새행정학개론』(파주: 21세기사, 2008), p.91.

관련공중은 공중의제에 해당하고 정책결정자는 정부의제에 해당된다.[33)]

둘째, 동원모형인데 이것은 예를 들어 중앙정부가 원하는 의제가 있는 경우 국민자원을 가능한 한도에서 총동원해 정당화하는 모형을 의미한다. 동원모형은 정책결정자 → 대중매체 → 관련공중이라고 하는 순서로 이루어진다. 이 경우 정책결정자는 정부의제에 해당되고 대중매체와 관련공중은 공중의제에 해당된다.

셋째 내부주도모형이다. 이 내부주도모형은 정부관료들이 사회문제를 발빠르게 알아채고 즉각적으로 정책화하여 신속하게 집행하는 모형을 의미한다. 이 모형의 경우는 국민이 사전에 알게 되면 곤란한 문제를 다룰 경우나 아주 시간이 급박한 경우 혹은 국가가 경우에 따라서 국민을 무시하고 정책을 행할 때 이러한 모형이 활용되고 있다. 따라서 이것을 음모형이라고도 부른다. 하지만 이 모형은 좋은모형이 아닌데, 왜냐하면 언제인가 사회적으로 저항과 같은 문제가 크게 나타날 가능성이 있기 때문이다. 그럼에도 불구하고 우리 사회에는 이러한 모형을 활용하지 않으면 안되는 경우도 있을 수 있다.[34)]

2. 정책의제 형성의 참여자

정책의제형성에 있어서 직접 참여자는 일반적으로 공식적 참여자와 비공식적 참여자로 나누어지는데, 우선 공식적 참여자의 경우는 대통령, 국회, 행정부, 사법부 등이 이에 해당된다. 이에 반해 비공식적 참여자는 국민, NGO와 같은 이익집단, 매스컴, 개인 등이 여기에 해당한다.[35)]

1) 정책의제에 있어서 공식적 참여자

(1) 대통령

국가원수인 대통령은 한 국가의 정책형성 과정에서부터 결정 과정 까지 국가

---

33) 제갈돈 · 김병규 · 도수관 · 윤기웅 · 이곤수, 『행정학개론』(파주: 법문사, 2017), p.141; 신현기 · 박억종 · 노진덕 · 이상열, 『새행정학개론』(파주: 21세기사, 2008), p.89.

34) 박억종 외 5인, 상게서, pp.93-96.

35) 공무원시험연구소, 『행정학개론』(서울: 서원각, 2018), p.97.

전체에 폭넓게 직접적으로 참여하고 있다는 점에 이론이 없다. 대통령은 한 국가의 정책과정의 전반에 대해 지속적으로 영향력을 미치게 되고 국가행정을 적극적으로 주도해 나가고 있다. 그 좋은 예가 박정희 대통령의 경우 60-70년대 말까지 국가의 국정과제 중 경제정책을 1순위에 올려 놓고 국가주도적 성장정책을 시행했던 것을 예로 들 수 있다. 이 당시 경제 이슈는 그야말로 국가정책의제에 있어서 절대적 우위에 있었다.

(2) 국회(의회)

우리 사회속에는 엄청난 정책의제들이 뒤섞여 있다. 국민의 대표인 국회는 그 많은 의제들 중에서 가장 주요하다고 떠오른 주요 사회문제들을 우선적으로 골라내어 정부가 신속하게 해결해 나갈 수 있도록 하는 중심역할을 수행한다. 이러한 차원에서 볼 때 국회는 국민의 대표로서 시민을 위해 매우 중요한 역할을 하고 있음을 인식할 수 있다.

(3) 행정관료 그룹

공직에 근무하는 관료들은 전문가집단으로 이루어졌기 때문에 국가의 정책과정에서 상당히 중요한 중간역할을 수행한다. 특히 행정관료는 강한 조직력을 갖추고 있으며 오늘날 상당히 고도화된 정보와 기술 능력도 지니고 있을뿐 아니라 다방면에서 행정경험도 풍부하게 지니고 있다. 관료그룹은 현대사회의 여러 문제들에 대해 가장 정확하게 파악하고 있을뿐 아니라 제반 이슈들을 가장 정확하게 인지할 수 있는 능력을 유지하고 있다.

2) 비공식참여자

(1) 이익집단

이익집단은 흔히 NGO라고도 불리고 있다. 일종의 압력단체로도 대변되고 있다. 이익집단은 무엇보다 자신들의 첨예한 이익이나 사회를 대변하는 공동이익을 추구하기 위해 결속하기도 한다. 나아가서 이익집단은 자신들의 이익을 강력하게 주장함은 물론이고 이미 가지고 있는 기득권을 적극적으로 보호하고자 하는 차원에서 침해될 수도 있는 사회문제를 적극적으로 사회이슈화 하는 등 정책형성자들을 상대로 적극적인 로비활동을 펼치기도 한다. 현대사회에서 이익단체들은 과거에 비해 상당히 강력한 모습을 보여주고 있으며 자신들의 이윤을 끝까지 관철시키고자 하는 경향이 강해졌다.[36)]

(2) 일반국민

현대사회에서 일반인들도 사회의 정책의제형성 과정에서 자신들의 영향력을 지속적으로 미치고자 한다. 예를들어서 사회문제가 있는 경우 시위나 서명운동과 같은 각종 방법을 활용하여 사회문제들을 적극적으로 이슈화하고 언론에 알리고자 한다. 결국에는 이러한 이슈들이 정부의 정책담당자들로 하여금 국가적 정책의제로 논의되게 하고 결국에는 정부의제로 채택되도록 하기 위한 영향력을 행사하는데 적극적으로 나서고 있다.

(3) 매스컴(여론)

현대사회에서 방송이나 신문과 같은 매스컴은 시민들이 사회적으로 이슈화 시킨 문제들을 적극적으로 확대 재생산시켜 중앙이나 지방정부의 정책의제로 받아들이도록 지속적인 역할을 수행하는 특징을 가지고 있다. 특히 1960-80년대 까지 우리나라 군사정부는 언론에 대해 상당히 강압적인 통제를 가함으로써 언론의 입을 닫게 했으나 90년대에 접어들어 민주화가 전개됨으로써 매스컴의 역할이 매우 자유롭게 되었다.

---

36) 신현기 · 박억종 · 노진덕 · 이상열, 『새행정학개론』(파주: 21세기사, 2008), p.91.

제3절 정책결정론

1. 정책결정의 의의와 개념

정책결정(policy making)은 중앙정부나 지방정부가 이미 하나의 정책의제로 채택된 사회 문제들을 어떤 바람직한 방법으로 해결할 것인가에 대해 중요한 활동지침을 설정하는 과정을 의미한다. 정책결정을 제대로 내리기 위해서는 상당히 복잡하게 서로 혼합되어 있는 여러 가지 문제들을 합리적·합법적으로 해결해 나가려는 노력이 요구된다. 흔히 여러 가지 정책에 대한 중앙과 지방정부의 적극적인 해결의지는 일반적으로 정부방침, 법률, 시책, 계획, 시행령, 명령 등을 통해 나타나기도 한다.[37] 특히 정책결정의 궁극적 목표는 공익의 실현에 놓여져 있다.[38]

2. 정책결정의 특징

일반적으로 정책결정과 의사결정은 정부의 문제해결이나 목표달성을 위해 여러 가지 합리적인 대안들 중에서 가장 최선의 대안을 선택하는 것이라는 점에서 궁극적으로는 같은 것이라고 이해된다.[39] 결국 정책결정이란 중앙이나 지방정부가 오직 공공의 이익을 위하여 내리는 합리적인 의사결정이라고 볼 수 있다.

3. 정책결정의 과정

일반적으로 정책결정은 분석에 의한 정책결정을 표준으로 삼아서 5단계를 거쳐 이루어진다.[40]

---

37) 박억종 외 5인, 상게서, p.125; 신현기 · 박억종 · 노진덕 · 이상열, 『새행정학개론』(파주: 21세기사, 2008), p.92.

38) 최창호 · 하미승, 상게서, p.222.

39) 김중규, 『뉴 밀레니엄 행정학』(서울: 다산출판사, 1997), p.249.

40) 제갈돈 · 김병규 · 도수관 · 윤기웅 · 이곤수, 『행정학개론』(파주: 법문사, 2017), p.142; 최창호 · 하미승, 상게서, p.225.

첫째, 문제의 명확화이다. 일반적으로 문제는 어디까지나 문제로 인식될 경우에만 마침내 문제로 부각될 수 있는 것이다. 이 때문에 정책결정을 내리려면 미래에 결정을 내려야만 할 대상에 대해 명확하게 인식하는 일이 매우 중요하다.

둘째, 정보와 자료의 수집 및 분석이다. 정책결정을 내리기 전에 우선 그 정책과 연계되어 있는 정확한 정보를 입수한 후 정확하며 객관적인 분석을 행하는 일이 우선되어야 한다.

셋째, 대안의 탐색과 비교 및 평가가 필요하다. 미래에 해결해야 할 문제들을 잘 분석하여 해결 대안을 정확히 탐색하는 동시에 평가하는 일도 매우 중요하다.

넷째, 최적대안의 선택이다. 최종적으로 가장 합리적이고 최적의 대안을 선택해야 한다.

다섯째, 합법화와 예산조치이다. 이미 선택된 대안에 대해서는 그 대안에 대한 정당성 내지는 일정한 권위를 부여할 필요가 있다. 나아가서 정책결정의 대안을 실천하기 위해 필요한 예산의 편성이나 심의 그리고 최종 결정이 뒤따라 주는 일이 매우 중요하다.

4. 정책결정의 기준

정부의 정책결정자들이 국가정책을 최종적으로 결정할 때 중요하게 고려해야 할 여러 가지 기준들이 존재한다. 그 중요한 기준들 중 대표적인 것 6가지를 살펴보면 다음과 같다.[41]

1) 가치의 문제

중앙과 지방정부의 정책들을 결정하는 경우 해당 정책결정자들은 본인들이 소속된 국가사회의 정치나 사회환경의 범위 내에서만 정책결정을 내리지만은 않는다. 다시 말해 어디까지나 정책결정자들은 자기 개인의 특성에 따라서도 정책결정을 내리는 방향이 달라질 수도 있다. 특히 중요한 정책결정시에 정치적 가치,

41) 박성복·.이종열, 『정책학원론』(서울: 대영문화사, 1998), pp.326-327; 신현기·박억종·노진덕·이상열, 『새행정학개론』(파주: 21세기사, 2008), p.94.

조직의 가치, 개인적 가치, 정책의 가치, 이념적 가치 등이 심층적으로 고려대상이 될 수 있는 대표적인 가치들에 해당된다.[42]

2) 정당의 이익

경우에 따라서는 정책결정자의 경우 자기가 소속되어 있거나 자기가 지지하고 있는 정당의 이익도 중요한 정책결정의 기준으로 작용하기도 한다.

3) 고객의 이익

정책결정자가 스스로 자기와 중요한 이해관계를 유지하고 있는 관련 집단의 이익이 중요한 정책결정의 기준이 되는 경우도 있다.

4) 여론

중앙과 지방정부의 정책결정자는 여러 가지 정부정책을 결정하는 경우 그 당시 여론의 향배에 중요한 영향을 받을 수밖에 없다. 국가의 정책결정이 경우에 따라서는 여론의 방향에 따라 전혀 다르게 뒤바뀌는 것을 보기도 한다.[43]

5) 복종이나 추종

중앙과 지방정부의 정책결정자들은 상관의 지시에 의해 대부분 정책결정을 내리는 경우가 적지 않다. 이뿐만 아니라 정책전문가들의 자문이나 의견을 받아서 가장 합리적인 정책결정을 내리는 경우도 적지 않다.

6) 규칙과 지침

중앙과 지방정부의 정책결정자들은 일정한 지침이나 규칙에 따라서 가장 바람직한 정책결정을 내리는 경우가 많다.

---

42) 박억종 외 5인, 상게서, p.128.
43) 최창호 · 하미승, 상게서, p.226.

5. 정책결정 모형

정책결정을 내리는 경우 여러 가지 모형을 활용하고 있다. 그동안 정책결정 모형들이 적지 않게 개발되어 정책결정 시에 활용되어 나왔다. 여기서는 그 대표적인 합리모형, 만족모형, 점증모형, 혼합관조모형, 최적모형, 쓰레기통모형에 관해 간략하게 소개하기로 한다.[44]

1) 합리모형

정책결정에 있어서 합리모형은 말 그대로 합리성을 강조하는 모형으로 이해하면 된다. 특히 합리모형은 일반적으로 이상적 모형이라고도 불리고 경우에 따라서는 규범적 모형이라고 칭하고 있다. 다른 한편에서 합리모형은 경제학이나 경영학에서 많이 활용되고 있는 연구모형으로 알려져 있다. 내용적 면에서 볼 때, 합리모형은 최소의 비용을 들여서 가능한한 최고의 목표를 달성해 내고자 하는 것을 핵심으로 하는 이론이다. 그리고 합리모형은 세상에서 인간이 전지전능하다는 전제하에서 접근한 이론이라는 특징을 지니고 있다. 합리모형 이론은 정책결정에 필요한 모든 지식과 정보를 동원할 수 있다는 것을 특징으로 한다.

(1) 합리모형의 특성

정책결정시에 합리모형도 잘 활용되고 있다. 앤더슨(J. E. Anderson)이 만들어낸 합리모형의 특성 다음과 같은데, 그는 여섯 가지 과정의 결과를 통해 진행할 경우 가장 합리적인 정책결정의 결과가 도출될 수 있다고 보았다.[45]

- 정책결정 시에 의사결정자는 경우에 따라서 다른 문제와 구분되거나 최소한 다른 문제에 비하여 의미 있는 상황이나 문제에 직면한다.
- 의사결정자에게 중요한 지침이 될 수 있는 가치나 목표 및 목적은 그 각각

44) 제갈돈 · 김병규 · 도수관 · 윤기웅 · 이곤수, 『행정학개론』(파주: 법문사, 2017), p.143; 공무원시험연구소, 『행정학개론』(서울: 서원각, 2018), pp.102-103.

45) 제갈돈 · 김병규 · 도수관 · 윤기웅 · 이곤수, 『행정학개론』(파주: 법문사, 2017), p.143.; 김병진, 『정책학개론』(서울: 박영사, 2002), p.213; 상세한 내용은 박억종 외 5인, 상게서, p.136을 참조; 신현기 · 박억종 · 노진덕 · 이상열, 『새행정학개론』(파주: 21세기사, 2008), p.95.

의 중요성에 따라서 명백하도록 함은 물론 서열화 할 수 있다.

- 정책결정 시에 문제를 다루는 것과 관련된 여러가지 대안들이 심층 검토된다는 점이다.
- 정책결정 시에 각 대안들의 선택에 따른 영향이 조사된다는 점이다.
- 정책결정 시에 의사결정자는 목적이나 가치 및 목표를 가장 잘 달성할 수 있는 대안을 선택하게 된다는 것이다.

(2) 합리모형의 비판

합리모형은 좋은 특성을 지니고 있음에도 불구하고 다음과 같은 몇가지 비판을 받고 있다.

첫째, 합리모형은 정책결정에 적극적으로 활용될 수 있는 아주 단순한 기법들만 활용하고 있다는 점이다. 다시말해 합리모형은 매우 중요한 인간의 심리와 인간사회의 동태적 요소들을 거의 고려에 넣지 않았다는 비판을 받고 있다. 그 이유를 보면 인간이란 존재는 비교적 복잡한 상황 속에서 신처럼 전지전능한 능력을 지니고 있는 것도 아니며 모든 사람이 다같이 동일한 가치선호를 지니고 있는 것도 아니라는 것이다.

둘째, 합리모형은 사실상 현실세계에 대한 분석과 설명보다는 단지 논리적인 당위성 부분만을 특히 강조하고 있다는 비판을 벗어나기 어렵다.

셋째, 정책결정 시에 사실상 모든 요소들을 전부 고려한다는 것은 지적이나 물리적 측면에서 볼 때 불가능에 가깝다는 비판을 받는다.

그러면 왜 합리모형이 위와 같은 차원에서 비판을 받음에도 불구하고 오늘날 여전히 정책결정시에 가장 우선적으로 활용되고 있다는 점도 눈여겨 볼 필요가 있다. 그 이유는 여러 문제점에도 불구하고 활용의 가치가 그만큼 크기 때문으로 인식된다.[46]

46) 백완기, 『행정학』(서울: 박영사, 2007), p.362.

2) 만족모형

(1) 개념

마치(J. March)와 사이먼(H. Simon)에 의해 주장된 만족모형은 인간의 전능성을 전제조건으로 한 합리모형의 단점을 어느 정도 보완해 보자는 입장에서 등장한 대표적 이론이다. 위에서 소개한 합리모형은 다음과 같이 이른바 의사결정에 개입되는 가치를 다루는 가치판단의 곤란성과 모든 대안의 탐색이나 결과를 예측하는 사실판단상의 곤란성이라는 난제를 지니고 있다. 이 점에 만족모형은 주목했다. 즉 사실판단상의 곤란성 때문에 합리성이 어느 정도 제약을 받고 있다는 것이다. 이와 같이 어느 정도 제약된 합리성 아래에서 의사결정이 실제로 진행되는 일련의 과정을 상세하게 분석함은 물론 검토까지 진행한 것이 바로 만족모형인데 사이몬(Simon)이 지대한 영향을 미쳤다.[47]

사이몬은 위에서 살펴 본 합리모형에서 가정하는 의사결정자를 경제인이라고 칭했다. 그리고 사이몬은 자기 스스로 자신이 제시하는 합리성의 제약을 받는 의사결정자를 행정인이라고 부른바 있다.[48]

(2) 장점

만족모형은 애초에 사실주의를 추구하는 심리학과의 조직이론에 그 연구기반을 두고 있었기 때문에 정책결정자들은 스스로 자신들이 만족하는 대안뿐 아니라 훨씬 그 이상의 무엇을 추구하려고 하는 노력을 기울이지 않는 경향이 강하다는 것이다. 이런 이유 때문에 양보다는 사실상 만족할 만한 질이 정책결정 시에 더 큰 핵심 사항이 됨은 물론 만족할 만한 질의 변화가 정책결정을 개선하는데 있어서 아주 중요한 수단이 된다는 점이다.

(3) 단점

만족모형의 단점은 만족할 만한 질을 그냥 주어진 것으로 간주한다는 점과 만

47) 공무원시험연구소, 『행정학개론』(서울: 서원각, 2018), p.102; 박연호·이종호·임영제, 『행정학개론』(서울: 박영사, 2007), p.144.
48) 박연호·이종호·임영제, 상게서, p.144.

족의 질을 형성하는 기본적 변수들이 무엇이며 동시에 그 변수들이 과연 어느 정도까지 의식적으로 통제될 수 있는가에 대한 해답이 사실상 무시되고 있다는 점이다.[49] 무엇보다 만족모형은 만족할 만한 질을 달성한다는 것이 사실상 어렵다는 것을 무시하고 지나칠 정도로 주관적이라는 단점을 지니고 있다.

3) 점증모형

익히 알려진 대로 점증모형은 린드블룸(Charles E. Lindblom)의 이른바 '간신히 헤쳐 가는 모형'과 사이몬(H. A. Simon)의 '만족모형'을 혼합하여 만든 이론이다.[50] 사실상 이들 양자간의 이론은 그 내용적 측면에서 거의 차이가 없는데, 사이몬(H. A. Simon)은 개개인의 인지과정의 한계에 초점을 둔채로 정책결정에 대한 상황을 설명하고 있다. 이에 반해 린더블름(Lindblom)은 사이몬(Simon)의 이론을 전제로 한층 더 거시적이며 포괄적인 차원에서 정책결정을 논의하고 있다. 따라서 이들 양자간의 이론은 같은 선상에서 연구되어 왔음을 인식할 수 있다.[51]

(1) 점증모형의 특징

점증모형은 기존의 정책을 기본으로 기존의 것보다 어느 정도 더 향상된 정책을 추구해 나가는 방식으로 결정하는 것이다. 예를 들어 이전의 정책이 어떤 장·단점을 지니고 있는지를 심층적으로 참고하면서 향후 정책상황까지도 고려하고 결정해 나가는 것을 핵심으로 삼는다. 즉 점증모형은 정부예산을 보면 쉽게 이해될 수 있는데, 정부예산은 전년도의 예산을 기준으로 새로운 정책결정에 따른 신규사업의 예산액 까지 추가되는 방식에 따라 형성되는 것으로 이해할 수 있다.[52]

---

49) 박억종 외 5인, 전게서, p.143; 신현기 · 박억종 · 노진덕 · 이상열, 『새행정학개론』(파주: 21세기사, 2008), p.98.
50) 백완기, 상게서, p.362.
51) 제갈돈 · 김병규 · 도수관 · 윤기웅 · 이곤수, 『행정학개론』(파주: 법문사, 2017), p.144.
52) 박억종 외 5인, 전게서, p.137; 신현기 · 박억종 · 노진덕 · 이상열, 『새행정학개론』(파주: 21세기사, 2008), p.99.

(2) 점증모형의 비판

점증모형의 비판을 세가지만 소개하면 다음과 같다.

첫째, 점증모형은 정책결정 시에 그 의지성이 결핍되어 있다는 점이 비판받는다. 사실상 정책은 의지성과 개혁성 및 계획성으로 구성되어 있으며 동시에 통제성 까지도 내포하고 있는 것인데도 불구하고 점증모형은 이 점이 크게 결여되어 있다.

둘째, 마치 심하게 술에 취한 주취자가 비틀 비틀걸음을 걷는 것 같은 모습을 지닌 점증모형은 미래의 개혁문제를 개선하는 데 있어서 비교적 부적절하다는 비판을 받고 있다.

셋째, 점증모형은 사실상 정책을 사회적 약자의 요구들을 적극 반영하는 차원에서 이해하고자 노력하기 보다는 오히려 강자들의 이익을 위한 조절과정 쪽으로 힘을 싣고 있다는 점에서 비판받아 왔다.[53]

(3) 합리모형과 점증모형

위에서 심층 분석해 본 합리모형과 점증모형을 비교해 보면 다음과 같다.

〈표 3-1〉 합리모형과 점증모형의 비교

합리모형	점증모형	정책결정의 구성요소
• 합리적 세계, 현실무시 • 넓음 • 수단은 목표에 합치되도록 선택 • 재구성, 정의가 거의 없음 • 단발적 • 목표의 달성도(경제적 합리성) • 소수의 의사결정자, 분석적 • 통일적, 포괄적, 집중적	• 정치적 세계 • 한정적 • 좁음 • 목표는 수단에 합치되도록 수정 • 재구성, 재정의가 빈번 • 계속적 • 바람직하지 않은 상황 수정 (정치적 합리성) • 다양한 이해관계집단 • 비분석적, 비통일적	• 정치선택의 범위 • 대안의 범위 • 정책집행 결과의 범위 • 목표와 수단의 상호작용 • 문제의 구성 • 분석 · 평가과정 • 정책의 평가기준 • 분석 · 평가주체

출처: 박억종 외 5인, 전게서, p.139; 신현기 · 박억종 · 노진덕 · 이상열, 『새행정학개론』(파주: 21세기사, 2008), p.99 재인용.

53) 공무원시험연구소, 『행정학개론』(서울: 서원각, 2018), p.103; 자세한 내용은 백완기, 전게서, p.364를 참조.

4) 혼합관조모형

(1) 개념

에치오니(A. Etzioni)에 의해 주장된 혼합관조모형(Mixed-scanning model)도 정책결정 모형으로서 가치가 높은 편이다. 이 모형은 위에서 살펴본 합리모형과 점증모형을 혼합시킨 모형을 특징으로 한다. 이 모형을 발전시킨 에치오니는 합리모형은 매우 이상적이므로 사실상 비현실적이다. 그리고 점증모형의 경우도 상당히 점진적인 영역만 집중적으로 취급하다보니 너무 보수성이 강하다고 비판했다. 에치오니의 혼합관조모형은 정확히 합리모형과 점증모형의 중간단계 쯤에 해당하는 모형이라고 볼 수 있다.[54]

혼합관조모형은 인공위성에 카메라를 장착한 후 기상관측 시에 우선 공간전역을 대충 조사하고 나서 만일 어느 곳이 이상지역으로 발견되면 다음단계로 정밀카메라를 통해 해당 지역을 정밀하게 탐색하는 방법을 혼용하는 방식과 같은 사례라고 볼 수 있다.[55]

(2) 주요내용

에치오니는 합리적모형과 점증주의모형이 가지고 있는 관련 문제점들을 해결해보기 위해 두 개 모형의 장점들을 혼합해 이른바 혼합관조모형을 주창해 냈다. 혼합관조모형의 핵심내용은 다음과 같다.

〈표 3-2〉 혼합관조모형의 핵심내용

	고려한 대안	예측할 대안의 결과
근본적 결정	중요한 대안을 포괄적으로 모두 고려(포괄적 합리모형)	중요한 결과만 개괄적예측, 미세한 세목은 무시(합리모형의 지나친 엄밀성 극복)
세부적 결정	근본적 결정의 테두리 내에서 소수의 대안만 고려(점증주의)	여러 가지 결과의 세밀한 분석(포괄적 합리모형)

출처: 박억종 외 5인, 전게서, p.144에서 재인용; 정정길, 전게서, p.419; 신현기 · 박억종 · 노진덕 · 이상열, 『새행정학개론』(파주: 21세기사, 2008), p.101.

54) 제갈돈 · 김병규 · 도수관 · 윤기웅 · 이곤수, 『행정학개론』(파주: 법문사, 2017), p.144.
55) 박연호 · 이종호 · 임영제, 전게서, p.146.

(3) 비판

혼합관조모형이 비판 받는 점은 다음과 같다. 즉 혼합관조모형은 독특하게 스스로 내세우는 핵심 내용이 거의 없다는 점이다. 이 모형은 합리모형이나 점증모형을 집중적으로 비판하고 있다. 그럼에도 불구하고 독특한 자기만의 대안을 제시하고 있지도 못하다는 비판에 직면했다. 이것이 본 모형의 큰 한계점이다. 혼합관조모형은 특히 점증모형을 크게 공격하면서 비판한 바 있지만, 사실 정책결정가들의 기본방향에 대한 통제의식 부분을 제외한다면 점증주의모형과 별반 크게 차별화되는 것이 발견되지 않는다는 점에서 비판받고 있다.[56)]

5) 최적모형

(1) 최적모형의 개념

에치오니(A. Etzioni)가 그랬던 것처럼 합리모형과 점증모형을 싸잡아서 비판한 후 최적모형을 제시한 사람은 드로어(Y. Dror)였다.[57)] 최적모형은 그냥 단순하게 혼합한 모형이 아니고 합리성 내지는 초합리성을 일시에 참작하는 이른바 최적치를 중심으로 하는 규범적 최적모형을 내놓았다. 이점이 에치오니의 혼합관조모형과 비교해 볼 때 큰 차이가 있다.[58)]

드로어가 내놓은 최적모형의 핵심은 다음의 두 가지인데 하나는 기존의 합리적 결정방식이 과도하게 수리적 완벽성을 추구한 나머지 현실성이 무색해지는 것을 특히 경계했다는 점이다. 또 하나는 다른 여러 가지 모형들이 과도하게 현실 지향적으로 가는 것을 경계해보자는 차원에서 제시하게 되었다는 점이다.

(2) 최적모형의 특성

드로어가 내놓은 최적모형은 다음과 같이 몇 가지 특성을 지니고 있다.

---

56) 백완기, 상게서, p.366.

57) Y. Dror, Public Policymaking Reexamined, Chandler Publishing Co., 1968, Part IV.

58) 제갈돈 · 김병규 · 도수관 · 윤기웅 · 이곤수, 『행정학개론』(파주: 법문사, 2017), p. 145; 공무원시험연구소, 『행정학개론』(서울: 서원각, 2018), p. 104; 박연호.이종호.임영제, 전게서, p. 147; 백완기, 전게서, p.368.

첫째, 최적모형은 합리적 분석을 포함하여 정책결정자의 직관적 판단까지도 아주 중요한 요소로 삼고 있다.

둘째, 최적모형은 양적 · 질적 분석을 모두 함께 고려할 필요가 있다는 입장을 내놓았다.

셋째, 최적모형은 경제성을 참작한 합리성을 추구하는 특성을 지니고 한다. 또한 최적모형은 시간이나 정해진 자원들의 제약을 심층 고려하면서 최선의 합리성까지도 추구하고자 하는 특성을 가지고 있다.

넷째, 최적모형은 가치나 목표 및 결정이라는 주요 기준을 명백히 하는 특성을 지니고 있다.[59)]

(3) 최적모형의 공헌

정책결정 이론분야에서 최적모형은 적지 않은 공헌을 보여주었다.[60)] 첫째, 최적모형은 정책결정 과정 시에 가치를 상당히 중요시 했다는 점이 큰 공헌에 해당한다. 둘째, 그의 모형은 정책결정과정에 있어서 직관, 판단, 창의 등을 통해 합리모형을 더욱 발전시켰다는 것이다. 셋째, 이른바 초정책 결정과정을 소개함으로써 새로운 정책결정의 영역에 토대를 마련했다는 것이다.

(4) 비판

최적모형은 여러 가지 좋은 장점들을 지니고 있음에도 불구하고 합리모형을 모방함으로써 너무 이상적이며 비현실적이라는 비판을 받고 있다.[61)] 즉 합리모형의 테두리를 벗어나지 못하고 있다. 그리고 양적인 것보다 질적인 것을 따진다고 강조하면서도 정작 그 이론의 전개는 비용-효과 등의 양적인 개념에 치중하고 있다는 비판에 직면했다.

---

59) Y. Dror, Muddling Through: Science or Ineria? PAR, Vol. 24, No. 3(1964), p.156; 안해균, 상게서, p.322; 백완기, 상게서, p. 367; 박억종 외 5인, 상게서, p.147; 박연호.이종호.임영제, 상게서, p.147.

60) 김병진, 『정책학개론』(서울: 박영사, 2002), p.259.

61) 박억종 외 5인, 전게서, p.146.

6) 쓰레기통 모형

(1) 쓰레기통모형의 개념

코헨(M. Cohen), 마치(J. March), 올슨(J. Olsen)은 쓰레기통모형을 내놨다. 그들은 '정책결정은 여러 가지 복잡하고 혼란한 상황 속에서 뒤섞여 있다는 것이다. 이 때문에 정책결정 과정이 정해진 규칙에 의해 진행되지 않는다는 것이다. 즉 정책과정은 쓰레기통에 던져져 있는 온갖 잡동사니 쓰레기들이 서로 뒤섞여 있는 것과 같다'고 주장했다.[62] 무엇보다 정책 결정을 필요로 하는 문제뿐 아니라 문제의 해결책, 결정에 대한 선택의 기회, 결정에의 참여자 등 위에서 언급한 4가지가 각각 독립적으로 존재하다가 우연한 기회나 계기에 따라 서로 교차하게 되고 만나게 될 경우 바람직한 정책결정이 이루어지게 된다는 것이 핵심내용이다.[63]

(2) 쓰레기통모형에 대한 평가

여기서 소개된 쓰레기통모형은 조직화된 무정부상태를 전제로 우리 사회에서 정책결정 문제를 비교적 냉정하고 상세하게 분석했다는 점에서 높은 가치를 인정받고 있다. 이런 맥락에서 분석해 볼 때 쓰레기통모형은 우리 사회 속의 바람직한 가치 혹은 신념의 무정부상태와 변동상황 속에서 정책결정의 행태를 옳바르게 분석해 주는데 있어서 적지 않은 도움을 준다.[64]

하지만 일정한 조직 또는 임시조직들에서는 쓰레기통모형이 어느정도 설득력이 있지만 그러하지 않은 경우나 상황하에서는 일정한 한계에 부딪히기도 한다. 그 이유는 대부분의 국가들의 사회에서 조직은 안정되고 균형이 잡혀있기 때문이다. 아무튼 본 모형도 정책결정에서 잘 활용되고 있다.

62) 제갈돈 · 김병규 · 도수관 · 윤기웅 · 이곤수, 『행정학개론』(파주: 법문사, 2017), p.145; 박연호.이종호.임영제, 전게서, p.149.

63) 공무원시험연구소, 『행정학개론』(서울: 서원각, 2018), p.106.

64) 박연호.이종호.임영제, 상게서, p.152.

6. 정책결정자

1) 의의

흔히 정책결정자 하면 공식적 정책결정자와 비공식적 정책결정자라는 두 개의 부류로 나누어진다. 앤더슨(J. E. Anderson)은 공식적 정책결정자와 비공식적 정책결정자로 구분했다. 공식적 정책결정자 부류에는 고급행정관료, 일반행정관료, 국회의원, 법관 등이 있다.[65] 그들은 바로 중앙이나 지방정부가 행하는 공공정책의 결정에서 직접적으로 참가할 자격이 있는 공식적 권한을 소유하고 있다. 이에 반해 비공식적 정책결정자들이나 기타 참여자들의 경우는 구속력을 가진 정책결정을 내릴 수 있는 법적권한을 유지하고 못한 부류들이다. 예를들어 정당, 이익집단, 시민, 언론기관, 전문가 등이 이에 해당한다.[66]

물론 국가들마다 자신들의 헌법에 의해 다소 차이가 있을 수 있지만 흔히 입법부가 대부분 1차적인 정책결정자 입장이고 행정부는 보조적인 정책결정자로서 위치를 점하고 있다.

2) 공식적 정책결정자

세부적으로 공식적 정책결정자인 입법부(의회), 대통령(고위행정관료), 행정각부, 사법부 등을 살펴보면 다음과 같다.

(1) 입법부(의회)

모든 국가들에서 입법부(의회)는 자신들의 주요 정책이나 규칙들을 법절차를 통해 만들어 내고 있다. 이 과정에서 입법부(의회)는 모든 사안들을 심의와 의결하고 있다. 이 때문에 그들은 공식적 정책결정자로서 중요한 역할을 앞장서서 적극적으로 수행하고 있다.[67] 이러한 상황은 대부분의 선진국들에서 보편적인 현상

---

65) J. E. Anderson, Public Policy-Making, 3rd. (New York : Holt, Rinehart and Winston, 1984), pp.29-30.

66) 신현기 · 박억종 · 노진덕 · 이상열, 『새행정학개론』(파주: 21세기사, 2008), p.104.

67) G. A. Almond, ed., Comparative Politics Today : A World View(Boston : Company), p.116; 박억종 외 5인, 상게서, p.154.

을 보여준다. 그러나 후진국의 경우는 오늘날에도 조금 다를 수 있다. 예를들어 1960-1980년대 우리나라 군사정부 시절은 입법부(의회)가 대통령을 정점으로 한 행정부에 눌려 제기능을 다하지 못했다. 물론 민주화된 오늘날에는 이러한 모습을 찾아보기 어렵다.

(2) 대통령(고위행정관료)

정책결정과 관련하여 미국의 경우는 매우 엄격하게 유지되는 권력분립적 정치체제 하에서도 외교, 국방정책 같은 것은 대통령이 결정적으로 정책결정권을 갖는다. 그러나 한국의 경우는 대통령이 정책의제설정에서부터 정책결정, 정책집행에 이르기 까지 강력한 영향력을 행사해 오고 있었다. 그러한 좋은 예가 국회에서 의결하게 되는 법률의 형태를 취하고 있는 형태라 할지라도 대통령이나 행정부에 의해 사실상 결정되는 경우가 왕왕 있다. 나아가서 행정 각 부처가 정책을 결정하는데 있어서도 대통령이 정책결정을 행하는 경우가 허다하다.

(3) 사법부

전세계 최강대국이며 50개 州로 이루어진 미국의 경우 법관들이 정책을 결정하는 경우가 비교적 많은 편인데 우리나라에서는 이러한 현상이 비교적 적은 편이다.

3) 비공식적 정책결정자

(1) 정당

정당의 목적은 정권을 쟁취하는데 목적이 있다. 같은 맥락에서 각 국가들의 정당은 자기 정부의 각종 정책들을 선점 내지는 장악하려고 하는 노력을 지속적으로 시도하고 있는게 일반적이다. 물론 정책결정은 일반적으로 대통령, 행정부 및 국회 등이 수행하고 있다. 하지만 이에 버금갈 정도로 정당도 역시 큰 주요 역할을 수행하고 있음을 어렵지 않게 찾아 볼 수 있다. 일반적으로 어느 나라 어느 정당이던지 선거에서 내세웠던 각종 정책들을 정권을 쟁취한 후 즉시 집권당으로서 현실에 적용시키는 경향이 많다.

(2) 이익집단

이익집단은 전문적·정치적 제수단들을 총동원하여 국가의 주요 정책결정에 적극적으로 개입하는 일이 흔하다. 어느 국가이든지 그 국가가 처한 상황에 따라 이익집단이 정책결정에 어느 정도 크기로 개입할 수 있는지는 해당 국가의 정치체제와 구조의 특성에 따라서 얼마든지 달라질 수 있다.[68]

(3) 시민

어느 국가를 막론하고 시민들은 국가의 정책결정 시에 직접적인 방법을 통해 눈에 띠는 영향력을 행사하지는 못하는게 일반적이다. 그럼에도 불구하고 시민들은 유권자로서 투표권을 유지하고 있기 때문에 통치권자인 대통령과 시민의 대표자인 국회의원을 선출할 수 있는 큰 권한을 보유하고 있다. 이처럼 시민은 대통령과 국회의원을 선출하는 권한 행사를 통해 결국에는 간접적이며 미약하나마 국가의 정책결정에 참여하는 존재이다.

(4) 언론(매스컴)

일년 내내 언제든지 언론은 일반시민과 전문가들을 통해 국가의 주요 정책대안들을 소개한다. 동시에 언론은 각종 정책들을 대중이나 정책결정자들에게 지속적으로 전파하고 알림으로써 간접적으로나마 각종 정책결정에 직·간접적으로 참여하기도 한다. 언론이 들추어 내는 가종 여론에 대해 정책결정자들은 촉각을 곤두세울 수밖에 없으며 정책반영에 신경을 많이 쓰는 것이 일반적이다.

(5) 전문가

정책결정 시에 전문가들은 각종 사회문제의 해결을 위해 바람직한 정책대안들을 내놓는 것이 일반적이다. 전문가들은 국가의 정책결정에 있어서 전문적·분석적 연구토대를 제공한다. 이것은 결국 전문가들도 국가의 중요 정책결정에 참여하고 있음을 인식할 수 있다.

---

68) 김중규, 상게서, pp.271-273.

(6) 한국의 정책결정 실례

우리나라에서 정책결정과정을 그림을 통해 정리해보면 다음과 같다. 한국정부의 정책결정 루트는 국회와 정당 및 행정부의 국장급에서 상호 협의를 거쳐서 궁극적으로 대통령에게 집중되는 시스템으로 이루어져 있다.

〈그림 3-1〉 우리나라의 정책결정의 주요절차

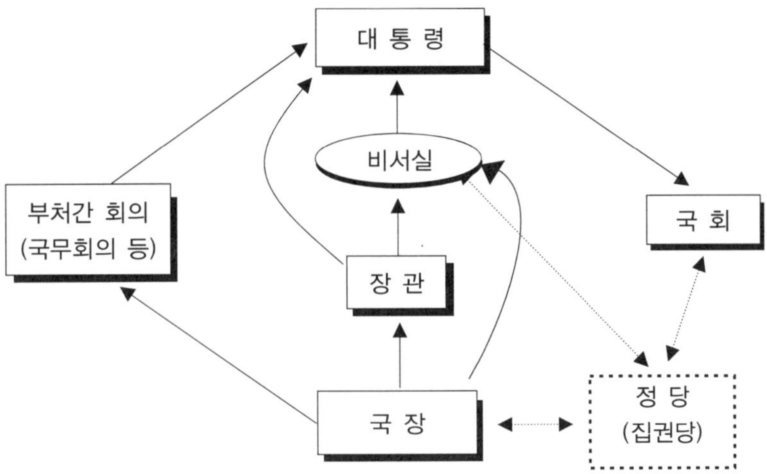

출처: 신현기.박억종.최미옥 외, 『정책학개론』(서울: 웅보출판사, 2003), p.167; 신현기 · 박억종 · 노진덕 · 이상열, 『새행정학개론』(파주: 21세기사, 2008), p.107.

제4절 정책집행론

1. 정책집행의 정의 및 개념

1) 정책집행의 정의

정책집행은 어느 것 못지 않게 중요하다. 그 이유는 바로 정책결정이 이루어진 후 집행으로 바로 이어져서 생산적인 결과를 도출해 낼 수 있게 되는 단계이기 때문이다. 특히 정책은 어디까지나 집행과정을 통해 그 결과물을 도출해 내기 때문에 일련의 정책과정에서 최고로 핵심적인 과정이라는 위치를 점하고 있다. 즉 정책집행(policy implementation)은 정책결정에 의해 세워진 정책목표를 완벽하게 달성하기 위한 정책수단을 만들어 내고 이를 실현하는 행위과정을 핵심으로 한다. 이와 같은 행위과정 속에는 정책목표를 분명히 함은 물론 나아가서 충분한 자원을 확보하고 행정서비스를 공급하는 일련의 여러 활동들이 포함되는 특징을 지니고 있다.[69]

그렇다고 정책을 결정해 내는 정책결정과정도 역시 어렵기는 마찬가지다. 그러나 그 중에서 집행과정은 더많이 힘들며 어려운 과정들로 이루어져 있다. 이런 의미에서 볼 때, 집행과정은사실 말보다 실천이 훨씬 많이 어려운 것이라는 논리와도 일맥상통한다고 볼 수 있다.

한편 정책집행은 생산적·동적인 집행과정이 되도록 하는 노력이 요구되고 나아가서 그렇게 하기 위해서는 많은 수단과 방법들이 총동원되어야만 한다. 특히 보다 뛰어난 정책집행이 만들어지도록 해야 하는데, 이를 위한 구제적인 요소들이 있는데 바로 조정통합력, 능력과 가치관, 적절한 분업체계, 정확한 해석과 세분화 과정, 업무 스케줄의 확정, 조직성원의 사기진작, 조직성원의 자격, 커뮤니케이션의 안정적 확보, 관리철학, 등이 충분히 갖추어졌을 때 마침내 최상의 정책집행이 얻어질 수 있는 것이다.[70]

2) 개념

Jeffrey L. Pressman과 Aaron Wildavsky는 정책집행의 개념을 다음과 같이 정의했는데, 그는 집행이란 수행, 달성, 완성, 생산하고 곧바로 완료하는 과정이라고 해석했다.[71] 다시말해 집행이란 어떤 바람직한 결과를 만들어 낼 수 있는 능력을 지니고 있음을 의미한다. 집행의 결과는 쉽게 예측할 수 있는 것이라기보다는 그

69) 제갈돈·김병규·도수관·윤기웅·이곤수, 『행정학개론』(파주: 법문사, 2017), p.146; 최창호·하미승, 전게서, p.230.

70) 백완기, 상게서, p.372 참조.

71) Jeffrey L. Pressman과 Aaron Wildavsky, *Implementation*, 2nd ed., University of California Press, 1979, p. xix.; 백완기, 전게서, p.372 참조.

결과가 사실상 어떤 상황이었느냐에 따른 여부에 따라 여러가지 다른 모습으로 나타나기도 한다는 것이다. 이러한 이유는 정책내용이 여러가지 집행과정을 거치는 동안 끊임없이 변형될 가능성이 열려 있다는 점에 기인한다.[72]

사실 어떤 정책이 집행되면서 과연 그 정책이 실현되는데 문제는 없는지 혹은 어떤 잠재적 제약요인과 변수들이 있지는 않은가 등등 예측하지 못했던 문제들이 중간에 돌출되는 등 뜻하지 않게 수정도 가해야 하는 변수도 있게 된다.

2. 정책집행의 유형

나카무라(R. T. Nakamura)와 스몰우드(F. Smallwood)는 정책집행에 대한 유형을 설명하는데 있어서 대표적인 학자이다.[73] 이들은 집행의 유형을 고전적 기술관료형, 지시적 위임형, 협상형, 재량적 실험형, 관료적 기업가형으로 구분했다.

1) 고전적 기술관료형

고전적 기술관료형(classical technocrats)은 정책결정자가 일련의 집행과정을 통제한다는 점을 특징으로 한다. 이러한 이유 때문에 고전적 기술관료형은 정책결정자가 정책과정을 통제한다. 그리고 집행가는 이른바 기술지명인으로서 역할을 수행한다는 차원에서 경우에 따라서는 계층모형이라고도 불려지고 있다. 이러한 고전적 기술관료형은 정책결정자가 집행과정에서 상당히 강한 통제권을 행사한다. 이에 반해 집행자는 그저 미미한 정도의 기술적 재량권 정도만을 유지하는 정도이다. 그 좋은 예가 미국 케네디 대통령이 달착륙계획을 추진하면서 그 준비를 위해 NASA를 창설한 것이 좋은 사례가 된다.

2) 지시적 위임형

일반적으로 정책결정자는 중요한 정책목표를 수립한 다음 이를 수행할 정책집

72) Jeffrey L. Pressman과 Aaron Wildavsky, ibid., pp.181-184.

73) R. T. Nakamura and F. Smallwood, The Politics of Policy Implementation, St. Martins Press, 1980, pp.111-142; 백완기, 전게서, p.376 참조.

행자에게 정책목표를 성공적으로 달성하기 위해 큰 차원에서 대강의 방침만 확정해 주고 일반적인 권한은 대부분 집행자에게 위임하는 데 바로 이러한 경우가 여기에 해당된다.[74] 이 말은 바로 집행자경우는 정책목표와 대강의 방침을 합의하고 정책집행 시에는 사실상 충분한 재량권을 부여받게 된다.

3) 협상형

정책결정자와 집행자들은 상호간 목표와 그 목표달성을 위해 여러가지 수단들과 관련해 수많은 협상을 진행하게 된다. 이들의 상호협상은 물론 정책목표뿐 아니라 보다 구체적인 집행수단에 관해 두 집단이 상호간 수많은 협상과정을 거쳐 정책변화를 요구하게 되는 일련의 과정들을 거치고 있다. 이러한 협상은 어느 집단의 파워가 더 강하며 협상력이 우수한가에 따라서 자신들의 의지가 가능한 한 많이 반영되는 정책이 나오게 된다.

4) 재량적 실험형

재량적 실험형(discretionary experimenters)은 정책결정자가 그 이유여하를 막론하고 구체적인 정책결정을 내리기가 곤란하여 정책집행자에게 폭넓은 재량권을 위임하는 경우를 말한다.[75] 재량적 실험형은 정책의 큰 영역을 집행자에게 전적으로 위임함으로써 이것을 집행하는 자는 정보, 기술 이라는 수단을 통해 정책목표의 구체화, 수단선택 및 정책시행을 알아서 자기가 결정하는 책임성을 강하게 지닌채 목표를 달성해 가고 있다.

5) 관료적 기업가형

관료적 기업가형은 집행자가 정책결정자의 권한을 완전히 장악한 경우이다. 이런 경우 장책과정의 전체를 사실상 지배하는 형태를 말한다. 이것은 결국 집행자가 결정권과 통제권까지 모두 행사하는 형태에 해당한다.

---

74) 박성복 · 이종열, 『정책학강의』(서울: 대영문화사, 2001), p.339; 박억종 외 5인, 전게서, p.186.
75) 제갈돈 · 김병규 · 도수관 · 윤기웅 · 이곤수, 『행정학개론』(파주: 법문사, 2017), p.147.

6) 정책집행자

오늘날 정책집행 시에 상당히 많은 영향을 미치는 기관이 있는데, 바로 행정부(행정기관), 입법부(의회), 사법부(법원), 정당, 이익단체 등이다.

(1) 행정기관

오늘날 행정기관들은 경우에 따라 모호한 정책이나 법령을 집행하는데 있어서 상당한 재량권을 유지하고 있는 사례가 많다. 예를들어 행정기구가 국가가 공공정책을 수행하는데 있어서 주요 집행자이다.

(2) 입법부(의회)

국회 또는 의회라고도 불리어지는 국민의 대표기관인 입법부의 경우도 정책집행 과정에서 여러 가지 다양한 수단이나 방법을 통해 정책집행 과정에 적지 않은 영향을 행사하고 있다. 입법부인 의회는 모든 법안을 통과시킴으로써 각종 법률을 만들어 내는데 그 법률의 세부항목과 내용들이 자세하게 명시될수록 그것을 집행해야 하는 행정기관은 그만큼 재량권의 폭이 줄어들 수밖에 없다. 이뿐만 아니라 입법부인 의회가 거부권을 강하게 행사할수록 사실상 행정부는 단독적으로 직무를 수행해 나가기가 그만큼 어렵고 부담으로 작용한다. 입법부인 의회의 주인격인 국회의원들은 스스로 자신들이 속한 지역구를 위해 현장에서 정책을 집행하는 기관들에게 압력을 넣게 되는 경우가 나타나게 된다.

한편 국민의 대표기관인 입법부가 가지는 권한들도 매우 많은데, 즉 관료임명동의권, 정책질의권, 입법권, 조약동의권, 예산동의권, 국정감사권 등이 주어져 있는데, 이러한 법적 권한을 통해 수많은 일선 행정부서들의 정책집행에 대해 적지 않은 영향을 끼치고 있다.

(3) 사법부(법원)

법원도 역시 입법부처럼 행정부 소속의 행정집행 사안들에 대해 활발한 영향을 끼치고 있다. 즉 법원은 자신들의 결정을 통해 한편에서는 특정한 정책의 집행을 촉진시키기도 하지만 다른 한편에서는 오히려 방해도 하며 경우에 따라서는 무효화시키는 권한을 행사하기도 한다.[76]

(4) 정당

정당의 경우도 목소리를 강하게 내는 권한을 행사한다. 정당들도 의회나 법원처럼 자신들이 목표한 각종 정책목표들이 입맞에 맞는 방향으로 잘 집행되고 있는지에 대한 여부를 지속적으로 확인하는 노력을 경주한다. 심지어는 정책집행의 단계 영역에 까지 자신들의 영향력을 행사하려고 부단한 노력을 시도한다. 특히 여당이냐 아니면 야당이냐에 따라서 각각 정책집행에 영향력을 끼치는 강도면에서는 어느정도의 차이는 물론 존재한다.

(5) 이익단체

흔히 NGO로 불리는 이익단체도 오늘날에 와서 많은 목소리를 내고 있다. 입법부에서 입법활동을 비롯해 각종 정책들이 결정되고 나면 행정부로 이관되어 집행에 들어가게 되는 순환과정을 거치는데 이때 각종 이익단체 및 압력단체들이 강력하게 개입 또는 참여하여 영향력을 끼치고자 한다. 그 좋은 예가 의사협회나 약사협회 및 각종 노동단체가 대표적일 수 있다. 이러한 단체들은 각종 압력을 행사하여 자신들의 이익을 극대화하려고 노력함은 물론 궁극적으로는 자신들에게 유리한 정책결정이 내려지도록 압력을 행사하는 데 많은 관심을 집중한다.

7) 정책집행에서 순응과 불응의 과제

(1) 개념

일반적으로 정책집행 시에 순응은 정책집행자나 대상집단이 정책집행자의 의도에 대해 상당 부분 일치된 행동을 보이거나 그 내용에 대해 대부분 받아들이는 입장을 취하는 것을 의미한다. 문제는 정책집행 시에 모두다 순응만 하는 것은 결코 아니며 많은 영역에서 역시 불응도 나타나게 마련이다. 이뿐 아니라 그

76) 박연호.이종호.임영제, 상게서, p.156 참조.

중간적 입장, 즉 일부는 순응하지만 다른 일부는 불응하는 경향도 나타날 수밖에 없다. 얼마만큼 정책결정자가 순응과 불응을 잘 조화시키느냐가 이미 결정된 정책이 성공하느냐 실패하느냐를 결정해 줄 수도 있다.

(2) 왜 정책에 순응할까?

정책집행에서 대상집단들이 순응하는 경우에는 어떤 합당한 이유들이 있다는 것이다. 그 좋은 이유들은 권위, 합리성, 정부의 정통성, 개인적 이익, 제재의 사용, 평판, 집행의 기간 등이 대표적이다.[77)]

첫째, 권위가 합당하면 순응한다는 것이다. 조직의 구성원들은 주어진 정책들이 어느 정도 객관적이며 합리적이고 합당한 것으로 의식하고 인정하며 동의하게 될 경우, 그 해당 정책들에 대해 기꺼이 순응할 수밖에 없다는 것이다.

둘째, 합리성이 인정되면 정책에 순응한다. 조직의 구성원들은 결정되어 나온 각종 정책들이 합리적이며 나아가서 반드시 필요한 것이며 또한 정당하다고 동의 내지는 인정하게 될 때 대부분 그 정책에 대해 순응하게 된다.

셋째, 정부의 정통성이 인정될 때 정책에 순응한다. 즉 정부가 국민으로부터 정통성을 인정받는 상황에서 각종 정책들이 헌법에 기초해 만들어 짐은 물론 정당하고 합법적인 권한을 부여받은 관료들에 의해 산출된 정책들에 대해 사람들은 그 정부가 내놓고 행하는 정책들에 대해 순응하는 경우가 많다.

넷째, 개인적 이익이 많으냐 적으냐에 따라서 정책에 순응하고 안한다. 조직의 구성원이나 집단이 어떤 정부정책과 만났을 때, 그 정책을 통해 보다 유익한 이익이 돌아오게 될 경우에는 자연스럽게 순응할 가능성이 매우 크다는 것이다. 예를 들어 정부정책에서 행하는 여러가지 경제정책과 관련된 영역들에서 이러한 사례들이 많이 나타나고 있다.

다섯째, 제재를 가할 때 순응이 나타날 수 있다. 정부가 각종 정책을 집행할 때, 국민 개인으로서 정부정책에 불응할 경우 이를 통해 혹시 자기 자신이 징벌적 조치를 받을 수도 있다는 심증이 가면 대부분의 국민은 정부정책에 순응할

---

77) 제갈돈 · 김병규 · 도수관 · 윤기웅 · 이곤수, 『행정학개론』(파주: 법문사, 2017), p.148; 박연호 · 이종호 · 임영제, 전게서, pp.158-159 참조.

가능성이 그만큼 높아진다.

여섯째, 평판과 명예도 정책순응과 관련이 깊다. 정부정책의 집행 시에 대상집단 혹은 개인이 사회속의 구성원으로서 자신의 신용이나 명예 등을 우선적으로 중시하는 경향이 클수록 정부정책 대부분에 순응하는 경향이 강하다는 점이다.

일곱째, 집행의 기간과도 순응은 밀접한 영향이 있다. 정부의 정책집행이 장기간 계속해서 이어지고 긴 시간이 지나면 언젠가는 대부분의 조직원들이 해당하는 정책집행들에 관해 순응하게 되는 경우가 많다.

8) 불응의 원인

국민들이 중앙과 지방정부의 정책들과 관련해 불응하는 경우는 다방면에서 그 근본적인 원인들이 얼마든지 있을 수 있다.[78] 몇 가지만 살펴보면 다음과 같다.

첫째, 정부가 취하는 일련의 정책이 그 대상집단의 여러 가지 가치, 관습, 신념 등과 뚜렷하게 다른 입장에 처하게 될 경우 정책불응이 나타날 확률이 매우 높다.

둘째, 국민들 중 개개인들은 정부정책으로부터 강하게 구속감을 느끼지 않는 경우 정부정책에 대해 불응하는 반응을 보일 수 있다. 이와 반대로 정부가 국민에 대해 강한 정부정책을 밀어붙일 때는 대부분의 시민들이 그 제재가 무서워서 해당 정책에 대해 순수하게 순응하는 경향이 강하게 나타날 수 있다.

셋째, 한 국가의 정부정책이 그 기준이나 내용면들을 지속적으로 유지하고 지키는 것이 곤란한 때에는 곧바로 정책불응이라는 반응이 나타날 수 있다.

넷째, 정부가 취하는 일련의 국가정책들에 있어서 그 대상이 되는 정책대상자들이 국가의 법과 규칙에 대해 제대로 알지 못하는 경우에도 본의든 아니든 간에 정책불응 현상이 나타나기도 한다.

78) 박연호 · 이종호 · 임영제, 상게서, p.160 참조; 신현기 · 박억종 · 노진덕 · 이상열, 『새행정학개론』(파주: 21세기사, 2008), p.114.

제5절 정책평가론

1. 정책평가의 개념과 중요성 및 목적

1) 정책평가의 개념

정책은 정책의제형성→정책결정→정책집행→정책평가→정책종결 등으로 이어지는 일련의 과정을 볼 때, 이처럼 정책평가 역시 빼놓을 수 없는 정책과정 중 하나의 요소이다. 이런 의미에서 볼 때, 정책평가란 한마디로 정책의 내용과 집행 및 효과 등을 궁극적으로 평가, 측정, 사정하는 것이라고 정의된다. 결국 정책평가란 정책집행이 이루어지고 난 후에 그 결과가 얼마만큼의 효과를 가져왔는지를 최종적으로 측정하는 의미로 이해하면 된다. 나아가서 정책평가는 결과에서 나타난 문제들에 대해 어떻게 풀어야 할지에 대한 가장 바람직한 해결방안도 오리엔테이션 해주는 기능과 역할도 수행한다. 이러한 의미에서 볼 때, 정책평가란 사후적 평가를 의미함은 물론이고 정책집행 후에 나타난 결과와 효과에 대해서만 강조된다.[79]

2) 정책평가의 중요성

정부의 공공행정에서 행해지는 정책 중 그 결과를 정리해보는 정책평가가 이루어지는데, 그 정책평가가 매우 주요할 수밖에 없다. 그 이유는 정부정책이 과연 국민과 시민들의 각종 요구에 순응하는 행정을 수행하고 있느냐 하는 것이다. 또 하나는 그 정책에 대한 목표성취도는 얼마나 되는가 그리고 그 정책집행이 과연 얼마나 국민과 시민의 각종 요구들을 충족시켜 줄 수 있는 행정이냐를 가늠해 볼 수 있는 안전장치가 반드시 필요한데 바로 정책평가나 판단을 통해 이를 집어보자는 것이다. 이러한 이유 때문에 정책평가가 반드시 필요하다는 점이다.

정부의 정책과정에서 정책평가는 매우 중요한 가치를 지니고 있는데, 그 이유

79) 공무원시험연구소, 『행정학개론』(서울: 서원각, 2018), p.112; 백완기, 상게서, p.380 참조; 박연호 · 이종호 · 임영제, 상게서, p. 162 참조.

는 정책집행 후 반드시 올바른 평가가 나와야 그 해당 정책이 원래 의도했던 바람직한 목표들을 달성했다고 평가받을 수 있는 것이다. 그리고 계속해서 이어질 후속 정책들도 선행 정책들의 평가 결과를 의식하면서 해당 정책들에 충실하는 자세를 갖게 될 것이다. 이런 의미에서 정책평가가 매우 중요하다고 본다.

결국 정책평가란 정부의 정책활동에 대해 정확하게 평가해 주는 동시에 공직에서 근무하는 관료들이 각자가 맡고 있는 임무를 제대로 수행해 나가도록 도와주는 메커니즘 수행자로서 역할을 수행하는 존재로 이해된다.[80]

3) 정책평가를 수행하는 목적

왜 정책평가를 시행하는가. 그 정책평가의 근본 목적은 다음과 같은 이유를 지니고 있다. 말하자면 오늘날 우리 사회는 정부개입으로부터 폭넓게 지배당하고 있다. 정부정책들은 어느 것 하나 간단하지 않고 복잡하며 다양성을 지닌다. 이러한 일련의 과정들 속에서 돌발할지도 모르는 난제들을 풀어나가기 위해 국민과 시민들은 국가가 수행하는 모든 정책들을 관리하고 감독해야 하는 것은 당연한 것이다. 이와 같은 과제들을 해결하기 위해 정책학이라는 학문적 연구도 필수적이다. 즉 우리가 정책평가를 시행하는 근본 목적들이 바로 위에서 살펴본 이유들에 놓여있다.[81]

한편 정책평가의 목적에 대해 많은 연구를 진행한 빅만(Stanley K. Bigman)의 주장을 빌리면 정책평가란 원래 추구했던 정책목표가 얼마나 제대로 충족되었는가, 그리고 그 정책이 성공했는지 실패했는지를 보여줌은 물론 나아가서 정책집행 관련 프로그램들의 성공을 위한 원칙들을 알게 해준다는 점이다. 동시에 그 정책과 관련해 효과성도 확대시켜주기 위한 여러 가지 기법은 물론이고 그것을 활용하는 것이 가능한 일련의 실험과정의 기회도 제공해 준다는 것이다.[82]

---

80) 제갈돈 · 김병규 · 도수관 · 윤기웅 · 이곤수, 『행정학개론』(파주: 법문사, 2017), p.149; 박억종 외 5인, 상게서, p.221.

81) 신현기 · 박억종 · 노진덕 · 이상열, 『새행정학개론』(파주: 21세기사, 2008), p.115; 제갈돈 · 김병규 · 도수관 · 윤기웅 · 이곤수, 『행정학개론』(파주: 법문사, 2017), p.150.

82) Stanley K. Bigman, *Evaluating the Effectiveness of Religious Programs*, (Review of Religious Research, Vol. 2, Winter); 권경주 외, 『현대행정의 이해』(서울: 대영문화사, 2002), pp.127-130; 박억종 외 5인, 전게서, p.223.

정책평가의 당위성에 대한 목적과 가치는 다음과 같이 정리가 가능하다. 즉 정책평가를 통해 추진했던 정책목표가 얼마나 달성도를 높였느냐 하는 것을 가늠해 볼 수 있다. 또 하나는 이미 집행된 정책이 국민들에게 얼마나 큰 만족도를 주었느냐 하는 만족도를 확인해 볼 수 있다. 결국 정책평가란 사회구성원인 시민에게 정부가 행하는 미래의 정책결정들이 바람직한 방향으로 가도록 수많은 정보들을 제공해 주는 가치를 지니고 있다.[83)]

2. 정책평가의 한계점

1) 한계

한국은 정부정책이 수행된 이후 그것을 평가하는 수준이 인력면과 시설면에서 고도화되지 못했다는 비판을 받아왔다. 이는 미래의 정책평가 과정들에서 시민들이 정부의 정책평가들에 대해 이전보다 더 많은 관심을 가져야 한다는 점을 꼬집은 것으로 이해된다. 이처럼 정책평가에 대해 시민들이 관심을 늘렸느냐 하는 근본이유는 모든 국가정책들이 국민의 세금으로 이루어지고 있다는 점에 기인한다. 또 하나 지적사항은 정부정책을 연구하고 있는 전문가들은 이전에 산출한 정책평가 결과들이 다음에 수행되는 정책평가과정에 있어서 수준 높은 질을 높임은 물론 올바른 방향으로 나가도록 하는데 있어서 제대로 역할을 못한다고 비판받고 있다. 이러한 문제들이 사실 그렇게 어려운 것만은 아니며 조금만 노력하면 개선될 수 있는 실천과제들이기도 한다. 부연해서 예를 들어 정부정책이 집행된 이후 정책평가를 시행하고 거기서 얻은 평가결과들이 새롭게 정책을 수립하는 정책담당자들에게 정확하게 피드백되어야 하는데, 사실 이것이 제대로 안된다는 점이다. 그 근본적인 이유는 무엇일까. 하나는 관리자의 무능이 지적되곤 한다. 또 하나는 정책평가자와 정책관리자 간에 갈등으로 인한 소통의 단절이다. 그리고 합리적이지 못한 보이지 않는 각양각색의 정치적 요인들도 걸림돌로 작용하기 때문으로 보여진다.[84)]

83) 박연호 · 이종호 · 임영제, 전게서, p.163 참조.
84) 박억종 외 5인, 상게서, p.245 참조.

2) 정책평가의 개선점

타당성과 신뢰성이 얼마나 높으냐 하는 점은 정부의 정책평가에서는 매우 중요하다. 정책평가에서 잘 훈련되고 충분한 능력을 지닌 정책전문가들을 많을수록 정책학 연구분야에서 중요한 가치를 가진다. 한국의 경우 이전에 비해 훌륭한 정책평가자들이 많이 확보되기는 했지만 아직도 많이 부족한 실정이다. 즉 아직까지 정책평가를 연구하는 정책학 분야의 학문발전 영역에서 그 역사가 깊지 않은데 기인하기도 한다. 그동안 정책평가자를 길러내는 자격증제도가 실시되어 오긴 했지만 아직 충분하다고 보기에는 부족함이 남아있다. 그동안 정책학 연구 관련 학회가 중심이 되어 정책평가자 자격증제도를 활성화 하는데 노력을 기울이기는 했지만 자격증을 취득한 사람들이 적절하게 배치되고 능력을 발휘할 수 있는 시장이 협소하다는 한계점도 지니고 있다.

따라서 향후에는 국가적 과제로 정책평가기관을 활성화 하고 그 활용도를 높일 수 있는 기회를 확대하는 노력도 경주해야 할 것이다. 학문적 차원에서 정책평가이론 분야도 사실상 미국 위주의 정책이론을 살피는데 그치는 학문적 한계에서 벗어나지 못하고 있다.

이러한 문제를 근본적으로 개선해 나가기 위해서는 정부차원의 정책전문가 양성 과정을 종합적으로 검토해보고 제도적 장치와 프로그램을 지속적으로 발굴해 나가야 할 것으로 본다.

제6절 정책종결

1. 정책종결의 의의와 개념

정책종결(policy termination)에 관한 본격적인 연구는 1970년대 중반을 지나면서 미국에서 시작되어 각국으로 영향을 미쳤다. 무엇보다 정책종결은 두 가지 성격을 지니고 있다. 하나는 정부정책을 집행하면서 그 결과에 대한 최종 평가가 나뻐게 나온 경우가 해당된다. 또하나는 정부정책을 집행하면서 정부의 예산이 불충분해 예산 절감이 시급하다는 정치적 판단이 내려질 때, 나타날 수 있다. 결국 정책의 종결은 기존에 집행에 들어간 일련의 정책, 프로그램, 담당조직을 완전히 폐지하고 더 이상 진행하지 않는 것을 의미한다. 예를 들어 어떤 하나의 정부정책이 종결된 후 더 이상 그 정책에 관해 정부가 주목하거나 관심을 가지지 않게 되는 것을 정책종결이라고 한다.[85]

동시에 정책종결은 다음과 같은 가치를 지니고 있다. 결국 정책종결은 정책과정 중 최후의 과정 내지는 단계를 의미하는 것이 아니며 처음의 정책의제설정→정책결정→정책집행→정책종결로 환류 되는 일련의 과정이라는 차원에서 이해해야 한다. 이렇게 볼 때, 정책종결은 결코 마지막 끝이 아니라 새로운 시작일 수 있다는 가치를 여전히 지니고 있는 것이다. 궁극적으로 정책종결은 새로운 시작을 알리는 정책의 창조와 정책의 개선을 위한 가치도 지니고 있다.[86]

2. 정책종결의 원인과 제안자

정부가 정책을 결정하고 집행해 나가면서 정책종결을 결정한다는 것은 매우 어려운 것이다. 하지만 만일 원래 그 정책이 의도하고 계획했던 목적이 이미 달성된 경우라면 미련없이 마무리될 수 있다. 이뿐만 아니라 산업, 인구, 국토 등 여러 가지 환경의 급변하거나 정부 차원에서 피할 수 없는 변수나 갈등 및 예산 부족 등의 문제 등에 따라서도 정책종결이 이루어질 수 있다.[87] 경우에 따라서는 가치가 축소되어 정책종결을 주장하는 정책반대자, 예산절약 주창자, 행정의 개혁추구자들의 목소리와 요구가 점차적으로 강해질 때도 기존에 집행되던 정부정책이 종결되기도 한다.[88]

---

85) 공무원시험연구소, 『행정학개론』(서울: 서원각, 2018), p. 116; 박연호 · 이종호 · 임영제, 전게서, p.171 참조.
86) 제갈돈 · 김병규 · 도수관 · 윤기웅 · 이곤수, 『행정학개론』(파주: 법문사, 2017), p.151; 최창호 · 하미승, 상게서, p.240 참조.
87) 최창호 · 하미승, 전게서, p.242 참조.
88) 신현기 · 박억종 · 노진덕 · 이상열, 『새행정학개론』(파주: 21세기사, 2008), p.118.

연습문제

01. 정책의제설정에 관해 말해보시오.

02. 정책결정의 개념을 말해보시오.

03. 정책집행이란 무엇인지 말해보시오.

04. 정책평가의 개념에 대해 말해보시오.

05. 정책종결에 관해 말해 보시오.

Chap. 4

조직론

제4장 조직론

제1절 조직의 기초 개념

1. 조직의 의의

1) 현대조직의 중요성

글로벌 시대인 오늘날의 전 세계는 하나의 울타리안에 놓이게 되었다. 현대인들은 조직 속에서 생활하거나 조직의 영향을 받으며 살아가고 있다. 그 어느 누구도 오늘날 조직을 떠나서는 하루도 생존할 수 없을 만큼 우리 인간은 사회조직과 밀접한 상호 연관 속에 놓여 있다. 예를 들어 우리는 인간의 라이프 스타일(life style)을 살펴보면 사람이 태어나서 성장, 발전과정을 거쳐 죽음에 이르는 전 과정이 조직과 밀접한 상호 관련 속에 있다는 것을 인식하고 있다. 즉 인간은 병원이라는 사회조직의 도움을 받아 이 세상에 태어나 유치원, 초등학교, 중학교, 고등학교, 대학교라는 교육기관의 도움을 받지 않으면 안된다. 누구나 성장, 발전하며 졸업 후에는 직장이라는 조직과 연관을 맺고 적응하게 된다. 조직 생활을 마무리한 후 퇴직 후에는 연금이라는 조직 산물의 혜택을 받으며 생활하게 된다. 죽음에 이르러서는 병원과 장의사 조직과 만나고 사망신고라는 관청에 사망신소를 하고 생을 마감한다.

인간은 이처럼 조직이라는 단어와는 한시도 떨어져 살 수 없다. 이러한 이유 때문에 인간은 자신들의 생활과 불가분의 관계에 있는 사회조직을 정확히 이해하고 진단하며 바람직한 조직환경을 구성하여 궁극적으로는 인간생활을 풍요롭게 하고 삶의 질을 개선시키는 데 노력을 경주하고 있다.[1)]

하지만 우리가 사회조직을 정확하게 이해하고 진단하는 일은 결코 간단한 작업이 아니다. 조직은 진공 속에 존재하는 것이 아니고 사람을 구성체로 하여 인적, 물적 자원과 정치, 경제, 사회, 문화 등과의 끝임없는 상호작용을 통해 생성, 유지, 발전, 쇠퇴하는 유기체로 정의된다. 그런 이유 때문에 조직은 하나로 정형화된 조직의 정의가 어렵고 복잡하고 모호해 진다. 조직에 대한 이해와 올바른 진단을 위하여 조직일반에 관한 기초적 지식을 정리 해 볼 필요가 있다.[2)]

2) 조직의 정의

조직이란 무형의 실체이다. 따라서 조직을 한 마디로 정의 내리는 게 간단하지만은 않다. 따라서 시각이나 무엇을 강조하느냐에 따른 관점, 그리고 학문적 초점에 따라 정의가 다양해 질 수 있다. 그러나 여러 학자들의 조직정의를 종합해 보면 공통적 특성을 발견 할 수 있다. 조직정의에 관한 학자들의 정의는 수없이 많지만 몇 가지 대표적 정의를 살펴보면 다음과 같다.

베버(Weber, 1947)는 조직이란 특정한 목적을 가지고 그 목적을 달성하기 위하여 구성원간에 상호작용하는 인간들의 협동작업이라고 하였다. 막스 베버(Max Weber)는 조직의 환경과의 관계를 고려하지 않고 조직의 경계, 조직의 목표, 조직구성원의 상호작용, 공식적인 구조와 과정을 중요시하는 폐쇄 체제적 관점에서 조직을 이해했다.[3)]

버나아드는 조직 구성원에 중점을 두고 조직을 정의하여 조직이란 공동의 목표를 달성하기 위해 노력을 바칠 의욕을 지닌 두 사람 이상의 인간들이 상호 의사전달하는 집합체라고 정의하고 있다. 버나아드(Barnard)의 정의에서 나타난 조직의 구성요소는 공동의 목표, 조직구성원의 의욕, 의사전달 등이다. 조직이 성립하기 위해서는 조직의 공동목표를 달성하기 위해 조직구성원들이 노력하여야 한다. 즉 조직 구성원들이 조직의 공동목표달성에 기여하려는 의욕을 가지고 있어야 한다

1) 최창호 · 하미승, 『새행정학개론』(서울: 삼영사, 2007), p.256.
2) 이영남 · 신현기, 『경찰조직관리론』(서울: 법문사, 2003), p.3.
3) Max Weber, *The Theory of Social Economic Organization,* Translated by Keith M. Henderson and Tallcott Parsons, New York: The free press, 1947), p.151; 신승춘 · 하재룡 · 최미옥 · 신현기 · 신윤창 · 장덕희 · 김병준, 『현대행정의 이해』, 서울: 대영문화사, 2015, p.150.

는 것이다. 조직의 공동 목표는 조직구성원의 개인목표와는 다른 개념이다.

셀즈닉은 조직을 계속적으로 환경에 적응하면서 공동의 목표를 달성하기 위해 공식적·비공식적 관계를 유지하는 사회적 구조라고 정의하고 있다. 공식조직이란 '합리적 행동을 구조적으로 표현하는 것'이라고 정의하면서도 베버(Weber)나 버나아드(Barnard)가 주로 조직의 내적 문제를 중시한데 비하여 조직과 환경과의 관계를 중시하였다.[4)]

에치오니(Etzioni)는 조직이란 특정한 목표의 추구를 위하여 의도적으로 구성되고 다시 재구성되는 사회적 단위라고 정의했다. 에치오니(Etzioni)는 조직의 요건으로 다음의 사항을 지적하였다.

① 노동, 권한 및 의사전달 책임이 특정한 목표를 달성하기 위해 의식적으로 계획되어야 한다.

② 목표달성을 위해 조직의 공동 노력을 통제하고 평가하며 필요 할 때 조직의 구조를 개편하여 능률을 제고시키는 역할을 수행하는 권력중추가 존재한다.

③ 만족스럽지 못한 조직구성원은 대체 할 수 있고 승진이나 전직의 방법을 이용하여 조직의 인원을 재편성할 수 있어야 한다는 것을 제시했다.

카츠와 칸은 체제이론을 토대로 사회학의 거시적 안목과 심리학의 미시적 안목을 접목시켜 조직현상을 분석하였다. 조직이란 공동의 목표를 가지고 내부관리를 위한 규제장치와 외부 환경 관리를 위한 적응구조를 발달시키는 인간들의 집단이라고 정의했다. 이들의 조직정의는 체제이론의 개념을 본격적으로 도입하였다는 점에서 큰 의미를 가진다.

마아치 등은 조직이란 문제를 찾아내 선택하는 것이다. 즉 의사결정 상황에서 공표되는 그러한 문제에 관한 쟁점과 구성원들의 감정, 해결 가능한 쟁점에 관해 제시되는 해결책, 그러한 업무를 수행하고자 하는 의사결정자 등 이러한 네가지 요소가 무원칙적이고 무작위적으로 연결되어 있는 집합체라고 정의했다. 이들의 조직관은 조직환경의 중요성을 고려하면서 조직의 비공식성과 비합리성을 강조하였다. 바이크는 조직은 인간의 두뇌와 같이 학습, 지능, 독창성, 정보처리를 위한 장치 등을 갖고 있으며 외부환경에서 벌어지는 모호한 사건들을 해석해서 조

4) 이영남·신현기, 전게서, p.6.

직구성원들에게 그러한 것들이 의미하는 것과 대응방안을 알려주는 장치를 갖고 있다. 따라서 조직이 취하는 거의 모든 행동은 조직이 처한 문제나 기회를 주요 의사결정자들이 어떻게 해석하느냐에 달려 있다. 그는 조직화를 환경탐색, 해석, 그리고 학습의 과정으로 파악했다.[5)]

이상과 같이 여러 학자들의 견해를 종합하여 조직을 정의하면 조직이란 '2인 이상 또는 그 이상의 인간이 목표달성을 위해서 의도적으로 결합한 집합체 또는 힘의 제 체계'라고 할 수 있다. 조직이란 인간 행동으로 성립되며 개인적인 능력의 한계를 초월하는 보다 큰 힘을 발휘하고자 하는 것이다. 보다 큰 힘을 발휘하기 위해서는 결합된 인간의 집단이 효율적으로 운영되어야 하며 이러한 운영을 위하여 제도적 측면과 인간의 행동적인 측면이 동시에 고려되어야 한다.

이상의 다양한 정의에서 나타난 조직의 공통된 특성은 다음과 같다.[6)]

① 조직은 사람으로 구성된 사회적 실체이다. 조직은 조직의 개별적인 구성원과는 별개의 실체로 존재한다. 또한 조직은 상당기간 존속하려는 속성을 가진다.

② 조직은 목표가 있다. 조직의 목표는 미래 지향적이다. 조직은 목표달성을 위해 존재하고 조직의 목표는 다수 일 수도 있으며 구성원 개인의 목표와 조직의 목표가 상치 할 수 있다. 또한 조직목표는 영구불변이 아니며 왜곡되거나 승계 될 수 있다.

③ 현대 산업사회의 조직은 대규모 조직이다. 구성이 복잡하여 합리성의 지배를 받는다. 조직에서의 합리성은 공식화, 분업(分業), 부성조직(部省組織), 권한의 위계질서(位階秩序), 조직운영의 안정화[7)] 등을 의미한다.

④ 조직의 목표를 달성하기 위하여 조직구조(organization structure)가 발달하게 된다. 조직구조는 과업, 규칙, 권한관계의 공식적인 체제로 볼 수 있는데,

---

5) 이창원 외, 『새조직론』(서울: 대영문화사, 1997), pp.25-31.

6) 박연호 · 오세덕, 『현대조직관리론』(서울: 법문사, 1995), p.29; 이영남 · 신현기, 앞의 책, p.9.

7) 조직의 목표를 달성하기 위해서는 조직운영의 보편적인 원리가 있을 수 있다고 조직 원리론 자들(귤릭, 어윅, 무우니, 페이욜 등)은 주창하였다. 보편적인 조직의 원리의 일반적 기준은 권한의 책임과 범위의 정도에 따라 계층을 구성하는 계층제의 원리, 한사람의 상관이 몇 사람의 부하를 통솔하는 것이 가장 적합한지에 관심을 두는 통솔범위의 원리, 조직의 구성원들은 한사람의 상관으로부터 명령을 받고 보고해야 한다는 명령통일의 원리, 그리고 분업의 원리(전문화의 원리), 조정의 원리 등이다.

조직은 이러한 조직구조의 분화와 통합 과정을 거쳐 조직목표를 달성하게 된다.

⑤ 조직은 사회적 단위로서 환경과 상호작용을 하면서 시간적, 동태적으로 움직여 가는 지속적 활동이다. 조직은 조직환경과 구별되는 경계를 가지고 있다. 조직은 경계 밖의 환경으로부터 자원을 받아들이기도 조직이 생산한 산출물을 내보내기도 하는 상호작용을 통하여 존속, 유지, 발전해 가는 유기체이다. 따라서 조직에는 생명주기(life cycle)가 있다.

3) 조직의 유형

수많은 종류의 다양한 조직들을 어떠한 기준을 가지고 유형화 할 것인가 하는 문제는 조직의 비교연구가 활발했던 1960년대 이후부터 활발하게 연구되었다. 조직의 유형을 분류하는 것은 조직현상의 핵심을 이루는 변수들의 본질을 밝히고 체계적 비교연구를 통하여 과학적 조직이론을 찾고자 하는데 목적이 있다.[8)]

조직을 분류하고 유형화하는 기준과 변수는 수없이 많을 것이다. 조직의 목표를 기준으로 한 분류, 조직구조의 특성을 기준으로 한 분류, 조직의 환경적 특성을 기준으로 한 분류, 공식조직과 비공식조직, 영리조직과 비영리 조직 등의 조직분류, 기능에 의한 분류, 수익자에 의한 분류, 복종에 의한 분류 등으로 그 기준을 대별 할 수 있다. 여기서는 아래의 몇 가지 유형론을 중심으로 조직의 유형에 대해 살펴보기로 한다.[9)]

(1) 탈코트 파슨스(T. Parsons)의 조직유형 분류

탈코트 파슨스(Talcott Parsons)는 미국의 사회학자이며 전 대학교수인데 1902년 12월 13일 출생하여 1979년 5월 8일 독일 뮌헨(München)에서 생을 마감했다.[10)]

파슨스는 조직을 사회적 기능에 따라 ① 적응(adaptation) 기능 ② 목표달성(goal

---

8) 최미옥 · 신현기, 『현대행정의 이해』(서울: 대영문화사, 2002), p.148.

9) 오석홍, 『조직이론』(서울: 박영사, 2006), pp.86-99.

10) 신현기 · 박억종 · 노진덕 · 이상열, 『새행정학개론』(파주: 21세기사, 2008), p. 143; 탈코트 파슨스는 1927 독일 하이델베르크대학교 대학원 사회학, 경제학 박사, 1924 ~ 1925 런던정치경제대학, ~ 1924 애머스트대학교 생물학 학사이다.

attainment) 기능, ③ 통합(integration) 기능 ④ 유형유지(latent pattern maintenance) 기능, 즉 AGIL 모형으로 분류하고 이러한 기능들은 경제적 조직, 정치조직, 통합조직, 유형유지 조직들에 의해 각각 수행된다고 보았다.

카츠(Katz)와 칸(Kahn)은 탈코트 파슨스(Parsons)와 마찬가지로 사회적 기능에 따라 조직을 유형화한다. 적응적 기능을 가진 경제조직은 회사, 공기업 등과 같은 조직이 해당된다. 목표달성 기능을 가진 정치조직은 행정기관 및 권력을 배분하는 조직이 여기에 속한다. 통합기능을 수행하는 통합조직은 사법기관, 경찰서, 정신병원 등의 조직이다. 잠재적 유형유지 기능을 가진 유형유지 조직은 예를 들어 학교, 교회 등의 문화적 기관을 들 수 있다.[11)]

(2) 블라우(Blau)와 스콧(Scott)의 조직유형 분류

블라우와 스콧은 조직 참여자의 범주를 네 가지[12)]로 나누고 주요 수익자(prime beneficiary) 중심으로 조직을 네 가지로 유형화하였다. ① 조직의 일반 구성원이 주요 수익자가 되는 호혜적 조직에는 정당, 노동조합, 전문 직업 집단, 클럽, 재향군인회, 종교적 종파 등이 있다. ② 사업조직은 소유자 혹은 관리자가 주요 수익자가 되는 조직으로서 산업공장, 은행, 보험회사 등 이윤추구를 위하여 운영되는 개인 소유의 기업이 이에 속한다. ③ 조직과 접촉을 하고 있는 고객이 수익의 대상이 되는 서비스 조직은 사회사업 조직, 병원, 학교, 법률상담소, 정신병원 등을 들 수 있다. ④ 일반 공중이 주요 수익자가 되는 공중조직의 예는 관청, 경찰서, 소방서 등이 있다.[13)]

(3) 에치오니(A. Etzioni)의 조직 유형 분류

에치오니(A. Etzioni, 1961)는 상급자가 하급자를 통제하기 위해 행사하는 조직

---

11) 최미옥 · 신현기, 전게서, p.149.

12) 인간이 특정한 조직과 관련을 맺는 유형으로 P. M. Blau와 W. R Scott는 i) 일반적인 구성원 자격으로 참여하는 유형, ii) 조직의 소유자 혹은 관리자로서 참여하는 유형, iii) 고객으로서 관여하는 유형, iv) 일반 공중으로 관여하는 유형으로 분류하였다.

13) Peter M. Blue & Richard W. Scott, Formal Organizations, Chandler Pub., Co., p.5; 신현기 · 박억종 · 노진덕 · 이상열, 『새행정학개론』(파주: 21세기사, 2008), p.143.

내 복종관계를 중심으로 조직을 유형화하였다. 이유는 복종(compliance)은 조직구조나 행태의 중요한 요소이며 보편적으로 존재하기 때문이다. 복종관계를 형성하는 변수는 상급자가 행사하는 세 가지 권력(power)형태와 하급자의 세 가지 관여(involvement)로써, 이들 권력(power)과 관여(involvement)의 상호관계를 통하여 나타나는 복종관계를 9개의 유형으로 제시하였다. 여기서 세 가지 권력이란 강제적 권력(coercive power), 수익적 권력(remunerative power), 규범적 권력(normative power)이다. 세 가지 관여(involvement)의 형태는 소외적 관여(alienative involvement), 계산적 관여(calculative involvement), 도덕적 관여(moral involvement)로 나누어지고, 이들 제 권력과 복종이 부합되는 조직 유형으로 강압적 조직(coercive organization), 공리적 조직(utilitarian organization), 규범적 조직(normative organization)을 제시하였다. 이를 간단히 살펴보면 아래의 표와 같다.[14]

〈표 4-1〉 Etzioni의 복종의 제 유형

	소외적 관여	계산적 관여	도덕적 관여
강제적 권력	강압적 복종	2	3
수익적 권력	1	공리적 복종	6
규범적 권력	7	8	규범적 복종

강압적, 강제적 조직은 강제를 통제의 수단으로 사용하며 구성원들이 고도의 소외감을 느끼는 조직 형태로서 강제 수용소, 교도소, 감금하는 정신병원 등이 있다.

공리적 조직은 물질적, 경제적 수단을 주요 통제수단으로 사용하여 조직 구성원들이 계산적 이해관계에 의해 복종하는 조직 유형으로써 기업 조직, 경제단체, 공장, 평상시의 군대조직 등이 그 예이다.

규범적 조직은 규범을 구성원을 통제하는 주요한 수단으로 사용하며 구성원들은 높은 일체감, 충성심을 갖게 되는 조직으로써 이념적 정치조직, 종교조직, 병원, 대학 등이 있다. 에치오니(A. Etzioni)의 조직유형들은 한가지의 복종관계의

14) 신현기 · 박억종 · 노진덕 · 이상열, 『새행정학개론』(파주: 21세기사, 2008), p.143.

유형을 중심으로 조직을 설명함으로서 조직의 유형을 분명하게 분류 할 수 있는 기준을 제시한다는 점에서 의미를 찾을 수는 있으나 실제의 조직이 모두 이러한 유형분류에 속할 수는 없다는 비판을 받고 있다.[15]

(4) 민쯔버그(H. Mintzberg)의 조직유형 분류

민쯔버그(H. Mintzberg)는 다양한 상황에 직면하여 조직이 구조화 되는 방식을 중심으로 단순조직(simple structure), 기계적 관료제(machine bureaucracy). 전문적 관료제(professional bureaucracy), 사업부 조직(divisional structure organization), 애드호크라시(Adhocracy) 구조로 조직을 분류했다.[16]

단순조직은 1인 지도자의 엄격한 감독을 중심으로 하는 특징을 보여주고 있고 표준화, 공식화, 분화정도가 비교적 낮은 조직이 대부분이다. 단순조직은 동적인 환경 속의 소규모 조직인 경우가 많으며 나아가서 조직기술은 정교하지 않은 편이고 비교적 단순하다. 기계적 관료제(machine bureaucracy)는 전통적 조직형태로 표준운영절차에 의해 운영되는 조직이다.[17] 우체국, 항공회사, 제철소 등과 같이 조직규모가 크고 환경이 안정되어 있으며 조직에 대한 외부 통제가 이루어진다.

한편 전문적 관료제(professional bureaucracy)는 전문적 기술적 훈련을 통해 업무가 표준화되는 조직을 의미한다. 흔히 전문가들은 자신들이 취급하는 업무에 대해 통제권과 재량권을 가지는게 일반적이다. 나아가서 기계적 관료조직의 특성을 포함하고 지원 스텝부문에 전문가를 둔다. 예를 들어 대학, 종합병원, 사회복지기관 등이 그 형태에 해당한다.

사업부 조직(divisional structure organization)은 조직 내 기능별, 직업별, 서비스별 등 독자적인 구조를 지닌 작은 조직들이 분화되어 있는 형태이다. 사업부(divisional structure)간에 갈등이 유발될 수 있고 조정이 어려울 수 있다. 또한 사업부간의 중복으로 예산이 낭비, 사업부간에 이기주의가 초래 될 가능성 등이 있다. 이 조직의 형태는 변화가 심하지 않는 조직에 적합하며 변화가 너무 심한 조직에는 적합하지 않다.[18]

---

15) 이창원, 전게서, pp.38-44.
16) 신현기, 『경찰조직관리론』(파주: 법문사, 2018), p.13.
17) 이영남 · 신현기, 전게서, p.16.
18) 신현기, 『경찰조직관리론』(파주: 법문사, 2018), p.13.

애드호크라시(Ad-hocracy)는 동태적이고 급변하는 환경에 조직이 전략적으로 적응하여 가변적으로 편성된 조직을 의미한다. 위험부담이 높을 때, 기회라고 생각될 때, 비일상적 (non-routine), 비정형적(non-programmed) 상황 하에서 문제 해결을 위하여 한시적으로 만들어지는 조직이다. 예를 들어 방송국 기획회의, 항공우주센터나 첨단기술연구소 등에서 그러한 조직형태를 찾아볼 수 있다.

2. 조직목표

조직의 필수적 요소 중의 하나가 조직이 달성하고자 하는 공동의 조직목표이다. 때문에 조직을 연구하기 위해서는 조직목표에 대한 상세한 연구가 선행되어야 한다. 선정된 조직의 목표는 조직 내 의사결정의 전제가 되며 조직의 성과를 평가하는 기준이 되는 동시에 조직의 정당성의 근거를 제공한다.[19] 따라서 조직은 조직목표가 없이는 존재하지 않는다고 해도 과언이 아니다. 이러한 조직목표의 기능을 좀더 구체적으로 살펴보면 다음과 같다

1) 조직목표의 기능

(1) 미래지향성

목표는 장래에 달성되고자 하는 바람직한 미래의 상태를 의미한다. 조직은 바람직한 미래상태를 실현하기 위한 어떠한 노력을 해야 하고 또한 의사결정을 해야 한다. 조직의 목표는 조직구성원으로 하여금 미래지향의 행동과 사고방식을 불러일으키는 작용을 한다.

(2) 계획기능

목표의 성격이 미래지향성을 지니고 있다는 것은 계획기능과 밀접히 연관되어 있다는 것을 의미한다. 목표를 달성하는데 필요한 물적, 인적 자원, 조직구조 등 조직관리에 있어 계획이 필요하고 이러한 계획을 통해서 조직의 목표가 달성 될

19) 박연호 · 오세덕, 『현대조직관리론』(서울: 법문사, 1995), p.81.

수 있다. 목표를 강조하면서 개발된 관리기법을 "목표에 의한 관리(Management By Objectives : MBO)라고 한다.[20]

목표에 의한 관리(Management By Objectives : MBO)는 목표관리(Goal Management), 결과에 의한 관리(Management By Results), 목표 및 통제(Goals and Controls) 등 다양한 이름으로 불리고 있다. 목표에 의한 관리라는 말은 드러커(Peter F. Drucker)가 1954년 조직의 모든 목표를 달성하기 위해 하위 조직단위의 여러 가지 목표를 통합하는 접근방법으로서의 철학을 제안한데서 비롯되었다. MBO는 1950년대 보다 객관적인 업적 평가를 위한 접근방법으로 발전되었으며 1960년대와 1970년대 초에는 종업원의 동기부여를 증진시키기 위한 방안으로 강조되어졌다. 목표의 중요성을 강조하는 MBO를 기본 관리수단으로 활용 할 때 강조할 점은 1) 조직의 목표와 개인의 목표를 통합하기 위해서 참여에 의한 방법을 사용한다는 점 2) 전통적 관리기법과는 달리 자주적 관리, 자주통제의 원리에 의하여 이루어져야 한다는 점 3) 상사는 담당자가 적극성과 창의성을 최대로 발휘 할 수 있도록 권한을 위양하며 재량권을 인정하여야 한다는 점 등 이다. 이러한 목표에 의한 관리는 목표의 설정에서부터 출발하며 그 자체가 하나의 의사결정을 뜻한다. 목표에 의한 관리는 목표-수단의 연쇄(means and goals chain) 관계의 논리에 근거한다.

(3) 정당성의 근거

조직은 존속을 위해 정통성을 인정받아야 한다. 목표는 조직이 하는 약속이며 이 약속이 조직의 목표이다. 목표는 조직의 존재와 활동 및 임무를 정당화시켜주는 기능을 한다.

(4) 조직 효과성의 근거

조직의 목표 달성도를 조직효과성이라고 한다. 조직이 세우 2019년도의 목표가 100이라면 1년 후 100을 달성했으면 그 효과성은 100% 달성한 것이므로 매우 잘한 것이다. 조직의 성과가 높을수록 조직의 효과성은 높다. 조직의 목표는 조직의 성공과 실패, 즉 조직 효과성을 측정하는 기준이 된다.[21]

---

20) 신현기, 『경찰조직관리론』(파주: 법문사, 2018), p.15.

(5) 소속감 · 일체감 부여

조직의 구성원들은 공동의 조직목표를 달성하기 위하여 협력하고 동기유발을 하게 된다. 조직의 목표는 구성원들이 소속감과 일체감을 갖게 하는 기능을 한다.

2) 목표의 변화

조직의 목표는 조직환경과 조직의 내부 사정에 따라 지속적으로 변화한다. 조직의 목표는 이미 조직이 목표를 달성하였거나 반대로 목표의 수행이 불가능하게 되었을 때 변화하게 된다. 이것을 목표승계(goal succession), 목표전환(goal diversion) 및 목표대치(displacement of goals)로 표현한다.[22)]

(1) 목표의 승계(goal succession)

조직이 목표를 달성한 후에도 없어지지 않고 계속해서 생존하기 위해 또다른 목표를 내세우는 것을 목표승계라고 부른다. 조직은 한 번 만들어지고 나면 그 목표가 실현된 경우에도 쉽게 해체되지 않고 지속적으로 존속하려 한다. 예를 들어 미국의 산아제한 협회의 경우 1942년에 미국가족계획협회로 개칭했으며 불임치료, 혼인교육, 결혼상담 등의 목표를 추가하여 활동한 것이 좋은 예이다. 즉 원래의 산아제한이라는 조직 목표의 변화를 통해 존속한 조직의 예이다. 또 다른 예로 미국재향군인회는 창설 당시에는 제1차 세계대전의 원정군 정신을 기념하고 보존하는 것이 목표였다. 하지만 점차 예비역 군인의 권리를 보호하는 동시에 지회별로 지역사회 봉사사업을 추진하여 살아남는 조직이 되었다.

(2) 목표전환(goal diversion)과 목표대치(displacement of goals)

한편 목표전환은 조직이 애초의 목표를 달성하는 것이 불가능하기 때문에 새로운 목표를 내세우는 것을 의미한다. 이미 애초의 조직목표를 완수했기 때문인가 목표를 실현 할 수 없기 때문인가의 차이에 따라 목표전황이 필요하다. 바로

21) 신현기, 『경찰조직관리론』(파주: 법문사, 2018), p.15.
22) 신현기 · 박억종 · 노진덕 · 이상열, 『새행정학개론』(파주: 21세기사, 2008), p. 144; 이영남 · 신현기, 전게서, p.19.

그 차이에 따라 목표의 승계와 구분된다. 목표대치는 목표의 심한 왜곡현상이다. 원래의 조직목표와 수단이 바뀌는 경우가 이에 해당한다. 머튼(Merton)과 굴드너(Gouldner)는 수단으로서의 법규가 목표보다 더 중시되는 목표대치 현상을 관료제의 병리현상 중 하나라고 지적하기도 했다.23)

(3) 목표의 다원화, 확대

조직은 원래의 조직목표가 달성되기 어려울 때 원래의 목표 이외에 새로운 목표를 추가하거나 목표의 범위를 확대함으로써 조직의 존속을 도모하려는 경향이 있다. 원래의 목표에 새로운 목표를 추가하는 것을 목표의 다원화(multiplication)라 하고 조직목표의 범위를 확대 해석하는 것을 목표의 확대(expansion)라고 한다.

3. 조직 효과성

조직의 효과성 문제는 행정학의 조직론 분야에서 관심을 많이 받는 분야이다. 조직효과성은 조직의 목표달성 정도를 나타내고 조직평가의 기준이 되고 있다.24)

조직효과성이라는 행정용어가 많이 사용되고 있지만 효과성(effectiveness)이라고 하는 개념과 능률(efficiency)이라고 하는 개념간에 혼란을 가져오는 경우가 종종 있다. 이 의미를정확하게 구분하기는 쉽지 않지만, 일반적으로 능률은 조직이 목표로 한 성과달성을 위해 투입된 실제 투입량과 투입 단위당 성과와의 비를 의미하는 것으로 이해할 수 있다. 효과성은 이미 설정된 목표의 달성정도가 얼마냐를 말한다. 그런데 실제로 사용함에 있어 이 두 개념 사이에는 많은 혼란이 야기되고 있는데, 이러한 혼란은 대체로 달성되어야 할 목표가 무엇인가를 명확하게 규정하지 못할 때 일어난다. 일반적으로 달성되어야 할 조직의 목표는 질, 량, 시간 및 비용이라는 차원에서 검토되어야 한다. 즉 이 네 가지 요소가 다 포함된 차원에서 목표의 달성 정도는 바로 효과성에 해당된다. 그리고 이러한 목표달성을 위해 투입된 각 요소에 대한 성과의 비는 능률이 된다. 또한 조직을 협동적 체계의 관점

23) 조석준, 『한국행정학』(서울: 박영사, 1992), pp.138-159; 박연호 · 오세덕, 『현대조직관리론』(서울: 법문사, 1995), p.92.
24) 최미옥 · 신현기, 전게서, p.155.

에서 볼 때 조직의 협동적 목표달성의 정도는 효과성으로 표현되며, 조직 내 활동의 합리성이나 조직구성원 개개인의 만족 정도는 능률이라고 설명된다.

이처럼 효과성과 능률성은 그 개념 차이에도 불구하고 상호보완적인 것이다. 따라서 조직이 계속 유지·존속하면서 성장하기 위해서는 조직의 효과성과 능률성이 동시에 높아져야 한다.

한편 생산성(productivity)이나 직무성과(job performance) 및 이윤(profit)이라는 개념도 조직의 효과성과 함께 많이 사용되고 있다. 조직이 생산하는 재화나 서비스의 양을 생산성이라고 한다. 조직구성원들의 목표나 과업완수를 위해 수행한 직무성과는 질적인 차원의 개념으로서 각각 개인, 집단, 조직의 수준으로 측정될 수 있다. 이윤은 총매출액에서 비용을 차감한 총 이익에 의해 얻어진다.

〈표 4-2〉 조직효과성 개념에 관한 학자별 견해

학 자	정 의
D. Katz & R. C. Kahn	조직효과성은 조직에 환원되는 모든 형태의 에너지를 극대화시키는 정도 즉, 경제적, 기술적 수단(효율성)과 정치적 수단에 의해 조직에 환원되는 것을 최대화하는 것이다.
B. S. Gergopoulos & A. S Tannenbaum	사회체계로서의 조직이 주어진 자산이나 자원을 헛되게 하지 않고, 또 조직성원들에게 과도한 긴장감을 불러일으키지 않으면서 목적을 달성하는 정도를 말한다.
S. P. Robbins	조직효과성이란 단기-장기 목표의 달성정도로서, 목표를 설정하는 데는 전략적인 환경요소가 반영되어야 하며 평가자의 이해관계와 그 조직의 라이프 사이클 단계의 특성이 반영되는 것이다.
E. Yuchtman & S. E. Ssashore	희소하고 가치있는 자원을 환경으로부터 가장 유리하게 획득할 수 있는 능력이다.
R. L. Daft & R. M. Steers	조직효과성은 조직이 그 목적을 달성하는 정도를 말하며, 효과성은 공식목표보다는 운영목표 곧, 수익성, 생산성, 종업원복지, 고객만족과 연관되는 개념이다. 효과성을 평가하기 위해서는 자원의 획득, 상품판매, 이익창출, 종업원 개발 등 조직의 다양한 행위를 고려해야 한다.
Chester I. Barnard	Barnard 는 조직을 특정한 목표달성을 위한 인간의 협동체제라 규정하고 그러한 협동행위의 효과성은 목표의 달성도에 의하여 표시된다고 하였다. 즉, 조직의 효과성이란 협동행위가 지향하는 인식된 목적을 달성하는 것을 말하며, 그 달성의 정도가 효과성의 정도를 나타낸다는 것이다.
A. Etzioni	조직은 사회적 단위로서 효과성과 효율성이 최대화되어야 한다. 조직의 실제적 효과성은 조직이 그 목표를 달성하는 정도에 따라 결정되며, 효율성은 한 단위의 산출을 생산하기 위해 사용된 자원의 양으로서, 이 산출은 조직의 목표와 밀접하게 연관되어 있다.

자료 : R. H. Miles(1980), p.355

제2절 조직이론의 역사적 전개

1. 조직이론의 의의

조직이론(theory)이란 경험적, 실증적, 체계적, 논리적으로 어떤 현상을 설명하고자 하는 틀을 말한다. 어떤 현상의 경우 그 현상을 특징지우는 주요한 변수들이 있고 이러한 요인들간의 관계를 논리적으로 밝힘으로써 현상을 설명하고자 하는 것이 바로 이론이다.[25] 조직현상에 관한 이론적 분류는 조직의 구조, 인간, 집단, 행태, 권력, 환경과의 관계 등과 같은 조직을 구성하고 있는 주요 변수 중 어느 요소에 주로 초점을 두고 조직현상을 설명하고 있는지에 따라 이론적 전개가 다양하게 이루어지고 있다.

2. 고전적 조직이론(과학적 관리론)

고전적 조직이론이라고 하면 막스 베버(Max Weber)의 국가관료제에 대한 연구와 베버리안 스쿨(Weberian Schoo), 테일러(F. W. Taylor)와 테일러리즘(taylorism)의 조직 경영적 측면의 연구, 그리고 어윅(Urwick), 무니(Mooney), 페이욜(Fayo), 귤릭(Gulick), 레일리(Reiley) 등 행정관리의 원리를 중심으로 연구한 행정관리학파 이론이 포함된다.[26] 아래에서는 과학적 관리론을 중심으로 고전적 이론의 특성을 알아보고자 한다.

1) 과학적 관리론의 배경

조직이론의 출발점이라 볼 수 있는 과학적 관리론(scientific management)은 테일러(F. W. Taylor) 이래 조직관리를 과학적으로 진행하여 인간의 생산성을 증대시키고자 하는 일련의 연구를 말한다. 과학적 관리론이 생겨난 배경은 영국의 산업혁명과 자본주의 시장경제 체제가 그 직접적인 그 원인이 된다. 산업혁명이 본

25) 박응격, 『행정학강의』(서울: 박영사, 1993), p.221.
26) 오석홍, 『조직이론』(서울: 박영사, 2006), pp.86-99.

격화 된 이후 공장을 기계화함으로써 가내 수공업체제에서 대량생산체제로 바꾸게 되면서 작업장의 고용 인력이 급속히 확대되어 조직이 급속도로 팽창한 결과 이러한 대규모 조직을 보다 효율적으로 관리해야만 했다. 이러한 결과 과학적 관리론 연구가 현실적 필요성에 따라 민간부문을 대상으로 본격 연구되었다.[27)]

2) 과학적 관리론의 일반적 특성

과학적 관리론의 대표자인 테일러는 근면, 경제적 합리성, 효율성, 생산성에 큰 관심을 갖고 노사는 상호협력 해야 한다고 주장했다. 그의 저서 과학적 관리의 원칙(The Principles of Scientific Management)에서 '주먹구구식(rule-of-thumb) 방법'을 반박하면서 조직내의 직무를 수행하기 위한 '유일 최고의 방법'(one best way)을 규명할 수 있다고 주장하였다. 관리자는 직무과정의 분석을 통하여 조직 직무의 모든 측면에 대한 주의 깊은 통제가 있어야만 한다고 주장했다. 테일러는 작업에 대한 시간 및 동작연구(time and motion study)를 통하여 가장 빠르고 가장 좋은 방법을 기준으로 표준시간과 표준 동작을 구한다는 것이다.[28)]

3) 과학적 관리론의 공헌과 비판

많은 공헌에도 불구하고 테일러의 과학적 관리론은 많은 비판을 받고 있는 것은 사실이다. 하지만 조직이론에 대한 그의 공헌을 결코 작게 평가할 수 없다. 그는 생산성을 증대시킬 수 있는 구체적인 과학적 방법을 제시, 근로자의 동기유발을 위한 경제적 방법의 사용, 조직연구에 있어 과학적 방법의 적용 가능성 등을 개척했다는 점에서 그 당시 상당히 획기적인 것이었다. 특히 현대 조직이론의 기반을 제공했다는 점을 높이 평가된다.

그럼에도 불구하고 과학적 관리론은 다음과 같은 비판을 받았다. 이 이론은 인간을 기계적, 합리적, 비인간적인 도구로 취급했다는 것이고 더구나 자발적 생산성을 저하시킨다는 비판이다. 즉 테일러의 과학적 관리론 등 고전적 조직이론

27) 신승춘 · 하재룡 · 최미옥 · 신현기 · 신윤창 · 장덕희 · 김병준, 『현대행정의 이해』, 서울: 대영문화사, 2015. p.159.
28) 최미옥 · 신현기, 전게서, p.159.

은 연구대상이 국한되고 시야 및 안목이 좁은 나머지 환경적 요인과 조직현상을 연구하는 다변수적인 입장에서 조직을 설명하지 못한다는 것이다. 특히 연구대상 중 몇 가지만 가지고 전체인양 오류를 범하고 있다는 비판이 던져졌다.[29)]

3. 신고전 이론(인간관계론)

1) 대두배경

신고전이론 혹은 인간관계론은 고전적 조직이론만 가지고 사회조직을 설명 할 수 없는 맹점이 노출되면서 조직내의 인간문제에 관심을 두고 조직현상을 연구하는 일련의 조직연구 방법 중 하나이다. 1940년대 중반 2차 세계대전 이후 정치, 사회의 복잡성이 증대와 함께 생산성도 급격히 증대하였다. 동시에 노사문제, 실업문제, 노동운동 등이 급속히 대두 되었고 과학적 관리 기술과 함께 인간교육의 필요성이 확대되면서 고전적 조직이론은 본격적으로 비판받게 되었다. 인간은 단순히 경제적 존재가 아니며 고전적 조직이론에서 주장하는 과학 원리가 실용성이 없는 것이 많다는 반성이 확대되었다.[30)]

그리고 조직 속에 참여한 인간은 정서적이며 복잡한 사고의 존재로서 생산성 증대를 위해서는 인간의 감정과 사회적 관심에 주의를 기울일 필요가 있다는 지적이 나왔다. 특히 메이요(E. Mayo), 뢰슬리스버어그(F. Roethlisberger), 화이트헤드(W. I. Whitehead)의 호오손 연구(Hawthororne Study, 1927-1932)가 있은 후에 널리 알려진 인간관계론(the Human Relations School)이 훗날 행태주의와 개방체제이론에 큰 영향을 미쳤다.[31)]

2) 신고전 이론(인간관계론)의 일반적 특성

신고전 이론의 일반적 특성은 다음과 같다. 첫째, 조직내의 사회적 능률이 강

29) 신승춘 · 하재룡 · 최미옥 · 신현기 · 신윤창 · 장덕희 · 김병준, 『현대행정의 이해』, 서울: 대영문화사, 2015. p.159.
30) 최창호 · 하미승, 『새행정학개론』(서울: 삼영사, 2007), pp.52-53.
31) 신현기, 『경찰조직관리론』(파주: 법문사, 2018), p.21.

조되는 동시에 조직 참여자들의 주관적 만족도가 중시되며 조직내 비공식적 관계를 강조한다는 특징을 지닌다. 조직의 목표는 고전이론처럼 생산성 증대에 있으나 그 생산성증대를 위해 인간의 감정과 사회적 관심에 초점을 두고 있다는 점이 다르다. 둘째, 신고전 이론은 구성원의 동기부여와 만족도를 결정하는데 비경제적인 보상과 제재가 중요한 영향을 미친다고 보았다. 셋째, 조직내의 인간은 집단의 구성원으로서 행동하거나 반응하며 비공식집단을 중심으로 사기가 형성된다는 것이다. 넷째, 원활한 의사소통, 민주적 리더십, 참여의 확대에 의한 심리적 욕구 충족 등이 능률향상에 도움을 준다는 특징을 가지고 있다.[32)]

4. 현대조직이론(modern theory)

현대조직이론은 조직을 개방적 체제로 보는 시각에서 나타났다. 외부환경과의 상호작용을 강조하는 개방체제 이론의 발전과 상황적응 이론의 발전은 현대조직이론에 중대한 영향을 미쳤다. 최근의 이론으로서는 조직경제학, 조직군 생태이론, 자원의존이론, 제도화이론, 혼돈이론 등이 대표적이다. 혼돈이론(chaos theory)은 복잡하고 변동이 심한 현대조직에서는 말 할 것도 없고 극히 단순하고 한정적인 구조에서조차 체제 행태에 대한 예측과 통제가 이루어 질 수 없으며 오히려 자기 조직화 과정을 통하여 무질서와 혼돈으로부터 질서와 조직화가 자생할 수 있다는 이론이다.[33)] 현대조직이론에 대한 다양한 논의가 제시되고 있지만 대표적으로 체제이론과 혼돈이론 중심으로 간단히 설명한다.

1) 체제이론

체제론적 접근(systems approach) 방법은 현대조직연구에 매우 큰 영향을 끼쳤다. 체제론적 접근에 관해 논의하기 전에 우선 체제의 개념과 개방체제, 폐쇄체제의 구분을 살펴 볼 필요가 있다. 특히 개방체제가 현대조직연구에 미친 중요한 의미를 지니고 있다. 체제이론은 조직을 전체사회에 기능적으로 연관된 하나의

32) 최미옥 · 신현기, 전게서, p.161.
33) 박연호 · 오세덕, 『현대조직관리론』(서울: 법문사, 1995), p. 81; 이평원, 2000, p.163.

체제로 보며 체제의 유지 변화에 관심을 두는 이론이다.[34)]

〈그림 4-1〉 체제의 개념

체제의 개념

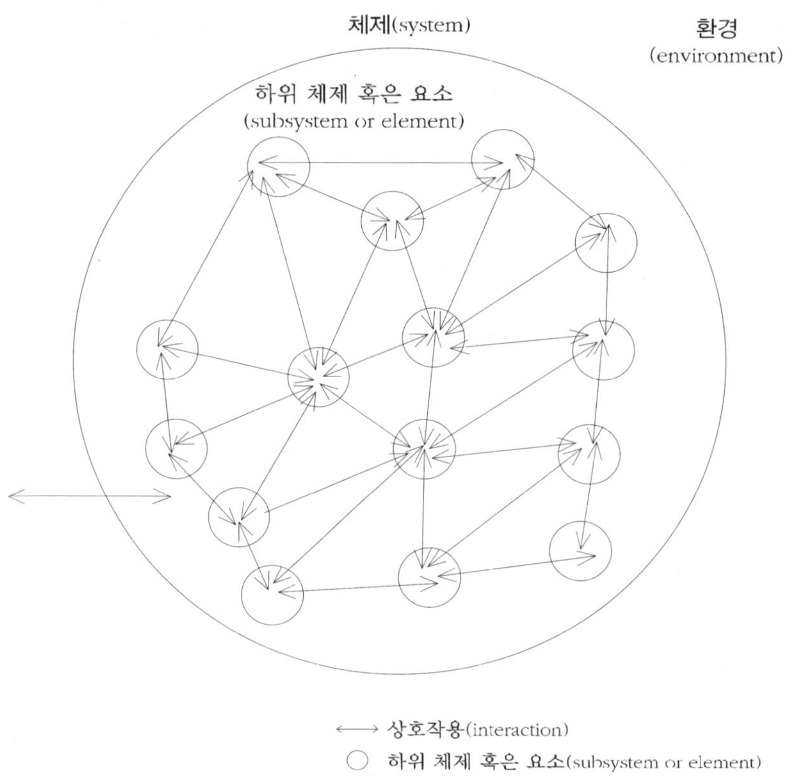

(1) 체제접근 방법과 체제의 의의

체제(System)란 일반적으로 복수의 구성요소 또는 변수가 어떤 관계를 가지고 상호의존성, 상호관련성, 질서, 통일성 등이 존재하면서 환경과 끊임없이 영향을 서로 주고받는 실체 내지 전체를 지칭한다. 물론 하나의 작은 체제는 보다 큰 체제의 일부이다. 그 때문에 하위체제에 해당되기도 한다. 체제론적 접근방법은 행

34) 박연호 · 오세덕, 『현대조직관리론』(서울: 법문사, 1995), p.56.

정현상을 사회현상이라는 전체의 한 부분으로 보아서 행정의 본질을 규명하려는 이론체계로 설명이 가능하다. 행정체제도 환경과 끊임없이 상호작용을 하면서 환경으로부터 영향을 받아 변동하며 관련 환경에 영향을 미치는 작용을 반복하는 개방체제로서의 성격을 지니고 있다. 행정체제는 일반적 체제이론과 마찬가지로 환경으로부터 욕구, 지지, 반대와 같은 투입과 전환, 정책산출, 행정개혁, 행정개선, 행정쇄신의 환류 과정을 그 구성요소로 한다.[35)]

체제는 상호연관성, 계층성, 안정과 평형의 유지, 목표추구, 목표 사이의 우선순위(priority), 분화와 통합의 과정, 개방성을 내용으로 한다. 체제론적 접근은 연구대상을 동태적이고 기능적으로 파악하는데 도움을 주며 우리의 경험을 조직화하는데 기여하고 문제해결에 있어 체계적 사고를 제공한다.

(2) 폐쇄체제(closed system)와 개방체제(open system)

체제는 외부환경과의 상호작용 유무에 따라 폐쇄체제(closed system)와 개방체제(open system)로 구분한다. 폐쇄체제는 하나의 체제를 그를 둘러싸고 있는 환경과 관련이 없는 일종의 자급 자족적인 실체로서 파악하는 것이다. 개방체제는 체제가 그것을 둘러싸고 있는 환경과 상호관련 및 상호작용을 갖는 것으로 파악하는 것이다.[36)] 즉 개방체제는 환경과의 교호작용 속에서 투입-전환-산출-환류의 역동적 작용을 수행한다.

(3) 체제이론의 유용성 및 한계

체제론적 접근법의 유용성은 첫째, 각 요소들 간의 상호연관성(interrelationships) 둘째, 전체주의(wholism)적 사고로 환원주의(reductionism)의 한계를 극복하며 셋째, 역동적 특성과 조직의 적응적 기능으로 체제유지를 가능케 하며 목표와 수단 간의 연계성을 명확히 해준다는 점이다.

체제론적 접근방법의 한계 내지 비판은 첫째, 개념적 틀에 강조점을 두어 추상성이 높아 실제 조직운영에 있어서 개선책이나 해결방안을 제시하는데 어려움이

35) 최미옥 · 신현기, 앞의 책, p.165.
36) 신현기 · 박억종 · 노진덕 · 이상열, 『새행정학개론』(파주: 21세기사, 2008), p.150.

있다. 둘째, 공공조직이 지닌 규범적 측면에 대해서는 기준을 제시하지 못한다. 셋째, 조직목표와 관련된 가치문제를 설명하는데 난점이 있다는 점 등이다.

2) 상황적합 이론

상황적합 이론(contingency theory)은 모든 상황에 적합한 유일·최선의 조직화 방법은 존재하지 않으며 최선의 조직설계·관리방법은 환경에 달려있다고 주장한다. 따라서 조직의 내 외부 환경에 잘 맞는 조직이 가장 잘 적응할 수 있다고 본다. 조직과 환경사이의 적합성에 관한 연구로는 로렌스와 로쉬(P. R. Lawrence & J. W. Lorsch), 번즈와 스톨커(T. Burns & G.. M. Stalker)등을 들 수 있다.[37]

로렌스와 로쉬(P. R. Lawrence & J. W. Lorsch)는 상황적응이론이란 용어를 사용하였으며 환경의 복잡성과 불확실성의 수준이 다르면 조직의 분화수준도 달라진다고 보았다. 불확실성이 높은 환경하에 놓인 조직일수록 조직분화 정도가 높으며 이를 조정하기 위한 통합의 필요도 높아지게 되어 있다. 따라서 조직을 효과적으로 운영하기 위해서는 조직이 환경에 조화를 이룰 수 있도록 조직구조를 적응시켜야만 한다는 것이다. 번즈와 스톨커는 외부환경과 조직내부구조 사이의 관련성을 발견하고 이에 맞는 적정한 대응전략을 모색해야 한다고 보았다. 즉 조직을 안정적 환경하의 기계적 조직과 동태적 환경하의 유기적 조직으로 구분하여 조직의 내부구조가 서로 다르다는 것을 설명하였다.[38]

그러나 상황적응이론은 조직구조를 결정하는 요인으로 조직의 환경을 대해 지나치게 강조했다는 점과 관리자의 임의적 선택가능성을 무시했다는 측면에서 비판을 받아오고 있다,

3) 전략적 선택이론과 자원의존이론

상황적응이론에 대한 비판과 더불어 창조된 환경(enacted environment)이라는 개념을 제시했던 와익(K. E. Weick)은 관리자들이 반응하는 환경이란 관리자들

---

37) 신현기 · 박억종 · 노진덕 · 이상열, 『새행정학개론』(파주: 21세기사, 2008), p.153.
38) 홍용기, 『조직론』(서울: 형설출판사, 2000), pp.176-178.

자신의 지각으로부터 창조된 것이라고 주장한다. 즉 경영자가 가지고 있는 경험이 환경을 직접적으로 변화시키고 영향을 미칠 수 있다는 것이다. 상황적응이론에 대한 많은 비판 가운데 가장 대표적인 이론이 전략적 선택이론과 자원의존이론이다.

(1) 전략적 선택이론(strategic choice theory)

전략적 선택이론에서 조직은 환경과의 관계 속에서 전략적 선택을 통해 희소한 자원을 증대시킬 수 있는 경쟁우위를 얻고자 하며 경쟁우위를 가진 조직이 그렇지 못한 조직에 비해 더 나은 성과를 달성할 수 있다고 주장한다. 즉 조직전략을 통해 자원을 증대시켜 핵심 역량을 키우고 이러한 핵심역량은 조직에게 경쟁우위를 안겨주고 이러한 경쟁우위를 통해 지속적으로 보다 큰 자원의 획득을 촉진시킨다는 이론이다.[39)]

그러나 전략적 선택이론은 관리자의 자율성을 강조한 나머지 환경의 영향을 무시하고 있다는 점과 전략이 구조를 결정 할 수도 있지만 구조가 전략을 결정할 수 도 있다는 점을 간과하였다. 그리고 전략에 따라 반드시 구조가 변경될 수 있느냐에 대한 비판도 제기되고 있다.[40)]

(2) 자원의존이론

자원의존이론(resource-dependency theory)에 따르면 조직은 생존하고 발전하는데 필요한 자원을 환경에 의존하지만 조직이 환경적 요인을 피동적으로 받아들이지 않고 적극적으로 환경에 대처하며, 조직내의 대내적·정치적 맥락에서 조직의 환경적응을 위한 전략적 결정을 내린다고 본다. 따라서 조직이 생존·성장에 필요한 자원을 제공하는 다른 조직과의 의존관계와 환경불확실성을 감소시키기 위한 조직간 전략의 중요성을 강조한다. 대표적 연구자는 페퍼(Pfeffer)와 샐란식(Salancik) 등이 있다.[41)]

---

39) 홍용기, 『조직론』(서울: 형설출판사, 2000), p.198.
40) 김병섭 외, 2000, pp.160-164.
41) 최미옥 · 신현기, 전게서, p.166.

4) 혼돈이론(chaos theory)

혼돈이론이란 말 그대로 불규칙하고 무질서한 현상의 배후에 감추어져 있는 규칙성을 찾는 이론을 말한다. 오늘날의 사회현상은 무질서, 불안정, 다양성, 비형평성, 비 균형성 등의 특징을 갖는다.[42] 혼돈이론에 의하면 모든 체제들은 끊임없이 요동치는 종속적인 체제들을 포함하고 있다는 것이다, 환경으로부터의 위기가 증가함에 따라 환경의 분석가능성은 떨어지고 항상성의 유지 자체가 곤란한 분기점에 이르면 변화의 방향을 예측하는 것이 본질적으로 불가능하다.[43] 따라서 조직이 분기점에 도달하면 과거와는 다른 자기혁신적 방법으로 조직을 운영해야만 한다.

혼돈이론은 환경에 대한 조직의 수동적 적응, 구조적 타성(structural inertia)으로 인한 유지 보존과정의 한 형태로서의 관료제를 극복 할 수 있는 방법이 혼돈이론에 근거한 새로운 동태적 질서에 의한 자기조직화를 통한 혁신을 제시하고 있다. 미국의 준 자율적 근무 집단(semi-autonomous work group), 연동근무제(flexible work scheduling), 일본의 연중무휴 행정서비스제도, 우리나라의 휴일민원처리제도 등이 혼돈이론을 응용한 실례들이다.

---

42) 신승춘 · 하재룡 · 최미옥 · 신현기 · 신윤창 · 장덕희 · 김병준, 『현대행정의 이해』, 서울: 대영문화사, 2015. p.165.

43) 오석홍, 『조직이론』(서울: 박영사, 2006), pp.61-62.

제3절 행정 조직의 형태

1. 조직형태의 의의

행정이 추구하는 바람직한 목표를 달성하기 위해서는 다수의 조직이 필요하고 또한 여러 관계가 정해진다. 그러한 관계는 명확해야 하며 누가 무엇을 하고 누가 누구에게 보고하고 결정은 어떻게 이루어지는가 하는 것은 조직에 있어서 중요하다. 조직 내부의 개개인이나 제 활동간의 관계가 명확하지 않으면 책임의 전가나 혼란, 권한을 둘러싸고 분쟁이 일어나기 때문에 이를 회피하기 위해서는 행정관리를 위한 조직의 확립이 필요하다. 우리 사회 조직의 형태를 보면 전통적 조직 형태가 있다. 즉 모든 조직의 기본인 계선 조직과 조직원칙의 기능에 따르는 기능조직이 만들어져 있다. 이 전통적 형태로서의 계선조직과 기능조직을 보조해주는 역할을 하는 보조적 조직 형태로서 전문화의 원칙에 따르는 계선-참모 조직과 회의의 원칙에 따른 위원회 조직이 활용되고 있다. 대부분의 조직은 계층제를 중심으로 하는 계선 조직을 기본 조직형태로 하고 조직의 목표를 달성하고 조직성과를 산출하기 위해 참모 조직과 위원회 조직을 보조적 조직으로 활용하는 하는 혼합조직 형태를 많이 유지하고 있다.

2. 조직의 형태

1) 계선(라인)조직

대부분의 조직은 주로 계선 조직(line organization))으로 출발한다. 계선 조직은 최고 경영자의 지휘 명령이 위에서 아래로 직접 의견과 지시가 전달되는 조직형태이다. 군대조직처럼 상관의 명령이 부하에게 전달 되도록 편성되어 있는 조직형태이다. 행정 관료조직의 기본적 형태도 이와 동일하다고 볼 수 있다. 바로 이러한 형태가 페이욜(H. Fayol)이 말하는 계층제의 원리(principle of hierarchy)에 입각한 조직 형태이다.[44]

44) 신승춘 · 하재룡 · 최미옥 · 신현기 · 신윤창 · 장덕희 · 김병준, 『현대행정의 이해』(서울: 대영문화사,

이와 같은 계선 조직의 장점은 첫째, 조직의 구조가 단순하고 이해가 빠르다는 점이다. 둘째, 명령계통이 매우 단순하므로 의사결정이 역시 신속하다. 셋째, 조직 구성원간의 조정과 조화가 매우 쉬우며 권한의 위임 또한 매우 용이하다. 넷째, 조직 구성원은 조직 계층에 따른 지위와 위치에 대해 사전에 이해 및 인식하고 있다. 다섯째, 계층제에 있어 구성원의 책임, 의무, 권한이 사전에 명확하게 정해져 있고 다른 조직 형태보다 훈련이 쉽다는 점이다. 그러나 다음의 단점을 지니고 있다. 첫째, 직무의 범위가 광범위한 나머지 그 실행이 곤란할 뿐만 아니라 각 부문간 업무의 혼란이 생길 수 있다. 둘째, 행정 전문가의 양성이 쉽지 않고 일반행정가는 만능선수가 되어야 하므로 광범위하고 다양한 업무 경험이 요구된다는 점이다. 셋째, 계층제에 따른 부서주의 때문에 여러 부서들을 조정하는데 어려움이 상존한다. 특히 계선조직에서는 의사결정자가 최고관리자 한명이므로 그로부터 나오는 독단적 결정 따른 폐해가 나타날 수 있다.

이러한 계선 조직의 형태는 아래 그림에서 볼 때 수직적 관계에 있는 조직들이다.

박근혜 전대통령이 탄핵으로 인해 물러나고 문재인 정부가 출범했다. 문재인 정부는 검경수사권 조정과 광역단위 자치경찰제 도입을 위해 많은 노력을 시도하였다. 문재인 정부는 17개부 5처 16청 / 2원 5실 6위원회로 출범하였다.

2015), p.166.

〈그림 4-2〉 문재인 정부의 조직도(2017. 5. 10~)

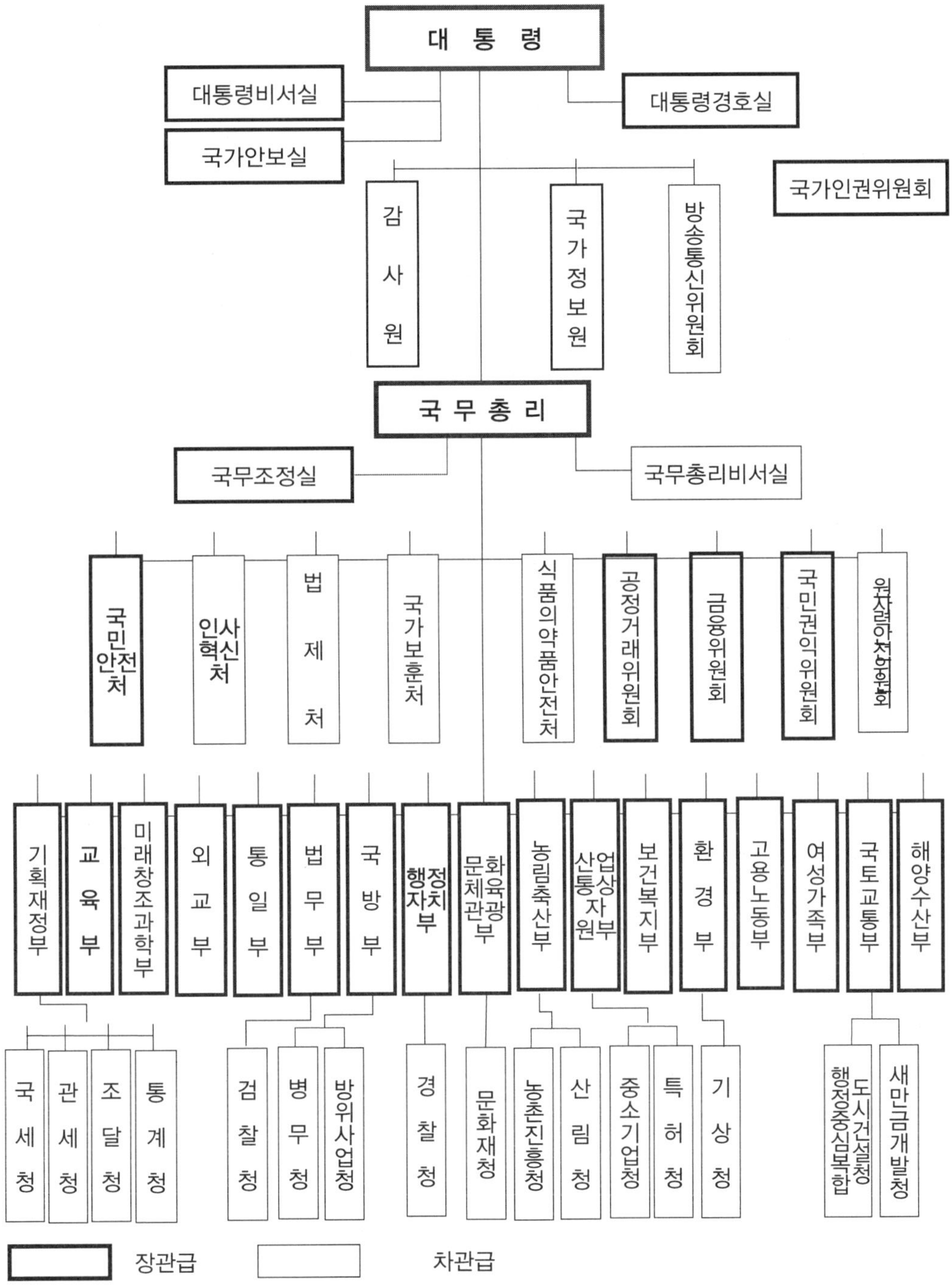

2) 기능조직

테일러(F. W. Taylor)가 라인조직의 결함을 시정하기 위하여 기능 조직을 제창했다. 관리자가 담당하는 일을 전문화하고 부문마다 다른 관리자를 두어 작업자를 전문적으로 지휘·감독하는 것이다. 특히 계선 조직이 수직적으로 분화한 계층제를 근간으로 하는 조직이라면 기능조직은 수평적 분화를 통하여 관리자가 가능한 소수의 관리직능을 담당하도록 기능별 전문화를 기하는 조직형태이다. 각 관리자는 담당하는 기능에 관한 한 다른 부서의 부하에 대해서도 명령하고 지휘할 수 있는 권한이 부여된다.

테일러가 제창한 기능 조직은 작업이 전문화 될수록 관리자 자질이 있는 인원을 발견하기가 용이하다. 그러므로 관리자를 짧은 시간에 양성 할 수 있고, 과업이 한정되므로 그 성과에 따라 보수를 가감 할 수 있다는 장점이 있다. 이에 반해 단점으로는 첫째, 각 관리자가 담당하는 전문적 기능에 대한 합리적 분할이 용이하지 않고 관리자 상호간에 권한 다툼이 발생하기 쉽다. 둘째, 수평적 분화로 인하여 감독·조정이 곤란하며 지휘·명령의 통일을 기하기 어렵다. 셋째, 잘못된 업무수행에 대한 책임전가로 인하여 조직 구성원간의 사기저하를 초래하기 쉽다. 넷째, 각 관리자의 전문적 분화에 의하여 간접적인 관리비를 증대시키는 경향이 있는 점 등이 지적 된다.[45]

3) 계선-참모 조직

계선-참모조직(line and staff organization)이라 함은 계선 조직의 명령 일원화의 원칙과 참모 조직의 전문화 원칙을 적극적으로 활용하여 조직의 목적을 달성하려는 조직 형태를 의미한다. 참모 조직은 전문가가 라인 활동에 대하여 조언을 하며 문제의 조사, 연구, 기획을 의무로 한다. 이에 따라 계선 관리자는 방침이 결정되면 집행에 전념 할 수 있다. 참모의 권한 및 책임은 가치있는 조언을 행하는 것이며 계선의 권한과 책임에 개입하지 않는 것이 원칙이다.

계선 참모 조직의 장점은 계선은 참모의 권고를 받음으로써 계선의 임무 수행

45) 최미옥 · 신현기, 전게서, p.169.

에 관계없는 문제에 시간을 소비 할 필요가 없어서 전문적인 부문에 주력 할 수 있다. 또한 소수 인물의 능력에 의존하는데 따른 위험이 경감되고 조직이 안정되며 조직을 관리 통제하고 방침을 일관되게 응용하는 것이 용이하다는 장점이 있다. 반면에 단점은 계선 조직의 책임자가 독단적인 조치를 취할 가능성이 있고 각 부문간의 효과적인 조정이 어려워 조직운영의 능률이 저하되고 혼란을 초래할 수 있다. 또한 계선은 참모의 자문적 성격을 악용하여 책임을 회피하기 쉬우며 참모부문도 계선 부문에 대하여 전문적인 입장을 위임하여 업무 수행 상에 지장을 초래 할 수 있다.

4) 위원회 조직

오늘날 많이 활용하고 있는 위원회 조직(committee organization)은 다수 형태의 합의제 조직을 말한다. 위원회 조직에서는 회의에 의해서 의사결정이 이루지는 특징을 가지고 있으며 독립적인 조직이라기 보다는 계층제적 조직에 부속되어 그 조직을 보조하며 다수의 위원에 의해 의사결정이 이루어진다는 점에서 독임제의 계층제와는 크게 구분된다. 위원회 조직을 활용하는 목적은 부문별 의사결정자 간의 원활한 의사소통을 통해 부문간의 수평적 조정을 꾀하자는 데 있다. 위원회 조직을 계선조직을 보강하기 위해 채용하는 경우에는 참모조직과 같은 성격을 띠게 된다.

위원회 조직은 다음과 같은 장점을 지니고 있다. 즉 집단토의(brain storming)를 할 수 있는 여러 기회를 제공하며 위원들로부터 광범위한 의견을 종합 할 수 있다. 그리고 회의를 통한 의사소통의 결과 각 부문의 방침과 정책을 이해 할 수 있다. 하지만 다음과 같은 단점도 지니고 있다. 즉 다양한 의견을 제시하고 시간이 지연되어 많은 낭비를 초래 할 위험이 있다. 특히 의견 통일이 안되면 위원들 상호간에 친화력이 깨질 수 있다. 또한 소수의 힘을 가진 위원에 의해서 회의가 지배될 수 도 있으며, 결국에는 민주적 의사결정을 어렵게 할 수도 있다.

5) 공식조직과 비공식조직

흔히 공식조직이란 법률이나 규칙, 직제에 의해 명문화된 제도상의 조직을 의미한다. 비공식 조직은 조직원들의 공식적인 계획에 일치하지 않는 공식조직 내에서 조직원들의 행동유형의 전체라고 볼 수 있다. 즉 비공식 조직은 조직구성원의 비공식적인 상호접촉이나 친근성 등과 같은 인간관계를 토대로 자연 발생적으로 형성된 관계를 말한다. 비공식적 조직에 대한 연구는 1930년대 호오손 연구에서 시작되었으며, 이후 뢰슬리스버어그(F. J. Roethlisberger), 사이몬(H. A. Simon) 등에 의해 비공식조직이 많이 연구되었다.[46)]

공식조직과 비공식조직의 차이점은 다음과 같다. 첫째, 공식조직이 인위적으로 형성된다면 비공식조직은 자연발생적으로 형성된다는 점이다. 둘째, 공식조직은 성문화 되어있고 제도적·가시적인데 반해 비공식조직은 그렇지 않다. 셋째, 공식조직이 외재적이며 합리적 능률의 논리에 근거한다면 비공식 조직은 내재적이며 비합리적 감성의 논리에 따라 형성된다. 하지만 공식조직과 비공식조직의 현저한 차이점에도 불구하고 모든 조직에는 공식조직과 비공식조직이 동시에 존재한다.

6) 애드호크라시

애드호크라시(Adhocracy form) 조직은 한 특정 업무를 수행하기 위하여 여러 분야의 사람들로 일시적으로 구성되었다가 그 업무를 완수 한 뒤 해체되고 다른 업무를 위해 또다시 재구성되는 임시방편적 일시적 조직형태이다. 애드호크라시(Adhocracy)란 '임시변통의', '그때 그때의'의 의미를 지닌 adhoc와 지배를 의미하는 cracy의 합성어로서 특별임시위원회로 번역되는 용어이다. 원래의 형태는 제2차 세계대전중의 군의 특수임무를 수행하였던 기동 타격대에서 시작되었다. 베니스(W. Bennis)는 애드호크라시를 '문제해결을 위해 다양한 전문적 지식이나 기술을 가진 이질적 집단으로 조직된 변화가 심하고 적응력이 강하며 임시적인 체계'라고 정의하였다. 즉 애드호크라시는 동태적이고 급변하는 환경에 조직이 전략적으로 적응할 필요가 있을 때. 위험부담이 높을 때 또는 기회라고 생각될 때, 비

46) 최미옥 · 신현기, 전게서, p.173.

일상적, 비 정형적, 문제해결이 필요한 상황 일 때 만들어지는 조직형태이다.

애드호크라시는 첫째, 조직 내에 있는 전문가를 뽑는다. 둘째, 문제해결을 위해 한시적으로 필요하다. 셋째, 상하 계층이 없다. 즉 계층구조가 없기 때문에 수직적 분화가 없고 수평적 분화구조이다. 넷째, 공식화가 없다. 다섯째, 맡은바 분야별로 문제해결에 치중해야 하기 때문에 분권화(decenteralization)가 이루어진다는 특징을 지닌다. 예를 들어 방송국 기획회의와 같은 경우가 해당된다.

애드호크라시 조직은 고정된 계층구조와 영구적인 부서, 공식적 규칙 및 표준운영절차(Standard Operation Process)가 없는 조직이다. 이러한 애드호크라시 조직은 구성원의 능력을 최대한 발휘하도록 함으로써 사업내용에 따른 신속한 대처가 가능한 반면에 권한과 책임을 둘러싸고 갈등하며 일상적 조직형태에 익숙한 사람들이 싫어한다. 또한 목표달성을 위하여 지나친 심리적 긴장이 부담이 되기도 한다.

7) 학습조직

학습조직이란 조직현상을 바라보는 새로운 관점이다. 학습이론은 오랜 역사를 지니고 있지만 조직에 적용된 것은 그리 오래 되지 않았다. 학습조직이란 조직을 학습시스템으로 이해하고 조직 내에 있는 구성원들이 지식, 기술, 정보를 나누고 학습하여 조직 내부의 활동으로 바꿈으로서 조직이 새로운 변화에 적응하고 살아가는 학습에 의한 조직을 말한다. 과거에는 조직의 기초가 기계적·합리적 관점에서 이해되어 왔으나 지식에 기반을 둔 기술주의 사회로 이행함에 따라 계속해서 발생하는 문제를 해결해 나가는 능력이 요구되고 있다. 또한 대규모 조직일 경우 '규모의 경제'의 편익을 누릴 수 있지만 변화에 신속하게 대처하기 어렵다는 측면이 있다. 때문에 급변하는 상황에서 발생하는 문제를 적극적으로 적응하여 대처하기 위해서는 소규모 조직으로 갈 수도 있다는 관점에서 제시된 조직모형이다. 학습조직은 조직학습의 단일 모형은 없으나 다양한 형태로서 방향성을 제시하고 있는 이론이다.

학습조직이 되기 위해서는 분명한 사명감과 비전의 설정, 공유된 리더십과 참여, 실험을 장려하는 문화, 조직의 경계를 넘어 지식을 전파 할 수 있는 능력, 팀워크와 협동을 갖추어야 한다. 학습조직은 문제지향적 학습과정, 집단적 학습의 강조, 의식적 학습의 자극과 규칙, 통찰력과 원리의 모든 수준에서 학습이 이루어지는 병렬적 학습이라는 점에서 그 특징이 있다. 학습조직의 특징을 기존조직과 비교해 보면 다음 표에서 보는 바와 같다.[47]

〈표 4-3〉 학습조직의 특성

특 성	기 존 조 직	학 습 조 직
계층단계	많음	적음
구조	기능(분업)에 의한 분리, 수직적	수평적, 과정적 중심
전문성	단기능적	다기능적
경계선	고정적	투과가능적
공동체 의식	통제에 의한	신뢰와 목표 공유
관계	관료적	대등
권한의 소재	집중	분산
책임	책임의 전가	스스로 책임
정보활동	정보의 독점	정보 공유
정보의 흐름	공식적 의사소통	비공식적 의사소통
변화의 대응	지연, 경직	신속, 유여

출처: 학습조직과 정보기술, 「학습조직의 이론과 실제」, 서울 20c Books, 1996, p. 341.

8) 네트워크 조직(Network Organization)

네트워크 조직은 권한의 형식적 위계보다 계약이나 동의에 의해 행동들이 조정되는 서로 다른 조직들의 집단이다.[48] 정보화 사회에서 네트워크 조직의 필요성은 더욱 증가하고 있다. 네트워크 조직은 고도로 분권화 되어 있으며 상호 영향력과 의사소통을 극대화하는 통합된 사회체계이다. 따라서 급변하는 조직환경에 의해 만들어지는 상황에 대하여 보다 효율적이고 적절하게 대응한다. 네트워

47) 권기성 외,"가상조직에 대한 정체성 고찰", 한국행정학회보, 31(4), p.158.
48) Miles & Snow, 1992.

크 조직의 기본원리를 리프넥(Lipnack)은 공동목적(unifying purpose), 독립적인 구성원(independent members), 자발적인 연결(voluntary links), 다수의 지도자(multiple leaders), 계층통합(integrated levels)등으로 제시하고 있다.[49] 네트워크 조직의 효용성은 기업들이 새로운 기술과 지식의 학습, 정당성의 획득, 경제적 성과의 향상, 자원의존 관계의 관리 등에 참여하는 것을 허용하고 사회복지 편익들을 증진시키는 것이라고 한다.[50] 계층제 조직과 네트워크 조직의 차이점을 아래 표로 간략히 살펴 볼 수 있다.

〈표 4-4〉 계층제 조직과 네트워크 조직의 비교

특 성	계층제 조직	네트워크 조직
규범적 기초	고용관계	보완관계
의사소통 수단	기계적 절차	상호관계
갈등해소 방법	감독	호혜, 규범, 평판
유연성	낮음	높음
소속감	높음	높음
분위기	공식적/관료적	개방적/상호이익
행위자 선호 혹은 선택	의존적	상호의존적

자료 : 하재룡 · 김영대, 1997, p. 165에서 재구성.

49) 하재룡.김영대,"인터넷 전자상거래의 정책적 이슈,"한국정책학회 발표자료, 1997, pp.161-162.
50) 김병진, 앞의책, 2000, p.177.

제4절 조직과 인간

1. 의의

조직의 가장 중요한 구성요소는 바로 인간이다. 조직연구는 조직구조, 조직환경, 집단을 중심으로 연구하는 것이 일반적이다. 그리고 조직의 인간연구는 개인수준의 연구를 말한다. 특히 조직 내 개인의 인간관, 동기부여, 그리고 집단의 인간 문제인 리더십과 갈등관리를 분석해 보는 것은 큰 의미를 지닌다.

2. 인간관

우리는 조직 속의 인간을 어떻게 정의할 수 있을까. 그에 따라 조직관리자의 관리방안이 어떤 방향으로든 결정 될 수 있다. 조직관리에 상당한 영향을 미치고 있는 조직내 인간관의 연구는 조직 속에 있는 개인, 집단, 조직이 바로 그 대상이 된다. 인간관에 대해서는 샤인(Schein)의 인간관 이론을 중심으로 조직내 인간관을 살펴보았다.

샤인(E. H. Schein)은 조직의 이론이나 실제면에서 영향력을 미치고 있는 조직내의 인간관과 관리전략에 관한 가정적 전제로서 ⅰ) 합리적 경제인관(rational-economic man), 2) 사회인관(social man), 3) 자기실현인관(self-actualizing man), 4) 복잡인관(complex man)의 네 가지 모형을 제시했다.[51)]

(1) 합리적·경제적 인간관의 특성은 조직 속의 인간은 경제적 유인에 의해 동기가 부여되며 경제적 유인은 조직의 통제하에 있기 때문에 조직 속의 인간은 조직에 의해 조작되고 통제되는 수동적 존재로 파악하는 것이다.

(2) 사회인관은 조직 속의 인간을 사회적 존재로 인식하는 것이다. 메이요(Mayo)는 사회적 욕구는 인간행동의 가장 기본적인 동기요인이며 대인관계는 자아상에 의미를 부여하는 중요한 요소라고 하였다(E. Mayo, 1945). 사회적 인간관

51) 박연호·오세덕, 『현대조직관리론』(서울: 법문사, 1995), p.81; 이평원, 2000, p.163; 오석홍, 『조직이론』(서울: 박영사, 2006), pp.86-99.

에서 가정하고 있는 이론들은 ⅰ) Hawthorne 실험, ⅱ) Tavistock의 연구소의 석탄 광산 연구 등이다.

(3) 자기실현적 인간관은 인간은 '자아실현적 존재'이며 자기실현을 위해 부단히 노력하는 주체로 인간을 본다. 자기실현적 인간관이 가정하는 이론으로는 ⅰ) 매슬로우(Maslow)의 자기실현 욕구의 인간, ⅱ) 맥그리거(McGregor)의 Y이론, ⅲ) 아지리스(Argyris)의 성숙인 등이 해당된다고 할 수 있다.

(4) 복잡인관은 인간은 복잡한 성향을 가진 것으로 인식한다. 이 모형에 따르면 합리적, 경제적, 자기실현적 인간관은 지나치게 인간을 단순화하고 일반화해서 특정한 상황에 맞지 않는 경우가 많다. 그렇기 때문에 인간을 복잡한 인간관으로 보고 조직관리를 해야 한다.[52]

3. 동기부여

동기(motive)란 행동의 계기가 되는 힘이라 할 수 있다. 동기부여(motivation)란 본질적으로 인간의 행동과 관련된 내적, 심리적 개념으로서 조직 구성원으로 하여금 바람직한 행동을 유발하고 그것을 일정한 방향으로 유도해 가는 과정을 총칭한다. 인간은 자기의 욕구를 충족시켜준다고 생각하는 목표를 향하여 행동하게 하는 것이며 욕구를 충족시키려는 인간의 욕망과 관련된다. 이러한 욕구는 행동을 유발하고 지속시키는 힘으로서 인간의 생각이나 행위를 결정하는데 영향을 미치며 인간의 감정이나 심리적 기능과 함께 작용하여 행동을 일으키는 동기가 된다.

인간의 욕구와 동기부여에 관한 이론은 프로이드 이래 다양하게 제시되어 왔다.

1) 매슬로우의 욕구단계 이론

매슬로우(Abraham H. Maslow)는 인간의 욕구 단계(needs hierarchy)를 다섯 단계로 구분했다. 이 욕구 단계가 순차적으로 발생한다고 주장했다. 매슬로우의 인간

---

52) 윤재풍,『조직학 원론』(서울: 박영사, 1985), p.204.

욕구 5단계는 i) 제1단계가 생리적 욕구(physiological needs) : 의식주 및 휴식, 성적욕구 등 기본적 욕구, ii) 제2단계는 안전욕구(safety needs) : 안전과 보호, 경제적 안정, 질서 등에 대한 욕구, iii) 제3단계는 사회적 욕구(social needs) : 인간은 사회적 동물로서 여러 집단에 소속되고 싶고 그러한 집단으로부터 받아들여지기를 원하는 욕구, iv) 제4단계는 존경욕구(esteem needs) : 본인 스스로 자신을 중요하다고 느낄 뿐만 아니라 이 감정이 다른 사람들로부터도 부여되고 인정되어야 한다. 즉 지위, 존경, 자존심, 성공 등에 대한 욕구, v) 제5단계는 자아실현 욕구단계(self-actualization needs) : 성장, 자아실현 등을 통해 자신의 잠재가능성을 실현하려는 욕구이다.[53)]

매슬로우는 인간의 욕구는 우선 순위가 있고 가장 먼저 충족되어 할 욕구는 제1단계의 생존욕구라고 보았다. 낮은 단계의 욕구가 충족되고 나면 그 다음 단계의 욕구가 강하게 대두된다는 것이다. 그러나 욕구의 단계적 순차적 발현을 강조하는 매슬로우 이론은 많은 비판을 받고 있다.[54)]

〈그림 5-3〉 매슬로우의 욕구단계의 상호관계

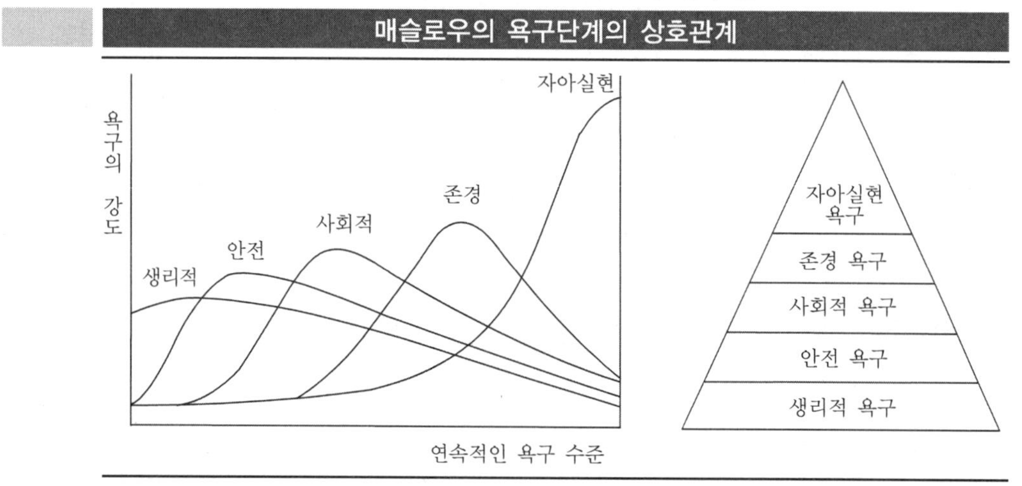

출처: 신현기, 『경찰조직관리론』(파주: 법문사, 2018), p.209; 최미옥 · 신현기, 『현대행정의 이해』(서울: 대영문화사, 2002), p.183.

53) 이종수 · 윤영진, 『새행정학』(서울: 대영문화사, 2017), p.380.
54) 최미옥 · 신현기, 전게서, p.183.

2) 맥그리거의 X, Y 이론

맥그리거(Douglas McGregor)는 조직내의 동기에 관해 상반되는 인간본성을 중심으로 이론을 피력하였다. X이론은 전통적 관리이론이며 Y이론은 인간본성에 대한 새로운 가정을 제시하는 이론이다. X이론이 통제중심의 전통적 관리전략에 관한 이론이라면 Y이론은 조직목표와 개인목표의 조화를 추구하는 새로운 이론이다.[55]

X이론에 입각하면 관리자는 인간본성을 (1) 사람은 원래 게으르고 일하기를 싫어하며 (2) 야망이 없고 이끌려 다니기를 좋아하며 (3) 변화를 싫어하고 (4) 자기중심적이어서 조직의 목표에는 무관심하며 (5) 속기 쉽고 현명하지 못하며 사기에 넘어가기 쉽다고 가정한다. X이론에서의 관리자의 관리전략은 직원들의 행동을 감독 ·통제하고 시정하는 책임을 지며 처벌·통제·위협 등을 선호한다.

Y이론의 인간본성에 대한 가정은 (1) 사람은 일을 싫어하지 않으며 정신적·육체적 노력은 휴식처럼 자연스러운 것이며 (2) 외부적 통제나 처벌의 위협만이 상책이 아니며 조직목표를 달성하기 위하여 사람들은 스스로 자신을 규율하고 통제할 수 있으며 (3) 조직목표에 기여하려는 동기는 자아실현욕구나 존경욕구의 충족에 있으며 (4) 사람은 적절한 여건만 주어지면 책임을 수용 할 뿐 만 아니라 책임 맡기를 바라며 (5) 인간은 조직문제를 해결하는데 있어서 상상력, 창의력을 발휘 할 수 있으며 (6) 사람의 지적 잠재력은 일부만이 발휘되고 있다고 가정한다. Y이론에 따르면 관리자의 관리전략은 조직목표와 개인목표가 조화 될 수 있도록 해야 하며 직무를 통하여 욕구가 충족되고 개인이 발전 할 수 있는 조직의 운영 방침을 채택해야 한다.

3) Z이론

맥그리거의 X·Y이론에 이어 Z이론이 제시되었다. 대표적 연구자는 루트슈타트(Lundstedit), 로리스(Lawless), 오우치(Ouichi) 등인데 각각의 내용은 다소 상이하다.

55) 박연호, 『행정학신론』(서울: 박영사, 1994), p.382.

(1) Lundstedit는 맥그리거 이론이 지나치게 인간본성에 대한 가정을 단순화시켰다고 비판하면서 자유방임형, 또는 비조직형에 관한 Z이론을 제시하였다. Z이론은 인간이 조직의 엄격한 규율 틀 속에서 구속받는 것을 좋아하지 않으며 자신의 개성을 가장 우선시한다고 이해한다.

(2) Lawless는 맥그리거의 X · Y이론 이외에 제3의 이론으로서 Z이론을 제시하였다. X · Y이론이 절대적인 적합성을 가지는 것은 아니며 때와 장소와 조직의 특성에 따라 그 적합성이 달라지고 관리방식도 조직이 처한 상황에 따라 변해야 한다고 주장한다.

(3) 오이치는 미국식 관리를 A이론, 일본식 관리를 J이론이라 부르고 미국내의 일본식 관리를 Z 이론이라 하였다. Z이론의 관리방식은 일종의 일본식 가족경영주의 방식으로 집단적 가치를 중요시하고 종신고용제와 연공서열주의 관리에 중점을 두며 개인에 대한 평가는 장기간에 걸쳐 전체적으로 이루어진다. 또한 상하의사전달과 조정, 단체정신에 유익하다고 할 수 있는 품의제를 활용한다. 이러한 관리전략은 팀워크와 충성심, 노사협조, 높은 생산성 등의 장점을 들 수 있다.

4) 허쯔버그의 욕구충족 요인 이원론

허쯔버그(Herzberg)의 욕구충족 요인 이원론은 두 가지 가정을 제시한다. 첫째 직무에 대한 만족감을 주는 요인과 직무에 불만을 주는 요인은 서로 구별되는 별개의 것이다. 둘째, 직무만족으로 이끄는 요인(동기요인)들은 성취욕, 인정욕, 직무자체, 책임감 등이며 반대로 사람들에게 불만을 품게되는 요인(위생요인)들은 회사정책, 경영, 감독, 대인관계, 작업조건 등이며 이러한 것들은 직무의 고유한 부분이 아니고 직무와 수행되는 환경과 밀접한 관련이 있다는 것이다.[56]

허쯔버어그의 이론에 의하면 직원들에게 자기실현을 할 수 있는 심리적 성장기회가 주어질 때 직무에 대하여 만족하며 위생요인들은 아무리 잘되어 있어도 불만을 적게 하거나 예방하는데 그칠 뿐 동기유발의 효과는 없다는 것이다. 조직

56) 박응격. 『행정학강의』(서울: 박영사, 1993), p.221; 최미옥 · 신현기, 앞의책, p.185.

에서의 인간에 대한 동기유발은 동기유발요인 즉 자아실현과 심리적 성장의 기회가 충분히 제공되었을 때 성공 할 수 있다. 따라서 과업 수행이나 생산성은 그 사람의 능력이나 동기에 달려 있기 때문에 불만족스러운 위생요인은 생산량을 저해한다는 것이다. 동기- 위생이론에서 동기요인은 맥그리거의 Y이론과 매슬로우의 사회적 욕구와 자아실현 욕구를 합친 것에 대응되는 것으로 생각된다. 반면에 위생요인은 맥그리거의 X이론과 매슬로우의 생리적 욕구와 안전욕구를 포함하는 것에 대응된다고 할 수 있다.

5) 아지리스의 미성숙, 성숙이론

조직과 개인은 그 목표를 추구하는 과정에서 인성과 조직구조 및 관리방식 사이에 갈등·대립을 나타낸다. 아지리스(Chris Argyris)는 조직에 있어 인간의 성격유형을 성숙인과 미성숙인으로 구분하고 공식조직과 전통적 관리방식이 인간들의 미성숙을 조장한다고 주장하였다. 아지리스는 미성숙-성숙이론(immaturity-maturity theory)을 제시하면서 인간의 성격은 미성숙 상태로부터 성숙상태로 변화하며, 조직의 구성원을 심리적 성공을 경험 할 수 있는 성숙한 인간으로 관리하여야 한다고 주장하였다. 아지리스는 성숙과정에서의 개인의 인성 변화를 아래 표에서와 같이 예시하였다.

〈표 5-7〉 인성의 성숙과정

미 성 숙(immaturity)		성 숙(maturity)
수동적 활동	→	능동적 활동
의존적 상태	→	독립적 상태
단순한 행동양식	→	다양한 행동양식
변덕스럽고 얕은 관심	→	길고 강한 관심
단기적 조망	→	장기적 조망
종속적 지위	→	평등 혹은 우월의 지위
자아의식의 결여	→	자아의식 및 자기통제

출처: 윤재풍, 1985, p.236.

미성숙 · 성숙이론의 특징은 ① 미성숙한 인간의 욕구와 조직의 합리성에 치중하는 공식조직 중심의 관리 전략은 부조화를 초래한다. ② 전문화 · 명령통일 · 통솔범위 등 조직원리에 바탕을 둔 전통적 · 권위적 관리방식은 성숙한 인간의 자기실현 욕구 충족을 방해하게 되며 인간을 수동적 · 의존적 · 타율적 존재로 전락시키며 좌절감 · 실패감을 느끼게 한다. ③ 조직구조를 직무확장, 참여적 · 직원 중심적 리더십, 현실 중심적 리더십 등에 의해 개편 함으로써 인간의 자기실현을 가능케 해야 한다. ④ 조직구성원이 스스로의 욕구충족으로 성장, 성숙의 기회를 얻게 함으로써 조직의 목표와 인간의 목표를 통합 할 수 있다.

6) 브룸의 기대이론

동기부여의 내용적 차원에 중점에 두었던 매슬로우(Maslow)의 이론과 달리 동기부여의 과정적 차원을 중시한 브룸(Victor Vroom)은 기대이론을 주장하고 있다. 기대이론은 사람이 다르면 반응도 다르다는 입장을 취하고 있으며 욕구가 충족되면 동기가 곧 부여된다고 보지 않고 기대요인이 개재되고 있다는 점을 중시하고 있다. 브룸은 통로-목표 접근법(path-goal approach)을 이용하여 동기-기대이론을 구성하였다. 브룸은 동기를 정의하여 사람이 자발적으로 자기 행동을 취할 수 있는 통로는 다양하고 그 중의 하나를 선택하는 과정이라고 하였다.[57]

Vroom 이론의 구성요소 및 특징은 ① 사람은 어떤 일에서 발생하는 결과가 여럿일 경우 그 결과들 중 특정한 어떤 것에 더욱더 매력을 느끼고 선호하며 거기에 더 많은 상대적 가치를 부여한다는 유인가(valence) 개념과 ② 사람이 어떤 행위를 할 경우 어떤 결과를 초래할 것이라고 믿는 가능성, 혹은 그렇게 생각하는 주관적 확률을 말하는 기대(expectancy), ③ 직접적으로 사람이 어떤 일을 한 결과를 말하는 제1차 수준의 결과와, 1차 수준의 결과에 의해서 초래되는 사상 혹은 결과를 말한다. 제2차 수준의 결과 ④ 제1차 수준의 결과와 제2차 수준의 결과의 관계를 말하는 수단성(instrumentality)의 개념 ⑤ 사람이 인지하고 판단한 여러 가지 행동방안이 있을 때 그 중에서 선택방향을 정하는 역할을 하는 것을 말

57) 박연호 · 오세덕, 『현대조직관리론』(서울: 법문사, 1995), pp.197-199.

하는 힘(force)의 개념 등을 그 구성요소로 한다.

브룸은 동기유발과 관련된 기대를 두 가지 형태로 나누었다. 기대 1은 목표달성의 확률에 대한 기대이고 기대 2는 업무목표를 달성한 결과로 보상을 받을 확률에 대한 기대이다. 결과 1은 개인이 가지고 있는 여러 가지 욕구의 충족을 의미한다. 조직이 제공하는 보상은 개인 욕구의 충족을 위해 사용되는 수단의 성격을 띠고 있으므로 결과 1과 결과 2는 수단성의 관계에 있다.

동기부여의 공식을 표시하면 다음과 같다.

〈브룸의 동기부여의 공식〉

$$M = \sum V \cdot E$$

동기부여 = ∑유인가 × 기대

(Motivation) (Valence) (Expectancy)

동기부여란 어떤 사람이 선호하고 가치를 부여하는 결과를 의미하는 유인가와 자신의 어떤 행위가 어떤 결과를 가져 올 것이라고 믿는 주관적 확률인 기대를 곱한 총계인 것이다. 이 공식의 배후에는 수단성의 개념 즉 결과와 결과의 관계를 주관적으로 생각하는 논리가 있으며 특정한 행위를 하도록 방향을 부여하는 힘이 존재하는 것이다.

4. 리더십(leadership)

리더십이란 조직목표의 달성을 위하여 구성원이 자발적으로 적극적 행동을 하도록 동기를 부여하고 영향력을 미치며 개인과 집단의 조정을 통하여 협동적 행동을 촉진하고 유도하는 쇄신적, 창의적인 능력, 그리고 기술 및 영향력을 말한다. 관리자의 역할은 지도자로서의 활동이라 할 수 있기 때문에 조직관리에 있어 리더십은 중요한 연구의 대상이 된다. 이러한 개념의 리더십은 부하에게 강요하는 권력행사와 구분되며 어떤 보직에 있기 때문에 법적으로 생기는 직권과도 구분되는 개념이다.

리더십의 특징은 ① 리더십은 목표와 관련된다. ② 리더십은 공식적 계층제의 책임자만이 가는 것이 아니다. 리더십은 조직책임자의 직권(headship)과 구별되어져야 한다. ③ 리더십은 지도자와 추종자(fellower) 간의 관계이다. ④ 리더십은 지도자와 추종자에게 일방통행 방식으로 행동을 강요하는 것이 아니라 어디까지나 상호작용의 과정을 통해서 발휘되는 것이다. ⑤ 리더십은 지도자의 권위(authority)를 통해서 발휘되는 것 등이다.58)

조직에서의 리더십의 기능은 목표설정, 역할의 명확화, 자원의 동원, 조작화, 조직의 일체성, 적응성의 확보, 조직활력의 통합, 조정과 통제에 있다.59)

초기 리더십 이론은 자질론 에서부터 시작되었다. 리더는 추종자에 비하여 특별한 자질을 가지고 있어야 한다는 것이다. 그러나 리더십은 개인의 자질보다 당시의 상황이 더 중요하다는 상호작용이론 혹은 상환론이 나오면서 수정되게 되었다.

1) 리더십 이론

(1) 자질론(Trait Approach)

가장 전통적인 이론인 자질론에서 리더십이란 지도자 개인이 가지고 있는 몇 가지 자질 및 특성에 따라서 발휘된다고 보았다. 지도자의 퍼스낼리티와 성격적 특성을 강조하는 이 이론은 리더십의 자질이 자기 개발에 의하여 더욱 발전 될 수 있지만 일반적으로 선천적인 것이라고 인식하고 성공적인 지도자에서 공통적으로 나타나는 특성을 규명하려고 한다. 일반적으로 지도자의 특성, 자질로서 지적되는 것은 충성심, 책임감, 성실성, 결백성, 전문적 능력, 용기, 적극성 등이다. 그러나 현재까지의 수많은 연구에도 불구하고 지도자는 반드시 어떠 어떠한 특성을 갖추어야 하며 그것만 갖추면 반드시 지도자가 된다는 일반 법칙적인 명제는 확립되지 않고 있다. 오히려 지도자는 역사적, 문화적, 집단적 상황에 따라 지도자가 구비해야 할 자질이 달라진다고 하는 비판을 받고 있다.60)

58) 박응격. 『행정학강의』(서울: 박영사, 1993), p.720.
59) 최미옥 · 신현기, 전게서, p.189.
60) 박응격. 『행정학강의』(서울: 박영사, 1993), pp.722-724.

(2) 상황론(situational approach)

상황론은 리더십의 효율성이 지도자나 집단의 성격, 직무의 특징, 시간, 장소, 환경 등 상황에 따라서 달라진다는 입장을 취하면서 개인적 요인보다 사회적 요인을 중요하게 생각한다. 이 이론은 조직적 상황을 구성하는 제 요인들을 강조하기 때문에 상황론(situational approach)이라고 한다.[61] 상황론은 조직의 목적과 기능, 문화적 배경, 부하들의 특성, 관습, 피지도자의 지도자에 대한 인식, 지도자의 개인적 특성 등이 달라지면 효과적인 리더십의 형태도 달라져야 한다고 주장한다. 상황론이 자질론을 비판하면서 제기되었으나 근본적으로 대립되는 것은 아니다. 상대적으로 보아 리더십이 자질 없이 발휘되기는 어렵기 때문이다.

5. 갈등관리

1) 의 의

조직연구에 있어 갈등관리의 의미와 중요성은 조직의 문제 발생과 해결, 그리고 갈등의 기능적 역할에 있다. 조직을 목표와 가치, 인지구조 등이 다른 다수의 행위자들의 협동이라고 볼 때 조직에 있어 갈등은 당연한 현상이라 볼 수 있다. 갈등의 개념은 매우 다의적이다. 조직에서의 갈등은 행동주체간의 대립적인 마찰을 뜻하는데 근래에 들어 갈등이 조직의 생존 발전에 필요한 변동을 초래하는 원동력이 될 수 있다는 점에서 갈등의 순기능적 측면에 관심을 갖게 되었다.

조직갈등의 근본적인 양상을 아래 그림으로 살펴보면 아래 그림과 같다.

〈그림 5-4〉 조직갈등의 근본적인 양상

개인 또는 집단의 상반된 이해관계	⇒	이 같은 상반된 이해관계의 지각	⇒	다른 집단이 자기 집단의 이익을 방해하리라는 믿음	⇒	이 같은 결과를 초래할 행동	⇒	갈등

출처: K. W. Thomas, 1992, p.52.

61) John M. Pfiffner and Robert Presthus, Public Administration, 5th ed.(N.Y: The Ronald Press Co., 1967), pp.89-92.

2) 갈등의 정도와 유형

갈등의 수준은 아래의 〈표 5-8〉에서 나타나듯이 개인적 갈등, 집단갈등, 조직갈등으로 나누어지며, 각 갈등의 정도는 개인 내 갈등, 개인간 갈등, 집단 내 갈등, 집단 간 갈등, 조직 내 갈등, 조직간 갈등으로 나누어진다.

〈표 5-8〉 갈등의 정도와 유형

정 도	유 형
개인적 갈등	개인내 갈등
	개인간 갈등
집단 갈등	집단내 갈등
	집단간 갈등
조직 갈등	조직내 갈등
	조직간 갈등

집단 간 갈등의 유형으로는 계층적 갈등과 기능적 갈등, 그리고 계선-참모 갈등으로 설명 할 수 있다. 우선 계층적 갈등은 조직체의 계층 간에 존재하는 갈등으로서 경영층과 종업원들간의 갈등이나 이사회와 경영층간의 갈등, 그리고 상위관리 층과 하위관리층간의 갈등을 말한다. 둘째, 기능적 갈등은 여러 부서간의 갈등으로서 생산 부서와 영업 부서간의 갈등이 전형적인 예이다. 셋째, 계선-참모 갈등이란 계선 부서와 참모 부서간의 갈등으로서 비용총체와 관련하여 계선과 경리회계 부서간의 갈등, 예산문제와 관련하여 기획실과의 갈등, 그리고 인사문제와 관련하여 인사부서와의 갈등을 들 수 있다.[62] 계선-참모간의 갈등은 집단 간 갈등원인이 되기도 한다. 부연하면 환경이 더욱 복잡해지고 전문성을 지닌 인력이 필요해지고 대부분의 조직에서 스탭의 역할이 중시됨에 따라 계선 부서와 참모부서 사이의 갈등이 심화되고 있다는 것이다. 계선 관리자들은 참모들이 업무를 잠식해 들어와 자신들의 권한과 권력을 축소시킬 것을 두려워한다. 대부분

62) 신현기 · 박억종 · 노진덕 · 이상열, 『새행정학개론』(파주: 21세기사, 2008), p.144; 이영남 · 신현기, 전게서, p.163.

계선은 참모보다 조직내 지위는 높기는 하지만 전문지식이 부족하여 권한과 지식 사이에 차이가 발생하여 갈등이 촉진된다. 계선은 조직체와 동일시하고, 참모는 자기 전문분야와 동일시하는 등 그들 사이에 준거집단이 다르고 가치관, 우선순위, 접근방법에 차이를 보임으로써 갈등이 높아질 수 있다.

3) 갈등의 순기능과 역기능

(1) 갈등의 순기능

갈등은 조직을 위해 유익한 것일 수도 있고 해로운 것일 수도 있다. 갈등의 순기능은 조직이 추구하는 바의 목적이나 가치를 지원하는 건설적인 갈등이다. 즉 갈등은 의사결정의 질을 개선하고 창의성과 혁신을 촉진한다. 갈등은 집단구성원들로 하여금 집단에 대한 관심과 호기심을 불러일으키고 문제점이 드러나면 긴장이 해소되는 매체를 제공한다. 갈등은 현실에 도전함으로써 새로운 아이디어의 창안을 촉진하며 집단의 목표와 활동에 대한 재평가를 촉구하고 집단의 변화에 대한 민감성을 증대시킨다. 조직내부의 갈등은 조직의 내적 응집성과 조직성원의 충성심의 향상을 가져올 수 있으며, 새로운 조화와 통찰력의 향상을 볼 수 있다. 갈등이 존재함으로서 건설적인 조직변동이 가능하고 침체로부터 벗어나 생동력 있는 조직이 된다. 갈등을 제대로 잘 관리하면 조직의 생산성을 향상시킬 수 있다.[63]

(2) 갈등의 역기능

갈등의 역기능은 조직이 추구하는 목적이나 가치를 해치는 것으로 파괴적인 갈등이다. 바람직하지 못한 갈등의 결과에는 의사소통의 지체, 집단응집성의 감소, 집단목표보다 구성원들간의 투쟁을 더 중요시하는 것 등이 있다. 극단적인 경우에는 집단 기능이 중단되는 경우도 있고 잠재적으로 집단의 존속에 위협이 되기도 한다. 또한 조직의 위계질서를 교란시키며 관리통제를 어렵게 할 뿐만 아니라 직원의 편협성을 조장하며 변화와 쇄신에 저항하기도 한다.

63) 오석홍,『조직이론』(서울: 박영사, 2006), pp. 61-62; 최미옥 · 신현기, 앞의책, p.194.

(3) 순기능과 역기능의 관계

순기능적 갈등과 역기능적 갈등이 항상 뚜렷하게 구별될 수 있는 것은 아니다. 그리고 양자의 한계는 시간의 흐름에 따라 변동될 수도 있다. 즉, 순 기능적 갈등이 역기능적인 것으로 될 수도 있고 역기능적인 갈등이 순 기능적인 것으로 될 수도 있다. 순 기능적이고 건설적인 갈등은 조직의 생존과 성공에 필요한 쇄신적 변동을 야기하는 원동력이 된다. 그러한 갈등은 변동의 탐색을 유도할 뿐 아니라 변동의 수용을 용이하게 한다. 갈등은 조직참여자들로 하여금 정체적인 사고방식에서 벗어나 능동적 행동을 하게 하는 활력소가 될 수 있다. 갈등은 조직의 자율 조정적 장치에 불가결한 요소라고 할 수 있다. 갈등은 기존의 또는 장래의 자원배분에 변화를 야기함으로써 기능의 중요국면을 근본적으로 바꾸어 놓을 수도 있기 때문이다. 순 기능적 갈등의 부재가 정체된 사고방식, 부적절한 의사결정, 독재와 획일주의, 조직의 침체 등을 반영하는 것이라고 한다면 순기능적 갈등의 존재는 창조와 성장, 민주주의, 다양성 그리고 자기실현을 반영하는 것이라고 할 수 있다.[64]

갈등이 조직 및 집단에 미치는 순기능과 역기능 혹은 편익과 비용을 균형, 통합, 안정, 창의성과 쇄신성이라는 측면에서 분석해 보면 다음과 같다.

① **균형**(equilibrium): 갈등은 개인, 조직 및 집단의 균형을 깨뜨리고 불안과 무질서를 초래할 수 있다. 그러나 반면 갈등에 의해서 초래되는 불균형으로 인하여 정태적이고 비발전적인 개인, 집단 및 조직이 동태적인 성장, 발전의 계기를 맞이할 수도 있는 것이다.

② **통합**(integration): 갈등은 개인, 집단 및 조직의 통합과 조화를 파괴할 수도 있다. 그러나 조직이나 집단이 외부집단과 경쟁이나 마찰 등의 갈등을 벌이는 경우 조직의 내적 응집력과 조직구성원의 충성심 향상을 가져올 수 있으며 또한 조직내부의 갈등이 있은 후에 조직의 새로운 조화와 통합력의 향상을 볼 수 있다. 노사간의 갈등, 정당간의 갈등은 흔히 새로운 타협점을 발견하여 기존질서를 보완한다. 역동적인 새로운 힘이 계기가 되어 조직이 새로운 조건을 형성하고 생존해 갈 수 있는 것이다.

---

64) 이창원 · 최창현, 『새조직론』(서울: 대영문화사, 2006), p.337.

③ **안정성**(stability): 갈등은 개인, 조직 및 집단에 불안과 긴장을 조성한다. 그러나 어느 정도의 갈등과 긴장은 발전과 생산성의 향상을 위하여 필요한 개인적, 사회적 비용(personal and social cost)이라고 묘사할 수 있다. 불안은 오히려 동태적인 변화와 발전의 돌파구를 제공하여 준다.

④ **창의성**(creativity)**과 쇄신성**(innovation): 갈등은 조직내의 창의성과 쇄신성을 질식시킨다. 그러나 어느 정도의 갈등은 오히려 조직 내에 참신한 아이디어를 생성케 한다. 갈등이 전혀 없는 집단은 정태적인 경우가 많으며 구성원이 자기 능력 이하의 업적밖에 내지 못하는 경우를 흔히 볼 수 있다.

4) 갈등관리의 전략

조직에 있어 갈등관리의 전략은 역기능적 갈등의 방지와 해소, 순기능적 갈등의 조장을 위한 방법으로 생각해 볼 수 있다. 갈등의 해소방법에는 타협, 완화, 설득, 협상, 회피, 대결, 강압 등 다양한 전략이 제기되고 있다. 일반적으로 언급되고 있는 갈등 해소의 방법은 갈등의 원인이 되고 있는 문제의 해결방법, 갈등당사자들이 함께 추구해야 할 상위목표의 제시, 갈등의 원인이 되는 희소자원의 증대, 갈등당사자에 대한 상관의 갈등해결을 위한 명령, 갈등 당사자들이 서로의 대립되는 입장을 타협에 의하여 해결하려는 협상의 방식, 인사조치, 조직기구의 신설 등과 같이 조직구조상의 변경으로 인해 나타나는 마찰요인의 제거, 조직구성원의 행태 변화 등 다양하다.[65]

갈등방지를 위해 관리자가 유의해야 할 점은 조직구성원들에게 현실적이고 구체적인 목표를 제시하고 각자의 활동 내용이 조직전체의 활동과 체계적으로 결합될 수 있도록 업무명세서를 작성하여 활동하고 의사결정에 대한 명확한 지침을 제공해야 한다는 점이다. 또한 조직의 정책, 절차, 규칙 등을 정형화하고 결정과 집행기능 사이에 정보교환과 동의를 확보하기 위한 조치를 강구해야 한다.

---

65) 오석홍, 『조직이론』(서울: 박영사, 2006), pp.609-612.

연습문제

01. 현대조직의 중요성을 설명해 보시오.

02 조직의 목표를 설명해 보시오.

03 조직의 목표를 설명해 보시오.

04 체제이론의 유용성 및 한계를 설명해 보시오.

05 매슬로우의 욕구단계 이론을 설명해 보시오.

06 맥그리거의 X, Y 이론에 대해 설명해 보시오.

07 갈등의 순기능과 역기능에 대해 설명해 보시오.

08 갈등관리의 전략을 설명해 보시오.

Chap. 5

인사행정론

제5장 인사행정론

제1절 인사행정의 의의

1. 인사행정의 개념

인사행정(Public Personnel Administration)이란 무엇인가? 원래 행정은 행정목표를 가지고 있다. 바로 그 행정목표를 효율적으로 달성하기 위해 행정활동을 수행하는데 필요한 인적자원을 원활하게 동원함은 물론, 이를 적절하게 관리하는 일련의 과정이 바로 인사행정인 것이다.[1] 부언하면 인사행정은 행정조직을 이루고 있는 공공행정 조직에 충분한 능력과 행정 실력을 겸비한 우수하고 유능한 공무원들을 모집하여 공무원으로 임용한 후 보수·승진·교육훈련·근무성적 평정뿐 아니라 신분보장 까지 여러 행정기능을 원활하게 수행함은 물론 이와 직접적으로 관련되는 절차·규칙 및 관련 제도를 정비하고 관리하는 활동을 뜻한다. 이처럼 인사행정은 정부조직이 필요로 하는 인적자원, 즉 공무원을 채용한 후 사기를 앙양시켜 주고 능력을 발전시켜줌으로써[2] 정부행정의 효율화를 극대화 하는 것으로 이해된다.

오늘날 어느 행정국가를 막론하고 공무원 수는 지속적으로 증가해 왔다. 정부의 행정사무는 질적으로 급속히 변화하고 있다. 이로 인해 인사행정의 중요한 관리상의 대상이 되는 인사규모의 확대 및 효율적인 관리를 위해 이제는 고도로 전문화된 과학적 장치가 필요해졌다.

---

1) 한국인사관리학회논문집, 2000, p.5.
2) 하상군, 『인사행정론』(서울: 대영문화사, 2015), p.15.

이전에는 인사행정의 역할이 단지 기본적인 상식만 갖춘 사람들로부터 어느정도의 소극적인 관리를 통해서도 가능했었다. 하지만 현대 사회에서는 이전의 현상 유지(Status quo)적인 기능보다는 역동적으로 변동하는 행정상황과 환경에 신속하게 반응하고 대응하는 일련의 발전관리를 중시하고 있다. 무엇보다 발전도상국들은 과거나 현대를 불문하고 쇄신적이며 발전적인 행정을 강력하게 추진해 나가야하기 때문에 인사행정의 역할이 더욱 중요시 되고 있다.

이런 의미에서 볼 때, 공공행정에서 행해지는 일련의 인사행정은 사기업체에서 행하여지는 인사관리와 상당히 유사하면서도 동시에 목적 · 통제방법 · 활동범위 · 행동규범 · 권력성 등에서 일정한도의 차이를 보여주고 있다. 특히 현대행정관리의 핵심적 영역인 인사행정에는 모든 재직 공무원의 관리는 물론이고, 나아가서 공무원의 신규채용을 포함해 미래의 퇴직공무원을 위한 관리까지도 모두 포함한다.

1) 인사행정의 과정

인사행정의 과정은 다음과 같이 이루어진다. 즉 인사행정이 이루어지는 전체 과정은 인사행정의 목표설정과 목표달성이 핵심 내용이 된다. 인사행정이란 목표를 설정해야 하며 그 세워진 목표를 달성해야 한다. 이를 위해서 공직에는 역량과 능력을 가진 공무원이 제대로 수급되고 그들로부터 역량 발휘가 제대로 되어야 함은 물론 그 공무원 인력이 잘 보존될 수 있는 인력계획이 확고하게 세워져야 한다.

한편 인사행정의 활동과정은 인력의 형성과 배치, 활용인력의 보존, 통제 및 평가에 따라서 이루어진다. 결국 인사행정의 활동과정은 채용, 능력 발전, 사기앙양이라는 3대 과정으로 진행된다.

〈그림 5-1〉 인사행정의 활동과정

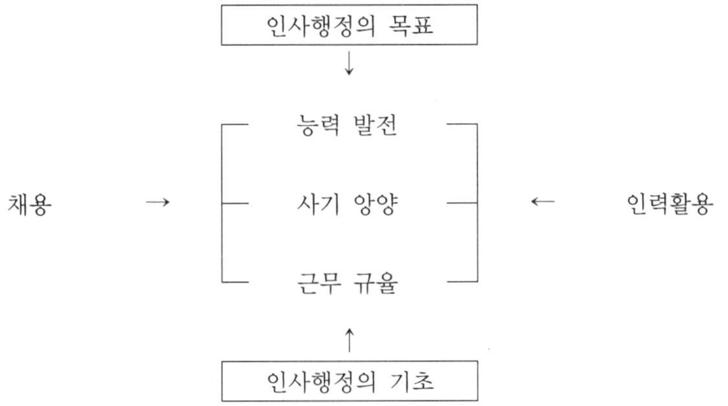

무엇보다 인사행정에서 채용은 유능한 공무원이 될 인재를 선발하고 적절하게 배치하는 것이며, 이들의 능력발전을 위해 교육훈련, 근무성적 평정, 승진 등을 중요시해야 한다.

정부는 공무원들의 사기진작을 위해 적절한 보수, 승진의 기회, 심리적인 성공감 등을 느끼게 해줌으로써 유능한 공무원들이 다른 직장으로 이동하지 않도록 해야 한다. 공무원들의 의욕이 결여될 경우 그들은 공직에서 제대로 된 능력을 발휘할 수 없게 된다. 특히 능력이 결여된 공무원의 의욕은 국민에게 제대로 된 행정서비스를 제공하기 어려울 것이기 때문에 인사행정의 합리화에 가장 중요한 3대 변수로 채용, 능력 발전 및 사기가 꼽히고 있다.

이전에 우리 공조직은 인사행정을 다루면서 대부분 채용과 통제의 과정차원만 중요시해왔다. 공무원에 대해 감시만 잘하면 인력관리가 잘 되는 것으로 이해하기도 했다. 하지만 현대행정은 우수한 공무원을 채용하는 것 못지 않게 재직공무원의 능력발전과 사기앙양이 매우 중요하다는 인식을 갖게 되었다.

〈표 5-1〉 인사행정의 3대 변수

채 용	모집, 시험, 임용
능력발전	교육훈련, 근무성적평정
사 기	보수, 신분보장, 연금, 제안제도, 퇴직관리

2) 인사행정의 접근방법

인사행정을 연구하기 위해서는 접근방법이 필요한데, 이와 관련해 두 가지 상반된 연구방법이 존재한다. 첫째, 과학적 관리법에 기초를 둔 능률적 접근방법(efficiency approach)이다. 둘째, 인간관계론적 접근방법(human relations appoach)이 바로 그것이다.

능률적 접근방법은 인사행정의 이념을 능률화에 두고 외재적 통제에 중점을 두는 방법이다. 인간관계론적 접근방법은 한마디로 인사행정의 이념을 민주화에 바탕을 두고 있으며 행정공무원(인간)들의 내재적 감정에 초점이 두어지는 접근방법이다. 무엇보다 능률적 접근방법이 행정공무원을 일종의 기계적인 생산단위로 바라보는데 반해 인간관계론적 접근방법은 어디까지나 감정을 지닌 인간으로 이해한 점이 큰 차이라고 볼 수 있다.

인사행정을 연구하는 접근방법의 발전과정은 과학적 관리법의 한계가 노출되고 기계적 능률관이 비판됨에 따라 정치·행정 일원론과 인간관계론을 주창하게 되었다. 이와 더불어 사회적 효용을 기준으로 능률을 평가하여야 한다는 이른바 사회적 능률이론이 제기 되었다. 이러한 새로운 능률적 접근법은 인사행정의 효율적인 활용을 강조했다. 그리고 조직과 개인의 목적을 잘 조화시켜 원만한 업무관계를 형성해야 함을 그 핵심 내용으로 삼고 있다. 이 밖에 오늘날 정보화시대가 적극적으로 요구하는 제반 수요들을 충족시켜야 한다. 특히 디지털인사행정의 기술적 측면과 인사행정의 각 세부절차 속에서 정보통신이라고 하는 디지털기술을 접목시켜 적극 활용하는 것이다. 이러한 결과 행정상의 낭비를 줄임은 물론 새로운 부가가치 까지도 창출해 냄으로써 성공적인 인력관리를 추구하도록 하는 것이다.

2. 인사행정의 발달

1) 인사행정의 발달과정

1단계 절대관료제는 알려진 바와 같이 관료제 발달의 시작으로 볼 수 있다. 즉

1단계 절대관료제는 소위 절대군주제의 2대 지주라고 할 수 있는 상비군과 관료제의 하나로서 발달한 것을 의미한다.[3] 1단계 절대관료제에서 관리들은 대부분 특권층을 형성하고 유지했다. 나아가서 신분보장을 누렸음은 물론이고 관리가 되기 위한 자격요건이 엄격했다. 특히 복무규율이 매우 엄격 했을 뿐 아니라 현대적 의미의 실적주의(merit system) 형태를 1단계 절대관료제에서 찾는 것이 어렵지 않다. 이러한 1단계 절대관료제의 대표적인 예는 프러시아의 관료제와 제2차 세계대전 때 일본의 관료제가 대표적이라고 할 수 있다.[4]

프러시아의 관료제는 30년 전쟁(1618~1648)[5] 후의 국내 질서유지와 통일확보를 위해 상비군을 설치하고 나서 군비강화를 위한 조세징수와 중앙집권적 일환으로 성립된 성격이 강하다. 프러시아 관료제는 다음과 같은 특징들을 지니고 있다. 즉 ① 사법관료(1700년경)와 행정관료(1748년)에 대한 시험제도와 실적주의이다. ② 관료들의 개인적인 영리 취득과 권한 남용의 금지 및 모든 관료의 근무성적 평정표에 의한 엄격한 복무규율제의 도입이다. ③ 초창기에는 프러시아 관료들이 사소한 행위를 일으킨 경우에도 파면되었지만, 그 후 1794년 일반법정에 의하여 고위정무관을 제외한 모든 공무원들의 신분이 강력하게 보장되었다. ④ 프러시아 관료제에서 보여준 큰 특징 중 하나는 문서주의이다. 즉 모든 공공업무는 문서에 의해 처리되었다는 점이다.

제2단계는 정당관료제의 정착이다. 사실상 제1기 관료제 당시에는 국왕에게 봉

---

3) 상비군의 병력은 국가재정이 허용하는 범위에서 전시편제의 기간이 될 수 있는 것을 목표로 하고 있으며 국가의 보존, 해외거주민의 보호, 국내치안의 확보 등에 필요한 정도로 유지된다. 고대국가에서는 평시에는 생업에 종사하다가 전쟁이 일어나면 자유민을 대상으로 징집이나 모집에 의해 전쟁에 임하다가 로마 시대에 이르러 용병에 의한 상비군이 생겨났다. 이러한 로마의 상비군체제는 중앙집권적인 체제확립에 기여했다. 로마 몰락 후 중세봉건시대에도 상비군적 성격의 군사제도가 있었으나 이것은 사병적인 성격이 강했다(http://100.daum.net/encyclopedia/view/b11s2324a 인용).

4) 프러시아는 1701년 독일 브란덴부르크 선제후(選帝侯) 프리드리히 3세가 세운 왕국이다. 독일 북부 지역의 대부분과 폴란드 서부 지역을 차지하고 오스트리아와 대항하는 강국으로 성장하여 1871년 독일을 통일하였다. 제2차 세계 대전 이후 국토의 대부분이 소련, 폴란드, 영국, 프랑스에 의해 분할 점령되었다. 유럽 동북부와 중부에 걸쳐 있던 역사적 지역이다. 원래는 발틱해 남동부 해안에 슬라브계의 프로이센인들이 살던 지역으로 18~19세기에 프로이센 왕국이 성립되었다(http://dic.daum.net/word/view.do?wordid 인용).

5) 1618년부터 1648년까지 독일을 무대로 벌어진 전쟁을 말한다. 서유럽 최후의 종교 전쟁이자 서양 최초의 국제 전쟁으로서, 나폴레옹 전쟁, 세계대전 못지 않게 유럽사에서 엄청난 변화를 몰고 온 큰 사건이다(https://namu.wiki/w/30%EB%85%84%20%EC%A0%84%EC%9F%81 인용).

사만 잘하면 그야말로 특권적 지위가 보장되었다. 제2단계 정당관료제하에서는 여러가지 정치적 항쟁 후 국민의 지지를 가장 많이 얻고 최후에 승리한 정당이 정권을 잡고 자신들의 조직에 충성 및 충실한 관리들을 임명할 수 있도록 하는 이른바 엽관제주의(미국) 또는 정실주의(영국) 시기라고 볼 수 있다. 1688년 명예혁명 이후 영국에 출현한 정실주의와 1829년 잭슨 대통령이 취임한 이후 미국 엽관주의(엽관제)에서 그 좋은 예들을 어렵지 않게 찾을 수 있다.[6)]

영국의 정실주의(情實主義)는 관료(공무원)를 공직에 임명할 때 정실에 따라 이루어졌다. 바로 이 정실주의는 미국의 엽관제와 유사하기는 하지만 그럼에도 불구하고 관료들의 교체라는 원칙이 적용되지 않았는데, 이것이 바로 엽관제와 크게 다른 점이다. 영국은 이에 따라 기득권존중의 전통이 종신직제도로 이어졌다. 또한 영국의 내각은 정해진 임기가 없었기 때문에 관료가 갑자기 사직할 경우 등 이른바 내각 교체에서 올 수 있는 혼란을 적극적으로 방지한다는 차원에서 항구적 공무원제 정착도 중요한 과제 중 하나였다.

미국의 잭슨(A. Jackson) 대통령은 엽관제를 대표하는 사람인데, 1829년 12월 그의 최초연두교서에서 모든 관직의 내용은 이해력 있는 인간이라면 누구나 어렵지 않게 그 부여받은 임무를 충분히 수행할 수 있을 정도로 간단 명백할 뿐 아니라 그런 정신에 맞추어 설계되고 창설되었다고 강조했다.[7)]

뉴욕주 출신의 상원의원인 마시(William L. Marcy)는 '승자에게 전리품을 귀속한다(To the victor belong the spoils!)고 하여 엽관주의(엽관제)를 사실상 옹호하기도 했다. 엽관제가 가장 강조되었던 시기는 1845년 Polk가 대통령에 취임한 후 Taylor, Fillmore, Pierce, Buchanan, Lincoln이 각각 지위를 계승한 1865년에 이르는 20년간이다. 즉 '승자에게 전리품은 귀속한다'는 대통령선거는 공직의 쟁탈이라는 차원에서 볼 때 관심이 매우 집중되었다.

이 당시 엽관체제가 정당화될 수 있는 근거는 정부관료제의 민주화에 기여했다는 점이다. 그리고 이 엽관제는 공무원들로 하여금 높은 충성심을 이끌어 낼 수 있다는 점이었다. 동시에 민주정치에 큰 보탬이 되는 정당제도의 정착과 유지

---

6) 하상군, 『인사행정론』(서울대영문화사, 2015), pp.37-41.
7) 정진환, 1998, p.291.

에 상당한 도움이 된다고 본 것이다. 그렇다고 해서 엽관제도가 공무원에게 끼치는 폐해적 요인도 적지 않았다. 즉 경험이 부족하고 무능한 사람들이 공직에 투신해서 막대한 행정비용의 낭비를 가져왔다. 또한 정권이 교체될 때마다 대량의 공무원 인력의 교체가 발생했다. 이렇게 되면 공무원들은 행정의 계속성을 잃게 된다. 정권을 잡은 권력자는 공직에 임용되는 공무원들이 그 정당의 특수이익과 집권자에 대한 개인적 충성심에 달려 있어 늘 언제 파면될지 몰라 불안한 상황이 계속됨은 물론 한몫 챙기고자 하는 사적 재산 축적에 집중하고자 하는 심리가 나타나게 되었다.

제3단계의 핵심은 실적주의 공무원제인데, 사실 실적주의는 각기 국가마다 그 내용이 다르다. 파울 라이퍼(Paul P. Van Riper)는 실적주의의 3대 요소로 첫째, 능력에 의한 임용(공개경쟁시험), 둘째, 공무원의 정치적 중립, 셋째, 공무원의 신분보장을 제시했다.

오늘날 실적주의 공무원제는 각 국가들에서 어렵지 않게 찾아볼 수 있다. 하지만 1870년대 추밀원령 이후 영국의 공무원제와 1883년 미국의 펜들턴법(Pendleton Act)의 제정을 통해 확립되었다. 이는 오늘날 민주국가의 주요한 인사제도로 상징화되고 있다.

2) 실적주의

(1) 의의와 배경

실적주의(merit system)는 19C 말에 유행하게 되었다. 실적주의의 현대적 의미는 1870년 영국의 제2차 추밀원령과 1883년 미국의 펜들턴법(Pendleton Act)의 제정과 더불어 본격 시작되었다. 한국도 1949년 국가공무원법에서 인사행정의 기본원칙이 실적주의에 있음을 천명했다. 실적주의란 인사행정의 기준을 당파성이나 정실·혈연·학벌·지연과 거리를 멀리했다는 차원에서 출발했다. 즉 이는 개인의 능력·자격·실적·교육·경험·업적에 따라 공무원을 모집하고 임명·능력발전 및 승진시키는 인사제도를 의미한다. 서로 밀접하게 이해관계가 얽혀 있는 연고(nepotism)·금력·정치적 신분 등에 입각해서 행해지는 정실주의 내지는 엽관제를 최대한 배제하고 어느 누구를 막론하고 일정한 자격(qualification)과 능력을 갖춘 사람에게 공직에 취임할 수 있는 기회를 부여한다는 차원에서 민주적이며 능력본위의 인사행정원리라고 할 수 있다.[8] 실적주의는 엽관의 폐해를 방지하고자 하는 소극적 성격에서 비롯된 것이다. 그러나 오늘날에 와서 적극적 성격으로 상당히 변모되었다. 이와 같은 실적주의는 직업공무원제를 확립하기 위한 중요한 기초토대가 된다.

왜 실적주의가 대두하게 되었는가. 실적주의가 설립된 근본적인 배경은 첫째, 시민 정치의식의 수준 향상과 함께 위정자에 대해 능률적인 행정을 강력히 요구하게 되었고, 또한 실적주의 토대 구축을 위한 공무원제도의 개혁운동이 활발하게 전개되었다. 둘째, 정당정치가 점차 변질되었고 동시에 타락현상도 나타나게 되었다. 이어서 공직의 경질정책이 가지고 있던 진정한 민주적 성격을 상실하게 되었을 뿐만 아니라 엽관제의 병폐인 관료의 사병화와 같은 폐단도 나타났기 때문에 이것을 극복하기 위해 실적주의를 채택할 필요성이 대두되었다. 셋째, 행정국가가 본격화되었으며 이에 따라 행정기능이 양적 차원에서 점차 증대되었으며 동시에 질적으로도 적지 않은 변동이 나타났다. 이에 따라 전문적 능력을 보유한 유능한 관료가 필요하게 되었다. 이뿐만 아니라 행정의 다양화, 전문화 및 민주주의가 점차 발전하게 되었으며, 이는 실적주의의 배경과 기본토대가 되기도 했다.

(2) 수립과정과 내용

실적주의의 수립과정으로 영국의 경우 정실주의의 극복 및 공무원제도 개혁운동이 1853년 트레벨리안 노스코트(Trevelyan & Northcote) 보고서를 계기로 인사위원회를 설치하였다. 영국 공무원제도 개혁운동은 1855년 1차 추밀원령을 거쳐 1870년 제2차 추밀원령에 의해 실적주의제도를 확립했다. 결국 영국의 실적주의는 1870년부터 출발하게 되었다. 추밀원령의 주요 내용은 다음과 같다. 즉 제1차 독립인사위원회 설치, 제2차 공개경쟁시험, 제2차 계급의 세분류, 제2차 재무성의 인사권 강화 등이다. 1860년대 이후부터 미국은 공무원제도 개혁이 주창됨에 따라 1880년대 공무원제도의 개혁운동, 1881년 가필드(J. A. Garfield) 대통령의 암살,

8) 엽관주의(獵官主義; Spoils System)는 정당에 얼마나 충성했느냐에 따라서 관직에 임용되는 제도이다. 엽관주의와 정실주의는 오늘날 거의 비슷한 뜻으로 사용되고 있지만, 정실주의는 정당의 정치적 요인을 주요시하는 엽관주의보다는 더 넓은 개념으로 이해된다고 볼 수 있다.

실적주의 강화로 인한 공무원 정치활동 금지법에 해당하는 해치(Hatch)법, 그리고 1883년 연방인사법인 펜들턴법(Pendleton Act)의 제정으로 실적주의가 시작되었다.

한편 펜들턴법의 주요 내용은 다음과 같다. 즉 당파를 초월한 독립적 중앙인사위원회의 설치, 공개경쟁시험을 통한 임용, 취업 등에서 제대군인에 대한 특혜인정, 정치헌금 및 정치활동의 금지, 공무원 임용시 시보제도의 도입, 인사위원회는 개선건의안을 대통령을 통하여 의회에 제출할 것 등을 들 수 있다.

이러한 실적주의의 특징을 요약하면 다음과 같다.

① 공직취임의 기회 균등으로 인해 공직은 모든 국민에게 개방되었다. 즉 성별 · 신앙 · 출신지역 · 사회신분 · 학벌 등에 의한 차별을 받지 않는다. 따라서 공개경쟁시험은 필수이다.

② 정치적 중립이다. 공무원은 어떤 정당이 집권하든지 불문하고 당파성을 떠나 전문적 지식, 경험에 의해 공평하게 봉사하고 항상 특수이익이 아닌 공익을 추구해야만 한다.

③ 공무원의 임용 등 인사관리 능력, 자격, 실적을 기준으로 하여 정실이나 당파성은 배제된다.

④ 공무원은 법령에 저촉되지 않는 한 부당한 정치적 영향력 등으로 신분의 위협을 받지 않아야 한다. 그 외 책임행정구역, 예산절약, 법 앞의 평등, 행정의 과학화 · 전문화 · 능률화 · 객관화 등을 본질로 한다.

(3) 실적주의의 장 · 단점

오늘날 대부분의 국가에서 인력관리의 원칙으로 확립된 실적주의는 다음과 같은 역할수행의 장점을 지니고 있다.

① 실적주의는 공직임용의 기회를 균등히 보장해 줌으로써 민주주의적 평등이념의 실현에 기여하였다.

② 실적주의는 시험제도를 통하여 무자격자나 정치적 부정행위를 배제함으로써 엽관의 폐해를 극복하고 행정의 능률성 제고에 이바지했다.

③ 실적주의는 공무원의 정치적 중립성이 확립됨으로써 행정관료가 공익의 대변자로서의 역할을 수행할 수 있다.

④ 실적주의는 유능한 인재의 충원을 가능케 하여 공무원의 질적 수준을 향상시켜 주었다.

⑤ 실적주의는 공무원의 신분보장을 통해 행정의 계속성 · 안정성을 확보할 수 있다. 그리고 실적주의는 행정의 전문화를 촉진시키게 되며 직업공무원제의 발전에 크게 기여할 수 있다. 이 외에 예산절약도 가능하다.

실적주의는 위와 같은 장점에도 불구하고 다음과 같은 몇 가지의 비판을 받았다.

① 실적주의는 인사행정에 대한 정치적 간섭을 배제하고 정권교체에 의한 영향을 받지 않도록 하기 위해 공무원의 신분을 보장하는 데만 중점을 두는 소극적 성격을 지녔으며, 결국에는 인사행정의 집권화를 초래하였다.

② 실적주의는 행정책임자가 적재적소의 인사배치를 통해 업무를 효율적으로 처리해야 하는 행정관리적 측면이 비교적 등한시되었다.

③ 실적주의는 엽관 · 정실의 폐해 배제에만 급급하여 지나치게 인사관리의 과학성 · 기술성을 강조하였다. 이에 따라 법규 · 절차 · 기준에 대한 위반 여부만을 따지게 됨으로써 목적보다 수단에 치중하는 지나친 형식화 · 경직화를 초래하였다. 이밖에 비융통성 · 비인간성을 지니게 되었다.

④ 실적주의의 경우 인사행정은 정치적 환경 속에서 이루어지는 것인데 그 정치적 성격과 가치지향성을 충분히 인식하지 못하였다.

⑤ 실적주의는 정치적 중립성을 정책에 대한 중립성으로 잘못 인식시킴으로써 정당이념 및 정책의 효과적인 집행에 곤란을 초래하였다.

⑥ 실적주의의 경우 공무원의 지나친 보호주의는 결국 관료주의, 관료의 특권화 및 보수화를 초래할 우려가 있다. 그리고 민주통제를 어렵게 한다. 공무원의 신분보장을 강력하게 하는 것이 언제나 바람직한 것은 아니다. 또한 직무의 전문성과 자율성에 따라 비례하여 적용되어야 한다.

우리의 경우 급변하는 행정환경에 대응할 수 있는 공무원의 전문성 제고 및 경쟁력 향상에 대한 요구가 보다 증대되고 있다. 그리고 OECD국가들을 중심으로 확산되고 있는 정부부문의 구조조정과 개혁이라는 측면에서 공공부문 인력관리의 변화에 대응해야 할 필요성도 증가되고 있다. 이러한 변화의 일환으로 연봉제의 도입, 성과급 보수체계, 목표관리, 개방형 직위선정 등 제도적 변화를 모색하고 있다.

3) 엽관주의

(1) 의의와 성립배경

공무원제도는 크게 엽관제(Spoils System)와 실적제로 분류할 수 있다. 사실 엽관제는 엽관주의에 입각한 일련의 인사제도이다. 미국에서 가장 활발하게 유행한 엽관주의는 선거전에서 승리한 정당이 그 정당의 추종자들에게 모든 관직을 배분하는 것이다. 즉 자기 소속의 정당활동에 대한 공헌도와 충성심의 정도가 얼마나 큰가에 따라 해당 관직을 배분한다는 것이다.

이러한 견해를 복수정당제도가 허용되는 민주국가와 긴밀한 관계가 있다. 영국에서는 1688년 이후 1870년까지 소위 정실임용제(Patronage System)로서 정착 및 발전했다. 미국에서는 1829년 제7대 앤드류 잭슨(Andrew Jackson)[9] 대통령 이후 1883년까지 소위 엽관제라는 제도로 나타났다. 영국에서 발생한 정실임용제는 실적 이외의 요인인 정치성, 인연, 지연, 개인적 친분, 기타의 온정관계가 관직임용의 요건이 된다. 그러므로 당파성이나 정치성을 기준으로 하는 공직임용제도인 미국의 엽과제와는 근본적인 차이가 있다. 미국에서 발달한 엽관주의 성립 배경은 다음과 같이 세 가지 요인으로 대변된다.

첫째, 엽관제는 민주정치의 기초가 되는 정당제도의 유지에 기여하였다. 특히 정당활동을 통한 정권교체에서 그 추종자들에게 관직을 제공해야 할 필요가 생긴 것이다.

둘째, 엽관제는 자유민주주의 하의 정부행정의 단순성이다. 즉, 행정활동이 단순한 것이었으므로 건전한 상식을 가진 사람이면 누구나 행정업무를 수행할 수 있었다.

셋째, 민주정치의 발전이다. 이러한 엽관제의 특성으로는 무엇보다 정책의 큰 변동이 요구될 때에 이를 지지할 관료를 엽관 임용함으로써 계획사업을 추진할 수 있다. 그리고 엽관제는 비대해진 관료제를 민주적으로 통제할 수 있다는 것이다. 즉, 고위공직에의 엽관임용으로 통제를 가할 수 있다는 것이다. 그리고 조직체의 책임자와 이념을 같이 하는 고위정책결정담당자를 엽관 임용함으로써 국민에 대한 책임정치를 실시할 수 있다는 것이다.[10]

---

9) 하상군, 『인사행정론』(서울: 대영문화사, 2015), p.39.
10) Carl E Lutin and Allen K. Settle, 1985, pp.222-224.

〈표 5-2〉 엽관제와 실적주의 내용과 장점

구분	엽관제(Spoils System)	실적주의(Merit System)
임용 기준	정치적 충성심	개개인의 능력, 자격, 적성, 시험
주요 내용	· 대통령선거 · 정권교체 · 공직경질제	· 시험 · 정치적 중립성 · 신분보장
주요 장점	· 공직의 특권화 배제 · 행정의 민주성, 대응성	· 공직임용의 기회균등 · 행정의 능률성

출처: 하상군, 『인사행정론』(서울: 대영문화사, 2015), p.39.

(2) 엽관제의 장 · 단점

엽관주의가 민주주의 이념에 부합하는 실현수단으로서의 역할 수행은 곧 정당이념의 구현을 가능하게 한다. 관직의 특권화방지와 평등이념에 부합하게 되었으며, 공직 경질을 통한 관료주의화 그리고 공직 침체의 방지를 가져와 궁극적으로는 행정의 민주화를 가져 왔다는 점을 들 수 있다.

이러한 엽관제는 정부의 기능이 점점 확대되어가는 19세기 후반의 상황에서 관직은 더 이상 비전문적인 실습의 장이 될 수 없었으며 펜들턴법(Pendleton Act)이 출현한 1883년까지 미국인사행정의 지배이념으로 남아있었는데 이로 인한 폐해가 적지 않았다. 그 폐해의 요인은 문외한의 유임으로 행정능률의 저하와 관료의 정당사병화로 까지 국민에 대한 책임성이 저하되게 했고, 대량의 인력교체로 재직자의 행정경험을 살릴 수 없었다. 행정의 계속성도 확보하지 못하였으며 불필요한 관직의 남설로 예산의 낭비를 초래하였을 뿐만 아니라 신분상의 불안, 행정의 비중립성과 비능률성 등도 단점으로 지적되었다.

〈표 5-3〉 정실주의와 엽관주의 비교

구분	정실주의	엽관주의
행정과의 관계	정치우위론	정치우위론
충원기준	개인적 친분	정당에 대한 충성도
발달국가	영국	미국
대폭교체	없음	있음
신분보장	있음	없음

엽관주의는 비민주적 동기인 장기집권의 시도에서 싹이 텄다. 엽관주의 하에서 공무원은 부분적으로 경질의 필요성이 발생할 경우 수시로 단행했다. 이러한 과정에서 국민들의 강한 반대와 비판이 발생했지만, 그럼에도 불구하고 엽관제는 수시로 강행되었다.

한국에서도 현재 엽관주의 내지는 정실주의가 혼합되어 운영 중이며, 이러한 상황 속에서 법적 제도인 실적주의도 역시 부분적으로 활용되고 있다. 오늘날 예를 들어 대통령이 임명할 수 있는 장관, 차관, 공위공무원,[11] 정부투자기관장 등 일련의 자리들이 그 엽관주의의 대표적인 사례들이다.

우리나라에서 엽관주의가 발생하여 변천되어 나온 과정을 살펴보면, 즉 일제시대와 미군정청시대의 경우는 비교적 정실주의에 많이 치중했다. 우리나라는 1963년 국가공무원법을 제정했고, 엽관주의가 본격 대두된 것은 1952년 이후 민주·자유 양당의 장기집권을 위한 음모에서 시작되었다. 엽관주의는 1956년 선거를 전후해 노골적으로 나타났으며, 실적주의의 전환은 1963년 국가공무원법 개정 이후이다. 특히 1970년 유신 이후 엽관주의로 전격 전환하였으며, 이것이 1980년 국가공무원법 개정 이후 실적주의로 전환하게 되었다.

제2절 현대인사행정

1. 적극적 인사행정

1) 적극적 인사행정의 의의와 배경

실적주의란 무엇인가? 실적주의(實績主義) 또는 실적제(實績制), 실적체제(實績體制), 실적주의 체제(實績主義體制), 그리고 영어로는 Merit System이라고 불리는 것이 실적주의이다.[12] 실적주의는 공무원을 능력, 성적, 자격 등의 실적에 기초하

11) 하상군, 『인사행정론』(서울: 대영문화사, 2015), p.41.

12) https://ko.wikipedia.org/wiki/%EC%8B%A4%EC%A0%81%EC%A3%BC%EC%9D%98 참조.

여 임용하는 제도이다. 이는 엽관주의(Spoils System)나 정실주의(Patronage System)와는 상당히 대조되는 개념이다.

실적주의가 좋기는 하지만 그렇다고 해서 마냥 좋은 점만 지니고 있는 것은 결코 아니다. 그래서 원래 실적주의가 지니고 있는 단점을 보완하기 위해 적극적인 인사행정이 대두되었다. 실적주의 인사행정은 주로 엽관주의의 제동에만 역점을 두는 경향이 강했던 게 사실이다. 이러한 이유 때문에 인사행정의 비융통성, 소극성, 집권성, 독립성 등의 폐단이 나타나게 되었다. 동시에 다음과 같이 적극적·발전적·현대적 인사행정이 적극적으로 대두되었다. 그 핵심 내용은 실적주의 인사행정의 원칙을 적극적, 분권적 그리고 신축성 있는 인사원칙으로 확대·발전시켜 나가야 한다는 점이 강조되었다. 실적주의와 능률주의 인사행정으로부터 엽관주의적 요소를 신축성 있게 가미하였다. 이뿐만 아니라 동시에 인간관계론적 인사행정의 상호보완적 균형에 의해, 이른바 인사행정의 인간화를 기하려는 시도를 단행하기도 했다. 위의 내용이 바로 적극적·발전적·현대적 인사행정의 핵심 내용이다.

이러한 적극적 인사행정이 생겨난 배경은 실적주의의 결함에서 오는 인사행정의 소극성, 인사행정의 비융통성, 중앙인사기관의 집권성 등이다. 그리고 관료제 외부에 대해 항상 방어적이었으며, 여기서 불신과 비방의 분위기가 조성되었다. 실적주의 하에서 인사행정의 원칙은 과학적 관리론에 입각한 인사행정이었으며 조직 내의 인간적 요소를 배제한 채 아쉽게도 인간을 합리적 도구로만 다루었다.

2) 적극적 인사행정의 내용

시간이 흐르면서 엽관주의와 정실주의를 지양하고 실적주의를 수립한 후 공무원의 모집방법은 점차 변화되었다. 주로 임용과정에서 정실과 무능력자를 배제하는 소극적인 방법이었다. 하지만 행정기능이 고도로 확대·강화되고 경제가 발달함에 따라 공무원에 대한 낮은 보수와 사경제부문의 고용기회가 높아졌다. 이에 따라 적극적인 인적자원의 형성과 분배가 요구되었다.[13] 적극적 인사행정의 내용과 관련해 제도적 측면에서 몇 가지만 지적해보면 다음과 같다.

---

13) N. J. Powell, 1956, p.207.

(1) 적극적 모집

적극적 모집이란 단순히 임용시험에 많은 사람을 후보자로서 경쟁시키는 단계를 넘어서서 다수가 공직에 대해 호의적인 태도를 지닌채 공직에 응시하는 흥미를 갖도록 해주는 채용방식을 의미한다. 이를 위해 과학적 인사계획을 세우고 보수를 올려주며 경제발전의 기회를 주어야 한다. 또한 인간과 업무의 적응도를 높여 공무원이 직무를 수행할 때 보람을 느끼게 해줘야 한다.

(2) 재직자의 능력 발전

공무원을 모집한 후에 일선에 투입하기 위해서는 일정한 교육훈련을 시켜야 한다. 그 후 근무성적평정제도, 승진, 전직 · 진보제도 등을 효율적으로 운영하여 공직에 근무하는 직원의 능력을 발전시켜 주어야 한다.

(3) 인간관계의 중요시

공무원이 심리적 안정감은 물론이고 공직에서 높은 근무의욕을 지닐 수 있도록 인사상담제도, 고충처리제도, 제안제도, 공무원단체, 커뮤니케이션, 민주적 리더십 등을 최대한 활용 및 극대화하는 동시에 소위 행정의 인간화를 기해야 한다.

(4) 융통성 지향

과학적 인사행정은 사실상 지나치게 기계적 합리성 · 형식성을 지니고 있다. 이를 과감하게 탈피하고 가급적이면 인사권자의 주관적인 판단을 신임하는 방향으로 발전시켜 나가야 한다.

(5) 정치적 임명

고위정책결정직에 엽관주의적 임명이 가능하도록 신축성을 부여한다.

(6) 인사권의 분권화

중앙인사기관의 인사권과 인사기능을 각 부처에 대폭적으로 위임하는 일을 인사권의 분권화라고 한다. 우리나라 인사행정의 당면과제도 분명히 실적주의의 실현에 두고 있다. 그러나 실적주의의 확립에만 과다하게 관심을 집중시킬 것이 아니라 그 확대와 내실화를 기함은 물론 우리나라 실정에 적합한 적극적 인사행정을 모색해 나가는 일이 중요하다.

2. 국무총리 산하 인사혁신처

정부 수립 이후 약70년 간 대한민국의 중앙인사관장기관(Central Personnel Agency)은 국가 인적자원관리의 효율성과 정부인사의 공정성을 높이기 위해 노력해 왔다. 지난 1948년 정부 수립과 함께 고시위원회와 총무처(인사국) 체제로 출발하여 국무원 사무국, 국무원 사무처, 내각 사무처, 행정자치부를 거쳐 1999년에 중앙인사위원회가 설치되어 내각의 각 부로부터 독립된 인사행정 전담부서로 운영되었다. 그 후 중앙인사위원회(인사정책), 행정자치부(인사집행)로 이원화되어 있던 인사행정 기능을 노무현 정부(2003. 2. 25-2018. 2. 25)가 2004년 중앙인사위원회로 통합 일원화했다.

2008년 2월 이명박 정부가 탄생하면서 중앙인사위원회는 다른 기능과 통폐합되어 행정안전부(인사실)·안전행정부(인사실) 체제로 유지되다가, 2014년 11월 19일 박근혜 정부하에서 공직 인사혁신을 전담하는 인사혁신처가 신설 되어 전공무원을 관리하고 있다. 인사혁신처는 공무원 연금개혁, 경력개방형제도, 중앙선발위원회, 전문직공무원 제도 도입 등 공직의 개방성과 전문성을 높이기 위해 노력해 오고 있다.

인사혁신처는 '국민의 나라, 정의로운 대한민국' 실현을 위해 정부혁신과 연계한 통합적인 인사혁신, 사람존중 인사혁신을 지속적으로 추진하고 있다. 인재등용과 개발의 산실, 인사혁신처의 발자취는 다음과 같다.

- 2016년 인사혁신처 세종시 이전
- 2014년 인사혁신처 신설: 총리 소속 독임제 기관, 공무원 인사·윤리·복무·연금 사무 관장 등이다.

제3절 직업공무원제

1. 직업공무원제의 개념

(1) 의의와 필요성

직업공무원제(Career Civil Service System)는 유능하고 능력 있는 젊은 남녀들이 이미 개방되어 있는 공직에 큰 매력을 느끼고 자신들의 업적에 따라 입직하는 것이다.[14] 이렇게 입직한 공무원이 명예로운 높은 지위로 승진할 수 있는 기회를 보장받게 되고 동시에 공직근무를 보람 있게 생각하고 평생을 국가와 국민을 위해 생애를 공직에 바치도록 조직화되어 운영되는 공무원제도를 의미한다.

직업공무원제의 필요성은 무엇인가. 무엇보다 직업공무원제는 행정의 독자성과 안정성 및 계속성을 확보해 준다. 직업공무원제는 비록 정치적 변동이라는 충격이 다가올지라도 공무원들이 중립적 권력을 바탕으로 흔들리지 않는다. 즉 직업공무원제 는 국가전체의 통일성·항구성 및 중립성을 유지·확보할 수 있도록 해 주는 에너지를 지니고 있다.

(2) 주요 내용과 요건

직업공무원제는 계급제와 폐쇄형 임용원리, 일반능력자주의 및 퇴직시 까지 종신고용제에 기초토대를 두고 있는 공무원 제도이다. 특히 공무원의 신분과 지위를 중시하는 직업공무원제는 변화보다는 안정을 중요시하는 전통적 관료제의 구성원리에 부합되는 제도이다. 특히 직업공무원제는 재직공무원의 장기적 발전 가능성이나 잠재력을 상당히 중시한다.[15]

한편 직업공무원제가 보다 체계적으로 정착되고 발전해 나가기 위해서는 그 중요한 기반이 되는 실적주의가 미리 확립되어 있어야 한다. 무엇보다 민주적 공직관에 입각한 공공봉사의 상징인 공직이 사회적으로 좋은 평가를 받아야 한다. 그리고 경제적 차원에서 볼 때, 입직한 공무원이 생활을 유지하는데 있어서 불안감

14) 유민봉·박성민, 『한국인사행정론』(서울: 박영사, 2014), p.84.

15) Frederick C. Mosher, "Careers Services in the Public Service," Public Personnel Review, Vol. 24, Jan. 1963, pp.47-49.

없이 근무할 수 있도록 보수를 민간 임금수준과 물가변동에 맞도록 대우해 주어야 한다. 각종 수당이나 복지제도 등도 일반적 원칙에 적합하도록 제도화해야 한다. 또한 성실하고 능력 있는 유능한 젊은 인재를 채용해 평생에 걸쳐 최고 직위까지 승진할 수 있게 해주는 것이 바람직하다. 이밖에 신분보장, 적절한 연금제도의 확립, 합리적인 인사제도와 능력 발전을 위한 교육훈련제도의 확립, 장기적 인력수급계획의 수립 등이 확고하게 정립되어야 공직이 지속적으로 발전할 수 있다.

2. 직업공무원제의 장 · 단점

(1) 직업공무원제의 장점

직업공무원제는 여러 가지 장점을 지니고 있다. ① 이는 유능한 인재를 공직에 불러들이는데 있어서 도움을 준다. 공무원의 장기근속을 가능하게 함으로써 공공행정이 안정성과 계속성을 유지하도록 해준다. ② 정권교체나 정쟁과 관련해서 어떠한 영향을 받지 않아도 되는 동시에 행정의 중립성 · 안정성 · 계속성을 유지하게 된다. 이 결과 국가는 통일성을 유지하면서 안정을 찾을 수 있다. ③ 평생 공직에서 봉사하며 살아가려고 하는 해당 공무원의 성장과 발전에 있어서 바람직한 동기부여가 촉진될 수 있다. 이뿐만 아니라 성공감의 충족과 함께 사기와 능률의 제고에도 큰 도움을 주기도 한다. ④ 직업공무원제 하에서는 전문직업의식이 확고해지며 동시에 단체정신이나 충성심이 강화됨은 물론 공무원이라고 하는 이른바 공복으로서의 사명감 그리고 공공봉사정신이 강화될 환경이 만들어지고 이에 따라 사기가 자연스럽게 높아진다는 것이다.

(2) 직업공무원제의 단점

직업공무원제가 지닌 단점도 만만치 않다 즉 ① 공무원은 당연히 하위직에서 상위직으로 승진함을 원칙으로 한다. 이 때문에 행정의 전문화와 기술화를 저해할 가능성도 함께 지니고 있다. ② 직업공무원제는 외부인사의 중급직이나 고위직으로 치고 들어가는 임용을 금지하는 폐쇄제를 채택하고 있다. 그러므로 직업공무원제는 관리직의 폐쇄화를 초래하는 상황이 되기 때문에 꼭 필요한 특정분야의 전문가를 채용할 필요가 대두되는 경우 곤란을 겪게 된다. ③ 직업공무원제는 관료주의화가 될 수 있다는 점이 우려된다. 그리고 공무원이 궁극적으로 정부에서만 필요한 직업인으로 굳어지게 되는 경향이 있어 직업의 전환이 곤란할 수 있다. ④ 학력과 연령의 엄격한 제한 때문에 국민 누구나가 공직에 임용되는데 있어 사실상 기회균등을 제약하기도 한다. 이는 헌법이 보장하는 민주주의 평등 원칙에 위배될 가능성이 있다. 끝으로 직업공무원제는 변동과 개혁으로부터 각종 저항이 있을 수 있고 동태적인 환경에 있어 적응력이 약하다. 따라서 경우에 따라서는 공직사회의 침체를 가져올 수도 있다.

3. 직업공무원제와 실적주의의 관계

큰 그림에서 볼 때 영국, 프랑스, 독일 등은 직업공무원제를 일찍부터 발달시켜 왔다. 특히 이들 국가들은 실적주의를 도입하여 공공행정에서 인사제도를 개선해 가고 있다. 미국의 경우 1883년 팬들턴법(Pendleton Act)를 제정함으로써 실적주의가 확립되었다. 하지만 직업공무원제의 정착 필요성이 강조된 것은 1935년 이후부터다. 한편 실적주의가 직업공무원제를 의미하는 것으로 잘못 오해되는 경우도 있다. 그러나 사실 실적주의는 직업공무원제의 기반조성 정도에 불과하다. 직업공무원제와 실적주의의 유사점은 신분보장, 능력중심의 공직임용, 정치적 중립 등이다. 실적주의와 직업공무원제와의 관계를 표를 통해 비교해보면 다음과 같다.

〈표 6-4〉 실적주의와 직업공무원제와 관계

구분	실적주의	직업공무원제
① 채택국가	미국 · 캐나다	영국 · 독일 · 프랑스 · 일본
② 사회적 배경	산업사회	농업사회
③ 공직분류	직위분류제, 개방형	계급제, 폐쇄형
④ 중점	직무중심 : 업적성	사람중심 : 생애성
⑤ 보수관	직무급	생활급
⑥ 연령제한	없음	연령제한이 필수적
⑦ 인사배치	비신축적	신축적
⑧ 행정가	전문행정가(Specialist)	일반행정가(generalist)

제4절 공직의 분류

1. 공직분류의 의의

1981년 4월 20일 새 국가공무원법이 개정 및 공포되었다. 그 후 직업공무원제의 확립은 물론 직위분류제의 점진적 확산을 도모하기 위해 직업공무원인 경력직 공무원과 비직업공무원인 특수경력직 공무원으로 구분하게 되었다. 사실 실적주의의 원칙을 적용받는 공무원을 일반직이라 부르며 그렇지 않은 공무원을 별정직이라고 불러왔다. 하지만 사실상 별정직 가운데 실적주의의 적용을 받는 공무원이 많았다. 그리고 일반직과 별정직으로만 나누다보니 지나칠 정도로 단순할 뿐 아니라 별정직에는 일반직과 같은 요소들이 남설(濫設)되어 있는 관계로 인사관리에 있어 좋은 지침이 되지 못했다는 비판을 받았다.

이러한 결함을 시정 및 개선하는 차원에서 경력직과 특수경력직으로 구분한 후 다시 세분화시켰다. 경력직 공무원은 실적과 자격에 의해 임용된다. 그리고 그 신분은 보장되며 평생동안 공무원으로 근무할 것으로 예정되는 직업공무원을 의미한다. 실적주의에 적합하지 않는 직을 다시 특수경력직으로 분류하고 경력직에 적용되는 것과는 별도로 특별한 임명기준, 근로조건, 징계기준, 복무기준 등을 적용하고 있다.

2. 경력직 공무원

경력직이란 실적과 자격에 의해 임용되는 동시에 그 신분이 보장되는 공무원이다. 즉 공무원으로서 평생토록 공직에 근무할 것으로 예정되는 직업공무원이다. 이들은 정부로부터 보수와 신분보장 및 연금 등의 혜택을 받으며 실적주의의 적용을 받는 공무원을 의미한다. 이 경우 종류를 보면 일반직 공무원, 특정직 공무원, 기능직 공무원이 존재한다.

① **일반직 공무원이란** 이전에 사용되었던 구분이다. 즉 기술연구나 행정일반에 대한 업무를 담당하는 공무원으로 직군(職群) · 직렬(職列)별로 분류되는 공무원을 의미한다.

② **특정직 공무원이란** 법관·검사·외무공무원·경찰공무원·소방공무원·교육공무원·군인·군무원, 국가안전기획부의 직원 및 특수분야의 업무를 담당하는 공무원으로 다른 법률에 의해 특정직공무원으로 지정하는 공무원을 의미한다.

③ **기능직 공무원이란** 기능적인 업무를 담당하는 동시에 기능별로 분류되는 공무원을 의미한다.

3. 특수경력직 공무원

특수경력직 공무원은 국가공무원법상 보수 및 복무규정을 제외하고는 공무원법이나 실적주의 등과 같은 획일적인 적용을 받지 않는다. 특히 정치적 임용이 필요하거나 특수한 직무를 담당하는 사람이다. 그리고 그 임명에 있어서 특수한 기준을 요하는 비직업공무원을 말한다. 즉 직업공무원제의 적용을 받지 않는 경력직 공무원 이외의 공무원을 특수경력직공무원이라고 부른다.

특수경력직 공무원의 기준은 ① 정책결정을 담당하는 직위나 기밀을 담당하는 직위, ② 고도의 기술을 요함으로써 경쟁시험을 필요로 하지 않는 직위, ③ 자유스럽게 임명하는 것이 더 적당한 직위, ④ 해당 직위의 성격상 독립하여 인사행정을 행할 것이 요청되는 직위, ⑤ 단순한 노무에 종사하거나 필요한 경우 임시 혹은 한정적으로 채용될 직위를 의미한다. 예를 들어 정무직 공무원, 별정직 공무원, 전문직 공무원, 고용직 공무원이 바로 특수경력직 공무원의 좋은 예이다.

정무직 공무원이란 예를 들어 선거에 의해 취임하거나 또는 임명에 있어서 국회의 동의를 요하는 공무원, 감사원의 원장, 감사위원 및 사무총장, 국회의 사무총장 및 차장, 헌법위원회의 상임위원과 사무처장, 국무총리, 국무위원, 처의 처장, 장·처의 차관 또는 차장·청장(중앙행정기관이 아닌 청을 제외), 기획조정실장, 행정조정실장, 행정개혁위원회의 위원장, 부위원장 및 상임위원, 서울특별시장, 부산시장, 도지사, 차관급 상당 이상의 보수를 받는 비서관, 국가정보원의 부장 및 차장, 기타 다른 법령이 정무직으로 지정하는 공무원 등이다.

별정직 공무원은 예를 들어 국회전문위원, 감사원 사무차장, 서울특별시, 세종특별자치시, 제주특별자치도, 광역시 · 도 선거관리위원회 상임위원, 국가정보원 기획조정실장, 원자력 위원회 상임위원, 과학기술심의실장, 각급노동위원회 상임위원, 해난심판원의 원장 및 심판관, 비서관, 비서 기타 다른 법령이 별정직으로 지정하는 공무원 등이 바로 그것이다.

전문직 공무원은 예를 들어 국가와 채용계약에 의해 일정한 기간 동안 연구 혹은 기술업무에 종사하는 과학자 · 기술자 및 특수분야의 전문가를 말한다. 끝으로 고용직 공무원은 예를 들어 단순 노무에 종사하는 공무원을 말한다. 그밖에 기능직 공무원이 많았는데 오늘날에는 이들을 정규직인 행정직공무원으로 대부분 전환시켜 주었다.

제5절 직위 분류제와 계급제

1. 직위분류제

1) 직위분류제의 의의

공무원 인사관리의 효율성과 합리성을 제고하고 편의 도모를 위해 일정한 기준과 원칙이 필요하다. 그 이유는 인사행정에 있어 다수의 공무원을 개별적으로 다룰 경우 혼란과 무질서를 초래하기 때문이다. 이와 같은 기준과 원칙에는 직위분류제와 계급제가 있다. 직위분류제(position classification)란 바로 직위(position)에 그 기초를 둔 것이다. 즉 공직을 각 직위에 존재하는 직무의 종류와 곤란성, 그리고 책임도의 차이에 따라 횡적으로는 직종별로 종적으로는 등급별로 구분하고 정리하는 제도를 의미한다. 이에 반해 계급제는 계급(rank)에 그 기본 토대를 둔 것인데 즉 사람을 중심으로 개개 공무원 신분상의 자격 · 학력 · 능력을 기준으로 삼은 후 계급으로 분류하는 제도를 의미한다.

2) 직위분류제의 특징

직위분류제는 주관적·감정적·비합리적 요인에 의해 지배되기 쉬운 인간적 요인을 배제한 후 인력관리의 합리화를 의도한다. 그리고 산업사회에서 그 효용성이 높다고 할 수 있으며 몇가지 특징을 제시하면 다음과 같다.

① 직위분류제는 직무의 성질·내용·곤란성을 표시해 주기 때문에 어떤 지식과 기술을 가진 사람이 그 직위에 필요한가를 밝혀준다. 그리고 시험·임용·승진·전직의 합리적 기준까지도 제공해 준다. ② 사실 공무원의 보수결정기준은 다양하다. 그러나 직위분류제를 도입하면 동일 직무에 대한 동일 보수의 원칙에 따르는 직무급 제도를 확립하게 되어 궁극적으로는 보수제도의 합리적 기준을 제시해 주기도 한다. ③ 사실 근무성적을 평정하려면 공무원이 담당하고 있는 직책의 내용을 정확히 파악하여야 하는데 직위분류제는 그 직책의 내용을 용이하게 알려줄 수 있다. ④ 조직단위 간의 횡적관계와 종적지휘 및 감독관계에 있어서 권한과 책임의 한계를 명백히 해줄 수 있다. ⑤ 업무분담의 합리화와 직무분석에 의해 정원 및 사무관리를 합리적으로 수행하는데 있어서 비교적 유리하다.

3) 직위분류제 수립 과정

직위분류제를 수립 및 운영하는 일련의 과정은 서로 관련된 여러 단계를 거치게 된다. 이러한 각 단계는 다음과 같이 정리된다.

(1) 계획의 수립-준비작업단계

가 단계에서는 계획과 절차를 결정하고 분류담당자를 결정하게 된다. 그리고 직위분류에 필요한 면접, 직무분석, 직무평가를 담당할 요원을 선정하고 조직기구의 성격·기술적 가능성이나 효과면을 고려하여 분류대상 직위를 결정한다.

(2) 직무조사단계

분류대상인 직위들이 직무내용에 관한 자료수집을 직무조사라 하는데, 이를 위해 직무기술서를 작성하게 된다. 직무기술서란 실제로 각 공무원이 수행하는 직무내용을 기술하는 것이다. 각 공무원들에게 기술서를 배부하여 기입하도록 하고 있다.

(3) 직무분석

직무의 종류와 성질에 따른 종적분류로 직군·직렬을 결정하는 것이다. 다시말해 직무분석이란 직무에 관한 정보와 자료를 조사하고 검토하여 각 직무를 종류에 따라 종적이며 수직적으로 분류하는 일련의 작업을 말한다. 수직적 분류구조를 결정하는 작업으로서 직군·직렬·직류를 형성·결정하게 된다.

(4) 직무평가

직무평가는 직무의 곤란도와 책임도에 따른 횡적 분류이며 직급과 등급을 결정하는 기준이 된다. 또한 공무원의 직무평가는 각 직위의 직무에 내포되어 있는 곤란성과 책임성의 정도에 따라 직위의 상대적인 가치와 비중 및 수준을 최종적으로 결정하는 것을 말한다. 직무평가는 수평적 분류구조를 결정하는 작업인 동시에 등급과 직급을 결정하고 형성하는 절차이다. 직무평가를 진행하는 방법에는 계량적 방법인 점수법, 요소비교법, 미계량적 방법인 서열법과 분류법 등이 활용되고 있다.

첫째, 서열법이다. 이는 직위의 가치를 전체적이며 종합적으로 평가하여 상하서열을 정하는 방법이다.

둘째, 분류법이다. 이는 직무간의 가치를 난이도가 얼마나 되는지를 평가하는 기준이 되는 등급기준표(분류기준표)를 미리 작성해 놓고, 이 등급기준표에 입각하여 개개의 직무를 해당 등급에 배치해 가는 방법이다.

셋째, 점수법이다. 이는 직무의 구성요소별로 계량적 점수를 부여하여 평가해 가는 방법이다.

넷째, 요소비교법이다. 이는 기존직무의 평가요소에 부여된 수치에 각 직무의 평가요소를 상호대비 시켜 평점을 정함으로써 평가대상직무의 상대적 가치를 결정하는 방법을 말한다.

(5) 직급명세서 작성단계

직군과 직렬 그리고 등급과 직급이 결정되면 직급별로 직급명세서가 작성된다. 인사행정의 기초가 되는 직급명세서에는 직급명, 직책의 개요, 최저자격요건, 채용방법, 보수액 등이 명시되는 절차로 진행된다.

(6) 정급 단계

직급명세서가 작성되고 나면 모든 직위는 각각 해당 직군과 직렬 및 직류 그리고 등급과 직급에 배정되는 절차가 이어진다.

(7) 제도의 유지와 관리단계

모든 관계자에게 제도의 시행에 앞서 검토와 이의신청의 기회를 주어야 한다. 그리고 직무 내용의 변화에 따라 계속해서 수정하고 보완해 가야 한다.

2. 직위분류제 구성요소와 장단점

1) 직위분류제의 구성요소

직위분류제에서는 아래와 같은 요소들이 종횡으로 이루어져 있다.

(1) 직위

직위는 한 사람이 수행하는 직무와 직책(가장 최소한의 기초단위)으로 그것을 담당하는 사람과는 구분된다.

(2) 직급

직급은 직무의 종류, 곤란도, 책임도가 유사한 직위의 집단으로 인사행정상 동일하게 다룰 수 있는 직위의 집단을 말한다.

(3) 직렬

직렬은 직무의 종류는 유사하나 책임과 곤란도가 상이한 직급의 군으로 이 직급들은 그 곤란성 책임도에 따라 종적으로 배열된다.

(4) 직군

직군은 직무의 성질이 유사한 직렬의 군(가장 포괄적인 단위)을 말한다.

(5) 직류

직류는 한 직렬 내에서 담당분야가 동일한 직무의 군을 말한다.

(6) 등급

등급은 직무의 종류와 성질은 서로 상이하지만 그 곤란도와 책임도가 유사한 계급으로 동일한 보수를 줄 수 있는 모든 직위를 의미한다.[16]

〈표 5-5〉 우리나라 직위분류(일반직)의 예

직군	직렬	직류	등급				
			1급	2급	3급	5급	9급
행정	행정	일반행정 재정 사회 교육 교정 보안	관리관	이사관	부이사관	서기관 사무관	서기관

2) 직위분류제의 장 · 단점

(1) 직위분류제의 장점

직위분류제는 다음과 같은 많은 장점을 지니고 있다.

첫째, 보수체계의 합리화로 동일 직무에 대한 동일 보수의 원칙에 따르는 직무급제도를 확립함을 원칙으로 한다. 즉 보수결정의 합리적 기준을 제시함은 물론, 시험의 합리화로 각 직무가 요구하는 전문성에 입각해 직무수행능력을 테스트함으로써 합리적인 시험척도가 된다.

둘째, 조직단위 간의 횡적인 직책의 한계와 종적인 상하 지휘감독관계에 있어서 권한과 책임의 한계를 명백히 해준다. 이에 따라 행정책임과 행정능률을 확보하는 데 기여할 수 있다.

셋째, 동일한 직책을 장기간 담당하게 되므로 특정분야의 전문가를 양성하는

16) 1급, 2급, ... 9급을 우리는 계급이라고 한다. 그러나 직위분류제 아래에서 직책의 여하에 따라 여러 계층으로 분류하여 그를 등급이라고 한다. 성질상 계급보다는 등급의 수가 많게 되는 것이 일반적이다.

데 매우 효과적이며 행정의 전문화와 분업화에 큰 도움을 준다.[17)]

넷째, 필요한 직위의 파악이 가능하며 인건비에 관한 예산편성이 용이하다. 그리고 국민에게 공무원의 서비스와 인건비 간의 논리적 관계를 밝혀줌으로써 행정의 민주적 통제에 크게 기여한다.

다섯째, 합리적인 전문화·분업화(업무분담체계)를 통하여 효율적인 정원관리 및 행정의 능률성 제고에 기여한다.

여섯째, 직무분석과 직무평가를 통해 지속적인 작업연구와 사무관리의 개선을 가능하게 한다.

일곱째, 직위가 요구하는 직무의 내용, 성질, 자격요건을 밝혀주기 때문에 채용시험, 인사배치, 전직, 전보, 승진 등의 합리적 기준을 제공해 준다. 또한 인사배치의 적격성이 확보되어 행정조직의 합리화와 개선에 기여한다.

여덟째, 해당직위가 요구하는 자격요건을 밝혀줌으로써 훈련수요를 구체적으로 명확하게 판단하는 데 적지 않은 도움을 준다. 이에 따라 합리적인 훈련계획의 수립과 훈련의 효율화가 가능하다. 이밖에 직무의 내용을 구체적으로 명시하기 때문에 근무성적평정의 객관적 기준을 세우는 데 매우 효과적이다.

(2) 직위분류제의 단점

위에서 살펴본 장점에도 불구하고 다음과 같은 단점을 내포하고 있다.

첫째, 과학적 관리법이 주류를 이루던 시대의 고전적 조직이론이나 행정이론에 가깝다. 즉 합리성에 대한 과신 그리고 행정변수로서 구조만 생각하고 정작 인간은 거의 무시한다는 점이다. 둘째, 일반교양과 능력을 가진 유능한 일반행정가의 확보와 육성이 비교적 어렵다는 점이다. 셋째, 장기적이고 종합적인 능력발전과 직업공무원제를 확립하는 것이 곤란하다. 즉 공무원은 특정직위와 밀접하게 관련되기 때문에 장기적이고 종합적인 능력발전이 어려운 편이므로 직업공무원제를 확립하는 것이 곤란해질 수 있다. 넷째, 동일한 직렬에 따라 전보와 승진이 이루어지기 때문에 인사배치의 신축성과 융통성이 결여될 수 있다.[18)]

---

17) 실제로는 우리나라 공사단체의 직제규정을 보면 과단위로 규정되어 있어 직원간의 권한이나 책임의 한계가 불분명하고 이에 상하간의 업무분담이 무질서하고, 업무분량과 시간의 격차가 심하다고 할 수 있다.

18) 하상군, 『인사행정론』(서울: 대영문화사, 2015), pp.92-93.

3. 계급제

1) 계급제의 의의

한국은 계급제 중심의 공직분류형에 직위분류제 요소를 가미하는 입장이다. 계급제는 사람을 중심으로 해서 일반적인 능력과 자격을 기준으로 한다. 즉 공무원을 계급으로 분류하는 제도를 취하고 있다. 계급제는 영국, 프랑스, 독일, 일본 등에서 많이 채택되고 있다.

2) 계급제의 특징

계급제의 특징은 다음과 같다. 즉 폐쇄형의 인사관리방식이 채택되고 있다. 일반적으로 교육제도상의 계층과 밀접한 관계가 있는 4대계급제가 확립되고 있다. 계급간의 차이가 심하며 승진이 어렵다는 점이다. 그리고 고급공무원의 수가 적으며 높은 학력이 요구되고 있기 때문에 특히 고급공무원의 엘리트화 현상이 현저하게 나타나고 있다는 점이 특징이다.[19)]

3) 계급제 장 · 단점

(1) 계급제의 장점

계급제는 다음과 같은 장점을 지니고 있다.

첫째, 담당할 직무와는 무관하게 인사배치를 할 수 있기 때문에 종적 · 횡적으로 인사배치의 신축성 · 융통성을 기할 수 있다. 둘째, 공무원의 능력을 여러 분야에 걸쳐 발전시킬 수 있어 유능한 일반행정가를 양성하는데 비교적 유리하다. 셋째, 직위의 종류에 구애됨이 없이 승진할 수 있으므로 장기적 · 종합적 능력발전에 이바지함은 물론이고 직업공무원제의 확립과 발전을 촉진한다. 넷째. 행정계획면, 조직계획면, 조직의 발전면에 있어서 그 효용이 장기적이다. 다섯째, 직위분류제하에서는 고도의 전문화가 이루어지고 있기 때문에 전문가 간의 의사소통이나 조정이 비교적 어려운 데 반해 계급제하에서는 보다 용이한 편이다. 여섯

19) 하상군, 『인사행정론』(서울: 대영문화사, 2015), pp.94-95.

째, 공무원이 기구개편에 의한 영향을 받지 않기 때문에 신분보장이 강하다. 이 때문에 행정의 안전성과 계속성이 유지 및 확보되기 때문에 공무원의 사기가 앙양될 수 있다.

(2) 계급제 단점

첫째, 권한과 책임이 불분명 할뿐 아니라 인사관리의 객관적 합리화 및 객관적 기준설정이 비교적 곤란하다. 둘째, 인력수급계획의 수립이 곤란하고 행정의 전문화 및 전문행정가의 양상이 어려워진다. 셋째, 신분보장과 폐쇄제의 인사관리 등으로 인해 관료주의화를 초래하기 쉽다는 점이다. 넷째, 강한 서열의식이 지배하고 있는 관계로 상·하 간의 의사소통이 장애를 초래할 수 있다.

〈표 5-6〉 직무분류제와 계급제의 비교

구분	직위분류제	계급제
분류기준	직무의 종류, 책임도, 곤란도	개개인의 자격, 능력
중 점	직무	사람
모 집	채용과 시험의 연결	채용과 시험의 연결이 없음
보 수	직무급	생활급
발달배경	산업사회	농업사회
채택국가	미국, 캐나다, 필리핀	영국, 프랑스, 독일, 일본
인사배치	비 신축적	신축적
행정계획	단기계획에 적합	장기계획이 용이
교육훈련	전문성 교육	일반교양 교육
신분보장	불확식(직업공무원제 확립되지 못한다.)	확실(직업공무원제 확립)
시험과목	전문과목	교양과목
승진	신축성이 없다.	신축성이 크다
공직충원	개방형	폐쇄형
행정가형	Specialist(전문행정가)	Generalist(일반행정가)
최근경향	계급제적 요소도입경향 (미국, 제2차 Hoover 후원회 주장)	직위분류궤적 요소도입경향(영국 Fulton 위원회)

앞에서 본바와 같이 계급제와 직위분류제의 관계는 반드시 대립적이고 배타적인 것이 아니라 상호보완적인 관계에 있는 것이다.

제6절 채용

1. 모집의 의의

행정공무원으로서 공직에 취임하기를 원하는 유능한 인재를 공무원시험에 응시하도록 최대한 유인하는 일련의 활동 절차를 공무원 모집이라고 한다. 인사행정의 3대 변수는 채용, 능력발전, 사기 등으로 집약된다. 그리고 다시 채용은 모집-시험-임용이라고 하는 3단계로 파악된다. 이런 의미에서 볼 때, 모집은 인사행정의 초석이라고 할 수 있다.

1) 적극적 모집

우리 사회속의 유능한 인재를 민간부문이나 기타 조직에 빼앗기지 않고 공직에 흡수하는 일련의 정책이다. 적극적 모집의 필요성은 가치의 다원화로 인해 공직에 대한 사회적 평가가 낮을 때 많이 필요하다. 그리고 높은 고용수준과 공무원의 낮은 승진기회, 높은 이직률, 상대적으로 낮은 공무원의 보수수준 등이 적극적 모집의 필요성을 가중시키고 있다. 그리고 2차대전 종식 후 사기업의 비약적인 발전으로 인재유치경쟁이 치열해졌다.

2) 방법

장기적인 인력수급을 위한 계획은 수요와 공급을 사전에 예측하고 실제 인력수요를 결정하여 적정인원수 만큼 확보하는 데 중요한 역할을 수행한다. 그리고 노동시장을 개척한 후 유능한 인재의 공직지망으로의 유인책, 대학생과 대학원생의 정부기관에서 수습제도와 장학제도의 실시 등을 들 수 있다. 그밖에 자격 및 기준의 완화와 기회균등, 시험의 적정성과 효율화, 모집결과에 대한 사후평가 공직에 대한 사회적 평가의 제고, 수습 및 위탁교육제도의 활성화, 특정한 모집대상에 대해서는 직접 접촉하는 등 공고방법의 개선, 임용절차의 신속화, 그리고 모집의 정기화 등을 들 수 있다.

2. 시험

1) 시험의 의의

공무원 시험이란 공직에서 필요로 하는 능력을 가진 유능한 적격자를 분별 및 선발하는 도구와 수단을 의미한다. 공개경쟁 채용시험은 실적주의 확립에 기여하고 공직에의 임용기회균등에 의하여 행정의 민주성을 확보하여 주며 행정의 능률성을 보장해 준다. 시험의 효용도는 완전한 것은 아니며 단지 판단을 보충하는 것에 불과하다.

2) 시험의 효용도 측정방법

(1) 신뢰도

신뢰도(reliability)란 측정수단으로서 일관성과 일치성을 의미한다.[20] 그러므로 동일 응시생이 동일 시험을 시간을 달리하여 치른 경우 그 성적의 차이가 적을수록 그 시험의 신뢰도는 높다고 할 수 있다.[21] 신뢰도를 높이려면 우선 채점의 객관도를 높이고, 문제를 많이 출제하고 답안작성시간을 적절하게 허용해 주어야 한다.

(2) 객관도

객관도(objectivity)란 채점기준의 객관화 정도를 따지는 것이다. 따라서 객관도는 시험을 치른 해당자들의 시험성적이 채점자에 따라 그 차이가 별로 나지 않는 것을 의미한다. 통상적으로 객관식 시험이 주관식 시험보다 객관도면에서 현저하게 높은 편이다. 시험에서 객관도가 낮은 경우 그 신뢰도는 반드시 낮아진다고 알려져 있다. 그럼에도 불구하고 신뢰도가 낮다고 하여 무조건적으로 객관도가 낮아지는 것만은 아니라고 한다.[22]

---

20) 하상군, 『인사행정론』(서울: 대영문화사, 2015), p.115.

21) 신승춘 · 하재룡 · 최미옥 · 신현기 · 신윤창 · 장덕희 · 김병준, 『현대행정의 이해』(서울: 대영문화사, 2015), p.226.

22) 신승춘 · 하재룡 · 최미옥 · 신현기 · 신윤창 · 장덕희 · 김병준, 『현대행정의 이해』(서울: 대영문화사, 2015), p.226.

(3) 난이도

난이도(difficulty)란 시험에 있어서 얼마나 어려우냐 하는 정도를 의미한다. 가능하면 시험에서 적절한 난이도가 어느정도 유지되어야만 그 득점의 분포가 적절히 이루어질 수 있는 동시에 시험에 응시한 사람들의 우열 순위를 구분할 수 있는 것이다.

(4) 실용도

실용도란 해당 공무원시험이 태생적으로 지니고 있는 현실적인 이용가치의 정도를 뜻한다. 이것은 시험관리 비용의 저렴성, 시험실시의 용이성, 채점의 용이성, 이용가치의 고도성을 포괄한다.[23)]

(5) 타당도

타당도란[24)] 시험이 측정하려는 본래의 내용을 얼마만큼 정확하게 측정하고 있느냐의 정도를 뜻하는 것이다. 여기서 타당도는 채용시험성적과 채용 후의 근무성적을 비교함으로써 그 측정이 가능하다.[25)]

3) 시험의 유형

(1) 형식(방법)에 의한 분류

① 시험 중에서 필기시험은 사실상 국가마다 가장 오래되고 가장 보편적으로 이용되는 시험방법이다. 시험에는 주관식과 객관식, 논문형 · 단답형 · 자유해답형 등이 일반적이다.

---

23) 신승춘 · 하재룡 · 최미옥 · 신현기 · 신윤창 · 장덕희 · 김병준, 『현대행정의 이해』(서울: 대영문화사, 2015), p.226.

24) 타당도(validity)를 측정하는 방법에는 여러 가지 있으나 대개 일반상식에 의거하는 논리적 타당화(logical validication)방법, 관계자나 전문가의 견해에 따르는 방법(jury's opinion), 이미 알고 있는 집단과 비교해 보는 기지집단비교법(known groups) 및 독자적 기준법(independent criteria) 등이 쓰이고 있다.

25) 신승춘 · 하재룡 · 최미옥 · 신현기 · 신윤창 · 장덕희 · 김병준, 『현대행정의 이해』(서울: 대영문화사, 2015), p.226.

② 실기시험의 경우는 공무원이 직무수행에 필요한 지식과 기술을 실습·실기 방법에 의하여 검증받는 것을 의미한다.

③ 면접시험의 경우는 필기시험과 같은 기타의 시험방법에 의해서는 사실상 측정이 불가능한 사람의 성격, 자질 및 직무수행에 필요한 능력과 적격성 등을 검증해보는데 그 근본 목적을 둔다.

④ 서류심사는 공직에 응시한 지원자가 제출한 서류에 따라 그 적격성을 심사하는 방법을 의미한다.[26)]

(2) 목적(측정대상)에 의한 분류

공무원 모집시에 목적에 의한 분류를 정리해 보면 다음과 같다. 공무원 모집에서 주로 일반지능검사, 특수지능검사(적성검사), 성취검사(업적검사), 성격검사, 신체검사(체력검사) 등이 활용되고 있다.

① 일반적으로 일반지능검사는 공무원의 일반적인 지능·능력 또는 정신적 능력을 측정하고자 하는 시험이다. 측정대상은 언어의 이해와 구사능력, 추리력, 수리적 능력, 기억력, 공간파악능력, 추상적 사고력 및 상황대처능력 등이 대표적이다.

② 특수지능검사(적성검사)의 경우는 특정분야의 지식·기술을 습득·발전시킬 잠재적 소질과 능력을 측정하려는 시험으로 이해하면 된다.

③ 성취검사(업적검사)는 후천적으로 교육이나 경험을 통해 얻은 지식·기술·실력을 측정하고자 하는 시험을 말한다.

④ 성격검사는 공무원의 성격, 예를 들어 정서적 특성·기질, 대인간의 반응·행동경향을 측정하려는 시험을 의미한다. 성격검사의 측정대상은 정서적 안정성, 자신감, 협조성 및 활동성 등이다.

⑤ 신체검사(체력검사)는 공무원이 직무를 수행하는데 있어서 기본적으로 요구되는 체력 및 건강상태를 측정하고자 하는 시험을 말한다.[27)]

---

26) 신승춘·하재룡·최미옥·신현기·신윤창·장덕희·김병준, 『현대행정의 이해』(서울: 대영문화사, 2015), p.227.

27) 신승춘·하재룡·최미옥·신현기·신윤창·장덕희·김병준, 『현대행정의 이해』(서울: 대영문화사, 2015), p.227.

3. 공무원 임용의 의의

1) 의의

흔히 공무원 임용이라고 함은 중앙이나 지방정부가 일반 국민 중 지원자를 대상으로 공공조직이 필요로 하는 적격자를 선발해 공무원으로 임명한 다음 특정한 직위에 취임시키는 일련의 활동이나 행위 및 결원에 대해 인력을 보충하는 것을 뜻한다.

2) 공무원 임용의 절차

(1) 임용 후보자 명부

최종 합격자로 결정된 자는 공무원으로 등록해야 한다. 즉 정식 공무원으로 임명되기 전에 시험실시기관은 공무원 합격자들을 대상으로 직급별로 시험성적순에 따라 채용후보자명부에 등재하도록 하는 의무를 지니고 있다. 여기에는 훈련성적 · 전공분야와 기타 필요한 사항을 규정에 따라 반드시 기재하도록 하고 있다.

한편 등록 유효기간의 경우 5급 공무원(사무관) 공개경쟁 채용시험의 합격자는 5년을 유효기간으로 한다. 그리고 6급 이하와 기능직 공무원의 경우는 2년을 유효기간으로 정하고 있다. 단, 시험실시기관의 장은 해당자가 특별한 사율로 인해 연장이 필요한 경우 1년의 범위 내에서 그 유효기간을 연장해 주는 것이 가능하다.

(2) 추천

일반적으로 시험실시기관의 장은 각 기관의 결원 및 결원예정인원을 감안하여 채용후보자를 임용권 또는 임용제청권을 갖는 기관에 추천하도록 되어 있다.[28]

(3) 시보임용

행정공무원의 시보임용은 다음과 같다. 즉 5급공무원의 신규채용시 1년, 6급

28) 신승춘 · 하재룡 · 최미옥 · 신현기 · 신윤창 · 장덕희 · 김병준, 『현대행정의 이해』(서울: 대영문화사, 2015), p.228.

이하 공무원 및 기능직 공무원의 신규채용시 6개월이다. 이어서 시보기간 중에 근무성적이 양호한 대상자는 정규직 공무원으로 임용한다.

(4) 시보임용의 목적

일반적으로 시보임용을 하는 목적은 채용후보자의 직업공무원으로서 적격성 심사, 채용후보자의 직무수행능력의 평가, 채용후보자의 적응훈련에 두고 있다. 그러나 일반공무원은 시보임용 기간에 신분보장의 기회가 주어지지 않고 있어 만일 시보기간에 적격자가 아닌 것으로 판명될 경우 정식임용하지 않을 수 있다. 이 경우 해당 공무원은 소청심사위원회에 제소하지 못한다. 시보 해당자는 아직 공무원 신분을 완전하게 가진 것이 아니기 때문이다.

3) 공무원의 개방형 임용

우리나라는 영국, 호주, 뉴질랜드 등과 같이 고위 직업공무원에 대해 계약제 임용 방식을 도입하였다. 특히 행정부의 국장급 이상 고위 직위에 대한 개방형 임용제도의 도입은 폐쇄적 임용과 강력한 신분보장을 특징으로 하는 한국의 직업공무원제의 경우 전통의 근간을 변화시키려는 중요한 개혁 조치 중 하나로 평가된다.

개방형 임용제도는 공직을 일반 민간에게 개방하는 제도이다. 기존에는 내부직원들이 승진해서 고위직으로 승진하는 방식을 따랐으나 1997년 11월 국제금융기구(International Monetary Fund, IMF)의 구제금융 지원을 받은 것 등을 계기로 내부사정에 머무르지 않고 외부에 전문가가 공직의 고위직에 들어와 근무하도록 개방한 것이다. 즉 기업, 학계, 시민단체, 등 민간부문의 경험과 전문적 노하우 그리고 다양한 시각을 정책수립과정에 반영할 필요성이 더한층 커졌다. 현재 우리나라 정부 부처는 1-2개의 고위 공직을 외부에 개방하고 있다. 정부기관의 고위개방직은 인사혁신처에서 대외에 개방해 일반인도 적격자로 선발되면 공직에 임명되고 있다.[29)]

29) 신승춘 · 하재룡 · 최미옥 · 신현기 · 신윤창 · 장덕희 · 김병준, 『현대행정의 이해』(서울: 대영문화사, 2015), p.229.

제7절 공무원의 교육훈련

1. 교육훈련의 의의와 필요성

행정공무원 교육훈련의 의의는 다음과 같다. 즉 공무원의 능력을 적극적으로 향상시키려는 것으로 특히 공무원의 능력발전을 위해 직무수행에 필요한 지식과 기술의 습득, 가치관 및 태도의 발전적 변화를 꾀하고자 하는 적극적인 인사기능을 말한다. 공무원 교육훈련의 필요성은 다음과 같이 몇가지로 집약된다.

첫째, 전문화 및 기술혁신에의 적응으로 행정환경의 급속한 변동과 유동성의 변화를 들 수 있다.

둘째, 행정기능의 확대, 강화 및 생산적 복지국가화의 경향을 들 수 있다.

셋째, 직무수행능력과 변화대처능력 습득, 공무원사회에의 적응능력의 요청에 의한 것이다.

넷째, 감독자가 관리자로 승진시에 요구되는 능력의 습득과 정보화시대의 요청에 적극 대응하는 정보화훈련의 확대에 대한 관심사이다. 그 외 특수직책수행에 따른 기술능력습득의 필요, 새로운 가치관의 확립 등을 들 수 있다.[30)]

2. 교육훈련의 목적

교육훈련의 목적은 공무원의 능력향상을 통해 조직의 통합성과 생산성을 높이는 것이다. 훈련은 조직의 발전과 조직참여자의 발전을 함께 추구하는 일련의 활동이다. 이러한 교육훈련의 목적은 다음과 같다.

첫째, 공무원의 직무수행을 개선의 조직의 문제해결을 통하여 조직의 생산성향상을 가져올 수 있다.

둘째, 훈련을 잘 받은 공무원은 규범과 협동 그리고 조정의 능력을 가져와 통제와 조정의 필요성을 감소시켜 준다.

---

30) F. P. Kilpatrick, et al., The Image of the Federal Service(Washington D.C: The Brooklngs Institution, 1964, p. 254; 신승춘 · 하재룡 · 최미옥 · 신현기 · 신윤창 · 장덕희 · 김병준, 『현대행정의 이해』(서울: 대영문화사, 2015), p.231.

셋째, 공무원의 미래의 경력발전을 위한 기회를 제공해준다.

넷째, 훈련으로 일에 대한 숙달은 사고나 과오를 방지할 수 있고 그로 인한 낭비를 줄일 수 있다.

다섯째, 조직의 안전성과 융통성을 높일 수 있다. 안전성이란 주요 직원의 상실과 소모에도 불구하고 조직의 효율성을 유지할 수 있는 능력이고, 융통성이란 단기적인 업무변동에 적응할 수 있는 조직의 능력을 말한다. 그 외 결함의 시정, 공무원의 경력발전, 행정관리의 개선 및 발전, 능동적이며 적극적인 공무원의 양성, 행정개혁 촉진, 지식기술의 습득 및 가치관의 변혁을 가져올 수 있다.

3. 공무원 교육훈련의 종류

교육훈련은 어떠한 기준을 쓰느냐에 따라 훈련의 종류는 여러 가지로 분류할 수 있다. 교육훈련에 관한 몇 가지 분류방법상 사례를 살펴보면 다음과 같다.

첫째, 목적별 또는 성질별로 훈련을 분류하는 방법이 있다. 둘째, 조직의 기능별 또는 직부분야별로 훈련을 받는 계층에 따라 분류하는 방법이 있다. 셋째, 기간을 중심으로 단기, 중기, 장기의 훈련을 구분하는 경우도 있다. 넷째, 훈련장소를 기준으로 하여 직장내에서의 훈련과 직장 외에서의 훈련으로 구별할 수 있다.

다음에 제시한 목적별 훈련의 종류에는 신규채용자훈련, 재직자훈련, 감독자훈련, 관리자훈련 등이 있다. 즉 소속직장 전체의 성격과 업무상황을 알려주고 직무를 알려주는 신규채용자 훈련은 신입직원훈련 또는 신규채용자 훈련이라고도 불린다. 재직자훈련은 직무훈련 또는 전공훈련으로 현재 담당하고 있는 직무자체에 관한 직무수행능력의 유지 또는 향상을 위한 훈련이다. 유용성 확대이론으로서 감독자훈련은 감독능력의 향상을 위한 훈련이다. 관리능력향상훈련 또는 관리자훈련은 관리층공무원들의 관리능력, 즉 정책결정과 리더십 발휘에 필요한 능력을 향상시키려는 훈련이다.

〈표 5-7〉 교육훈련 종류

종 류	대상	중점	적용기법
(1) 신규채용자 훈련(기초훈련, 적응훈련)	신규임용자	•조직목적과 구조기능 및 직무내용 파악 •조직에의 적응과 심리적 안정감 부여	•현장훈련(OJT) •강의, 회의 등
(2) 재직자훈련(보수훈련, 직무훈련)	6급 이하 현재직자	•새로운 지식, 기술의 습득 •변동대응능력 향상	•실습, 전공훈련 •현장훈련(OJT), 직무수행개선 훈련
(3) 감독자훈련	일선리더	감독자로서의 리더십 향상, 인간관계, 사무관리, 인사행정 및 근무규율	•직장내 훈련 · 토론 · 세미나 •강의, 사례연구, 회의, 시청각 교육 훈련
(4) 관리자훈련	고급관리층 또는 중간관리층	정책결정능력 및 지휘능력 향상	•사례연구, 회의, 관리능력 향상훈련 •토론, 감수성 훈련, 고급관리자 훈련
(5) 교관훈련	교관	교수기법 향상	

4. 교육훈련방법

교육훈련의 방법은 현장훈련과 현장 외 훈련으로 나눌 수 있으며, 현장훈련에는 순환보직, 실무수습, 임시대역 등이 있으며, 현장 외 훈련에는 강의, 토론, 사례연구, 감수성훈련, 역할연기, 모의실험, 분임연구 등이 있다.

또한 체험식 방법에는 OJT, 순환보직, 시찰, 견학이 있고, 참여식 방법에는 사례연구, 회의, 신디케이트(Syndicate), 감수성훈련, 대집단토의, 역할연기 등이 있다.

대집단 토론의 종류에는 패널(Panel/ 동일주제로 질문불허함), 심포지엄(Symposium/ 다른 주제로 질문을 허용치 않음), 포럼(Forum/ 방청객의 질의 · 응답을 허용함)이 있다.

교육훈련의 방법에는 그 목적, 대상, 교육시설, 재정, 시기, 피교육자의 자질, 유능한 교관의 유무 등을 고려하여 선택한다. 교육훈련의 방법은 다음과 같이 요약할 수 있다.

〈표 5-8〉 교육훈련방법

훈련방법	구분	내 용
강의(Lecture)	의의	훈련대상자를 한 곳에 모아놓고 일방적으로 정보를 전달하는 방법
	장점	비용저렴, 조직적·체계적 전달가능, 훈련내용 조정가능, 일시에 많은 사람 훈련가능
	단점	피교육자의 흥미유발 곤란, 적극적 행동유발 곤란, 형식적, 유능한 강사 확보 곤란
직장훈련(On the Job Training/ OJT)	의의	훈련대상자가 자기소속 기관 내에서 자기의 직무를 수행하면서 상관으로부터 지도·훈련을 받는 방법
	장점	실용적, 경비절약, 원만한 인간관계 유지가능, 업무의 공백이 없다.
	단점	상관의 시간이 많이 소요, 상관의 지도기술이 필요, 피훈련자의 수가 많을 경우에는 비능률적
순환보직	의의	보직을 바꿔가면서 직무를 처리하도록 하는 훈련
	장점	시야와 경험확대, 고급공무원의 훈련에 적합, generalist 양성에 적합
시찰·견학	장점	효과가 크다, 시야확대
	단점	비용·시간 과다 소요
사례연구	의의	감독자나 관리자의 인간관계에 관한 훈련에 활용되는 방법으로 실제의 구체적 사례를 가지고 토의하는 방법
	장점	분석적 사고와 문제해결능력 개발, 경험활용가능, 자유로운 토의가능, 독단회피가능
	단점	다수의 훈련대상자의 훈련에 부적합, 자료준비에 많은 노력필요, 시간소요가 많다.
신디케이트(Syndicate/ 분임토의)	의의	훈련대상자를 몇 개의 소집단으로 편성하여 각 집단별로 연구과제를 주어 훈련시키는 방법
	장점	훈련대상자들 간에 접촉이 긴밀해지고, 관리자의 관리기술과 태도향상에 효과적
	단점	훈련기간이 너무 짧고, 유능한 훈련관의 확보가 곤란
대집단토론	의의	몇 사람의 연사로 하여금 주제를 발표하게 하고 피교육자들도 이에 참여시켜 토론토록 하는 방법
	장점	관심유발 가능
	단점	소수만이 참여가능
기타	회의, 독서, 통신교육, 계획학습, 모의연수(Simulation), 역할연기(Role playing)	

제8절 공무원의 근무성적 평정

1. 근무성적 평정의 의의

공무원의 근무성적평정은 매년 공무원들의 근무성적, 능력, 근무수행태도, 발전가능성 등에 대해 체계적, 객관적, 정기적으로 평가하는 것을 의미한다. 평가 점수가 모여서 나중에 승진자료로 활용된다.

1) 목적과 용도

행정부처 공무원의 이른바 근무성적평정은 공무원의 능력 발전을 적극적으로 돕고 직무수행을 개선하여 행정발전에 기여할 수 있다. 근무성적평정의 과정에서 공무원이 일을 잘 하는지 여부를 객관적으로 평가될 기회가 있으므로 평정대상인 공무원이나 그 감독자가 개선할 점이 무엇인가를 인지하게 된다. 그래서 공무원의 능력발전수단이나 약점을 극복할 수 있게 해 준다. 따라서 근무성적평정은 인적자원계획, 경력발전계획, 그리고 훈련계획의 수립에 필요한 일련의 정보를 제공한다. 이러한 근무성적에서 얻어지는 정보는 직원의 권익보호, 채용시험의 타당도 측정, 상벌목적과 인사관리의 기준, 능률향상, 적재적소의 배치(인사행정의 합리화), 보수 및 내부임용결정 등에도 기준을 제시한다.

2) 근무성적 평정방법

근무성적 평정방법을 몇가지 소개하면 다음과 같다.

첫째, 사실기록법이 있는 데 여기에는 산출기록법, 정기적 시험법, 가점점수법이 포함된다.

둘째는 상호비교법이 있는데 여기에는 성적순위법, 대인비교법, 이인조비교법이 속한다. 그 외 분포제한법, 평정척도법, 집무기준법, 체크리스트평정법, 도표식인 평정척도법 등이 있다. 평정방법의 내용을 요약하면 다음과 같다.

〈표 5-9〉공무원의 근무성적 평정방법

평정방법	구분	내 용
도표식 평정 척도법	의의	한편엔 평정요소, 다른편엔 우열의 등급을 표시하는 방법
	장점	한번에 많은 직원을 대상, 평정의 객관성 확보, 비용절약, 조정용이
	단점	평정요소의 선택이 곤란, 집중화 · 관대화 · 연쇄효과발생
강제배분법	의의	등급별로 인원을 강제배분하는 방법
	장점	집중화•관대화의 폐단방지가능
	단점	피평정자의 수가 적고, 탁월한 인물이 없을 경우에도 강제로 배분해야 하는 모순발생
대인비교법	의의	등급별(상 · 중 · 하)로 표준인물 설정 후 이와 비교하는 방법
	장점	평정용이
	단점	계량화 곤란
산출비교법	의의	일정시간 내에 달성한 일의 양을 기준으로 평정
	특징	업무의 성질이 반복적 · 기계적인 경우에만 적용가능
강제선택법	의의	4~5개의 체크리스트를 피평정자가 스스로 선택토록 하는 방법
	특징	피평정자가 스스로 선택한다는 점에서 check list법과 차이
업적보고법	의의	평정자의 업적을 입증하는 사실을 기록하는 방법
Probst식 평정법(=Check list법)	의의	평정점수를 산출하지 않고 객관적으로 태도와 성격을 관찰할 수 있는 100가지의 목록을 채택한 후 이로써 평정하는 방법
	장점	연쇄효과를 최소화할 수 있음
	단점	평정항목이 너무 많아 평정업무 과중

3) 근무성적 평정시에 나타나는 오차의 종류

근무성적 평정시에 나타나는 오차의 종류는 다음과 같이 정리된다. 즉 집중화 효과, 관대화 효과, 연쇄화 효과, 규칙적 오차, 총합적 오차, 논리적 오차 등이 바로 그것이다.

(1) 집중화 효과 : 누가 봐도 무난하게 대부분 중간등급의 점수를 주는 현상이다. 일반적으로 평정자들은 특별히 높거나 혹은 매우 낮은 평정을 가급적이면 회피하려는 경향이 강하다.

(2) **관대화 효과** : 평정자가 하급자와의 인간관계를 사뭇 의식하거나 사안에 대한 결과에서 해석 판단이 서로 상이한 경우에는 평정등급이 전반적으로 높아지는 현상이 있는데, 이를 관대화 효과라고 한다.

(3) **연쇄화 효과**(halo effect) : 일반적으로 한 평정요소의 결과가 흔히 다른 평정요소에 어떤 영향을 미치는 현상이다. 즉 피평정자의 막연한 전체적인 첫인상 때문에 모든 분석적인 평정요소가 일정한 영향을 받을 수밖에 없는 현상을 연쇄화 효과라고 한다.

(4) **규칙적 오차**(systematical error) : 흔히 평정자의 가치관 혹은 평정기준의 차이에 의해 나타나는 오차를 의미한다.

(5) **종합적 오차**(total error) : 동일한 피평정자에 대한 평점과 평균치간의 차이의 합계에 의한 오차이다.

(6) **논리적 오차**(logical error) : 평정요소간 논리적 상관관계가 있다는 관념에 의한 오차로 어느 한 요소가 우수하면 다른 요소도 우수하다고 쉽게 판단해 버리는 경향이다.

4) 근무성적 평정의 한계

공직에서 일반적으로 행해지는 근무평정은 다음과 같은 한계를 지니고 있는데 지속적으로 이를 개선해 나가야 한다.

첫째, 타당도, 객관도, 신뢰도가 낮다는 지적이 존재한다. 평가하는 사람의 능력 · 경험 · 성격에 따라 평가에 영향을 미치므로 평가결과의 비교를 위한 공정한 평정자의 확보곤란과 평가결과의 비교를 위한 표준화가 곤란하다. 이로 인하여 평정의 신뢰성과 타당성을 신뢰하기 어렵다.

둘째, 집중화, 관대화, 연쇄화의 경향이다. 평가자의 잘못으로 인한 영향으로 착오와 고의적 왜곡현상을 가져온다.

셋째, 장래예측의 곤란이다. 근무성적평정은 과거와 현재의 직무수행을 평가하는 것이며, 장래의 능력을 직접적으로 판단해 주는 것이 아니므로 장래의 인사조치에 기준이 될 수는 없다.

넷째, 포괄적인 평정의 곤란하다. 근무성적평정이 승진 · 승급 · 감원순서결정 등 다양한 인사조치에 활용하려 하거나 모든 인사조치에 완벽한 모든 기준을 모두 제시해 줄 만큼 완전하지 못한 상황이다.[31]

5) 한국의 근무성적 평정

우리의 경우 5급 이하 공무원에게는 근무성적 평정이 도표식과 강제배분법을 혼용하여 사용하고 있다. 공무원 중 4급 이상은 인사평정, 즉 전문분야, 능력, 인품, 적성에 의하여 이루어지고 있으며, 1991년부터는 하위직 공무원에게 있어 자기평정제를 도입하여 시행 중이다.

(1) 평정방법

① 도표식 평정척도법을 근간으로 하면서 강제배분법을 가미하고 있다.
② 감독자평정법(복수평정방식)을 근간으로 하면서 자기평정법을 가미(근무실적만)하고 있다.

(2) 평정등급

탁월, 우수, 보통, 미흡의 네 등급을 두고 있다.

(3) 강제배분의 비율

수 · 우 · 미 · 양 · 가 별로 2:4:3:1로 한다.

(4) 평정자의 수

복수평정방식으로 2인이 한다.

---

31) Albert C. Hyde, *Performance Appraisal in Post Reform Era, Public Personal Management*, 11(4), 1972, p. 297; 신승춘 · 하재룡 · 최미옥 · 신현기 · 신윤창 · 장덕희 · 김병준, 『현대행정의 이해』(서울: 대영문화사, 2015), p.236.

(5) 평정횟수

우리나라는 5급 이하 및 기능직 공무원의 경우 정기평정은 연 2회, 수시평정은 정기평정 이후 조정사유가 발생한 경우 실시한다.

(6) 공개성 여부

미국이나 일본 등의 경우와는 달리 원칙적으로 비공개로 되어 있어 임상중심적 접근방법에로의 전제가 제도적으로 봉쇄되어 있다고 볼 수 있다.

(7) 소청허용 여부

우리나라의 경우 소청불가의 입장이다.

(8) 신뢰도, 타당도, 객관도

대한민국 공무원의 근무성적평정의 경우는 비교적 신뢰도, 타당도 및 객관도가 낮아 객관적이고 공정한 인사관리의 기준으로 활용하는데 어려움이 있다는 지적이 적지 않다. 그 근본적인 이유는 역산제(逆算制)경향 때문으로 보여진다. 여기서 역산제는 연고, 정실 등에 의하여 총점을 우선 부여하고 이에 따라 각 평정요소의 점수를 맞추어 가는 경향을 의미한다. 이 밖에도 관대한 경향과 집중화 경향이 또 하나의 원인으로 지목되고 있다.[32]

2. 공무원 승진

1) 공무원 승진의 의의

공무원의 승진(昇進)은 낮은 직급에서 높은 직급으로 그리고 하위계급에서 상위계급으로 올라가는 것을 의미한다. 이렇게 볼 때, 수평적으로 이동하는 전직이나 전보와는 분병히 구별되어야 한다. 그리고 승급은 권한과 책임의 확대 없이

32) 신승춘 · 하재룡 · 최미옥 · 신현기 · 신윤창 · 장덕희 · 김병준, 『현대행정의 이해』(서울: 대영문화사, 2015), p.237.

단지 보수만 더 받는 승급(昇級)과도 분명하게 구별되어야 한다. 하지만 보수의 증액으로 공무원의 지위를 향상시킨다는 점에서 볼 때, 승진과 승급은 공통된 요소를 내포하고 있다.

2) 승진의 중요성

성공에 대한 기대감의 충족과 그에 따른 사기의 양양, 공무원의 동기부여 및 능력발전의 촉진, 인적 자원의 효율적 활용, 유능한 인재의 확보 및 양성 등에 기여할 수 있다.

3) 승진의 한계

승진한계의 결정요인은 각국의 직업공무원 제도의 발달정도, 고급공무원의 능력, 민주통제의 수준, 공무원 채용정책이 대표적이다.

4) 승진한계의 장 · 단점

공무원 승진의 한계가 높을 경우 다음과 같은 장점을 지니고 있다. 즉 공무원의 사기양양, 행정능률, 기술의 향상 및 직업공무원제의 확립에 기여할 수 있다. 하지만 다음과 같은 단점도 지니고 있다. 즉 관료주의화의 폐단, 민주적 통제곤란, 관료사회의 침체화로 나타날 수 있다는 점이다. 공무원 승진한계가 낮은 경우는 장 · 단점이 승진의 한계가 높은 경우와 반대이다. 승진한계가 높은 국가는 계급제인 영국, 프랑스, 독일, 일본 등을 들 수 있다. 특히 승진의 한계가 비교적 낮은 국가는 직위분류제를 취하는 미국이 대표적이다.

5) 개방제(신규채용)와 폐쇄제(승진임용)

공무원의 개방제라 함은 중급직 및 고위직에서 발생하는 결원을 신규채용(외부임용) 하는 방식에 의해 충원하는 것을 의미한다. 이에 반해 폐쇄제(승진임용)는 중급직과 고위직의 결원을 승진임용(내부임용) 방식에 의해 충원하는 과정을 의미한다.

개방적 공무원제의 장점은 외부로부터 신규채용이 허용되기 때문에 비교적 우수한 인재를 외부에서 확보할 수 있다. 따라서 공무원의 질적 향상을 어느정도 가져올 수 있다. 무엇보다 개방제 공무원제는 공직의 신진대사가 활발하게 이루어질 수 있으며 관료제 내에 참신한 기풍을 진작시킬 수 있다. 나아가서 공공조직의 침체화 및 관료주의화를 방지하는 일이 가능하다. 그리고 공무원 인사관리에 있어서 기관장이 적절한 영향력과 리더쉽을 발휘할 여지가 있다.

이에 반해 폐쇄적 공무원의 장점은 승진의 기회가 확대되어 있다는 점이다. 이 때문에 공무원의 사기가 더한층 높아질 수 있다. 특히 이 경우 공무원의 신분이 보장되기 때문에 행정의 일관성과 안정성을 유지할 수 있다. 국민 중 젊은 사람이 공직을 평생직장으로 선택하여 일생동안 발전해 나갈 수 있기 때문에 한 국가의 직업공무원제를 확립하는 데 매우 유리하다.[33]

6) 공무원 승진의 기준

공무원 중 승진할 대상자를 선발하는 방법이나 기준으로 근무방법, 근무성적, 선임순위, 시험, 학력과 경력, 훈련성적, 상벌의 기록 등이 적극 활용되고 있다. 일반적으로 승진의 기준은 객관적 성격을 가진 경력과 주관적인 성격을 가진 실적 등으로 구분할 수 있다. 우선 객관적 성격은 근무년한, 학력, 경력 등이 대표적이다.

이와 같은 객관적 기준의 장점은 고도의 객관성을 유지할 수 있고, 정실이나 불공정을 방지하거나 행정의 안정성을 유지할 수 있다. 그리고 직업공무원제의 확립을 예로 들 수 있다. 이에 반해 유능한 자의 등용곤란을 초래한다는 단점을 지니고 있다. 예를 들어 상관의 부하통솔곤란, 행정의 침체화, 관료주의화로 공무원 질의 저하 등이 나타날 가능성이 있다.

이에 반해 주관적 성격을 지닌 시험성적, 훈련성적, 근무성적 평정결과 등은 공무원을 승진예정직에서 실제로 근무해 보도록 하고 그에 따른 실적에 의해 승

33) 신승춘 · 하재룡 · 최미옥 · 신현기 · 신윤창 · 장덕희 · 김병준, 『현대행정의 이해』(서울: 대영문화사, 2015), p.238.

진여부를 결정하는 방법이다. 하지만 이 방법은 시간이 많이 걸리고 절차상 매우 복잡하며 승진이 안되는 경우 사기가 저하되는 단점을 가지고 있다. 반면 이와 같은 실적에 대한 장점은 인사권자의 정실에 의한 개입을 방지할 수 있다는 점이다.[34)]

7) 공무원 경력평정의 원칙

공무원의 경력평정에서 일반적으로 사용되는 가설의 원칙은 다음과 같은 것들이 있다.

첫째, 근시성의 원칙이다. 새롭게 쌓은 최근의 경력은 이전의 경력에 비해 더 높은 가치가 있기 때문에 가급적이면 최근 경력의 가치를 더 인정해 주어야 한다는 원칙을 근시성의 원칙이라고 한다.

둘째, 습숙성의 원칙인데, 이는 하급직의 경력보다 상위직급때 쌓은 경력을 더 중요시해야 한다는 원칙을 의미한다.

셋째, 친근성의 원칙이다. 이는 어떤 직무에 대하여도 유사업무의 경력과 학력을 중시해야 한다는 원칙을 말한다.

넷째, 발전성의 원칙이다. 학력과 경력을 최대한 참작하여 발전가능성을 평가해야 한다는 원칙을 말한다.

그 외에 동일 직급내에서 인사이동으로 배치전환이 이루어지는데, 전직과 전보 및 파견근무가 그 좋은 예이다.

① **전직** : 직급은 동일하나 직렬을 달리하는 직위로의 수평적 이동을 으미하며, 전직시험이 필요하다.

② **전보** : 동일직급과 직렬 내에서의 보직 변경으로 시험이 불필요하다.

③ **파견근무** : 소속 변경 없이 임시로 타 기관 또는 부서에서 근무하는 임시적 배치전환을 말한다.

---

34) 신승춘 · 하재룡 · 최미옥 · 신현기 · 신윤창 · 장덕희 · 김병준, 『현대행정의 이해』(서울: 대영문화사, 2015), p.239.

3. 공무원 보수 및 연금체계

1) 보수체계의 의미

공무원의 보수라 함은 공무원이 매일 매일 공직에서 근무 봉사한 노고에 대해 정부가 당연히 지급하는 금전적인 보상을 의미한다. 그리고 보수체계란 보수지급 항목의 구성을 의미한다. 보수체계의 기본형태는 일반적으로 기본급과 부가적인 각종 수당으로 이루어진다.

2) 공무원 보수의 유형

공무원의 보수유형은 다음과 같이 분류되고 있다. 일반적인 보수유형분류는 기본급의 종류와 부가급의 종류를 실질적으로 분류할 때 중요한 준거틀이 된다.

공무원 보수에서 기본급(생계비, 연공, 근속기간, 직무, 업적, 자격, 능력 등을 고려)은 보수 가운데서 기본적인 부분을 차지하는 것이며, 공무원보수 규정에는 기본급을 봉급이라 명명하고 있다. 공무원 보수에서 기본급은 생계비, 연공급, 근속급, 자격급, 능력급, 직능급, 직무급, 실적급, 종합결정급 등으로 분류된다.[35]

(1) 생활급

생활급은 공무원의 생계유지에 필요한 생계비를 결정하는 기준인데, 그 공무원과 가족의 생활을 보장하기 위한 것이다. 그 결정기준은 공무원의 가족수나 연령, 자녀교육비 등 해당 공무원의 개인적 특성을 기준으로 정해지고 있다.

(2) 연공급

공무원의 근속연수를 기준으로 하는 보수를 근속급 또는 연공급(연령, 근속기간, 경력, 학력 등이 기준)이라고 하는데, 근속급의 기본적인 전제는 공무원의 가치와 업무수행의 유용성이 공무원의 근속·경험에 상응한다는 것이다. 이는 공무원의 근무기간이 길어지면 직무의 숙련도가 높아지며 업적도 향상된다는 점에 착안한 것이다.

---

35) 하상군, 『인사행정론』(서울: 대영문화사, 2015), p.179.

(3) 직능급

능력급은 공무원의 능력정도에 따라 결정하는 보수로 능력의 범위를 더욱 한정하여 직무별 능력을 기초로 하는 보수를 직능급이라고도 한다. 성과급은 업적급, 능률급, 실적급, 유인급, 장려급 등으로 불리며 직무수행의 결과 또는 산출고를 기준으로 결정하는 보수이다.

(4) 종합결정급

종합결정급은 공무원의 생계비, 연령, 자격, 근속 및 경험연수, 능력, 직무, 근무성적, 개혁에 대한 기여 등을 종합적으로 고려하여 결정하는 보수를 말한다.

(5) 부가급(수당)

부가급이라고 불리는 공무원 수당은 기본급을 보충해 주는 성질을 가진다. 이처럼 보수의 일부로 지급되는 수당은 기본급을 보완하는 부가급으로 근무조건이나 생활조건의 특수성이 인정되는 공무원들에게만 지급되는 것으로 직무요인의 특이성 때문에 지급되는 직무관련 수당(직무수당, 직책수당, 교대근무수당, 외근수당, 특수작업수당, 위험근무수당), 생활비를 보조하기 위한 수당으로서의 생활보조수당(기족수당, 자녀학비보조수당, 주택수당, 통근수당, 육아휴직수당), 금전적 유인의 부여로 직무능률의 향상을 도모하려고 하는 업무능률수당(개근수당, 정근수당, 모범근속수당, 상여수당), 실비변상비라고 불리는 후생복지수당(정액급식비, 명정휴가비, 연가보상비)이 있다. 그밖에 공무원에게 기타수당(처우개선수당 혹은 조정수당, 초과근무수당, 일직 및 숙직수당)이 지급되고 있다.[36]

3) 보수의 결정

공무원 보수의 일반적 수준의 결정요인은 공무원 전체보수의 최고액과 최저액을 어떻게 결정하느냐 하는 문제가 핵심사항이 된다. 그러므로 공무원 보수수준

36) 신승춘 · 하재룡 · 최미옥 · 신현기 · 신윤창 · 장덕희 · 김병준, 『현대행정의 이해』(서울: 대영문화사, 2015). p.240; 하상군,『인사행정론』(서울: 대영문화사, 2015), p.182.

을 결정할 때는 우선 보수의 일반수준을 결정해야 한다. 그런 후 공공조직체 내의 상대적 관계를 심층적으로 고려해 차별수준을 결정해야 한다. 보수의 일반적 수준에서 고려해야 할 요인은 다음과 같다.

(1) 사회윤리적 요인

사회윤리적 요인은 공무원의 보수를 최저 어느 수준에서 결정해야 하는 요인이다. 여러 요인 중 건강과 품위유지를 위한 수준의 생계비용이라고 할 수 있다.

(2) 부가적 요인

부가적 요인이란 휴가시간, 근무조건, 연금제도, 퇴직수당, 신분보장 등에 있어 보수이외에 받는 부가적인 각종 혜택을 말한다.

(3) 정책적요인

보수를 적극적인 차원에서 높은 근로의욕을 유도할 수 있는 정책적인 수단으로 이용할 수 있는 대가를 말한다.

(4) 경제적 요인

공무원의 보수수준을 최고 어느 수준까지로 하느냐 하는 것으로 정부의 지불능력, 민간수준, 물가 등의 변수를 고려해야 한다.

(5) 공무원 보수표의 작성

보수표라 함은 공무원 기본급의 내용을 명시한 봉급표로서 단계별구분과 그에 따른 금액구분인 호봉으로 이루어진다. 보수표작성시 고려되어야 할 점은 등급폭에 해당하는 호봉, 등급간의 중첩, 승진기회가 더 이상 없는 최고 호봉위에 마련한 초과호봉, J곡선에 해당하는 보수곡선, 즉 보수액을 보수등급에 따라 표시하면 직선이 되지 않고 곡선이 되어야 한다는 등의 요인을 고려해야 한다.

〈표 5-10〉 일반직공무원과 일반직에 준하는 특정직 및 별정직 공무원 등의 봉급표(2019)

(월지급액, 단위 : 원)

계급·직무등급 / 호봉	1급	2급	3급	4급·6등급	5급·5등급	6급·4등급	7급·3등급	8급·2등급	9급·1등급
1	3,956,100	3,561,500	3,213,100	2,753,900	2,461,000	2,030,200	1,821,900	1,624,400	1,592,400
2	4,094,800	3,693,600	3,332,100	2,866,400	2,560,500	2,124,600	1,905,000	1,703,300	1,614,300
3	4,237,000	3,827,500	3,454,500	2,980,700	2,663,700	2,222,100	1,993,000	1,786,500	1,650,800
4	4,382,400	3,962,700	3,577,800	3,097,600	2,771,000	2,321,700	2,085,500	1,871,400	1,701,900
5	4,531,300	4,099,700	3,703,100	3,216,200	2,881,100	2,424,200	2,181,200	1,959,700	1,767,600
6	4,682,000	4,236,900	3,829,700	3,335,900	2,993,400	2,529,600	2,279,300	2,050,200	1,850,200
7	4,835,000	4,375,900	3,957,700	3,456,700	3,107,500	2,635,200	2,378,100	2,141,000	1,932,300
8	4,989,300	4,514,800	4,086,100	3,578,100	3,223,000	2,741,200	2,477,400	2,228,100	2,011,600
9	5,145,700	4,654,600	4,215,600	3,699,900	3,338,900	2,847,500	2,571,900	2,311,400	2,087,400
10	5,303,000	4,794,300	4,345,000	3,821,500	3,455,600	2,947,200	2,662,200	2,390,000	2,160,400
11	5,460,100	4,934,700	4,474,500	3,944,300	3,564,500	3,041,800	2,747,300	2,466,300	2,230,000
12	5,622,300	5,079,800	4,608,800	4,059,700	3,669,700	3,134,900	2,830,900	2,540,800	2,299,200
13	5,785,600	5,225,900	4,733,700	4,167,800	3,769,500	3,222,500	2,910,300	2,612,400	2,365,500
14	5,949,200	5,358,000	4,849,600	4,268,600	3,862,600	3,305,300	2,986,200	2,680,700	2,429,900
15	6,092,200	5,480,000	4,956,300	4,363,500	3,950,500	3,384,800	3,058,600	2,746,400	2,491,400
16	6,219,100	5,591,700	5,056,000	4,453,000	4,033,200	3,459,200	3,127,300	2,809,800	2,551,000
17	6,331,800	5,694,600	5,148,500	4,536,200	4,111,000	3,530,300	3,193,100	2,869,000	2,609,200
18	6,432,100	5,788,500	5,234,500	4,613,800	4,184,500	3,597,500	3,256,100	2,926,500	2,663,300
19	6,521,900	5,875,400	5,314,100	4,686,400	4,253,700	3,661,200	3,315,300	2,981,600	2,716,600
20	6,602,400	5,954,600	5,388,600	4,754,100	4,318,500	3,721,200	3,371,800	3,034,200	2,767,500
21	6,676,600	6,027,000	5,457,600	4,817,500	4,379,600	3,778,900	3,425,700	3,084,400	2,815,400
22	6,742,600	6,093,500	5,521,500	4,876,900	4,436,900	3,833,200	3,476,600	3,132,600	2,861,400
23	6,798,400	6,154,300	5,580,500	4,932,700	4,491,100	3,884,200	3,525,700	3,178,400	2,905,200
24		6,204,000	5,635,500	4,985,200	4,541,600	3,932,700	3,572,500	3,222,700	2,947,300
25		6,251,500	5,680,800	5,033,300	4,589,500	3,978,900	3,616,700	3,264,700	2,987,500
26			5,723,900	5,074,000	4,634,500	4,022,400	3,659,100	3,305,500	3,023,800
27			5,764,000	5,111,600	4,671,800	4,063,800	3,695,000	3,339,400	3,055,000
28				5,147,500	4,707,700	4,098,500	3,728,300	3,372,100	3,085,200
29					4,740,700	4,131,100	3,760,700	3,403,000	3,114,200
30					4,772,700	4,163,200	3,791,500	3,433,000	3,142,400
31						4,192,900	3,820,500	3,462,100	3,170,100
32						4,221,000			

비고

1. 국가정보원 기획조정실장의 봉급월액은 8,027,100원으로 한다.
2. 다음 각 목의 공무원의 봉급월액은 해당 계급 및 호봉 상당액으로 한다. 다만, 제8조, 제9조 및 제11조(제61조에 따라 제8조, 제9조 및 제11조를 준용하는 경우를 포함한다)에 따라 획정한 호봉이 높은 경우에는 유리한 호봉을 적용한다.
   가. 교섭단체 정책연구위원 중 4급 상당: 4급 21호봉
   나. 국회의원 보좌관: 4급 21호봉, 국회의원 비서관: 5급 24호봉, 국회의원 비서 중 6급 상당: 6급 11호봉, 7급 상당: 7급 9호봉, 8급 상당: 8급 8호봉, 9급 상당: 9급 7호봉

4) 공무원 연금

공무원의 연금제도는 일생을 공직에 바친 공무원에 대한 일종의 사회보장제도인데 물론 내용과 범위는 나라마다 조금씩 다르다. 오늘날 각국의 연금제도는 퇴직금만을 대상으로 하기도 하고 퇴직금을 기준으로 범위를 유형화하는 추세이다. 퇴직연금이란 공무원이 노령, 질병, 부상, 기타 이유로 퇴직 혹은 사망한 경우 유족의 생계를 돌보기 위해 연금을 지급하고 있다. 공무원 연금에는 가음과 같이 여러 가지 학설이 존재한다.[37] 첫째, 공로보상설이다. 이는 공무원이 장기간 국가 혹은 지방정부 기관에서 성실한 몸바친데 대한 공로에 보답하고자 지급하는 것이다. 둘째, 생활보장성이 있다. 이는 퇴직 후의 생활보장을 위해 지급하는 연금이다. 셋째, 위자료설이 있다. 이는 감원, 퇴직, 사망 등에 대한 위자료의 뜻으로 지급하는 것이다. 넷쩨, 거치보수설이 있다. 이는 보수의 일부가 적립되었다가 퇴직이후에 지급하는 것임을 의미한다.

(1) 공무원 연금제도의 유효성

공무원 연금제도는 공무원 뿐만 아니라 정부와 납세자인 국민 모두에게 도움을 주는 제도이다. 특히 정부의 입장에서 볼 때 첫째, 공무원은 퇴직 후의 생활보장 제도가 마련되어 있어 재직기간 중 근무능률을 향상시킬 수 있고 다른 곳으로 이직하지 않을 수 있다. 이는 곧 안정된 직업공무원제의 안정을 유지할 수 있다. 둘째, 안정을 가져오면 공무원의 정확한 인력계획을 수립하는데 많은 도움이 될 수 있다. 셋째, 공무원들이 퇴직 후에 안심하고 생활할 수 있어서 국가의 사회안정에도 도움이 될 수 있다.

(2) 공무원 연금제도의 조성

공무원 연금제도는 일반적으로 기금제와 비기금제, 기여제와 비기여제로 이루어져 있다.

---

37) 신승춘 · 하재룡 · 최미옥 · 신현기 · 신윤창 · 장덕희 · 김병준, 『현대행정의 이해』(서울: 대영문화사, 2015), p.241; 하상군,『인사행정론』(서울: 대영문화사, 2015), p.193.

① 기금제와 비기금제

공무원 퇴직연금제도에서 기금제도란 공무원의 퇴직 연금을 대비해 필요한 자금을 마련하기 위해 사전에 기금을 확보해 놓는 것이다. 즉 기금을 확보하고 이것을 투자하여 얻어진 이자와 기타 수익을 올려서 확보된 수익으로 퇴직연금을 주는 것을 말한다. 이에 반해 비기금제는 기금을 미리 준비하지 않는 것이다. 즉 국가의 일반 세입금 중 연금에 필요한 금액을 세출예산에 넣어서 공무원 연금으로 내주는 제도를 의미한다.

② 공무원 연금 기여제와 비기여제

일반적으로 기여제라 함은 국가와 공무원이 평상시 근무 중 월급을 통해 공동으로 기금을 조성하여 재원을 마련하는 제도이다. 이에 반해 비기여제란 공무원의 퇴직연금의 재원을 정부에서 전액 부담하는 제도이다. 공무원 연금제도는 국가와 퇴직공무원 모두에게 이익이 되는 제도이다. 따라서 국가가 부담이 덜한 해당 공무원도 부담하는 기여제를 채택하는 것이 바람직하다고 본다.

1960년부터 실시되고 있는 정부의 공무원연금제도는 기여율이 2.3%였고, 1969년 3.5%, 1970년 5.5%, 1996년 6.5%, 1999년 7.5%, 2001년 8.5%였다. 나아가서 공무원들이 내는 기여금(보험료)은 2008년 5.525%, 2009년 6.0%, 2010년 6.3%, 2011년 6.7%, 2012년 이후 7.0%로 상향되었다.[38] 2013년 취임한 박근혜 정부에서 공무원 연금 적자문제를 해결하기 위해 더내고 덜받는 공무원 연금개혁 방안을 제시했지만 공무원 노조 등에서 거세게 저항한바 있다.

5) 공적연금

일반적으로 공적연금은 국가 내지는 공공기관에서 전적으로 관장하는 사회보장제도 중 하나이다. 우리나라 공적연금의 경우 각각 법률에 의해 구성원들은 강제로 의무화 되어 있어 따라야만 된다.

---

38) 신승춘 · 하재룡 · 최미옥 · 신현기 · 신윤창 · 장덕희 · 김병준, 『현대행정의 이해』(서울: 대영문화사, 2015), p.242.

〈표 5-11〉 한국의 공적연금 현황

구분	공무원연금	군인연금	사립학교교직원연금	별정우체국연금	국민연금
근거법률	공무원연금법	군인연금법	사립학교교직원연금법	별정우체국법	국민연금법
시행일	1960. 1. 1	1963. 1. 1	1975. 1. 1	1982. 7. 1	1988. 1. 1
적용대상	공무원 등	장기복무 하사관 및 장교	사립학교교원 및 직원 등	별정우체국 직원	국내 거주 18-59세 국민
비용부담	본인 및 국가(지방자치단체)	본인 및 국가	본인/ 법인 및 국가	본인/ 피지정기관 및 국가	개인 및 사용자
관장기관	행정안전부	국방부	교육부	미래창조과학부	보건복지부
집행기관	공무원연금공단	국방부(군인연금과) 및 국군재정관리단(퇴직연금과)	사립학교교직원연금공단	별정우체국 연금관리단	국민연금공단

출처: 하상군,『인사행정론』(서울: 대영문화사, 2015), p.194; 김렬, 『인사행정론』(서울: 박영사, 2014), p.463.

제9절 공무원단체의 활동

1. 공무원 노동조합의 법적 토대

1) 헌법 및 법률적 근거

우리나라 헌법 제33조 제2항에 공무원인 근로자는 법률로 인정된 자를 제외하고 단결권, 단체교섭권, 단체행동권을 가질 수 없다고 규정하고 있다. 그리고 국가공무원법 제66조는 공무원은 노동운동 기타 공무 이외의 일을 위한 집단적 행위를 하여서는 아니된다. 다만 국회규칙, 대법원규칙, 대동령령으로 정하는 사실상 노무에 종사하는 공무원은 예외로 한다고 규정하고 있다.

이 밖에 공무원직장협의회의 설립, 운영에 관한 법률에 근거하여 1999년 이후 직장협의회가 인정되고 있다.

2) 공무원의 노동조합 설립 및 운영 등에 관한 법률

제1조(목적)

이 법은「대한민국헌법」제33조제2항에 따른 공무원의 노동기본권을 보장하기 위하여「노동조합 및 노동관계조정법」제5조 단서에 따라 공무원의 노동조합 설립 및 운영 등에 관한 사항을 정함을 목적으로 한다[전문개정 2010.3.17.].

제2조(정의)

이 법에서 "공무원"이란「국가공무원법」제2조 및「지방공무원법」제2조에서 규정하고 있는 공무원을 말한다. 다만,「국가공무원법」제66조제1항 단서 및「지방공무원법」제58조제1항 단서에 따른 사실상 노무에 종사하는 공무원과「교원의 노동조합 설립 및 운영 등에 관한 법률」의 적용을 받는 교원인 공무원은 제외한다[전문개정 2010.3.17.].

제3조(노동조합 활동의 보장 및 한계)

① 이 법에 따른 공무원의 노동조합(이하 "노동조합"이라 한다)의 조직, 가입 및 노동조합과 관련된 정당한 활동에 대하여는 「국가공무원법」 제66조제1항 본문 및 「지방공무원법」 제58조제1항 본문을 적용하지 아니한다.

② 공무원은 노동조합 활동을 할 때 다른 법령에서 규정하는 공무원의 의무에 반하는 행위를 하여서는 아니 된다[전문개정 2010.3.17.].

제4조(정치활동의 금지)

노동조합과 그 조합원은 정치활동을 하여서는 아니 된다[전문개정 2010.3.17.].

제5조(노동조합의 설립)

① 공무원이 노동조합을 설립하려는 경우에는 국회 · 법원 · 헌법재판소 · 선거관리위원회 · 행정부 · 특별시 · 광역시 · 특별자치시 · 도 · 특별자치도 · 시 · 군 · 구(자치구를 말한다) 및 특별시 · 광역시 · 특별자치시 · 도 · 특별자치도의 교육청을 최소 단위로 한다[개정 2014.5.20]

② 노동조합을 설립하려는 사람은 고용노동부장관에게 설립신고서를 제출하여야 한다. [개정 2010.6.4 제10339호(정부조직법)] [[시행일 2010.7.5]][전문개정 2010.3.17]

제6조(가입 범위)

① 노동조합에 가입할 수 있는 공무원의 범위는 다음 각 호와 같다. [개정 2011.5.23 제10699호(국가공무원법), 2012.12.11 제11530호(국가공무원법)] [[시행일 2013.12.12]]

1. 6급 이하의 일반직공무원 및 이에 상당하는 일반직공무원
2. 특정직공무원 중 6급 이하의 일반직공무원에 상당하는 외무행정 · 외교정보관리직 공무원
4. 6급 이하의 일반직공무원에 상당하는 별정직공무원

② 제1항에도 불구하고 다음 각 호의 어느 하나에 해당하는 공무원은 노동조합에 가입할 수 없다.

1. 다른 공무원에 대하여 지휘 · 감독권을 행사하거나 다른 공무원의 업무를 총괄하는 업무에 종사하는 공무원
2. 인사 · 보수에 관한 업무를 수행하는 공무원 등 노동조합과의 관계에서 행정기관의 입장에서 업무를 수행하는 공무원
3. 교정 · 수사 또는 그 밖에 이와 유사한 업무에 종사하는 공무원
4. 업무의 주된 내용이 노동관계의 조정 · 감독 등 노동조합의 조합원 지위를 가지고 수행하기에 적절하지 아니하다고 인정되는 업무에 종사하는 공무원

③ 공무원이 면직 · 파면 또는 해임되어 「노동조합 및 노동관계조정법」 제82조 제1항에 따라 노동위원회에 부당노동행위의 구제신청을 한 경우에는 「노동위원회법」 제2조에 따른 중앙노동위원회(이하 "중앙노동위원회"라 한다)의 재심판정이 있을 때까지는 노동조합원의 지위를 상실하는 것으로 보아서는 아니 된다.

④ 제2항에 따른 공무원의 범위는 대통령령으로 정한다[전문개정 2010.3.17.].

제7조(노동조합 전임자의 지위)

① 공무원은 임용권자의 동의를 받아 노동조합의 업무에만 종사할 수 있다.

② 제1항에 따른 동의를 받아 노동조합의 업무에만 종사하는 사람[이하 "전임자"(專任者)라 한다]에 대하여는 그 기간 중 「국가공무원법」 제71조 또는 「지방공무원법」 제63조에 따라 휴직명령을 하여야 한다.

③ 국가와 지방자치단체는 전임자에게 그 전임기간 중 보수를 지급하여서는 아니 된다.

④ 국가와 지방자치단체는 공무원이 전임자임을 이유로 승급이나 그 밖에 신분과 관련하여 불리한 처우를 하여서는 아니 된다[전문개정 2010.3.17.].

제8조(교섭 및 체결 권한 등)

① 노동조합의 대표자는 그 노동조합에 관한 사항 또는 조합원의 보수·복지, 그 밖의 근무조건에 관하여 국회사무총장·법원행정처장·헌법재판소사무처장·중앙선거관리위원회사무총장·인사혁신처장(행정부를 대표한다)· 특별시장·광역시장·특별자치시장·도지사·특별자치도지사·시장·군수·구청장(자치구의 구청장을 말한다) 또는 특별시·광역시·특별자치시·도·특별자치도의 교육감 중 어느 하나에 해당하는 사람(이하 "정부교섭대표"라 한다)과 각각 교섭하고 단체협약을 체결할 권한을 가진다. 다만, 법령 등에 따라 국가나 지방자치단체가 그 권한으로 행하는 정책결정에 관한 사항, 임용권의 행사 등 그 기관의 관리·운영에 관한 사항으로서 근무조건과 직접 관련되지 아니하는 사항은 교섭의 대상이 될 수 없다[개정 2013.3.23 제11690호(정부조직법), 2014.5.20, 2014.11.19 제12844호(정부조직법)].

② 정부교섭대표는 법령 등에 따라 스스로 관리하거나 결정할 수 있는 권한을 가진 사항에 대하여 노동조합이 교섭을 요구할 때에는 정당한 사유가 없으면 이에 응하여야 한다.

③ 정부교섭대표는 효율적인 교섭을 위하여 필요한 경우 다른 정부교섭대표와 공동으로 교섭하거나, 다른 정부교섭대표에게 교섭 및 단체협약 체결 권한을 위임할 수 있다.

④ 정부교섭대표는 효율적인 교섭을 위하여 필요한 경우 정부교섭대표가 아닌 관계 기관의 장으로 하여금 교섭에 참여하게 할 수 있고, 다른 기관의 장이 관리하거나 결정할 권한을 가진 사항에 대하여는 해당 기관의 장에게 교섭 및 단체협약 체결 권한을 위임할 수 있다.

⑤ 제2항부터 제4항까지의 규정에 따라 정부교섭대표 또는 다른 기관의 장이

단체교섭을 하는 경우 소속 공무원으로 하여금 교섭 및 단체협약 체결을 하게 할 수 있다[전문개정 2010.3.17.].

제9조(교섭의 절차)

① 노동조합은 제8조에 따른 단체교섭을 위하여 노동조합의 대표자와 조합원으로 교섭위원을 구성하여야 한다.

② 노동조합의 대표자는 제8조에 따라 정부교섭대표와 교섭하려는 경우에는 교섭하려는 사항에 대하여 권한을 가진 정부교섭대표에게 서면으로 교섭을 요구하여야 한다.

③ 정부교섭대표는 제2항에 따라 노동조합으로부터 교섭을 요구받았을 때에는 교섭을 요구받은 사실을 공고하여 관련된 노동조합이 교섭에 참여할 수 있도록 하여야 한다.

④ 정부교섭대표는 제2항과 제3항에 따라 교섭을 요구하는 노동조합이 둘 이상인 경우에는 해당 노동조합에 교섭창구를 단일화하도록 요청할 수 있다. 이 경우 교섭창구가 단일화될 때까지 교섭을 거부할 수 있다.

⑤ 정부교섭대표는 제1항부터 제4항까지의 규정에 따라 관련된 노동조합과 단체협약을 체결한 경우 그 유효기간 중에는 그 단체협약의 체결에 참여하지 아니한 노동조합이 교섭을 요구하더라도 이를 거부할 수 있다.

⑥ 제1항부터 제5항까지의 규정에 따른 단체교섭의 절차 등에 관하여 필요한 사항은 대통령령으로 정한다[전문개정 2010.3.17.].

제10조(단체협약의 효력)

① 제9조에 따라 체결된 단체협약의 내용 중 법령·조례 또는 예산에 의하여 규정되는 내용과 법령 또는 조례에 의하여 위임을 받아 규정되는 내용은 단체협약으로서의 효력을 가지지 아니한다.

② 정부교섭대표는 제1항에 따라 단체협약으로서의 효력을 가지지 아니하는 내용에 대하여는 그 내용이 이행될 수 있도록 성실하게 노력하여야 한다[전문개정 2010.3.17.].

제11조(쟁의행위의 금지)

노동조합과 그 조합원은 파업, 태업 또는 그 밖에 업무의 정상적인 운영을 방해하는 일체의 행위를 하여서는 아니 된다[전문개정 2010.3.17.].

제12조(조정신청 등)

① 제8조에 따른 단체교섭이 결렬(決裂)된 경우에는 당사자 어느 한쪽 또는 양쪽은 중앙노동위원회에 조정(調停)을 신청할 수 있다.

② 중앙노동위원회는 제1항에 따라 당사자 어느 한쪽 또는 양쪽이 조정을 신청하면 지체 없이 조정을 시작하여야 한다. 이 경우 당사자 양쪽은 조정에 성실하게 임하여야 한다.

③ 중앙노동위원회는 조정안을 작성하여 관계 당사자에게 제시하고 수락을 권고하는 동시에 그 조정안에 이유를 붙여 공표할 수 있다. 이 경우 필요하면 신문 또는 방송에 보도 등 협조를 요청할 수 있다.

④ 조정은 제1항에 따른 조정신청을 받은 날부터 30일 이내에 마쳐야 한다. 다만, 당사자들이 합의한 경우에는 30일 이내의 범위에서 조정기간을 연장할 수 있다[전문개정 2010.3.17.].

제13조(중재의 개시 등)

중앙노동위원회는 다음 각 호의 어느 하나에 해당하는 경우에는 지체 없이 중재(仲裁)를 한다.

1. 제8조에 따른 단체교섭이 결렬되어 관계 당사자 양쪽이 함께 중재를 신청한 경우
2. 제12조에 따른 조정이 이루어지지 아니하여 제14조에 따른 공무원 노동관계 조정위원회 전원회의에서 중재 회부를 결정한 경우[전문개정 2010.3.17.].

제14조(공무원 노동관계 조정위원회의 구성)

① 제8조에 따른 단체교섭이 결렬된 경우 이를 조정·중재하기 위하여 중앙노동위원회에 공무원 노동관계 조정위원회(이하 "위원회"라 한다)를 둔다.

② 위원회는 공무원 노동관계의 조정·중재를 전담하는 7명 이내의 공익위원으로 구성한다.

③ 제2항에 따른 공익위원은 「노동위원회법」 제6조 및 같은 법 제8조에도 불구하고 공무원 문제 또는 노동 문제에 관한 지식과 경험을 갖춘 사람 또는 사회적 덕망이 있는 사람 중에서 중앙노동위원회 위원장의 추천과 고용노동부장관의 제청으로 대통령이 위촉한다. [개정 2010.6.4 제10339호(정부조

직법)] [[시행일 2010.7.5]]

④ 제3항에 따라 공익위원을 위촉하는 경우에는 「노동위원회법」 제6조제2항에도 불구하고 그 공익위원에 해당하는 정원이 따로 있는 것으로 본다[전문개정 2010.3.17.].

제15조(회의의 운영)

① 위원회에는 전원회의와 소위원회를 둔다.

② 전원회의는 제14조제2항에 따른 공익위원 전원으로 구성하며, 다음 각 호의 사항을 담당한다.

1. 전국에 걸친 노동쟁의의 조정사건
2. 중재 회부의 결정
3. 중재재정(仲裁裁定)

③ 소위원회는 위원회의 위원장이 중앙노동위원회 위원장과 협의하여 지명하는 3명으로 구성하며, 전원회의에서 담당하지 아니하는 조정사건을 담당한다[전문개정 2010.3.17.].

제16조(중재재정의 확정 등)

① 관계 당사자는 중앙노동위원회의 중재재정이 위법하거나 월권(越權)에 의한 것이라고 인정하는 경우에는 「행정소송법」 제20조에도 불구하고 중재재정서를 송달받은 날부터 15일 이내에 중앙노동위원회 위원장을 피고로 하여 행정소송을 제기할 수 있다.

② 제1항의 기간 이내에 행정소송을 제기하지 아니하면 그 중재재정은 확정된다.

③ 제2항에 따라 중재재정이 확정되면 관계 당사자는 이에 따라야 한다.

④ 중앙노동위원회의 중재재정은 제1항에 따른 행정소송의 제기에 의하여 그 효력이 정지되지 아니한다.

⑤ 제2항에 따라 확정된 중재재정의 내용은 제10조에 따른 단체협약과 같은 효력을 가진다.

⑥ 중앙노동위원회는 필요한 경우 확정된 중재재정의 내용을 국회, 지방의회, 지방자치단체의 장 등에게 통보할 수 있다[전문개정 2010.3.17.].

제17조(다른 법률과의 관계)

① 이 법의 규정은 공무원이 「공무원직장협의회의 설립 · 운영에 관한 법률」에 따라 직장협의회를 설립 · 운영하는 것을 방해하지 아니한다.

제18조(벌칙)

제11조를 위반하여 파업, 태업 또는 그 밖에 업무의 정상적인 운영을 방해하는 행위를 한 자는 5년 이하의 징역 또는 5천만원 이하의 벌금에 처한다[전문개정 2010.3.17.].

2. 공무원의 재산등록과 재산공개 의무

우리나라 공직자윤리법에 따라 일정 계급 이상의 공무원은 재산을 등록하고 공개하여야 할 의무를 진다. 주로 고위직 공무원이 이에 해당한다.

제1장 총칙[개정 2009.2.3]

제1조(목적)

이 법은 공직자 및 공직후보자의 재산등록, 등록재산 공개 및 재산형성과정 소명과 공직을 이용한 재산취득의 규제, 공직자의 선물신고 및 주식백지신탁, 퇴직공직자의 취업제한 및 행위제한 등을 규정함으로써 공직자의 부정한 재산 증식을 방지하고, 공무집행의 공정성을 확보하는 등 공익과 사익의 이해충돌을 방지하여 국민에 대한 봉사자로서 가져야 할 공직자의 윤리를 확립함을 목적으로 한다.

제2조(생활보장 등)

국가는 공직자가 공직에 헌신할 수 있도록 공직자의 생활을 보장하고, 공직윤리의 확립에 노력하여야 한다[전문개정 2009.2.3.].

제2조의2(이해충돌 방지 의무)

① 국가 또는 지방자치단체는 공직자가 수행하는 직무가 공직자의 재산상 이해와 관련되어 공정한 직무수행이 어려운 상황이 일어나지 아니하도록 노력하여야 한다.

② 공직자는 자신이 수행하는 직무가 자신의 재산상 이해와 관련되어 공정한

직무수행이 어려운 상황이 일어나지 아니하도록 직무수행의 적정성을 확보하여 공익을 우선으로 성실하게 직무를 수행하여야 한다.

③ 공직자는 공직을 이용하여 사적 이익을 추구하거나 개인이나 기관·단체에 부정한 특혜를 주어서는 아니 되며, 재직 중 취득한 정보를 부당하게 사적으로 이용하거나 타인으로 하여금 부당하게 사용하게 하여서는 아니 된다 [신설 2011.7.29] [[시행일 2011.10.30.]].

④ 퇴직공직자는 재직 중인 공직자의 공정한 직무수행을 해치는 상황이 일어나지 아니하도록 노력하여야 한다[신설 2011.7.29.].

제2장 재산등록 및 공개[개정 2009.2.3]

제3조(등록의무자)

① 다음 각 호의 어느 하나에 해당하는 공직자(이하 "등록의무자"라 한다)는 이 법에서 정하는 바에 따라 재산을 등록하여야 한다.

1. 대통령·국무총리·국무위원·국회의원 등 국가의 정무직공무원
2. 지방자치단체의 장, 지방의회의원 등 지방자치단체의 정무직공무원
3. 4급 이상의 일반직 국가공무원(고위공무원단에 속하는 일반직공무원을 포함한다) 및 지방공무원과 이에 상당하는 보수를 받는 별정직공무원(고위공무원단에 속하는 별정직공무원을 포함한다)
4. 대통령령으로 정하는 외무공무원과 4급 이상의 국가정보원 직원 및 대통령경호처 경호공무원
5. 법관 및 검사
6. 헌법재판소 헌법연구관
7. 대령 이상의 장교 및 이에 상당하는 군무원
8. 교육공무원 중 총장·부총장·대학원장·학장(대학교의 학장을 포함한다) 및 전문대학의 장과 대학에 준하는 각종 학교의 장, 특별시·광역시·특별자치시·도·특별자치도의 교육감 및 교육장
9. 총경(자치총경을 포함한다) 이상의 경찰공무원과 소방정 및 지방소방정 이상의 소방공무원
10. 제3호부터 제7호까지 및 제9호의 공무원으로 임명할 수 있는 직위 또는

이에 상당하는 직위에 임용된「국가공무원법」제26조의5 및「지방공무원법」제25조의5에 따른 임기제공무원

11.「공공기관의 운영에 관한 법률」에 따른 공기업(이하 "공기업" 이라 한다)의 장 · 부기관장 · 상임이사 및 상임감사, 한국은행의 총재 · 부총재 · 감사 및 금융통화위원회의 추천직 위원, "금융감독원의 원장 · 부원장 · 부원장보 및 감사, 농업협동조합중앙회 · 수산업협동조합중앙회의 회장 및 상임감사

12. 제3조의2에 따른 공직유관단체(이하 "공직유관단체"라 한다)의 임원

13. 그 밖에 국회규칙, 대법원규칙, 헌법재판소규칙, 중앙선거관리위원회규칙 및 대통령령으로 정하는 특정 분야의 공무원과 공직유관단체의 직원

제3조의2(공직유관단체)

① 제9조제2항제8호에 따른 정부 공직자윤리위원회는 정부 또는 지방자치단체의 재정지원 규모, 임원선임 방법 등을 고려하여 다음 각 호에 해당하는 기관 · 단체를 공직유관단체로 지정할 수 있다[개정 2014.12.30] [[시행일 2015.3.31.]].

1. 한국은행
2. 공기업
3. 정부의 출자 · 출연 · 보조를 받는 기관 · 단체(재출자 · 재출연을 포함한다), 그 밖에 정부 업무를 위탁받아 수행하거나 대행하는 기관 · 단체
4.「지방공기업법」에 따른 지방공사 · 지방공단 및 지방자치단체의 출자 · 출연 · 보조를 받는 기관 · 단체(재출자 · 재출연을 포함한다), 그 밖에 지방자치단체의 업무를 위탁받아 수행하거나 대행하는 기관 · 단체
5. 임원 선임 시 중앙행정기관의 장 또는 지방자치단체의 장의 승인 · 동의 · 추천 · 제청 등이 필요한 기관 · 단체나 중앙행정기관의 장 또는 지방자치단체의 장이 임원을 선임 · 임명 · 위촉하는 기관 · 단체

② 제1항에 따른 공직유관단체의 지정기준 및 절차, 그 밖에 필요한 사항은 대통령령으로 정한다.

제4조(등록대상재산)

① 등록의무자가 등록할 재산은 다음 각 호의 어느 하나에 해당하는 사람의

재산(소유 명의와 관계없이 사실상 소유하는 재산, 비영리법인에 출연한 재산과 외국에 있는 재산을 포함한다. 이하 같다)으로 한다. [개정 2011.7.29] [[시행일 2011.10.30]]

1. 본인
2. 배우자(사실상의 혼인관계에 있는 사람을 포함한다. 이하 같다)
3. 본인의 직계존속·직계비속. 다만, 혼인한 직계비속인 여성과 외증조부모, 외조부모, 외손자녀 및 외증손자녀는 제외한다.

② 등록의무자가 등록할 재산은 다음 각 호와 같다.

1. 부동산에 관한 소유권·지상권 및 전세권
2. 광업권·어업권, 그 밖에 부동산에 관한 규정이 준용되는 권리
3. 다음 각 목의 동산·증권·채권·채무 및 지식재산권(知識財産權)
   가. 소유자별 합계액 1천만원 이상의 현금(수표를 포함한다)
   나. 소유자별 합계액 1천만원 이상의 예금
   다. 소유자별 합계액 1천만원 이상의 주식·국채·공채·회사채 등 증권
   라. 소유자별 합계액 1천만원 이상의 채권
   마. 소유자별 합계액 1천만원 이상의 채무
   바. 소유자별 합계액 500만원 이상의 금 및 백금(금제품 및 백금제품을 포함한다)
   사. 품목당 500만원 이상의 보석류
   아. 품목당 500만원 이상의 골동품 및 예술품
   자. 권당 500만원 이상의 회원권
   차. 소유자별 연간 1천만원 이상의 소득이 있는 지식재산권
   카. 자동차·건설기계·선박 및 항공기
4. 합명회사·합자회사 및 유한회사의 출자지분
5. 주식매수선택권 등이다.

3. 공무원의 책임

공무원은 직무를 수행하면서 이탈행위를 한 경우 징계책임을 지게 된다. 공무원의 징계에는 파면, 해임, 강등, 정직, 감봉, 견책이 있다.

1) 파면

파면은 공무원을 강제로 퇴직시키는 것이다. 5년 동안 다시 공무원에 응시할 수 없다. 공무원 연금법 시행령 제55조에 따라 퇴직급여의 2분의 1(5년 미만 재직자는 4분의 1)과 퇴직수당의 2분의 1이 감액된다. 본인이 부담한 연금액 50%만 받고 국가가 납부해 준 연금 50%는 취소된다.

2) 해임

해임도 공무원을 강제로 퇴직시키는 징계인데, 3년간 공직에 들어올 수 없다. 퇴직급여는 모두 받을 수 있지만 직장을 떠나야 한다. 하지만 금품과 향응 수수 및 공금의 횡령이나 유용의 경우로 해임되면 퇴직금의 4분의 1(5년 미만 재직자는 8분의 1) 그리고 퇴직수당의 4분의 1이 감액된다.

3) 강등

1계급이 한 개 아래로 내려가는 것인데 신분은 보유한다. 그러나 3개월간 직무에 종사하지 못한다. 이 기간 동안 보수의 3분의 2를 감한다. 승진 소요 최저연수에서도 제외된다. 향응이나 성희롱 등인 경우는 승진과 승급도 제한된다.

4) 정직

1개월 이상 3개월 이하 기간동안 정직이 가능한데 공무원의 신분은 보유하지만 직무에 종사는 금지된다. 보수의 3분의 2도 감해진다. 승진과 승급도 제한된다. 이 기간은 승진 소요연수에서도 제외된다.

5) 감봉

공무원이 감봉 징계를 받으면 1개월부터 3개월 이하 기간 동안 공무원 신분은 유지하나 보수의 3분의 1을 감한다. 승진과 승급이 제외되고 승진소요 최저연수에서도 제외된다.

6) 견책

공무원의 잘못에 대해 훈계, 회계하도록 하는 것으로 공식징계 절차에 따르고 인사기록 카드에 남는다. 6개월 동안 승진과 승급에서 제한되며 승진 최저연수에서도 제외된다.

〈표 5-12〉 우리나라 공무원의 징계 종류

<table>
<tr><th>구분</th><th>일반직, 경찰, 소방, 교원 등</th><th>군인(장교, 준사관, 부사관)</th><th>법관</th><th>검사</th><th colspan="2">분류</th></tr>
<tr><td>파면</td><td>0</td><td>0</td><td>x</td><td>x</td><td rowspan="3">배제징계</td><td rowspan="5">무거운 중징계</td></tr>
<tr><td rowspan="2">해임</td><td rowspan="2">0</td><td rowspan="2">0</td><td rowspan="2">x</td><td>해임</td></tr>
<tr><td>면직</td></tr>
<tr><td>강등</td><td>0</td><td>0</td><td>x</td><td>x</td><td rowspan="6">교정징계</td></tr>
<tr><td>정직</td><td>0
(1-3개월)</td><td>0
(1-3개월)</td><td>0
(1개월-1년)</td><td>0
(1-6개월)</td></tr>
<tr><td rowspan="2">감봉</td><td rowspan="2">0
(감봉
1-3개월)</td><td rowspan="2">0
(1-3개월)</td><td rowspan="2">0
(1개월-1년)</td><td>0
(1개월-1년)</td><td rowspan="4">가벼운 경징계</td></tr>
<tr><td rowspan="3">0</td></tr>
<tr><td rowspan="2">견책</td><td rowspan="2">0</td><td>근신(10일 이내)</td><td rowspan="2">0</td></tr>
<tr><td>0</td></tr>
</table>

출처: 하상군,『인사행정론』(서울: 대영문화사, 2015), p. 232.

연습문제

01. 인사행정이 발달된 과정을 설명하시오.

02. 실적주의가 생겨난 배경과 함께 장점과 단점을 설명하시오.

03. 엽관주의의 내용과 그것이 실적주의에 어떤 영향을 주었는지에 대해 설명하시오.

04. 직업공무원제에 대해 설명하시오.

05. 계급제와 직위분류제에 대해 설명하시오.

06. 소극적 모집과 적극적 모집에 대해 설명하시오.

07. 공무원의 교육훈련 방법과 유형을 설명하시오.

08. 공무원의 근무성적평정에 대해 설명하시오.

09. 개방형 공무원 임용제에 대해 설명하시오.

10. 공위공무원단제도에 대해 설명하시오.

11. 공무원 연금제도에 대해 설명하시오.

Chap. 6

재무행정론

제6장 재무행정론

제1절 재무행정과 예산

재무행정이란 공공의 이익을 위해 정부의 국정수행에 없어서는 안되는 재원을 세금을 통해 재원을 마련하고 다시 재배분하는 일련의 과정을 의미한다. 오늘날에는 추가로 정부의 재무행정 과정에서도 역시 사기업처럼 정부재원을 효율적으로 최대한 관리해야 한다는 주장들이 나타나고 있다. 이러한 주장들의 핵심 내용은 회계의 도입은 물론 공채의 효율적 관리 등이 대표적이다. 따라서 재무행정은 정부나 공공조직이 공공의 이익을 추구하기 위해 재원을 마련한 후 그 재원을 다시 재배분하며 동시에 재원을 잘 관리하는 것이라고 정리된다. 그러므로 재무행정은 재원의 준비, 배분 및 관리를 포함하는 위 3가지 차원에서 접근해야 한다.

1. 재무행정의 개념과 범위

1) 재무행정의 개념

재무행정은 국가나 지방정부 및 기타의 행정주체들이 자신들의 고유 임무를 수행하는데 있어서 기본적으로 필요한 재원(財源)을 조달, 관리, 배분 및 사용하는 일련의 행위를 말한다. 다시 말해 재무행정이란 국가인 중앙정부나 지방자치단체인 지방정부, 그 밖의 공공기관들이 자신들의 행정활동이나 공공정책을 수행하는데 반드시 필요한 재원을 경제적 및 합리적으로 조달하고 배분하는 것 그리고 이것을 최대한 효율적으로 관리하고 사용하는 모든 과정이라고 할 수 있다.[1)]

1) 신승춘 · 하재룡 · 최미옥 · 신현기신윤창 · 장덕희 · 김병준, 『현대행정의 이해』(서울: 대영문화사,

이러한 이유 때문에 오늘날 우리 사회에서 재무행정은 이전처럼 세출예산과 재원의 배분이라는 관리적인 영역만을 취급하는 것이 아니다. 즉 공공기관 등이 필요로 하는 각종 재원을 취득, 배분 및 사용하는 활동은 물론이고 나아가서 회계, 결산, 감사 분야 까지 전반적으로 포함하는 것으로 이해해야 한다. 이 때문에 재무행정은 행정조직이 목표를 달성하기 위해 필요한 조직관리 및 인력관리와 함께 행정의 3대 핵심 요소가 된다고 볼 수 있다.

2) 재무행정의 범위

우리가 재무행정이 품을 수 있는 범위가 어디까지일 것인가를 예측하는 문제는 사실상 그렇게 간단명료한 것이 아니다. 그러한 근본적인 이유는 오늘날 우리 사회가 급속하게 발전하고 있고 지속적으로 복잡한 세계로 빠져들고 있기 때문이며 더욱이 행정의 범위도 점차적으로 확대일로에 있다는 점에 기인한다. 오늘날 우리의 행정영역과 기능이 확대되는 동시에 강화되고 있다는 것은 곧바로 재무행정의 영역과 범위가 확대되고 있다는 것을 잘 보여주는 것이다.

이전에는 재무행정을 사실 단순하게 관리기술로만 파악하였기 때문에 재무행정의 영역을 간단하게 예산의 편성, 심의, 집행, 회계의 기록, 회계의 검사 등 크게 네 가지 영역 정도로 이해하는데 그쳤다. 하지만 오늘날에 와서는 재정을 간단하게 관리기술 차원만으로 보아서는 안되며 정책이 품고 있는 일련의 문제들까지 모두 포함시킬 필요가 있다는 주장들도 제기되고 있다. 이러한 주장의 대표적인 학자는 미국의 행정학자인 디목이다.[2] 디목은 재무행정을 재원을 관리하는 기술적 측면뿐 아니라, 정책도 보다 구체적으로 실현해야 한다는 내용까지도관련시킨 대표학자이다. 즉 디목은 그의 저서 공공행정(Public Administration)을 통해 재무행정의 대상영역을 세입의 재원, 세입예산의 균형, 자금배분, 재정정책결정, 예산과정, 지출통제, 회계정책과 방법, 원가계산과 사업계획의 평가, 예산통제, 회계검사, 구매 및 조달, 국고보조금, 예산과 경제성장 및 안정 등 13개를 제시하기

2015), p.247; 신현기 · 박억종 · 노진덕 · 이상열, 『새행정학개론』(파주: 21세기사, 2008), p.238; 신현기 · 김택 · 박억종 · 성조환 · 최미옥 · 한형서 · 황명선, 『행정학개론』(서울: 웅보출판사, 2004), p.264.

2) M. E. Dimock, Marshall E., "The Administrative Stall College: Executive Development in Government and Industry," American Political Science Review 50-1, 1969, pp.166-176.

도 했다. 이러한 배경에서 볼 때 오늘날 재무행정은 공공재원의 취득인 조세, 공채(公債), 차관, 수수료, 국유재산 수입, 예산의 편성, 집행, 회계의 기록검사, 구매 및 조달 등의 영역에 걸쳐 있으며 동시에 그것에 대한 관리적 측면과 정책적 측면을 함께 포괄하는 광범위한 의미로 이해되고 있는 실정이다(신승춘 외 8인, 2015: 248).

2. 예산

1) 예산의 개념

예산(豫算/budget)이라는 단어는 예산을 사용하는 주체 혹은 예산을 바라보는 차원에 따라서 다양하게 정의할 수 있다.[3] 하지만 본 영역에서는 재무행정에서 말하는 정부의 예산에 대해서만 언급하기로 한다. 일반적으로 한 국가의 정부 예산이란 1년 동안의 국가 수입과 지출에 관한 예정적 계산(豫定的計算)이라 불리어진다. 이러한 배경을 중심으로 예산의 주요한 특징을 분석해보면 다음과 같다. 첫째, 예산은 말그대로 전년도에 미리 예상되는 수입과 지출의 예정적계산(豫定的計算)이라는 차원에서 볼 때, 사후에 수입 및 지출을 총괄 집계한 결산이라는 단어와 정확하게 구별되는 것이다. 둘째, 한 국가의 수입과 지출을 계산하는 것이라는 점에서 이는 민간의 일반기업이나 가계에서 말하는 예산과는 사뭇 다른 것이다. 셋째, 예산은 일정기간을 한정한다. 즉 예산의 경우 일정기간이 의미하는 것은 1회계 연도를 의미하는 것이다. 1년이라고 하는 1회계 연도 기간 내에서 발생되는 수입을 세입이라고 한다. 그리고 지출을 세출이라 부른다. 예산이란 정부가 1년간 나라의 살림살이에서 필요한 모든 경비를 사전에 화폐로 표현하여 나타낸 것이라 볼 수 있다.

넷째, 정부예산은 정부가 자기 마음대로 혼자 결정하는 것이 사실상 불가능하

---

3) 예산(budget)의 어원은 돈주머니라는 뜻인데, 이는 원래 고대 프랑스 말의 budgette(가죽으로 만든 여행가방)이라는 단어에서 유래되었다고 한다. 영국에서는 과거부터 재무장관이 의회에서 재정에 관한 설명을 할 때에 서류를 넣어 가지고 가는 가방을 budget이라 하였다. 그리고 재무 관련서류를 넣은 "가방을 열다"는 말인 opening the budget는 재정연설을 의미한다. 이런 말이 변천하여 budget는 가방 속에 들어 있는 서류, 즉 오늘날의 예산을 뜻하는 말이 되었다고 한다.

다. 그 이유는 예산이라 함은 바로 국민의 납세 창구를 통해 만들어진다. 즉 국민의 납세의무를 통해 마련되는 만큼 반드시 국민의 대표기관인 국회(입법부)의 예산확정 승인이라는 절차를 통해서 마련된다.[4] 예산은 뒤집어서 보면 1년간 국민을 위해 정부가 사용할 연간 예산, 즉 행정부의 연간 사업계획(예산)을 화폐로 보여주는 것을 의미한다.

2) 예산의 기능

예산의 기능은 역시 매우 다양하다. 예산은 통상적으로 다음과 같은 기능을 수행하고 있다.

(1) 재정통제기능으로서 법적기능

근대의 예산제도는 행정부에 대한 민주통제 수단으로 발전해 왔다. 왕이 가지고 있던 독단적인 과세제도는 대의정치 발달로 인해 견제되고 재정권이 입법부(국회)에 소속되었다.[5] 이 결과 국회는 세입에 대한 통제를 세출에 대한 통제보다 먼저 가지게 되었다.

한편 예산은 그 지출의 목적, 금액, 시기 등이 행정부를 구속하는 법적 기능을 가지고 있다. 예산이란 국민의 대표기관인 국회에서 심의되고 의결된 것이기 때문에 이것이 비록 법률은 아니라할지라도 당연히 법규범적 성격을 지니고 있는 것이다. 결국 예산이란 국회에서 확정될 당시의 예산과목과 통과해준 금액을 일정한 기간(1회계 연도) 안에 모두 지출해야 하는 일종의 법적 구속성을 지니게 된다.

(2) 정치적 기능

원래 예산은 고도의 정치적 성격을 지니고 있다. 정치과정을 통해 예산의 가치를 배분하고 납세자인 국민의 이해관계를 조정하는 기능을 유지하고 있다. 윌다

---

4) 신현기 · 김택 · 박억종 · 성조환 · 최미옥 · 한형서 · 황명선, 『행정학개론』(서울: 웅보출판사, 2004), p.264.

5) 이동진 · 한인규, 『행정학개론』(서울: 대영문화사, 2014), p.488.

브스키(A. Wildavsky)는 예산을 갈등과 타협의 산물로 보았다.[6]

예산은 여러 정치단체들의 주장과 이익을 조절하고 통합하는 역할을 한다. 정부뿐 아니라 정당, 이익단체, 선거민을 비롯해 여러 정치세력들이 국회(의회)를 통해 상호간 자기들의 권리와 이익을 더 많이 확보하기 위한 투쟁을 하는 과정에서 결국 타협과 조정을 이끌어 낸다. 이러한 타협의 최종 산물로 나온 것이 바로 예산이다. 이를 다른 표현으로 말하면, 즉 예산은 국회(의회)에서 복수의 정치세력들 상호 간에 각기 이익 다툼을 벌린 후 결국 타협과 조정을 통해 일구어낸 정치적 결과물이다. 이 예산은 곧 정치적 조절과 통합을 의미한다.

(3) 경제적 기능

예산은 돈이라고 하는 자원이 그 핵심 요소를 이루므로 사실 예산의 기능 중에서 가장 중요한 것이 경제적 기능이라고 볼 수 있다. 예산의 경제적 기능은 경제안정 기능, 경제성장촉진 기능, 소득재분배 기능, 자원배분 기능 등으로 정리할 수 있다.[7]

① 경제안정 기능

일반적으로 예산은 우리 국민경제의 균형을 잘 유지하도록 해주는 경제안정기능의 역할을 수행해 준다. 예를 들어 경기가 침체되면서 실업자가 늘어나는 경우와 같은 불황의 조짐이 보여지는 경우 예산은 즉각적으로 그 지출 규모를 확대시키는 반면, 거꾸로 소비가 상승하고 경기가 과열되어 물가가 인상되는 때 예산은 그 지출을 억제시키면서 곧바로 국가와 사회의 경제안정에 기여하도록 한다.

② 경제성장촉진기능

한 국가의 예산은 국민경제의 구조적 개선뿐 아니라 경제성장도 동시에 촉진시키는 아주 중요한 핵심적 역할을 수행한다. 예를 들어 장기간에 걸쳐 대규모로 많은 액수의 자금을 필요로 하는 민간사업이나 사회간접자본 등에 국민이 낸 정

6) H. Smith, A., Wildavsky, A., Budgeting. Boston: Little Brown, 1975.

7) R. A. Musgrave, P. B. Musgrave, J. M. Keynes,

부예산이 직접적인 방식을 통해 투자되거나 융자되어 경제성장을 지속적으로 촉진시키기도 한다.

③ 소득재분배 기능

국민으로부터 거두어들인 예산은 국민의 소득과 부의 균등 재분배의 기능을 수행한다. 미국이나 한국과 같은 전형적인 자본주의 사회에서는 복수의 원인에 의해 국민 소득의 재분배가 균등하게 이루어지지 않는 경우도 많다. 이처럼 소득분배의 불균등을 바로 잡는 기능을 예산이 한 몫 한다. 예를 들어 세입면에서 누진소득세, 특별소비세 부과와 같은 조세정책을 통해 고소득층과 저소득층 간의 격차를 감소시키거나, 세출면에서 저소득층에 대한 사회보장 기금의 대폭 지출 등은 소득 재분배에 크게 기여하는 것이다.[8)]

④ 자원배분 기능

예산은 무한한 여러 수요에 유한한 자원을 적절히 배분하는 기능을 한다. 예컨대 세입면에서 사치품에 대해서는 높은 세율을, 생활필수품에 대해서는 낮은 세율을 부과한다던가, 세출면에서 보다 주요한 산업을 지원하기 위해 다른 부문에 쓸 자원을 돌려씀으로써 자원을 보다 효율적이고 합리적으로 배분하는 일이 그것이다. 예산은 투자수익분석의 결과에 따라 국가의 자원을 배분하는 우선순위를 정하게 된다.[9)]

(4) 재정통제 기능

예산은 국민이 자신들의 대표기관인 국회를 통해 자신의 정부기관을 간접적으로 통제하는 수단이다. 다시 말해 예산이란 국민이 자신들의 대표기관인 국회를 통해 정부에 대해 재정적 활동을 허용해 주는 형식이기 때문에 이것을 수단으로 하여 정부가 마음대로 행할지도 모르는 자의적 행정을 곧바로 견제할 수 있다.[10)]

---

8) 이동진 · 한인규, 『행정학개론』(서울: 대영문화사, 2014), p.489.
9) 이동진 · 한인규, 『행정학개론』(서울: 대영문화사, 2014), p.489.
10) 신승춘 외 8인, 『현대행정의 이해』(서울: 대영문화사, 2015), p.251.

(5) 관리적 기능

예산은 기획재정부, 즉 중앙예산기관이 각 행정부처의 예산을 사정하고 조정하며 지도 및 관리하고 있기 때문에 흔히 관리적 기능을 수행한다고 인식한다. 즉, 기획재정부는 각 부처의 예산요구서를 통해 나타나 있는 사업계획과 그 요청한 예산 자금이 어느 정도 타당성한 것인지 그리고 그 중요성은 어느 정도인가에 대해 심층적으로 검토하는 사정작업을 한다. 기획재정부는 사정 절차를 통해 각 부처의 사업계획을 승인한다. 그러나 때로는 거부하거나 예산액을 삭감하는 경우도 있다. 또한 예산이 성립되고 배분한 다음에도 각 부처의 예산 집행에 대해 관리상의 지도 및 통제도 행한다.

3. 예산의 원칙

1) 예산원칙의 개념

예산(豫算)은 대부분 국민의 세금으로 이루어진다. 이러한 이유 때문에 그 예산편성과 예산지출은 아주 엄격한 준거기준을 정해 놓고 이를 지켜야 할 것을 요구한다. 여기서 준거기준은 바로 예산의 원칙을 의미한다. 예산의 원칙은 예산의 편성과 집행에 있어서 지켜야 할 사전에 정해져 있는 준칙을 말한다.

입법국가 시대에 국민의 대표기관인 입법부(국회)는 행정부(정부)에 대해 하나의 통제수단으로써 예산의 원칙을 사용해 왔다. 하지만 시대가 흐르면서 입법부 시대에서 행정국가 시대로 점차 변천하게 됨에 따라 이전의 통제위주의 전통적 예산원칙은 마침내 많은 문제점들을 보여주었다. 한마디로 예산의 원칙은 행정국가 시대에 와서 시대에 걸맞지 않는 준칙이 되어버렸다. 이에 대한 대안으로 제시된 것이 바로 관리주의 예산원칙인데, 이는 예산집행에 있어서 효율성에 비중을 둔 것이다. 이 관리주의 예산원칙은 전통적 예산원칙과 굳이 구별하자는 의미에서 현대적 예산원칙이라고 부르기도 한다.[11]

---

11) 19세기 입법국가시대에 전통적 예산원칙은 행정통제의 수단 중 하나로 사용되었기 때문에 이를 입법부우위론적 예산원칙이라도 불렀다. 또한 현대적 예산원칙은 20세기 행정국가 시대에 행정부로 하여금 예산의 효율적 관리와 적극적 행정을 수행할 수 있도록 고안된 것이다. 그러

현대적 예산원칙의 종류들을 보면 계획의 원칙, 책임의 원칙, 보고의 원칙, 예산의 적절한 수단구비의 원칙, 다원적 절차의 원칙, 재량의 원칙, 시기 신축성의 원칙, 예산기구 상호성의 원칙 등이 대표적이다. 그럼에도 불구하고 전통적 예산원칙은 오늘날에도 여전히 사용되는 가치를 유지한다. 최소한 민주주의 국가에서 입법부에 의한 행정통제는 여전히 중요한 일이다. 그리고 전통적 예산원칙은 오늘날 여전히 국민을 위해 많은 기여를 하고 있다. 이렇게 볼 때, 바람직한 예산의 원칙은 전통적 원칙과 현대적 원칙, 즉 위 양자를 상호 보완 및 조화를 이루도록 해주는 것이다.

우리나라 예산회계법의 경우도 위와 같은 취지를 잘 살려내서 전통적 예산원칙을 중심으로 하되 예외규정을 두고 현대적 예산원칙의 장점을 적극 수용하고 있다. 우리나라의 예산원칙은 다음과 같다.

2) 예산의 원칙

예산의 원칙에서 가장 대표적인 것은 노이마르크(F. Neumark) 예산원칙이다. 이는 입법부 우위의 전통적 예산원칙(노이마르크 원칙)을 말하는데 입법부가 행정부의 위법, 부당한 지출방지 등 예산낭비를 방지해 국민의 조세부담을 경감하자는 예산원칙이다. 이는 세이(L. Say), 선델슨(J. W. Sundelson), 노이마르크(F. Neumark) 등이 주창한 것이다. 이들은 다음과 같은 예산원칙을 내놓았다.[12)]

(1) 예산공개(publicity)의 원칙

정부의 예산은 국민의 대표기관인 국회를 통해 확정된다. 예산이란 그 편성부터 1년 후 이루어지는 회계감사에 이르기까지 모든 국민에게 낱낱이 공개되어야 한다는 원칙이 바로 예산공개의 원칙이다(국가재정법 제9조). 이 예산공개의 원칙은 국회가 통과시켜 준 후 정부가 그 1년 예산을 집행하는데 있어서 조금이라도 낭비시키거나 부정적인 문제가 발생하지 않도록 하자는데 그 근본 목적이 있

므로 이것을 행정국가론적 예산원칙이라고도 불렀다. 하지만 스미스(Harold D. Smith)가 이 현대적 예산원칙을 제시하였기 때문에 스미스의 예산원칙이라고도 불린다.

12) 이동진 · 한인규, 『행정학개론』(서울: 대영문화사, 2014), p.509.

다. 그래서 정부가 예산을 정확하게 공개하고 그 공개가 모든 국민들로 하여금 정부의 예산과 재정활동에 대해 세세하게 알 수 있도록 하며 혹시나 잘못된 부분에 대해서는 시정을 요구할 수 있도록 하는 데 그 근본 목적이 있다. 그러나 예산이 모두가 공개되어야만 하는 것은 아니다. 예를 들어 국가기밀과 관련된 예산, 즉 국방비와 정보비 등은 공개의 원칙에서 언제나 예외가 가능하다.

(2) 회계 연도 독립의 원칙

일반적으로 모든 국가의 정부예산은 1회계 연도를 단위로 이루어지고 있으며 그 핵심내용은 세입과 세출이다. 그러므로 각 회계연도의 경비는 그 해당 연도에 마련된 세입을 통해 지출해야 하는 원칙을 말한다(예산회계법 제3조). 이것은 각 회계 연도는 각각 따로 취급하는 것임은 물론 한 회계연도 내의 세입(수입)은 원칙적으로 그 해당 연도내에 전부다 사용해야 한다는 것을 의미한다. 한국의 국가재정법 제2조는 매 회계연도를 1월 1일부터 12월 31일로 정하고 있다.

사실 예산은 1년이라고 하는 한 회계 연도에 한해서 법규범적 효력을 가진다. 따라서 그 시효를 넘어가는 미사용액이 생겨도 이 남은 예산을 다음해로 이월해 그대로 사용하지 못한다. 즉 만일 남은 예산이 다음 회계연도의 세입으로 넘겨진다고 할지라도 다시 새롭게 입법부(국회)의 의결을 거쳐 통과되지 못한다면 다음해 연도 예산에서도 물론 사용할 수 없는게 원칙이다(국가재정법 제3조).

(3) 예산통일성(non-affection)의 원칙

정부 예산은 원래 세입이나 세출이나 오직 하나로 통일된 계정을 통해 통일적으로 관리되어야 한다는 원칙을 유지해야만 한다. 예를 들어 특정한 세입(예, 자동차세 수입)이 특정한 세출(예, 도로건설비)과 관련된다 할지라도 법에 따라 국고의 계정을 거치지 않은 상태로 직접 충당시킬 경우 킨다면 총체적인 국가재정계획을 수립하기가 매우 어려울 것이다. 다시말해 이런 경우 각각의 정부사업 간에 균형을 갖춘 정상적 지출행위는 불가능하게 된다. 이 때문에 남은 자투리 예산도 전부다 국고의 한 계정에 다시 집어넣은 후 또다시 지출해야만 한다는 이른바 예산통일의 원칙이 생겨났다.[13)]

하지만 이러한 원칙에는 특별회계예산(국가재정법 제4조 제3항)과 목적세는 예외로 하고 있다. 목적세는 방위세와 교육세가 대표적인데 이는 특정의 수입으로 특정의 목적에만 지출하는 조세를 의미한다.

(4) 예산단일성(unity)의 원칙

예산단일성이란 한마디로 국가의 예산을 편성하는데 있어서 여러개로 편성하면 안된다는 입장이다. 즉 국가예산을 한개로 묶어서 단일화할 필요가 있다는 원칙을 말한다. 예를 들어 국가예산을 여러개의 형태로 편성하게 되면 예산총계를 정확하게 파악하는 일은 매우 어렵다는 것이다. 특히 국민의 대표기관인 국회에 의해 예산통제가 매우 곤란하고 어렵게 된다는 점이 지적된다. 하지만 우리나라는 이 예산단일성 원칙에 대한 예외로 특별회계예산과 추가경정예산을 용인하고 있음이 특징이다(헌법 제56조).[14]

우리나라가 이처럼 예외를 용인하는 이유는 전통적 원칙이라고 할 수 있는 예산단일의 원칙만을 활용할 경우 예산을 운영하는데 있어서 그 효율성을 높일 수 없다는 것이다. 그리고 현대적 예산원칙이라고 할 수 있는 다원적 절차의 원칙을 가미해 부족한 부분을 어느정도 보완하고자 하는데 또 하나의 이유가 있다.

(5) 예산완전성(comprehensiveness)의 원칙

국가재정법 제17조에 따라 한 회계 연도의 전체 국가수입 및 지출은 예산 속에 모두 완전하게 계상되도록 해야 한다는 원칙을 말한다. 이는 조세수입을 모두 계상할 때 징세비를 공제한 후 오직 순수입만을 세입으로 잡는 순계예산이어서는 안된다. 즉 모든 수입은 세입으로 그리고 모든 지출은 세출로 잡아서 예산에 계상하는 이른바 총계예산이어야 한다는 것을 의미한다. 그러므로 이러한 예산완전성의 원칙은 총계예산주의 원칙이라고도 불린다. 왜 이러한 원칙이 요구되는 것일까? 그 이유는 전체 예산을 투명하게 하는 동시에 나아가서 국민과 국회도 역시 정부예산에 대해 쉽게 감독할 수 있기 때문이다.[15]

---

13) 신현기 · 김택 · 박억종 · 성조환 · 최미옥 · 한형서 · 황명선, 『행정학개론』(서울: 웅보출판사, 2004), p.270.

14) 신승춘 외 8인, 『현대행정의 이해』(서울: 대영문화사, 2015), p.254.

(6) 예산사전의결(prior authorization)의 원칙

국가 예산은 우선 국회에서 의결된 이후에 집행되어야 한다는 원칙이다. 즉 회계연도가 시작되기 전에 미리 국회에서 정부예산이 의결되어야 한다는 원칙을 말한다(헌법 제54조 ②항). 대부분의 민주국가에서는 이러한 예산사전의결원칙이 헌법에 분명하게 규정되어 있다. 이러한 이유는 정부 예산이 법규범에 토대를 두고 효력을 지니게 하기 위해서는 정부가 예산을 집행하기 이전에 국회에서 필히 의결이라고 하는 일련의 절차를 거쳐야만 하기 때문이다.

그럼에도 불구하고 이 예산사전의결원칙에 대해 적지 않은 국가들이 예외규정을 두고 있다. 한국 역시 예외는 아니어서 국가예산이 매년 12월 31일이라고 하는 법정기일 내에 의결되지 못한 경우 특정기간 동안은 전년도 예산에 준해 예산을 집행할 수 있는 이른바 준예산(헌법 제54조 ③항)과 대통령의 재정상 긴급조치(헌법 제76조 ①항)를 통해 국가예산을 사용하는데 이는 국가의 연속성을 유지해야 하기 때문이다. 국가예산 활동이 한시도 멈출 수는 없기 때문이다.[16)]

(7) 예산한정성(limitation)의 원칙

예산한정성의 원칙은 국가재정법 제45조에 따라 예산안에 정해진 목적을 위해 정해진 금액을 정해진 기간 내에서만 사용해야 하는 원칙을 말한다. 그럼에도 불구하고 이 예산한정성의 원칙에는 적지 않은 예외도 인정되고 있다. 우리나라의 경우를 보면 예산의 목적외 사용금지에서 분명 예외도 있다. 그 좋은 예가 바로 예산의 이용(移用)과 전용(轉用)이다. 또한 초과지출금지에 대한 예외로 예비비 제도가 있다. 그리고 회계연도 경과금지에 대한 예외로서 예산의 이월(移越)과 계속비도 있다.[17)]

우리나라의 경우 위와 같이 여러개의 예외를 인정하고 있는데, 그 이유는 전통적 원칙만 너무 강조할 경우 행정의 경직성도 예방할 수 있다. 또한 현대적 예산원칙이 강조하고 있는 행정부 재량의 원칙과 시기신축성의 원칙을 적절히 보완하고자 하는 이유도 있다.

---

15) 신현기 · 김택 · 박억종 · 성조환 · 최미옥 · 한형서 · 황명선, 『행정학개론』(서울: 웅보출판사, 2004), p.270.

16) 신승춘 외 8인, 『현대행정의 이해』(서울: 대영문화사, 2015), p.254; 이동진 · 한인규, 『행정학개론』(서울: 대영문화사, 2014), p.510.

17) 신승춘 외 8인, 『현대행정의 이해』(서울: 대영문화사, 2015), p.255.

◉ 현대적 예산원칙

스미스(H. D. Smith)는 미국의 행정학자 겸 행정실무자(예산국장)로서 제시한 행정국가론적 예산원칙을 제시하였다. 즉 이를 현대적 예산원칙이라고 한다.

(1) 행정부 계획의 원칙(Executive programming) : 예산은 행정부의 사업계획을 반영하는 것이어야 한다는 원칙이다. 즉, 예산은 행정수반의 정책의지를 나타낸 것이므로 예산편성과 사업계획은 행정수반의 직접적인 감독 아래 이루어져야 한다는 뜻이다.

(2) 행정부 책임의 원칙(Executive responsibility) : 정부는 예산을 경제적으로 운영해야 한다는 원칙이다. 즉, 세출예산은 행정부에게 자금지출의 권한을 부여한 것에 불과하므로 행정부는 가장 경제적인 방법으로 예산금액을 지출할 책임이 있다는 것이다.

(3) 보고의 원칙(reporting) : 예산은 그 편성 · 집행 · 결산에 이르기까지 정부의 각 기관으로부터 그때그때 올라오는 재무보고 및 업무보고를 바탕으로 하여야 한다는 원칙이다. 이 원칙은 맹목적이거나 자의적인 예산관리를 배격하고자 하는 데 그 목적이 있다.

(4) 적절한 수단구비의 원칙(adequate tools) : 행정부는 예산집행의 책임을 다하기 위해 필요한 권한을 어느정도 가져야 한다는 원칙이다. 즉, 예산의 월별 또는 분기별 배정, 예비비 설정 등의 적절한 권한과 수단이 마련되어야 한다는 것이다.

(5) 다원적 절차의 원칙(multiple procedures) : 예산은 그 효율적 운영을 위하여 사업별로 예산절차를 달리해야 한다는 원칙이다. 오늘날 정부의 재정활동이나 사업계획은 매우 다양하므로 행정의 특성과 종류에 따라 예산절차도 달리해야 한다는 것이다.

(6) 행정부 재량의 원칙(Executive discretion) : 의회는 예산안을 세목별로 의결할 것이 아니라 총괄예산으로 통과시켜 그 집행은 행정부의 재량에 맡겨야 한다는 원칙이다. 의회가 예산을 너무 세밀하게 나누어 의결하면 행정부가 효율적이고 경제적인 운영을 할 수가 없기 때문이다.

(7) 시기신축성의 원칙 : 의회에서 통과된 예산에 대한 집행의 시기는 행정부에 맡겨야 한다는 원칙이다. 예산을 언제 집행할 것인가에 대하여는 행정부의 사업계획의 일정이라든가 경제적 상황변화 등에 적절히 대처하여 집행해야 하므로 행정부로 하여금 신축성있게 조절할 수 있도록 하여야 한다는 것이다.

(8) 상호교류적 예산기구의 원칙 : 각 예산기관 간에는 기능적인 상호관계가 활성화되어야 한다는 원칙이다. 예산의 편성과 집행에 있어서 예산의 효율적인 운영을 위해 중앙예산기관이 각 행정기관의 예산담당자에게 일방적으로 지시통제만 할 것이 아니라 정보의 상호교류 및 협조가 이루어져야 한다는 것이다.[18]

18) 신승춘 외 8인, 『현대행정의 이해』(서울: 대영문화사, 2015), pp.255-256; 이동진 · 한인규, 『행정학개론』(서울: 대영문화사, 2014), pp.510-511.

한편 전통적 예산원칙과 현대적 예산원칙은 상호 보완관계로 조화를 이루고 있다.

〈표 6-1〉 전통적 예산원칙과 현대적 예산원칙의 비교

구분	전통적 예산원칙	현대적 예산원칙
시기	19세기 근대 입법국가	20세기 현대 행정국가
대표학자	노이마르크(F. Neumark)	스미스(H. D. Smith)
성격	통제 지향적 예산원칙	관리지향적 예산원칙
특징	의회에 의한 재정통제	행정부에 의한 신축성
목적	행정부의 낭비와 부조리 방지, 위법 부당한 지출의 방지	예산집행상의 신축성과 효율성 향상, 행정부의 재량권 부여

출처: 이동진 · 한인규, 『행정학개론』(서울: 대영문화사, 2014), p.511 재인용.

제2절 예산의 종류와 분류

1. 정부예산의 분류

예산의 종류는 예산의 회계단위에 따라 일반회계예산과 특별회계예산으로 구분한다. 예산의 제안성격에 따라 구분한 본예산, 수정예산, 추가경정예산이 있다.[19] 국회에서 국가예산이 매년 12월 31일 이전에 통과되지 않는 경우를 대비해 조치하는 수단을 기준으로 구분한 준예산, 가예산, 잠정예산이 있다. 또하나는 예산 제도의 변천을 기준으로 구분한 품목별예산, 성과주의예산, 계획예산, 영기준예산이 있다. 자세한 예산의 종류별 내용은 추후 세부적으로 다루고자 한다.

19) 이종수 외, 『새행정학』(서울: 대영문화사, 2014), p.301.

1) 유형별 분류: 일반회계, 특별회계, 기금

국가의 회계는 유형별로 일반회계와 특별회계로 구분하고 있다(예산회계법 제9조 ①항). 이에 따라 국가예산은 당연히 일반회계예산과 특별회계예산 및 기금으로 구분된다. 일반회계예산은 일반적 국가활동에 따른 세입과 세출을 포괄하는 예산을 말한다. 특별회계예산은 국가의 회계 중 특정한 세입으로 특정한 세출에 충당하는 것인데, 즉 일반의 세입 및 세출과 구분해서 따로 계리하는 특별회계에 관련된 예산을 의미한다.

정부예산을 과정별로 분류하면 본예산, 수정예산, 추가경정예산, 준예산으로 나눈다. 그리고 대상별로 분류할 경우는 소관별, 기능별, 품목별로 구분이 가능하다. 또한 거래별로 분류하는 경우는 총계예산과 순계예산으로 구분이 가능하다.

2) 일반회계

일반회계는 국가재정의 중심을 이루는 회계를 말한다. 국가가 국민을 대상으로 조세를 거두어 마련하는 일반재원이 중심이 되어 가장 기초적이고 일반적인 정부활동에 사용하는 예산을 의미한다. 보통 일반회계는 국민을 대상으로 공공의 서비스제공을 위해 필요한 세입과 세출예산이 중심을 이룬다. 특히 일반회계 예산의 수입은 대부분 중앙정부가 거두어들이는 조세수입으로 이루어진다. 예를 들어 소득세, 법인세, 상속세, 증여세, 부가가치세, 개별소비세, 증권거래세, 인지세, 관세, 교통에너지환경세, 교육세, 종합부동산세 등이 대표적이다.[20]

3) 특별회계

단일예산의 원칙대로 국가예산을 하나로 묶어 단일화하고, 예산통일의 원칙에 따라 세입과 세출을 모두 하나의 계정으로 통일시켜야만 국민이 국가의 재정상태를 쉽게 파악할 수 있을뿐 아니라 입법부의 통제도 수월해진다. 하지만 실제 예산운영에 있어서 특정한 세입을 가지고 특정한 세출에 직접 충당하는 것이 보

20) 신승춘 외 8인, 『현대행정의 이해』(서울: 대영문화사, 2015), p.259.

다 편리하고 효율적일 경우가 적지 않은데, 바로 이런 경우를 대비해 예외적으로 특별회계를 인정하고 있다.

특별회계는 국가재정법 제4조 제3항에 따라 다음과 같은 경우 인정된다. 즉 첫째, 국가에서 특정한 사업을 운영하고자 할 때, 둘째, 특정한 자금을 보유하여 운용하고자 할 때, 셋째, 기타 특정한 세입으로써 특정한 세출에 충당함으로써 일반의 세입·세출과 구분해 회계처리할 필요가 일을 경우 법률로서 설치할 수 있도록 한 것이다. 예를 들어 국가재정법 제14조 제1항에 따라 중앙관서의 장은 자기 소속의 소관 사무 와 관련해 특별회계를 신설할 필요가 있는 경우 해당법률안을 입법예속하기 이전에 특별회계 신설 관련 계획서를 기획재정부 장관에게 미리 제출해 타당성 심사를 요청해야 한다.

4) 기금

정부가 국가운영을 위해 재정활동을 펼치는데 있어서 일반회계와 특별회계를 통해 사업을 진행하고 있다. 하지만 경우에 따라서는 국가사업을 진행하면서 그 특수성으로 인해 지속성과 안정성이 필요한 자금이 있어야만 그동안 진행되어오던 사업추진이 탄력적으로 완성될 수 있다. 따라서 대부분의 정부들은 이런 사업을 대비해 정부예산과 별도로 기금을 조성해 운영하고 있다. 한국 정부도 마찬가지이다. 2014년에 시행된 현행 국가재정법 제5조를 보면 기금은 “국가가 특정한 목적을 위하여 특정한 자금을 신축적으로 운영할 필요가 있을 때에 한하여 법률로써” 설치할 수 있고 이는 세입세출 이외로 운영할 수 있다고 규정하고 있다.[21)]

21) 신승춘 외 8인, 『현대행정의 이해』(서울: 대영문화사, 2015), p.261.

〈표 6-2〉 일반회계, 특별회계, 기금 간의 비교

구분	일반회계	특별회계	기금
설치사유	국가 고유의 일반적인 재정활동	- 특정사업운영 - 특정 자금보유 운용 - 특정 세입으로 특정세출에 충당	특정목적을 위해 특정 자금을 운용할 필요가 있을 때
성격	소비성	주로 소비성	주로 적립성(회전성)
재원조달 및 운용실태	조세수입과 무상급부 원칙	일반회계와 기금의 운용 형태 혼용	출연금과 부담금 등을 수입원으로 해서 융자사업 등 유상급부 제공
확정절차	부처의 예산 요구→기획재정부의 예산안 편성→국회의 심의 의결	좌동	기금관리 주체가 계획 수립→기획재정부 장관의 협의 조정→국회의 심의 의결
집행절차(자율성)	합법성에 입각한 엄격한 통제	좌동	합목적성 차원에서 상대적으로 자율성과 탄력성 보장
수입과 지출의 연계	특정 수입과 지출의 연계배제	특정한 수입과 지출이 연계	연계
계획변경	추경예산 편성	좌동	주요 항목 지출금액의 30%(금융성 기금은 50%) 이상 변경 시 국회의 결 필요
결산	국회의 결산 심의와 승인	좌동	좌동

출처: 신승춘 외 8인, 『현대행정의 이해』(서울: 대영문화사, 2015), p. 261; 이동진 · 한인규, 『행정학개론』(서울: 대영문화사, 2014), p.513.

2) 국가예산 과정별 분류: 본예산 · 수정예산 · 추가경정예산

예산에는 정기적인 예산안 제출에 의한 것인가, 아니면 이미 제출된 예산안 또는 확정예산에 변경을 가한 것인가에 따라 본예산, 수정예산, 추가경정예산의 세 종류가 있다.

(1) 본예산

우리나라 헌법에 따르면 "정부는 회계 연도마다 예산안을 편성하여 회계연도 개시 90일 전까지 국회에 제출하고, 국회는 회계연도 개시 30일전까지 이를 의결하여야 한다."고 밝히고 있다(헌법규정 제54조 ②항). 정부가 헌법규정에 따라 매년 정기적으로 국민의 대표기관인 국회에 예산안을 편성 및 제출해 통과된 후 최종적으로 성립된 예산을 바로 본예산이라고 부른다. 본예산은 다른 말로 당초예산이라고도 불리는데 그 이유는 해당 연도의 예산으로 최초로 편성되어 국회에서 의결·확정된 것이기 때문이다.

(2) 수정예산

매년 정부가 국회에 해당연도의 예산안을 제출한다. 하지만 국내외 정세의 급격한 변화에 따라서 그 예산내용을 부득이하게 변경하지 않으면 안 되는 경우가 발생할 수 있다. 즉 국회에서 정부가 이미 국회에 예산안을 제출하였다 하더라도 국회가 정부가 제출한 예산을 심의 중일 때 신속하게 수정된 예산안을 통과시켜 주는 것을 수정예산이라 부른다.[22] 이 경우 예산안은 국회에 의해 의결되기 이전의 절차이므로 국회 상임위원회와 예산결산특별위원회의 심사를 받아야 하는 특수성을 지니고 있다.

(3) 추가경정예산

일반적 절차에 따라 예산안은 국회를 통과해서 확정된다. 그러나 사후에 어떤 사정이 발생할 수 있다. 즉 특별한 사유로 인해 이미 성립된 예산을 부득이 변경해야만 할 경우에 다시 예산을 추가 편성해 만들어진 예산을 추가경정예산이라고 부른다.

추가경정예산은 예산이 국회를 통과해 완전하게 성립 다음에 그 예산내용을 새로이 변경하는 것이라는 점에서 수정예산과 크게 구별되는 것이다. 즉 추가경정예산은 본예산과 별도로 만들어진 예산이다. 그러나 추가경정예산은 본예산의 항목이나 금액을 수정한 것이기 때문에 결국에는 본예산과 통산하여 집행되고 있다.

---

22) 이동진·한인규, 『행정학개론』(서울: 대영문화사, 2014), p.515.

3) 준예산, 가예산, 잠정예산

정부예산은 매년 1월 1일부터 12월 31일 까지 회계연도의 시작과 함께 집행되어야 함을 원칙으로 한다. 불행하게도 여야 간의 합의가 안되어 회계연도 개시전인 매년 12월 31일 까지 예산안이 입법부인 국회에서 의결되지 못한 경우에 예산이 없는 상태가 되고 정부의 행정기능을 마비될 수 있다. 어느 국가에서든지 이러한 상황은 발생될 수 있다. 이와 같은 예산 없는 상태가 발생되는 것을 사전에 방지하기 위한 대안으로 마련된 것이 바로 준예산, 가예산, 잠정예산인데 자세한 내용은 다음과 같다.[23)]

(1) 준예산

준예산은 예산안이 새로운 회계 연도가 개시되는 1월 1일 이전까지 국회에서 의결되지 않은 경우에 정부는 일정한 경비를 이전년도 예산에 준해서 지출할 수 있도록 합법적으로 마련된 제도이다. 물론 이러한 제도는 우리나라 헌법에서도 인정하는 근거를 가지고 있다. 이러한 제도는 국회의 의결 없이 예산을 집행할 수 있다는 점에서 볼 때 예산사전의결의 원칙을 벗어나 부득불 예외적인 제도로 마련된 것이다. 정부행정에는 예산이 필수인데 정부행정이 멈출 수는 없기 때문이다.

(2) 잠정예산

잠정예산은 새해의 회계연도가 시작되는 날부터 최초 수개월분(최초 3-4개월분)의 일정한 예산을 정부가 집행할 수 있게 미리 허가하는 제도를 말한다. 본 제도는 우리나라는 채택된 바 없다. 그러나 영국, 미국, 캐나다 등 몇몇 나라에서 시행하고 있다. 특히 영국의 경우에는 회계연도가 시작되기 전에 본예산이 의회를 통과하는 경우가 적어서 잠정예산을 많이 활용하고 있다.

---

23) 신승춘 외 8인, 『현대행정의 이해』(서울: 대영문화사, 2015), p.259; 이종수 외 『새행정학』(서울: 대영문화사, 2014), p.303.

(3) 가예산

가예산(假豫算, provisional budget)이란 부득이한 사유로 인하여 회계연도 개시전에 예산이 의결되지 못하는 경우를 대비하여 의회가 미리 1개월분 예산만 의결하여 정부로 하여금 집행할 수 있게 한 예산제도를 말한다. 가예산은 국회의 의결을 필요로 한다. 이 제도는 우리나라에서도 과거 제1공화국 시대에 채택한 바 있다. 가예산은 의회의 의결이 있어야 한다는 점에서는 잠정예산과 매우 비슷하나 1개월분의 예산이라는 제한이 있다는 점에서 잠정예산이나 준예산과는 조금 다르다.

〈표 6-3〉 예산불성립시의 예산집행제도

예 산 명	의회 의결	기 간	지출 항목	채택한 나라
준예산	불필요	무제한	한정적	한국 · 독일
잠정예산	필요	수개월	전반적	영국 · 캐나다 · 일본
가예산	필요	1개월	전반적	프랑스(제3,4공화국)

출처: 유종해, 「신예 행정학」, 서울 : 고시원, 1995; 신승춘 외 8인, 『현대행정의 이해』(서울: 대영문화사, 2015), p.263 재인용.

2. 예산의 분류

예산은 일정한 기준에 따라 분류되어 있어야만 한다. 그렇지 않을 경우 정부의 예산편성에 있어서 항목별로 도대체 무엇에 얼마나 쓰려고 하는 것인지, 그리고 대체 어느 기관에서 얼마의 예산을 사용하려는 것인지, 또한 수행하고자 하는 사업이 과연 타당한 사업계획인지를 알기가 어렵다. 이러한 이유로 예산안의 편성, 심의 및 예산의 집행과 회계검사 등을 가급적이면 편리하게 하고자 예산을 항목별로 체계화한 것을 예산의 분류라고 한다.

1) 기능별 분류

예산의 기능별 분류(functional classification)란 정부가 수행하는 기능을 기준으로 예산을 분류한 것으로 주로 세출에 관한 분류방법을 의미한다. 이 기능별 분류는 행정수반의 예산정책 수립을 용이하게 하기 위해 도입된 제도이다. 시민이 정부의 사업계획과 그 활동에 관련된 예산을 한 눈에 볼 수 있게끔 간편예산형을 취하고 있기 때문에 흔히 이것을 시민을 위한 분류라고 알려져 있다.

특히 이와 같은 분류는 중장기에 걸쳐 연차적으로 정부의 활동이 그동안 어떻게 변천해 왔는가를 간단하게 이해하고 파악할 수 있도록 해준다. 나아가서 다른 정부의 예산들과도 쉽게 비교하는데 도움이 된다. 이러한 장점 때문에 미국이나 프랑스 등에서 일반 국민에게 정부의 예산과 사업계획을 알리는 데 흔히 사용된다.

오늘날 우리나라가 활용하고 있는 기능별 분류방법은 ① 일반, 지방행정비, ② 공공질서 및 안전, ③ 외교, 통일, ④ 국방, ⑤ 교육비, ⑥ 문화 및 관광, ⑦ 환경, ⑧ 사회복지, ⑨ 보건, ⑩ 농림수산, ⑪ 산업, 중소기업 및 에너지, ⑫ 교통 및 물류, ⑬ 통신, ⑭ 국토, 지역개발, ⑮ 과학기술, ⑯ 예비비 및 기타로 나누고 있다.[24)]

2) 조직별(소관별) 분류

조직별 분류(organizational classification)는 예산을 정부의 부처별, 기관별, 소관별로 분류하는 방법을 말한다. 예산의 편성, 예산실의 사정, 입법부의 심의, 예산의 집행, 회계검사 등 모든 예산과정의 모든 단계가 조직체별로 이루어진다. 또한 경비지출의 책임 소재가 분명할 뿐만 아니라 예산집행이 상당히 용이하다는 장점도 가지고 있어서 오래전부터 많이 사용해 왔다. 그 반면에 단점은 경비지출의 목적이 불분명하고 예산의 전체 성과파악이 어렵다는 점이다. 그리고 국민경제에 미치는 영향과 동향파악도 어렵다는 점이다.

3) 품목별(지출대상별) 분류

품목별 분류(classification by objects of expenditure)는 정부가 계획한 사업을 수행하는 데 있어서 필요한 재화와 용역, 즉 급여, 시설비, 정보비 등 지출의 대상을 중심으로 분류하는 방법을 말한다.[25)] 따라서 어떠한 예산제도를 채택하더라도 이 분류방법을 함께 사용하지 않을 수 없으므로 과거부터 가장 널리 사용되고 있는 방법이다.

---

24) 신현기 · 김택 · 박억종 · 성조환 · 최미옥 · 한형서 · 황명선, 『행정학개론』(서울: 웅보출판사, 2004), p.276.
25) 신승춘 외 8인, 『현대행정의 이해』(서울: 대영문화사, 2015), p.265.

품목별 분류 방법은 정부부처와 각 행정기관의 모든 지출에 대한 통제를 목적으로 고안된 것으로 행정부의 지출에 대한 통제가 용이하다는 장점 그리고 회계상의 재량행위를 상당히 억제할 수 있을뿐 아니라 나아가서 인사관리에 필요한 정보를 제공할 수 있다는 장점을 지니고 있다. 이에 반해 단점으로 지출의 목적이나 사업의 우선 순위 파악이 곤란하고, 국민경제 전체의 동향파악과 경제분석이 곤란하다는 점, 예산집행의 신축성을 저해할 수 있다는 점, 정책수립에 필요한 자료제공이 미흡하다는 점, 총괄계정의 목적에 부적합하다는 점 등을 지니고 있다.

4) 경제성질별 분류

경제성질별 분류는 정부예산의 세입과 세출이 국민경제의 기본적 구성요소인 소득, 소비, 투자, 저축, 생산, 가격 등에 어떠한 영향을 미치고 있는가를 분석 및 파악하게 하고, 경제성장과 안정에 기여할 수 있는 정보와 자료를 제공하기 위한 분류방법이다.

이 분류방법은 정부예산이 소비쪽 보다 투자에 얼마나 더많이 사용되었는가를 확인하고자 하는데 목적이 있기 때문에 세입과 세출 모두가 반드시 경상계정과 자본계정으로 나뉘어지는 것이 일반적이다. 경제성질별 분류의 장점은 국민경제 동향파악과 경제분석이 용이, 경제안정 및 경제성장 등 경제정책 수립에 기여, 정부거래 성과(정부 저축) 분석이 용이하다는 장점을 가지고 있다.

〈표 6-4〉 예산분류 기준별 특징

특징	해당 분류 기준
총괄계정에 가장 적합한 분류 기준	① 기능별 ② 조직별
시민을 위한 분류에 가장 적합한 기준	① 기능별
국회의 예산심의가 가장 용이한 기준	① 조직별 ② 기능별
회계 책임 확보 및 재정통제가 가장 용이한 분류 기준	① 품목별 ② 조직별
경제효과분석에 가장 적합한 기준	① 경제성질별
다른 분류방법과 병행되는 제도	① 품목별 ② 경제 성질별

출처: 이동진 · 한인규, 『행정학개론』(서울: 대영문화사, 2014), p.523.

3. 정부예산의 법적 토대

1) 국가재정법

우리나라의 경우 국민의 세금인 정부재정을 다루는 기본 원칙은 대부분 국가재정법에 의해 규정되어 있다. 이 법은 국가의 예산, 결산, 기금운용, 성과관리, 국가채무 등 재정에 관한 사항을 정하고 있으며 국가재정의 효율적 운영에 목적을 두고 있다. 국가재정법은 이전의 예산회계법과 기금관리기본법을 통합해 제정한 것이다. 국가재정법은 국가에서 효율적인 재정 운용에 필요하다고 판단되는 여러 가지 요소들을 주요내용으로 하는 다음의 표에서 보는 바와 같다.

〈표 6-5〉 국가재정법의 핵심 내용

구분	내용
국가재정운용계획 수립	재정운용의 효율화와 건전화를 위해 매년 당해 연도를 포함 5회계연도 이상의 기간에 대한 국가재정운용계획을 수립하고, 회계연도 개시 90일 전 국회 제출
성과중심 재정 운용	중앙관서의 장 및 기금관리 주체는 재정활동의 성과관리 체계를 구축해 성과계획서와 성과보고서 제출
주요 재정정보의 공포	예산, 결산, 통합재정수지 등 중요한 재정정보를 연 1회 이상 공포해 재장활동의 투명성 제고
회계 및 기금 간 여유재원의 신축 운용	회계 및 기금 간 전출입을 허용하되 그 내용을 예산안 또는 기금운용 계획안에 반영해 국회 제출
성인지 예산 결산 제도 도입	예산이 여성과 남성에 미치는 영향을 분석한 성인지 예산서 및 결산서를 예산 결산안 첨부서류로 국회 제출
예비비 계상한도 제한	사용목적이 지정되지 않은 일반예비비 규모를 예산 총액의 1% 이내로 제한하고, 이를 공무원의 보수인상을 위한 인건비 충당에 사용할 수 없도록 규정
조세지출예산서 도입	조세 감면 등의 재정 지원 추정금액을 기능별, 세목별로 작성한 조세지출예산서를 예산안과 함께 국회에 제출
국가채무관리계획의 국회제출	국가채무의 체계적 관리를 위해 매년 국채, 차입금 상환실적 및 상환계획, 채무의 증감에 대한 전망 등을 포함한 국가채무관리계획을 수립해 회계연도 90일 전까지 국회에 제출

출처: 신승춘 외 8인, 『현대행정의 이해』(서울: 대영문화사, 2015), p.267.

2) 정부기업 예산법: 우체국 사업

본 법은 정부기업별로 특별회계를 설치하고 그 예산 등의 운용에 관한 사항을 규정하고 나아가서 정부기업의 경영을 합리화 하며 그 운영의 투명성을 제고하는 것을 목적으로 한다. 정부기업예산법을 제2조에 보면 정부기업이란 현재 기업형태로 운영하는 우편사업, 우체국 예금사업, 양곡관리사업, 조달사업 등이 있다. 제3조에는 각각 사업별로 4개 특별회계를 설치하고 운영한다는 것을 명시하고 있다. 여기서 나오는 세입으로 세출을 충당하는 방식이다. 위 4개의 특별회계는 정부부처의 형태를 가지는 공기업의 재정 운용을 위해 설치한 정부기업 특별회계의 특징을 가진다.[26)]

3) 공공기관의 운영에 관한 법률

공공기관의 운영에 관한 법률은 2007년에 제정되었다. 이 법은 공공기관 운영에 관한 기본적인 사항, 자율경영 및 책임경영 체제의 확립에 관한 사항을 규정하고 있다. 그리고 본 법률에서는 공공기관을 공기업과 준정부기관 및 기타 공공기관으로 나누고 있다. 즉 공기업(시장형 공기업, 준시장형 공기업), 준정부기관(기금관리형, 위탁집행형), 기타공공기관 등으로 세분된다. 이들의 장은 기획재정부 장관, 주무기관의 장, 감사원장에게 보고의 의무를 지며 감독을 받는다.

〈표 6-7〉 공공기관의 분류 현황

구분		내용
공기업	시장형 공기업	자산 규모가 2조원 이상이고 총수입액 중 자체수입액이 85% 이상인 공기업
	준시장형 공기업	시장형 공기업이 아닌 공기업
준정부기관	기금관리형 준정부기관	국가재정법에 따라 기금을 관리하거나 기금의 관리를 위탁받은 준정부기관
	위탁집행형 준정부기관	기금관리형 준정부기관이 아닌 준정부기관
기타 공공기관		공공기관 중 공기업과 준정부기관을 제외한 기관

출처: 신승춘 외 8인, 『현대행정의 이해』(서울: 대영문화사, 2015), p.269.

26) 신승춘 외 8인, 『현대행정의 이해』(서울: 대영문화사, 2015), p.267.

4. 우리나라 예산과목 구조

한국의 예산과목 구조는 세입과 세출예산을 2018년 기준으로 각 18개 중앙관서의 조직별로 구분되어 이루어진다. 이에 따라 세입예산의 예산과목은 관(款)과 항(項)으로 구분된다. 그리고 세출예산에서 예산과목은 장(章), 관(款), 항(項), 세항(細項), 목(目)으로 구분해서 사용 중이다.

1) 세입예산의 예산과목

세입예산은 조직별로 분류한 후 그 내용을 성질별로 관과 항으로만 구분한다. 그리고 세출예산의 구분과는 다르게 장, 세항, 목은 두지 않고 있는데 그 근본 이유는 세입예산의 과목구조가 세출의 그것보다 단순하다는데 기인하고 있다.

〈그림 6-1〉 세입예산과목

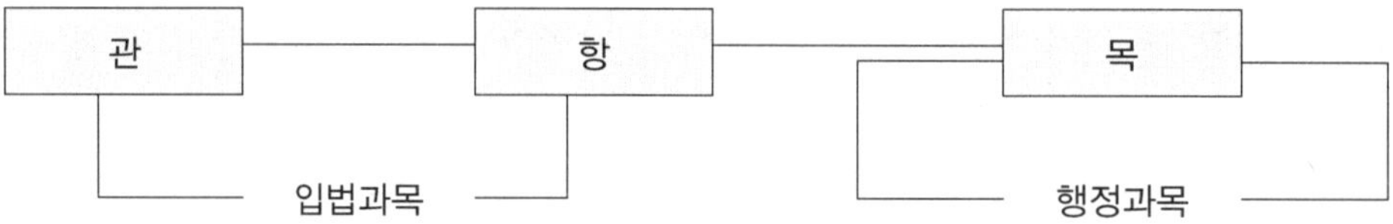

출처: 신승춘 외 8인, 『현대행정의 이해』(서울: 대영문화사, 2015), p.270.

2) 세출예산의 예산과목

세출예산은 ⓐ 기관별로 분류한다. ⓑ 기능별로 장과 관으로 분류한다. ⓒ 사업계획별로 항으로 분류한다. ⓓ 단위사업(활동)별로 세항으로 한다. ⓔ 품목별로 목으로 분류한다. 그리고 기관별, 장, 관, 항의 예산은 국회의 의결대상이므로 이것을 입법과목이라 한다. 또한 세항과 목은 세부적인 것이며 행정부의 재량에 속해 있으므로 행정과목이라고 부른다.

〈그림 6-2〉 세출예산과목

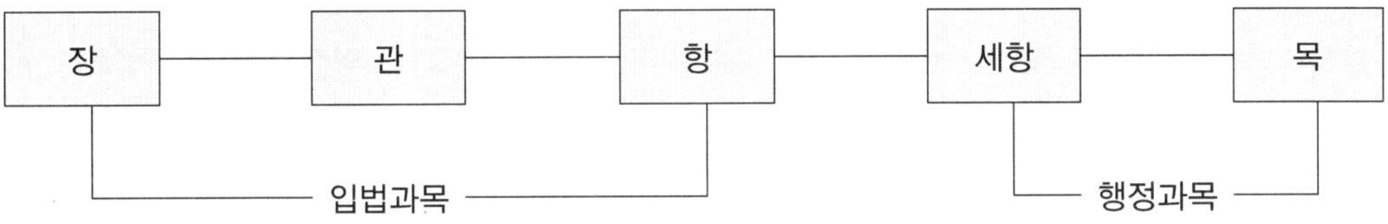

출처: 신승춘 외 8인, 『현대행정의 이해』(서울: 대영문화사, 2015), p.270.

제3절 예산과정(절차)

1. 예산의 과정과 주기

예산과정은 예산편성, 심의, 의결, 집행, 결산, 회계검가 등 4개의 과정으로 이루어진다. 국회는 심의, 의결, 결산, 회계검사를 담당하고 행정부는 예산편성과 집행과정을 담당한다. 이러한 이련의 과정을 예산과정 혹은 예산절차라고 부른다. 예산을 쓰는 기간은 1월 1일부터 12월 31일이지만 실제로는 준비하는데 1년, 사용하는 데 1년 결산보는 데 1년 해서 모두 3년 주기로 마무리되는 끝임없는 과정으로 순환 된다. 예를 들어 2018년에 미리 2019년도의 예산을 짜고 2019년 1년 동안 사용되며 그 다음해인 2020년에 결산과정이 이루어지므로 총3년을 주기로 순환된다. 이를 예산순환이라고도 부른다.

〈표 6-8〉 예산주기의 국면

	2017	2018	2019	2020	2021	2022
2018년도 예산	편성/심의	집 행	회계검사			
2019년도 예산		편성/심의	집 행	회계검사		
2020년도 예산			편성/심의	집 행	회계검사	
2021년도 예산				편성/심의	집 행	회계검사
2022년도 예산					편성/심의	집 행

2. 예산의 편성

예산편성은 통상 행정부가 국민의 대표기관인 국회에서 행정부에서 1년간 사용할 재정을 받아내고자 하는 일련의 계획 활동이라고 정의된다. 그러나 예산편성에는 크게 정부부처의 자금요구, 배분, 각 부처의 재정계획의 수립을 핵심으로 한다.

1) 예산편성의 절차

예산편성의 절차는 물론 국가마마다 조금씩 다르다. 우리나라 정부의 예산편성의 절차는 ① 사업계획서의 제출, ② 예산편성 지침의 시달, ③ 예산요구서의 작성과 제출, ④ 예산요구서의 사정과 예산안의 작성, ⑤ 국무회의의 심의와 대통령의 승인으로 예산안이 최종 확정되는 방식을 취하고 있다.

행정각부는 기획재정부에 중기사업계획서를 1월 31일 까지 제출한다. 기획재정부는 계획서를 국회 예산특별위원회와 행정각부에 보낸다. 이 때 기획재정부는 행정각부에 예산편성지침 작성 시달을 3월 31일까지 한다. 행정 각부는 기획재정부에 예산요구서 작성 및 제출을 5월 31일 까지 한다. 기획재정부는 예산안 편성과 국무회의 심의 및 대통령 승인을 국무회의와 대통령을 통해 받는다. 구무회의와 대통령은 예산안을 9월 2일 까지 국회에 제출한다. 이것이 예산편성 과정이다.

2) 예산의 구성

정부예산이 국회에 제출되는데 이 예산안은 예산총칙, 세입세출예산, 명시이월비, 계속비, 국고채무부담행위를 모두 총칭한다.

〈표 6-9〉 예산 총칙의 내용적 규정

	내용적 규정	관련 조항
예산총칙	정부가 국회에 제출하는 예산안에 관한 총괄적인 규정으로 세입세출예산, 계속비, 명시이월비 및 국고채무부담행위, 국채와 차입금의 한도액, 재정증권 발행과 일시차입금의 최고액 등을 규정한다.	국가재정법 제20조
세입세출예산	세입세출예산은 필요시 계정으로 구분할 수 있으며 독립기관 및 중앙관서의 소관별로 구분한 후 소관 내에서 일방회계와 특별회계를 구분한다. 세입예산은 성질별로 관, 항으로 구분하고 세출예산은 기능별, 성질별로 관, 항으로 구분한다. 그리고 예산의 구체적인 분류 기준 및 세항과 각 경비의 성질에 따른 목의 구분은 기획재정부장관이 정한다.	제21조
예비비	예측할 수 없는 예산 외의 지출 또는 예산초과 지출에 충당하기 위해 일반회계 예산총액의 1% 이내의 금액을 예비비로 계상할 수 있다.	제22조
계속비	완성에 수년도를 요하는 공사나 제조 및 연구개발사업은 그 경비의 총액과 연부액(年賦額)을 정해 미리 국회의결을 얻은 범위 안에서 수년도에 걸쳐서 지출할 수 있다.	제23조
명시이월비	세출예산 중 경비의 성질상 연도 내에 지출을 끝내지 못할 것이 예측되는 경우 그 취지를 세입세출예산서에 명시해 국회의 승인을 얻은 후 다음 연도에 이월해 사용할 수 있다.	제24조
국고채무 부담행위	국가는 법률에 따른 것과 세출예산금액 또는 계속비 총액의 범위 안의 것 외에 채무를 부담하는 행위를 하는 때에는 미리 예산으로써 국회의 의결을 얻어야 한다.	제25조

출처: 신승춘 외 8인, 『현대행정의 이해』(서울: 대영문화사, 2015), p.288; 이동진 · 한인규, 『행정학개론』(서울: 대영문화사, 2014), p.532.

3. 예산의 심의 의결

국회의 예산심의권은 의회제도를 싹트게 하고 발달시킨 도구이다. 정부예산은 국민의 세금으로 만들어진다. 따라서 국민의 대표기관인 국회가 예산심의권을 가진다는 것은 국민주권 측면 및 권력분립 측면에서 당연하다고 본다.

1) 예산심의 절차

행정부에서 제출된 예산안은 입법부의 심의를 반드시 거쳐야 한다. 우리나라 국회의 예산심의는 대통령의 시정연설→국정감사→예비심사→종합심사→본회의의 의결 순서에 따른다.

(1) 시정연설

예산안이 국회에 제출된 후 가장 먼저 본회의에서 대통령의 시정연설이 있다. 이 시정연설은 당년도 정책의 기본방향과 예산안의 기본골격을 설명하는 차원이므로 예산심의 과정에서 매우 중요한 의미를 지니고 있다.

(2) 국정감사

시정연설이 행해진 후 국회 상임위원회별로 국정전반에 대한 국정감사가 실시된다. 이 감사기간(정기국회 시작 20일간) 동안 국회는 정부운영의 현황을 파악되고 예산심의를 위한 자료를 수집한다.

(3) 예비심사

정기 국정감사가 끝난 후 각 상임위원회별로 소관부처의 예산안을 심사한다. 이 과정에서는 소관 부처의 장관으로부터 새해 정책에 대한 설명을 듣기도 하고 질문을 한다. 각 상임위원회에서 부처별 예산심사(예비심사)가 끝난 후 그 결과를 국회의장에게 보고한다.

(4) 종합심사

국회의장은 예비심사를 거친 예산안을 예산결산특별위원회에 회부해 종합심사를 하도록 한다. 종합심사의 과정에서 국무총리의 인사말과 기획재정부 장관의 예산안 제안설명이 있고 이어서 각부처에 대한 질의응답이 진행된다.

상임위원회에서 예비심사를 거친 후 또다시 예산결산특별위원회에서 종합심사를 하는데 그 이유는 예산을 확정하기에 앞서 보다 신중을 가하려는 목적과 함께 예산을 객관적으로 심사하고자 함이다.

(5) 본회의의 의결

종합심사가 끝나면 예산안은 본회의에 상정하여 토론을 거친 다음 표결을 통해 마침내 예산으로 확정된다. 본회의에서도 표결에 앞서 정부측의 제안설명과 예산결산 특별위원회의 예산심사보고가 행해지고 정부에 대한 질의와 토론이 벌어진다. 본회의에서의 의결은 헌법의 규정에 따라 회계 연도 개시 30일 전까지 이루어져야 한다. 국회가 의결한 예산은 정부에 이송된 후 대통령이 공고한다.[27)]

2) 확정예산의 효력

이미 국회에서 의결된 확정예산은 법률은 아니지만 법적인 효력을 갖게 된다. 이처럼 법적 효력을 갖는다는 것은 바로 세출예산을 의미하는 것이다. 세출예산은 확정 당시에 정해진 예산금액을 절대로 초과하여 지출할 수 없다. 그 사용목적도 각 예산과목에서 정한대로 지출하는 것을 원칙으로 한다. 하지만 세입예산은 단순히 세출예산을 마련하기 위해 어림잡아 계산해 둔 참고자료에 지나지 않는 것이기 때문에 법적인 구속력은 없다. 그래서 실제 세입의 경우를 보면 예산을 초과할 때도 있고 그것에 미달할 때도 있다.

3) 예산불성립의 경우

예산은 새 회계연도가 시작되기 전에 일정한 기일(우리나라는 30일전)까지는 반드시 의결되어야 하지만 만일 예산이 성립되지 못하는 경우를 대비하여 우리나라는 준예산제도를 채택하고 있다. 우리나라의 준예산은 그 지출대상이 한정된 대신 국회의 의결을 거치지 않아도 지출할 수 있다는 특징을 지닌다.

4. 예산의 집행

예산의 집행이란 예산안이 국회에서 심의 및 의결로 확정된 후 그 예산에 따라 국가의 수입과 지출을 실행 및 관리하는 일체의 행위를 의미한다. 하지만 사

27) 신승춘 외 8인, 『현대행정의 이해』(서울: 대영문화사, 2015), p.290.

실상 예산집행은 단순히 국가의 수입·지출을 관리하는 것 뿐만 아니라, 예산과 결부된 국가의 목표와 사업계획을 성취하는 과정까지 모두다 포함한 개념이다. 이러한 이유 때문에 사실상 예산집행은 예산과정 중에서 매우 중요한 단계에 해당한다.

예산집행에서 행정기관에게 요구되는 가장 중요한 임무는 입법부의 원래 의도대로 예산을 지출해 나가는데 있어서 한정된 재정문제를 잘 극복하고 최대한 적자재정을 막는 동시에 절약은 물론이고 나아가서 성공적인 재정관리와 책임을 다해야 한다는 점이다. 물론 예산을 운용하는 행정부는 사정에 따라서 생각하지 못했던 예측불허의 상황을 맞이할 수도 있다. 이를 위한 대응방안으로 대부분의 국가는 행정부에게 부득이한 상황에 한정하여 예산집행시 어느 정도의 재량행위를 허용하는 추세다.

결국 예산집행의 과정에는 서로 상반되는 두개의 국면이 있는데 그 하나는 국민의 대표기관인 입법부가 뜻하는대로 행정부는 재정이 부족하여 문제가 생기지 않도록 경계를 유지하는 것(재정적 통제)이다. 그리고 다른 하나는 입법부인 국회에서 예산이 통과된 후 갑자기 발생할 수 있는 상황변동에 즉각적으로 대비하고 소화할 수 있는 능력을 가지도록 한 것(지출재량)이다. 따라서 가장 중요한 것은 위 양자가 서로 대립하는 것이 아니라 가급적이면 지출통제와 지출재량 간의 상호보완과 조화를 통해 국민의 세금인 예산을 효율적으로 사용하는 것이 중요하다.

1) 예산 집행상의 재정 통제

국회가 예산을 통과시킨 후 행정부가 재정적 한계를 지키는 일은 매우 중요하다. 재정을 통제하는 수단은 여러 가지가 있겠으나 대표적인 몇가지를 살펴보면 예산의 배정, 예산의 재배정, 기록과 보고 등이 그 좋은 예가 된다.

(1) 예산의 배정

예산집행과정에서 첫 단계는 예산을 배정하는 일이다. 예산배정은 기획재정부가 각 중앙관서에 예산액을 일정한 기간별로 나누어 주는 것이다.

예산은 국회에서 통과된 후 중앙예산기관이 철저한 계획을 세워 각 분기별로 할당하는 '예산배정'이라는 절차를 반드시 거쳐야만 집행할 수 있도록 통제하고 있다.

이렇게 예산배정제도를 취하는 목적은 첫째, 각 행정부처가 연도 전반기에 과다하게 예산을 지출함으로써 발생될 수도 있는 후반기의 예산부족 위험을 사전에 예방하자는데 있다. 둘째, 불시에 다가 올수도 있는 불경기 상태에 직면해 세수가 부족해질 수 있으며 이런 경우 세입이 세출보다 적어질 수도 있는 상황에 직면할 것에 대비해 예산지출을 조절하는데 있다.[28)]

(2) 예산의 재배정

중앙예산기관으로부터 예산을 배정 받은 각 중앙관서의 장은 그 예산액의 범위내에서 다시 산하 각 기관에 대하여 월별 또는 분기별로 자금을 배정한다. 이것이 '예산의 재배정'이다. 예산의 재배정제도를 실행하는 주요 목적은 각 행정부처의 장이 책임을 지고 자기부처 산하 모든 기관의 예산집행 과정을 투명하게 감독 및 통제하도록 함으로써 한정된 재정된 재정의 한계를 제대로 유지하도록 하는데 있다.

(3) 기록과 보고

예산을 집행하는 과정에서 재정을 통제하는 수단들 중 기록이나 보고도 그 좋은 방안으로 사용되고 있다. 즉 예산을 적정하게 집행하는 통제 수단으로 지출원인행위(支出原因行爲), 수입, 지출에 관한 기록, 보고 등이 활용된다. 현재 중앙관서의 장은 지출원인행위 보고서와 수입 및 지출에 관한 보고서, 기타 회계에 관한 보고서 등을 월별로 기획재정부장관에게 보고하도록 하고 있다. 이뿐만 아니라 사업집행보고서, 기타 예산에 관한 보고서 등을 기획재정부장관에게 매분기마다 제출함을 의무 지우고 있다.[29)]

---

28) 신승춘 외 8인, 『현대행정의 이해』(서울: 대영문화사, 2015), p.293.
29) 신승춘 외 8인, 『현대행정의 이해』(서울: 대영문화사, 2015), p.293.

2) 예산집행상의 신축성

예산집행 시에 그 집행기관인 행정부에 전혀 재량권을 주지 않고 통제만을 가하게 되면 예산집행 과정에서 생겨날지도 모를 상황변동에 적절히 대응하지 못한다. 즉, 예상하지 않던 돌발사태로 인한 사업계획의 변경이라든가 가격변동 등에 맞추어 적절히 예산을 집행할 수가 없게 된다. 이러한 이유 때문에 행정부의 예산집행에는 어느 정도의 신축성을 허용해 줄 필요가 있다.

이러한 점을 감안하여 우리나라에서도 예산집행상의 신축성을 위한 방안을 허용하고 있데 예산의 이용(移用)과 전용(轉用), 예산의 이체(移替), 예산의 이월(移越), 계속비, 예비비, 국고채무부담행위(國庫債務負擔行爲) 등이 바로 그것이다. 이를 예산회계법에 규정하여 시행하고 있다.[30]

(1) 예산의 이용과 전용

우리나라는 세출예산의 과목구조를 다음과 같이 유지하고 있다. 즉 행정부처의 기관별로 장, 관, 항, 세항, 목의 5과목으로 분류하여 활용 중이다. 이러한 예산과목 중에서 장, 관, 항에 예산액이 각각 책정되어 있는데 서로 바꾸어서 사용하는 것을 바로 '예산의 이용'이라고 한다. 그리고 각 세항이나 목 사이에 서로 이관하여 사용하는 것을 '예산의 전용'이라고 부른다. 하지만 목 중에서도 봉급 및 공공요금처럼 경직성 경비의 경우는 다른 어떤 비목에 전용할 수 없도록 규정되어 있다.

특히 장, 관, 항 간의 유용은 국회에서 이미 확정된 사업계획을 변경하는 행위이기 때문에 반드시 국회의 사전승인을 받지 않으면 사실상 불가능한 특수성을 지니고 있다. 이러한 특수성 때문에 장, 관, 항의 과목을 입법과목이라고도 한다. 하지만 세항, 목 사이의 유용은 입법과목의 사업을 수행하는 수단의 변경 정도이므로 사실상 행정부의 재량에 맡겨져 있다. 따라서 세항과 목은 행정과목이라고 불리어진다.

---

30) 신승춘 외 8인, 『현대행정의 이해』(서울: 대영문화사, 2015), p.294.

(2) 예산의 이체

경우에 따라 정부조직법이 개정될 수 있으며 이런 경우 직무와 권한의 소관에 변동이 생길 수 있다. 이런 경우 당초의 예산을 부득불 다른 기관의 소관으로 변경시켜야 하는 것을 예산의 이체라고 부른다. 상황의 변경으로 예산의 이체가 필요한 경우 이체받게 되는 중앙관서의 장과 이체 해주어야 하는 중앙관서의 장이 상호 협의한 후 그 과목과 금액을 기록한 서류 모두를 기획재정부장관에게 제출하여 승인 받아야만 한다.

(3) 예산의 이월

회기연도에 통과된 예산을 전부 지출하지 못한채 남게된 예산을 차기 연도에 넘겨서 다음 연도의 예산으로 사용하는 것을 예산의 이월이라고 한다. 예산이월에는 명시이월과 사고이월이 있다.

전자인 명시이월(明示移越)은 세출예산 중 성질상 그 연도 내에 모두 지출할 가능성이 없을 경우에 미리 예산으로서 국회의 승인을 얻어 다음 회계연도에 지출할 수 있도록 하는 제도를 말한다. 또한 후자인 사고이월(事故移越)은 그 연도 내에 지출원인 행위를 하고 불가피한 사유로 인해 지출하지 못한 경비와 지출원인행위[31]를 하지 아니한 부대경비의 금액에 한해 다음 연도에 이월하여 사용할 수 있게 하는 제도를 말한다.

(4) 계속비

국가가 행하는 사업 중에 그것을 완성하는 기간이 여러 해가 소요되는 그 경비의 총액과 연부액을 정해 사전에 국회의 의결을 받은 후 이것을 다년간의 회계연도에 연계해 계속해서 지출이 가능하도록 한 경비를 계속비라고 부른다. 계속비 제도는 정부가 행하는 사업의 일관성을 사전에 일관성을 확보함으로써 진행 중인 사업 중단의 위험성 및 예산의 낭비 등을 사전에 방지할 목적으로 시행된 제도이다.

---

31) 지출원인행위(支出原因行爲)란 세출예산, 계속비 또는 국고채무부담행위에 의한 국가 또는 지방자치단체의 지출원인이 되는 계약(契約)이나 그 밖의 행위를 의미한다.

(5) 예비비

정부가 예산을 사용하면서 급격한 상황이 발생해 예측할 수 없는 예산 이외의 지출이 필요한 경우 이를 신속하게 충당하기 위해 사전에 일정액을 책정해 두는 금액을 예비비라고 부른다. 예비비란 미래의 예측불허 상황을 대비해 사전에 비축하는 자금이다. 물론 이 돈은 기획재정부장관이 관리며 만일 상황이 발생하여 지출한 금액과 과목이 있는 경우 차기년도에 국회의 승인을 얻으면 된다.

예산집행 시에 신축성을 극대화하기 위해 예비비의 비율이 높으면 좋겠으나 반대로 너무 높이게 되면 행정부에 대해 입법부가 우려하는 재정통제가 약화될 수 있어 양자간의 적절한 조화를 이루도록 함이 중요하다.

(6) 국고채무부담행위

국고채무부담행위는 법률에 의한 것과 세출예산금액 및 계속비 총액의 범위 내의 것 이외에 국가가 채무를 부담하는 행위를 말한다. 국고채무부담행위는 대개가 여러 해에 걸치는 것이므로 예산집행에 있어서 기한에 대한 신축성을 부여하는 제도라고 볼 수 있다. 한편 국고채무부담행위는 '미리 국회의 의결을 얻어야 한다'는 점에서 예산집행상의 재정통제로도 볼 수 있다.

5. 예산 결산

예산에서 결산(final account)이란 1회계 연도에 있어서 세입예산의 모든 수입과 세출예산의 지출을 확정적인 계수로 표시하는 행위를 말한다. 결산의 기능은 예산의 범위 내에서 재정활동을 수행했는지를 확인하고 여기서 나온 결과를 재정운영에 반영하는 것이다.[32] 그리고 결산이란 예산에 의해 수입과 지출을 행한 정부의 사후적 재무보고이다. 정부가 지출한 예산은 국회의 예산심의에 의해 이미 사전에 심사를 받은 후 다시 결산에 의해 사후심사를 다시 받는다. 이처럼 국가재정에 관한 국회의 감독은 예산심의와 결산심사를 거쳐서 종국적으로 완전해 진다고 볼 수 있다.

32) 이종수 외, 『새행정학』(서울: 대영문화사, 2014), p.325.

1) 결산의 의의

예산의 결산이 갖는 주요 기능은 일반적으로 다음과 같이 두 가지를 볼 수 있다. 첫째 결산과정을 통해서 정부가 과연 예산의 범위 내에서 재무활동을 하였느냐를 확인하는 일이다. 둘째 결산을 통해 얻은 자료를 장래에 예산과정의 효율적인 운영에 즉각 반영하는 작업이다.

예산은 1회계 연도 중 국가의 수입과 지출에 관한 예정액인 데 대하여 결산은 예산집행의 실적이다. 그러나 예산과 결산은 원칙적으로 일치하여야 하지만 여러 가지 이유 때문에 일치하지 않는 것이 보통이다.[33]

그러므로 결산은 회계검사기관(감사원)의 검사와 확인을 거쳐 국회의 심의, 의결에 의하여 확정되는데, 이 확정을 통해 예산집행에 대한 정부의 책임이 사실상 해제된다. 이처럼결산은 예산집행의 실적에 대한 사후 조치이기 때문에 비록 정부에 의한 위법 부당한 지출이 있었다 할지라도 결산에 의해 예산지출 행위를 무효로 하거나 취소하는 효과를 가질 수 없다. 예산 결산은 다음의 특징을 가지고 있는데 첫째, 결산은 사후적이다. 둘째, 결산은 사후적인 것이기 때문에 집행된 내용을 무효로 할 수 없는 것이다. 셋째, 결산은 예산집행의 책임을 확인하고 해제하는 특징을 가진다.[34]

위의 내용을 종합해보면 결산의 의의는 법률적이라기보다 오히려 정치적인 것이라고 할 수 있다. 그렇지만 관계공무원의 부정행위에 따르는 민사, 형사책임까지 면제되는 것은 아니다.

2) 결산의 절차

한국에서 결산은 출납정리(出納整理)→결산보고서의 작성, 제출→감사원의 결산 확인→국회의 결산 심의, 의결의 순서에 의해 확정된다.

33) 이동진 · 한인규, 『행정학개론』(서울: 대영문화사, 2014), p.549.
34) 이종수 외, 『새행정학』(서울: 대영문화사, 2014), p.325.

(1) 출납정리

결산은 수입 · 지출의 출납사무가 완결되어야 비로소 그 내용을 확정할 수가 있다. 따라서 1회계 연도에 속하는 세입 · 세출의 출납에 관한 사무는 다음 해 3월 31일까지 완결하도록 되어 있다. 이 기한을 출납정리 기한이라고 한다.

(2) 결산보고서 등의 제출

결산 심의의 기초 자료로서 각 중앙관서의 장은 매 회계연도에 그 소관에 속하는 세입세출의 결산보고서, 계속비 결산보고서, 국가의 채무에 관한 계산서를 작성하여 다음 연도 2월말까지 기획재정부장관에게 제출한다. 기획예산처장관은 이들 결산보고서를 종합하여 세입 · 세출 전체의 계산서를 작성하여 다음 연도 6월 10일까지 감사원에 송부하여 검사를 받는다.

(3) 감사원의 결산 확인

감사원은 정부의 결산을 검사하고 확인한 후 8월 20일까지 기획재정부장관에게 다시 송부한다. 감사원에 의한 결산확인의 의의는 결산이 합법성과 정확성에 관한 최종적인 판정에 놓여 있다. 그렇다고 이미 수입, 지출한 일련의 행위가 비록 위법적이었거나 부당한 행위였을지라도 무효로 하거나 취소할 수 있는 것은 아니다. 다만 검사 중에 발견된 비위에 대한 처벌, 시정의 조치는 할 수 있다.

(4) 국회의 결산 심의, 의결

정부는 감사원에서 검사를 마친 전년도의 세입, 세출 결산서를 국회의 정기회기 초에 제출한다. 국회에서는 예산결산 특별위원회에 회부하여 심사하게 하고, 이를 본회의에 상정하여 의결됨으로써 결산이 확정된다.

이러한 일련의 예산과정을 그림으로 나타내면 다음과 같다.

〈그림 6-3〉 우리 나의 예산과정

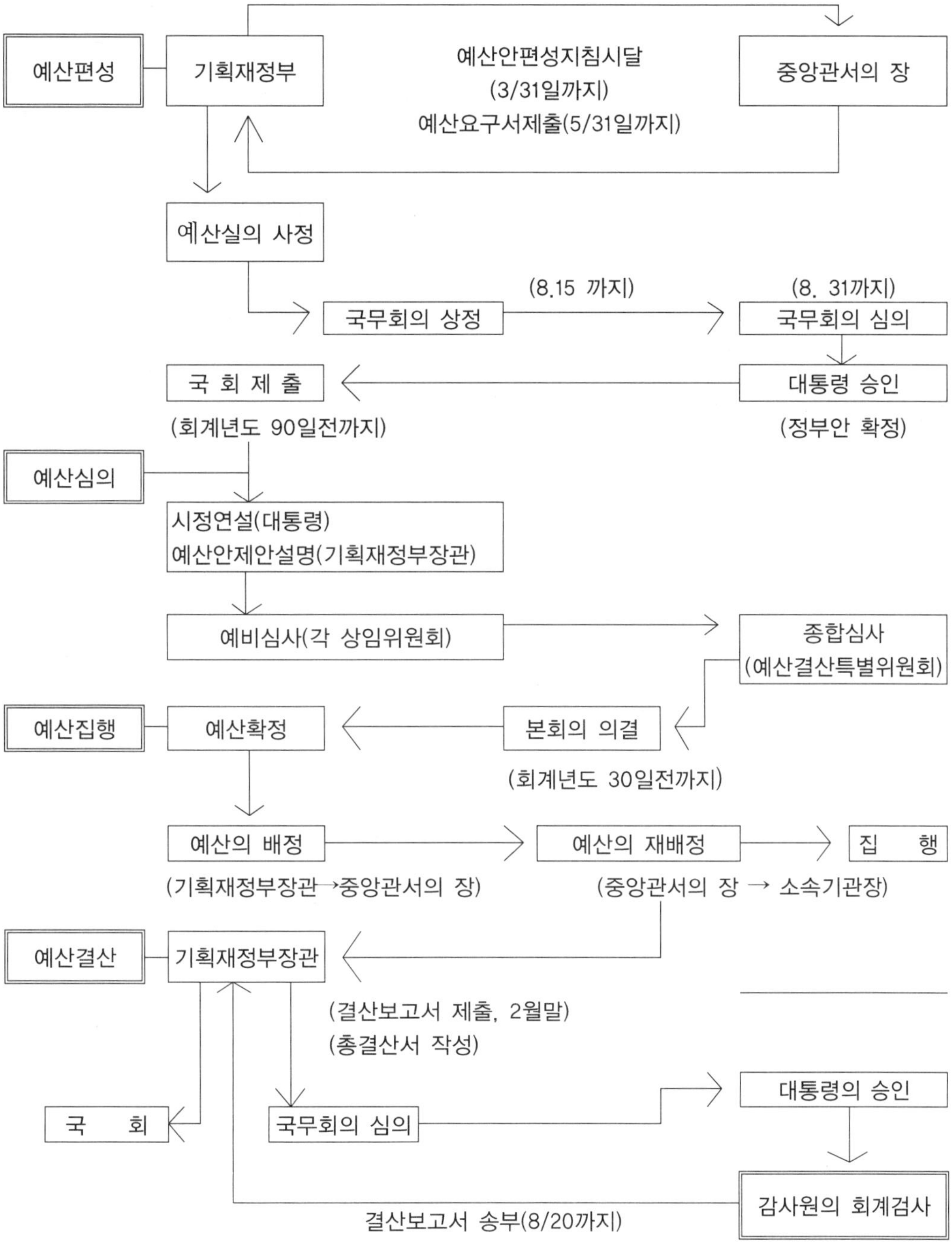

연습문제

01. 공공부문의 예산운영이 민간기업의 예산운영과 비교하여 다른 점을 설명하시오.

02. 「예산과정은 정치과정」이라는 말이 있다. 이를 예산의 편성, 심의, 예산제도의 개혁이라는 관점에서 논하여 보시오.

03. 우리나라 중앙정부의 세입세출 구조를 파악하고 재정적자에 대처할 수 있는 방안을 강구하여 보시오.

04. 한국의 예산편성과정을 요약 정리해 보자.

05. 예산의 원칙을 설명하시오.

06. 한국의 예산편성 과정을 설명하시오.

Chap. 7

지방행정론

제1절 지방자치의 의의

제2절 지방자치단체의 조직 체계와 계층구조

제3절 지방자치 재정

제4절 지방자치단체 기관 구성의 의의

제5절 지방의회와 지방자치단체의 집행기관

제6절 교육자치와 자치경찰

제7절 지방공기업과 제3섹터

제7장 지방행정론

제1절 지방자치의 의의

1. 지방행정의 개념

지방자치는 일찍이 서양에서 시작되었다. 지방자치가 가능하기 위해서는 주체가 되는 주민이 있어야 하고, 지역의 발전과 주민들의 복리증진을 위해서라는 목적이 있어야 한다. 그리고 지역에서 조달된 재원에 의해서 라는 재원이 있어야 한다. 주민의 일상생활과 밀접하게 관련된 지역의 사무라고 하는 대상이 있어야 하고 스스로 주민들이 대표자를 선출하여 자주적으로 처리하고 책임을 지는 방법이 요구되는 일련의 과정이다.[1] 결국 지방자치는 구역과 주민 및 자치권이라는 3대 요소를 필요로 한다.

광의의 지방행정은 행정 주체야 어쨌든 일정 지역 내에서 시민(주민)들의 복지증진을 위해 행해지는 전체행정을 의미하는데 여기에는 주민 스스로의 자치행정, 국가기관의 지방자치단체에 대한 위임행정이나 국가가 지방에서 직접 집행하는 관치행정도 포함된다. 반면에 협의의 지방행정은 일정한 지역 내에서 행해지는 행정 중 지방자치단체에 의한 행정을 의미한다. 따라서 관치행정은 여기에서 제외된다. 지방행정의 특성을 요약하면 다음과 같다. 즉 지역행정, 일선행정, 생활행정, 자치행정, 종합행정이 바로 그것이다. 첫째, 지역행정은 지방행정이 국가 내의 일정한 지역을 단위로 해서 이루어지는 것을 말한다. 둘째, 일선행정은 지역시민(주민)의 의견을 수립해 정책을 결정하고 집행해 나가는 것을 의미한다.

1) 제갈돈 · 김병규 · 도수관 · 윤기웅 · 이곤수, 『행정학개론』(파주: 법문사, 2017), p.250; 이종수 · 윤영진 외, 『새행정학』(서울: 대영문화사, 2014), p.409.

셋째, 생활행정이란 시민(주민)의 행정 수요를 대상으로 하는 행정을 말한다. 넷째 자치행정은 지역시민(주민)이나 대표자의 책임 하에 지역사무를 자주적·자율적으로 해결해 나가는 것을 말한다. 종합행정이란 지방정부가 중앙부처의 행정을 종합적으로 수용한 후 이를 지역 실정에 맞게 종합적으로 조정해 나가는 것을 의미한다. 그리고 지방행정에서 다루는 대상을 살펴보면 한마디로 지방정부의 조직, 인사, 재무, 정보, 기획 및 환경복지, 교통, 세무, 병무, 문화관광에 관한 행정을 말한다.[2)]

한편 우리나라 지방자치는 1960년 4·19학생 의거로 이승만 정권이 물러나고 장면 민주당 정부가 내각제를 실시해 본격화되는 듯했으나 실시 5개월 만인 1961년 5월 16일 이후 박정희 정권에 의해 전격 중단되었다. 그 후 30년 만인 1991년 3월 26일 기초의회 의원선거 그리고 6월 20일 광역의회 의원선거가 실시되어 본격적인 지방자치 시대가 막을 올렸다. 2014년 6월 4일 제10기 통합 지방선거가, 2017년 5월 9일 대통령 선거와 2018년 6월 13일 지방자치단체장 및 지방의회 선거가 성공적으로 치러졌다. 최근에는 로컬 거버넌스가 중요시되고 있으며 각 지방자치단체들이 각종 사회단체와 공동 협력을 펼치고 있다. 이러한 배경에 주목하면서 이 장에서는 지방행정의 개념과 이념, 우리나라 지방자치단체 조직 체계와 계층구조, 자치단체의 자치권과 기능 배분, 지방자치재정, 지방자치단체의 기관 구성, 지방의회와 집행기관, 지방자치와 주민 참여 그리고 지방공기업과 제3섹터, 교육자치 및 경찰자치제 등에 관해 자세히 다루었다. 올바른 지방자치제 실시야말로 풀뿌리 민주주의의 근원임을 상기하면서 말이다.

일반적으로 지방행정론(local government administration)이란 지방정부 내에서 이루어지는 행정을 연구하는 각론을 의미한다. 다시 말해, 지방정부의 조직, 인사, 재무, 정보, 기획은 물론 지방 업무의 분야별로 환경, 복지, 교통, 세무, 병무, 문화관광에 관한 행정을 연구하는 것으로 이해된다. 나아가 지방정부와의 협력 관계를 연구하는 지방정부들 간의 관계라든가 광역행정(regional administration)의 문제까지도 취급한다. 특히 지방행정론은 자치조직 이론, 자치인사론, 자치재정이론, 자치운영이론을 주로 연구 주제로 다루고 있으며, 지방정부 조직론에서는 지방정부의 종류를 포함해 계층구조와 사무 배분 구조 및 기능 배분 구조 등을 연구하며 동시에 지방자치단체(지방정부)의 유형에 대해 1개 특별시와 6개 광역시,

2) 신승춘·하재룡·최미옥·신현기·신윤창·장덕희·김병준, 『현대행정의 이해』(서울: 대영문화사, 2015), p.302.

9개 도의 광역자치정부 및 기초자치정부인 시·군·구의 2층제 연구를 비롯해 이들 지역 정부의 권한과 임무를 포함하고 있다. 그리고 지방정부의 재무행정 분야에서는 재정수입에서 의존재원과 자주재원을 연구 대상으로 한다.[3] 2013년에는 세종특별자치시가 탄생했으며, 정부의 각 부처가 외무부, 국방부, 통일부 등만 제외하고 모두 세종특별자치시로 이주함으로써 분권화의 좋은 예를 보여 주었다.

이상을 종합적으로 정리해 보면, 지방자치란 결국 국가 내의 일정한 지역에서 그곳에 거주하고 있는 지역 주민들이 자신들의 공동체 사무를 스스로 자유의사에 따라 결정하고 해결해 나가는 일련의 과정이라고 볼 수 있다.

2. 지방자치의 구성 요소

일반적으로 지방자치를 구성하는 주요 요소는 국가, 지방자치단체 및 주민 등 세 가지이다. 무엇보다 국가(중앙정부)라고 하는 기본 개념을 통해 지방자치라는 개념이 도출될 수 있다. 즉 지방자치단체는 국가라고 하는 최상위 단위를 중심으로 그 존재의 의미를 갖게 된다. 지방자치를 구성하는 두 번째 핵심 요소는 지방자치단체(지방정부)이다. 지방자치단체는 말 그대로 자기가 소속된 시민(주민)들이 주어진 문제들을 자체적으로 해결해 나가는 자치정부를 의미한다. 따라서 지역 주민들은 지방자치단체라고 하는 공법인을 설립해 최상위 단위인 국가로부터 어느 정도 독립된 일정한 자치권을 넘겨받아 그 주어진 권한을 행사해 나가게 된다. 마지막으로 시민(주민)이야 말로 지방자치에서 가장 핵심적 주체이다.[4] 왜냐하면 주민은 지방정부를 구성하는 데 독립적인 주권을 가진 기관이기 때문이다.

3. 주민자치와 단체자치

일반적으로 지방자치(local autonomy)의 기본 개념에는 크게 두 가지 측면을 내포하고 있다. 반드시 이 두 가지 측면의 개념이 충족되었을 때만 비로소 지방자치가 가능하다고 할 수 있다. 하나는 지방자치단체(지방정부)와 주민과의 관계로 연결된 측면이며, 다른 하나는 지방자치단체와 국가(중앙정부)와 관련된 관계이

3) 황윤원, 『행정학원론』(서울: 법문사, 2000), p.206.
4) 김영기, 『지방자치행정론』(서울: 대영문화사, 1999), pp.23-25.

다. 우선 전자의 경우를 주민자치라고 한다. 즉 주민의 생활과 관련된 지방행정을 국가가 중앙정부기관에 의하지 않고 자체적으로 일정 지역 주민이나 대표자를 통해 순수히 자기들의 뜻과 책임 하에 이루어지는 것을 의미한다.[5]

시민(주민)이 직접적으로 자치행정에 참여할 때를 중심으로 이해할 때는 바로 주민자치라고 부른다. 이것은 결국 자치행정이 어디까지나 시민(주민)이 실질적 주체로서 참여하여 행해지는 것을 뜻한다. 이에 반해 후자의 경우는 단체자치를 의미한다. 즉 어느 일정한 지역을 기본 토대로 하는 지방자치단체가 국가로부터 독립된 공법인의 자격을 수여받아 독립된 법적 지위와 권한을 소유한 후 지방자치행정을 국가의 간섭을 받지 않으며 스스로 자신의 문제를 해결해 나가는 것을 말한다. 따라서 단체자치를 법률적 의미의 자치라고도 부르고 있다.[6]

〈표 7-1〉 단체자치와 주민자치의 본질

요인	단체자치(대륙형)	주민자치(영미형)
발달한 국가	독일 · 프랑스 · 일본 · 한국	영국 · 미국 · 캐나다
자치권의 근거 학설	국권설 · 수탁설	지방권설 · 고유권설
자치권의 인정 주체	국가(중앙정부)	주민
추구하는 이념	지방분권	민주주의
자치의 의미	법률적/행정적 의미의 자치행정	정치적 의미의 자치행정
주민 참여의 정도	낮음	높음
중앙통제의 정도	강함	약함
중앙통제의 수단	행정적 통제	입법적 · 사법적 통제
중앙-지방정부 관계	권력적 감독 관계	기능적 협력 관계
자치권 배분 방식	포괄적 수권 방식	개별적 수권 방식
재원 확보 방식	자주재원	의존재원
자치사무의 구분	구분함	구분 안 함
지방자치기관의 지위	자치기관 · 국가기관	순수한 자치기관
지방세 제도	부가세 제도 채택	독립세 중심
중시하는 관계	자치단체-국가의 관계	주민-자치단체 관계

출처: 김영기, 『지방자치행정론』(서울: 대영문화사, 1999), p.29.

5) 최창호, 『지방자치학』(서울: 삼영사, 2007), p.374; 손재식, 『현대지방행정론』(서울: 박영사, 1991), p. 20.
6) 신승춘 · 하재룡 · 최미옥 · 신현기 · 신윤창 · 장덕희 · 김병준, 『현대행정의 이해』(서울: 대영문화사, 2015), p.303; 김영기, 『지방자치행정론』(서울: 대영문화사, 1999), p.25.

4. 지방자치의 역사

1) 지방자치 시동기와 중단기(1948 ~ 1991)

이승만 정부가 물러난 후 출범한 민주당의 장면 정부는 지방자치법 제5차 개정을 통해 제3대 지방의회를 구성했다. 내각제로 제2공화국을 출범시킨 장면 정부는 제5차 지방자치법 개정을 통해 모든 지방자치단체장을 주민이 직접 선출하게 했다. 그러나 지방자치단체가 구성된 지 5개월 만인 1961년 5월 16일 군사 쿠데타가 발생하면서 지방자치제의 도입은 중단되었다. 박정희는 군사혁명위원회 포고령 제4호(1961. 5. 16)를 통해 지방의회를 해산시킴으로써 지방자치는 중단되고 같은 해 6월 6일 국가재건최고회의령 제42호와 국가재건비상조치법 제20조에 따라 단체장은 임명제로 바뀌게 되었다. 1961년 9월 지방자치에 관한 임시조치법이 공포되어 읍·면자치제를 군자치제로 전환했으며, 지방의회를 해산하고 그 기능을 상급단체가 대행하게 했다. 지방자치단체의 장을 임명제로 했다.7)

특히 또한 1962년 12월 26일 개정 헌법에서 지방자치를 할 의사가 없음을 분명히 했고, 1972년 10월 제정된 유신헌법에서는 지방의회는 통일이 이루어질 때까지 구성하지 아니한다고 명문화함으로써 지방자치 실시에 대한 논란의 여지를 불식시켰다. 1979년 10·26 사태 이후 1991년 지방자치가 다시 부활될 때까지 약 30여년 간 우리나라 지방자치단체는 단순히 중앙정부의 과제 수행기관으로 전락했으며, 자치사무의 처리까지도 중앙의 지시와 명령에 귀속되게 되었다. 그러나 1981년 개정된 헌법은 지방의회의 구성을 지방자치단체의 재정자립도를 감안해 순차적으로 하도록 규정했다. 그 결과 제5공화국 시기(1981～1988)는 민주적 지방제도 재시동의 시발점이 되었다. 1987년에는 지방자치법 전문 개정안이 국회에 상정되었으며 1989년 12월 30일 개정된 지방자치법에서는 의원선거는 1990년 6월 30일 이내, 단체장선거는 1991년 6월 30일 이내에 실시하도록 규정했다. 그러나 선거는 연기를 거듭하다 의원선거는 1991년에, 그리고 단체장 선거는 1995년에 실시되었다.8)

---

7) 최창호·하미승, 『새행정학』(서울: 삼영사, 2006), p.680; 신승춘·하재룡·최미옥·신현기·신윤창·장덕희·김병준, 『현대행정의 이해』(서울: 대영문화사, 2015), p.304.

2) 지방자치의 부활기(1991~현재)

1991년 3월 26일 노태우 대통령 당시에 30년 만에 전국에서 기초의회 의원선거가 및 6월 20일 광역의회 의원선거가 실시되어 4,303명의 기초의회 의원과 866명의 광역의회 의원이 선출되었으며 본격적인 지방자치 시대의 막을 올렸다. 그러나 단체장 선출은 1995년 6월 27일 제2기 지방의회 의원 선거에서야 실현되었다(4대 동시선거). 1999년 1월에는 중앙행정 권한 지방이양 촉진에 관한 법률이 제정되어 실천에 옮겨졌다. 1999년 8월에는 주민의 직접 참여에 의한 조례 제정 개폐청구권, 주민감사청구권, 지방의정기회의 2회 확대 제도 도입, 지방자치단체장과 지방의회의장단의 협의체 구성을 법제화했다.

〈표 7-2〉 우리나라 기관 구성 형태 및 지방자치법의 변천 과정

구분	지방의회	지방자치단체장	특징
지방자치법 · 공포 (1949. 7. 4)	의회 구성 (주민 직선)	도지사 · 특별시장(대통령 임명) 시 · 읍 · 면장 (지방의회 간선)	읍 · 면자치제
제1차 개정 (1949. 12. 15)	경과 규정에 의해 유보	경과 규정에 의해 시장은 대통령이, 읍 · 면장은 도지사가 임명	의회의 역할을 내무부 장관 혹은 상급단체장이 수행
제2차 개정 (1956. 2. 3)	의회 구성 (주민 직선)	도지사 · 특별시장(대통령 임명) 시 · 읍 · 면장 (주민 직선)	단체장에 대한 의회 불신임 제도 폐지, 임기 축소(3년)
제3차 개정 (1956. 7. 8)	상동	상동	선거일까지 임기 만료되지 않은 자 종전 임기(4년) 보장
제4차 개정 (1958. 12. 26)	의회 구성 (주민 직선)	도지사, 특별시장, 시장 (대통령 임명) 읍 · 면장 (도지사 임명)	단체장 전부 임명제로 전환 단체장 불신임제 채택
제5차 개정 (1960. 11. 1)	의회 구성 (주민 직선)	전부 주민 직선	4 · 19 이후 12 · 12선거로 의회 구성, 단체장 선출
지방자치에 관한 임시조치법 (1961. 9. 1)	의회 해산	전부 대통령 임명	5 · 16 쿠데타로 지방의회 해산

8) 강용기, 『현대지방자치론』(서울: 대영문화사, 2014), p.91.

제6차 개정 (1988. 4. 6)	주민 직선(1991년 까지 미실시)	주민 직선(경과 규정에 따라 대통령 임명	새로운 지방자치법 제정
제7차 개정 (1989. 12. 30)	원칙: 의회 구성 경과 조치: 미구성	원칙: 주민 직선 경과 조치: 임명제	단체장 직선 명문화 의원 선거 1990. 6. 30 이내, 단체장 선거 1991. 6. 30
제8차 개정 (1990. 12. 31)	상동	상동	의원선거 1991년 6. 30 단체장선거 1992. 6. 30 이내
제9차 개정 (1991. 5. 23)	의회 구성(주민 직선/1991. 3. 26/6. 20 실시)	원칙: 주민 직선 경과 조치: 임명제	정당 공천 허용 (기초의원 배제)
제10차 개정 (1991. 12. 31)	의회 구성 (주민 직선)	상동	정기회 집회일 조정
제11차 개정 (1994. 3. 16)	의회 구성 (주민 직선)	상동	주민투표제 도입
제12차 개정 (1994. 12. 20)	의회 구성 (주민 직선)	상동	직할시를 광역시로 단체장 연임 제한(3회); 제1기 동시 지방선거
제13차 개정 (1995. 1. 5)	의회 구성 (주민 직선)(1995. 6. 27)	주민 직선(95.6.27)	단체장의 국가공무원 임용제청권 부여
제14차 개정 (1995. 8. 4)	의회 구성 (주민 직선)	주민 직선	도농 복합시 설치 기준 완화; 제2기 동시지방선거 (1998. 6. 4)
지방자치법 (1999. 8. 31)	서울특별시 · 광역시 · 도 지방자치단체 구성	광역 · 기초단체장 직선 광역 · 기초지방의회 구성	주민조례 제정 · 개폐 청구권 신설 주민감사 청구권 신설
지방자치법 (2000. 1. 21)			인구 800만 이상의 광역시 및 도는 부단체장을 종래 2인에서 3인으로 조정
지방자치법 (2002. 3. 25)			지방자치단체의 장이 금고 이상의 형의 선고를 받고 확정되지 않은 경우에도 부단체장이 그 권한을 대행하도록 함
지방자치법 (2003. 7. 18)			지방의원 명예직 조항 삭제
지방분권 특별법 (2004.1. 16)			5년 한시법 (2009. 1. 17 폐지)

주민투표법 (2004. 1. 29)			독립된 법령으로 주민투표법 제정(시행은 6개월 후)
지방자치법 (2004. 1. 29)			인구 50만 이상 대도시 특례를 둘 수 있도록 함
지방자치법 (2005. 1. 27)			주민소송제 도입
지방자치법 (2005. 8. 4)			지방의원 유급제 도입
지방자치법 (2006. 1. 11)	특별시·광역시·도 및 특별자치도		공직선거법에서 선거권자 20세에서 19세로 조정
제주특별자치도 설치 및 국제자유도시 조성에 관한 특별법 (2006. 2. 21)			제주도를 광역자치단체 중심으로 단층화, 2006년 7월 1일 제주특별자치도 출범
지방자치법 (2006. 4. 28)			지방의원 윤리강령 조례 제정 의무화 의회에 전문위원제 도입
주민소환에 관한 법률, 지방자치법 (2006. 5. 24)			주민소환제 도입 (2007년 6월 시행)
지방분권 촉진에 관한 특별법(2008. 2. 29)			자치사무와 국가사무로 이분화, 지방세 비율 확대, 대통령 소속하의 지방분권촉진위원회 규정
경남 창원시 설치지원특례에관한 법률 (2010. 3. 12)			통합 창원시 설치 행정·재정적 지원 특례 사항 규정
지방행정체제개편에 관한 특별법 (2010. 10. 1)			지방행정 체제 개편의 기본 방향, 지방행정개편추진위원회 설치 등

세종특별자치시 설치 등에 관한 특별법 (2010. 12. 27)			세종특별시 설치
지방분권 및지방행정체제개편에 관한 특별법 (2013. 5. 28)			

자료: 강용기, 『현대지방자치론』(서울: 대영문화사, 2014), pp.98-99를 참조해 재구성.

한편 2002년에는 제4대 기초의회 의원선거와 제3대 단체장선거가 치러지고 노무현 정부 시절(2003. 2~2008. 2)인 2006년 5월 31일에는 제4기 지방선거가 실시되었다. 특히 2003년 지방의원의 명예직 조항을 삭제하고 2005년 8월에는 지방의원 유급제를 도입했다. 2004년에는 5년 한시법으로 지방분권특별법을 제정해 지방분권을 강하게 추진하기도 했다. 독립된 법률로 주민투표법도 제정되었으며, 2005년 1월에는 주민소송제를, 2006년에는 주민소환제를 도입했고, 같은해 7월 1일 제주특별자치도가 출범했다.[9] 그리고 이명박 정부 시절(2008. 2~2013. 2)인 2008년 6월에는 지방분권특별법을 대체하는 지방분권 촉진에 관한 특별법을 제정했는데, 이 법에 따라서 2010년 7월 통합 창원시가 출범했다. 같은해 10월에는 지방행정체제개편에 관한 특별법이 제정되었고, 2012년 7월에는 세종특별자치시가 탄생했다. 2013년 박근혜 정부(2013. 2~2018. 2)가 출범했고 다음해인 2014년 6월 4일 제6회 지방선거가 실시되었다.[10] 2017년 5월 9일 박근혜 대통령이 탄핵 당해 물러나고 대통령 선거에서 승리한 더불어민주당 문재인 후보가 당선되어 5월 10일 취임했다. 2018년 6월 13일 지방선거 결과 더불어민주당이 압승해 오늘에 이르고 있다. 위의 〈표 7-2〉는 지금까지 살펴본 우리나라 지방자치법의 발달 과정을 요약한 것이다.

9) 강용기, 『현대지방자치론』(서울: 대영문화사, 2014), p.92.

10) 신승춘 · 하재룡 · 최미옥 · 신현기 · 신윤창 · 장덕희 · 김병준, 『현대행정의 이해』, 서울: 대영문화사, 2015, p.308.

제2절 지방자치단체의 조직 체계와 계층구조

1. 지방자치단체의 개념과 유형

1) 지방자치단체의 개념

지방자치단체(local self - government)란 국가의 일정 부분을 그 구역으로 해서 그 안에 있는 모든 주민(시민)과 사물에 대해 국법이 승인하는 영역 내에서 자치권(통치권)을 소유하는 공법인 단체를 말한다. 다른 말로 자치단체, 지방자치체, 지방공공단체, 지방단체라고도 불리는 지방자치단체는 첫째, 국가(중앙정부)와는 달리 반드시 국가 내의 어느 일정한 지역을 자신의 관할구역으로 하고 있기 때문에 지역단체로서의 성격을 지니고 있고, 둘째는 법률적 권리 의무의 주체인 공법인으로서 계약을 맺음은 물론이고 재산까지 소유할 수 있다는 점에서 국가에 소속된 일반 하부 행정기관과도 분명한 차이가 있다. 셋째는 일반사법인과도 엄연히 구별되는 바, 특히 자기 관할구역 내의 주민(시민)과 단체에 대해서까지도 규제하고 세금을 부과하는 특징을 가지고 있다는 점이다.[11]

〈표 7-3〉 지방자치단체의 유형

	사례 국가	주요특징
단방제	한국, 프랑스, 일본, 덴마크, 뉴질랜드	- 주민의 지방정부에 대한 참정권은 중앙정부의 법률에 의해 제한되며 지방정부의 과세권도 마찬가지로 법률로 제약됨 - 책임소재가 명확해 행정의 중복 문제 적음
연방제	미국, 캐나다, 호주, 독일, 인도, 브라질, 멕시코	- 본인으로서 주민이 대리인인 지방정부와 중앙정부를 각각 창설 - 중앙정부와 지방정부는 원칙적으로 대등 관계 - 다원성과 소수자 보호에 유리
연합체	유럽연합, 건국초기의 미국, 독립국가연합(CIS)	- 주민이 투표하고 과세권을 보유하는 주체는 기본적으로 하위(지방)정부 - 중앙정부는 하위정부에 의해 재위임된 사항만 관장, 하위정부 권한 변경에는 하위정부의 비준 필요

출처: 이종수 · 윤영진 외, 『새행정학』(서울: 대영문화사, 2014), p.411 재인용.

11) 이종수 외, 『새행정학』(서울: 대영문화사, 2014), p.426; 김병준, 『한국지방자치론』(서울: 법문사, 1998), p.47.

2) 지방자치단체의 종류

우리나라 지방자치단체는 수행하는 기능에 따라서 크게 일반지방자치단체와 특별지방자치단체로 구분된다.

(1) 일반지방자치단체

일정한 지역 내에서 종합적이고 일반적인 자치 기능을 수행하는 지방자치단체를 의미한다. 여기에는 특별시 · 광역시 · 도 · 시 · 군 · 자치구가 해당되며, 이는 국가와의 관계에서 공동의 목적들을 성취하기 위해 특히 상 · 하의 계층적 구조를 형성하고 있는 것이 특징이다. 우리나라는 2층제 구조를 채택하고 있는데, 이는 특별시 · 광역시 · 도를 상급지방자치단체(광역지방자치단체)로 하고, 시 · 군 · 자치구를 하급지방자치단체로 하는 것을 말한다.

한편 우리나라의 일반지방자치단체는 광역자치단체와 기초자치단체로 구성되어 있는데, 전자의 경우 1특별시, 1개 세종특별자치시, 6광역시(부산, 대구, 인천, 광주, 대전, 울산), 그리고 8개 도 그리고 1개 제주특별자치도 등 17개 광역시로 형성되어 있다. 후자는 광역자치단체의 관할구역 안에 있다. 2015년 기준으로 75개 시, 82군, 69자치구, 220개 읍, 1,193개 면, 2,089개 동으로 이루어져 있다.[12] 2018년 8월 현재 전국의 시군구는 228개이며 전국 읍면동은 3463곳이다. 세종특별자치시가 광역자치단체이며 정부청사(각부 장관들)가 이전해 모여 있고 비록 인구는 약30만으로 적지만 그 상징성이 크며 세종시청 산하에 동과 같은 기초자치단체를 두지 않고 있으며 중앙정부로부터 재정 특례도 받는다.

(2) 특별지방자치단체

특별지방자치단체는 그 구역을 비롯해 권능이나 조직 등이 특수한 경우를 지칭한다. 별도로 특별지방자치단체를 설치하는 궁극적인 이유는 특정한 지방행정사무를 그 지역에 속한 주민에게 최대한 효율적으로 수행하고자 하는 데 있다.

12) 임재현, 『지방행정론』(서울: 대영문화사, 2017), p.292; 강용기, 『현대지방자치론』(서울: 대영문화사, 2014), p.340.

현재 우리나라의 경우 지방자치단체조합을 특별지방자치단체로 인정하고 있는데, 이것은 지방자치법 제149조 제2항에 따라 지방자치단체의 하나나 둘 이상의 복합적 사무를 다수의 지방자치단체가 공동으로 처리하기 위해 그들 간의 합의에 따라서 성립되는 법인을 말한다.[13] 또 다른 특별자치단체의 예로는 현재 서울시·인천광역시 그리고 경기도가 공동으로 참여해 설립·운영하고 있는 '김포 쓰레기 매립장 운영조합'을 들 수 있다.

2. 지방자치단체의 구역과 계층구조

1) 자치단체 구역의 개념

구역(area or district)이란 일정한 공공의 기관이나 단체의 관할권이 미치는 지역적 범위[14] 또는 일정한 목적을 달성하기 위해 정해진 기준에 따라 국토공간을 구분해 놓은 일정한 지리상의 한계[15]를 의미한다. 물론 육지, 하천, 호소, 해역도 육지의 연장에 포함한다. 이러한 구역은 정해진 지리적 공간이라고 하는 차원과 통치권이 미칠 수 있는 정치적 공간이라는 차원을 지니고 있다.[16]

2) 지방자치단체의 계층구조

[그림 7-1]에서 보는 바와 같이 우리나라 지방자치단체는 지방자치법 제2조 1항에 따라서 1994년 이래 특별시와 광역시 그리고 도와 시·군·자치구 등 2층제로 하고 있다.

우선 지방자치법 제3조 제2항에 따라 그림에서 보는 바와 같이 크게 1개 특별시, 1개의 세종특별자치시와 6개 광역시[17] 그리고 9개 도(道)로 나뉜다. 시는 도

13) 한국지방자치학회, 『한국지방자치론』(서울: 삼영사, 1999), p.157.
14) 최창호, 『지방자치학』(서울: 삼영사, 2008), p.683.
15) 김영기, 『지방자치행정론』(서울: 대영문화사, 1999), p.41.
16) 자치구역은 지방자치단체의 자치권이 미치는 지역적 범위를 말하고, 행정구역은 행정상의 편의를 위해 설정된 지역적 단위를 의미한다.
17) 1개의 서울특별시와 1개의 세종특별자치시 그리고 광역시는 총 6개인데 인천광역시, 대전광역시, 광주광역시, 대구광역시, 울산광역시, 부산광역시 등이다.

의 관할구역 안에 두며, 군은 광역시와 도의 관할구역 안에 두고, 자치구는 특별시와 광역시의 관할구역 안에 두는 것으로 짜여져 있다.

〈그림 7-1〉 우리나라 지방자치단체의 계층구조

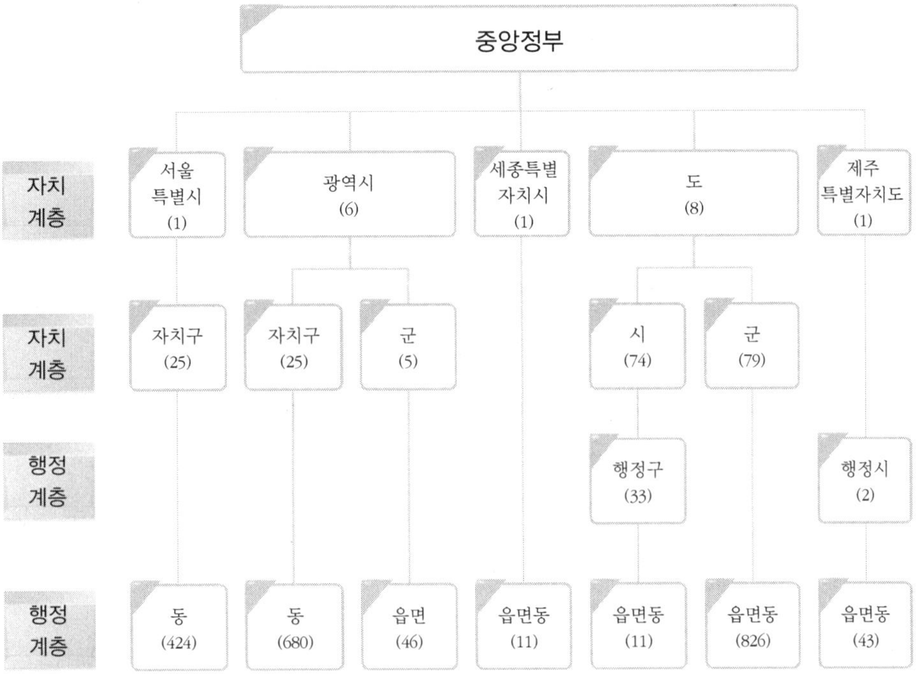

자료: 이종수 · 윤영진 외(2014: 426)에서 재인용.

도에는 시와 군 및 기초자치단체를 두고 있으며, 인구 50만 이상의 시에는 구를 두고 그 밑에 다시 동을 둘 수 있게 하고 있다. 그 밖에 동법 제3조 제3항에 따라서 도·농복합 형태의 시에는 동과 읍·면을 두고 자치구가 아닌 구를 두는 경우에는 그 구에 읍·면·동을, 그리고 군에는 읍·면을 하급행정기관으로 두고 있다.[18)]

18) 한국지방자치학회, 『한국지방자치론』(서울: 삼영사, 1999), p.159; 김병준, 『한국지방자치론』(서울: 법문사, 1998), p.83.

3. 자치권의 의의와 개념

자치권이란 법인격을 가진 지역적인 통치단체로서의 지방자치단체가 자신의 지역과 주민을 통치하고 주어진 관할사무를 자기의 창의와 책임 하에 해결해 나갈 수 있는 법적 능력을 의미한다.[19] 우리나라 헌법 제8장 제117조 제1항에 따라 지방자치단체는 자치권에 의해 자신의 관할구역과 주민을 통치함은 물론이고 그 관리사무를 자신의 독창성과 책임 하에 처리해 나갈 수 있는 법적 권능을 지니게 되었다. 자치권의 내용은 일반적으로 자치입법권, 자치행정권, 자치조직권 그리고 자치재정권으로 구분된다.

1) 자치입법권

헌법 제117조 제1항은 지방자치단체의 자치입법권을 헌법적으로 보장하고 있다. 또한 우리나라 지방자치법 제15조에는 "지방자치단체는 법령의 범위 안에서 그 사무에 관하여 조례를 제정할 수 있다"고 규정되어 있으며, 제16조에서도 "지방자치단체의 장은 법령이나 조례가 위임한 범위 안에서 그 권한에 속하는 사무에 관하여 규칙을 제정할 수 있다"고 규정하고 있다.[20]

(1) 조례제정권

지방자치법 제15조와 제35조에 따르면 조례란 "지방자치단체가 법령의 범위 안에서 그 권한에 속하는 사무에 관해 지방의회의 의결로 제정하는 법"이다. 조례는 한국과 일본에서 사용하는 용어이고, 미국의 경우는 지방법(local law) 그리고 영국에서는 보조법이라는 용어를 사용하고 있다. 조례는 자치단체의 내부구조, 운영, 사무 처리, 주민의 권리나 의무 등을 내용으로 하는데, 상위법이나 상위자치단체의 조례를 위반해 제정할 수 없고 주민의 권리 제한 또는 의무 부과에 관한 사항이나 벌칙을 정할 때는 법률의 위임이 있어야만 하도록 규정되어 있다.

---

19) 신승춘 외, 『현대행정의 이해』(서울: 대영문화사, 2015), p.310.

20) 임재현, 『지방행정론』(서울: 대영문화사, 2017), p.318; 최창호 · 하미승, 『새행정학』(서울: 삼영사, 2006), p.701; 이종수 · 윤영진 외, 『새행정학』(서울: 대영문화사, 2014), p.433.

(2) 규칙제정권

지방자치법 제16조에 따르면, 규칙이란 지방자치단체의 장이 법령 또는 조례가 위임한 범위 안에서 그 권한에 속하는 사무에 관해 제정하는 법규를 말한다. 이 규칙 역시 조례와 같이 상위 법령이나 자치단체의 규칙을 위반해서는 안 된다. 조례나 규칙은 법규의 성격을 띤 것도 있고 행정규칙의 성격을 띠는 것도 있다.

2) 자치행정권

헌법 제117조 제1항은 자치단체에게 주민의 복리에 관한 사무를 처리할 수 있는 권리를 부여하고 있다. 또한 지방자치법 제94조에서 "지방자치단체의 장은 당해 지방자치단체의 사무와 법령에 의거해 그 지방자치단체의 장에게 위임된 사무를 관리하고 집행한다"고 규정함으로써 지방자치단체장의 자치사무에서 행정권을 보장해 주고 있다.

(1) 자치사무권

지방자치단체는 지방의 고유사무에 대해 스스로 권한과 책임 하에 처리해 나갈 수 있는 집행 권한을 가지는데 이를 자치사무권이라고 한다.

(2) 자치조직권

자치조직권은 지방자치단체가 자기의 조직을 자주적으로 정하는 권능을 의미한다. 즉, 자치행정을 수행하기 위한 행정조직이 국가의 간섭 없이 자기 스스로 조직을 결정할 수 있는 권능으로서 자치권 중에서 중요한 요소 중 하나이다. 이 자치조직권은 자치기구를 조직하는 권리와 동시에 자치기구의 내부조직을 그 지방에 필요한 구조로 형성시킬 수 있게 하는 권리이다. 이러한 내용들은 우리나라 지방자치법 제4조 1항에서 "지방자치단체를 폐치·분합하거나 그 명칭 또는 구역을 변경할 때" 관계된 지방의회의 의견을 듣게 하고, "자치구가 아닌 구와 읍·면·동의 명칭과 구역을 변경하거나 폐치·분합할 때에는 행정자치부 장관의 승인을 얻어 당해 지방자치단체의 조례로 정한다"고 규정하고 있는 것이 위의 자치조직권을 잘 설명해 준다.

(3) 자치재정권

자치재정권은 지방자치단체가 자기 사무를 수행하는 데 필요한 경비를 충당하기 위해 중앙정부의 간섭을 받지 않고 자주적으로 재원을 조달하고 지출할 뿐만 아니라 조직을 잘 관리하며 정책 목표를 달성하기 위해 자체적으로 예산을 편성하고 집행하며 관리하는 권한을 말한다.

그러나 지방자치단체는 스스로 노력을 통해 재정을 확충할 수 있도록 지방세 탄력세율, 재산과세의 과표 및 수수료 탄력 결정 등과 같은 자치재정권은 인정되는 반면, 조례를 통한 독립적인 지방세목은 설치할 수 없다. 또한 지방자치단체의 지방채 발행은 지방의회 의결 외에 행정자치부의 승인을 받아야만 한다.[21)]

(4) 자치인사권

자치단체장은 주어진 범위 내에서 부시장, 부지사, 부군수, 부구청장 등의 임면권을 가진다. 기타 공무원에 대한 인사권을 가지고 있다.

4. 공공사무에 대한 개요

우리나라 공공사무는 크게 국가사무와 지방사무로 나누어 볼 수 있다. 전자는 국가(중앙정부)가 중심이 되어 처리하는 사무이며, 후자는 지방자치단체가 처리하는 사무를 말한다. 즉, 지방사무는 아래의 공공사무 체계도([그림 7-2])에 자세히 나타나 있듯이 또다시 고유사무로서 자치사무와 위임사무로 대별된다.

국가기관으로서의 지위도 동시에 소유하고 있는 지방자치단체는 국가(중앙정부)로부터 국가사무를 위임받아 처리하고 있다. 여기서 위임사무는 또다시 지방자치단체에게 위임하는 단체위임사무와 집행기관인 단체장에게 위임해서 처리하는 기관위임사무로 나뉜다.[22)]

---

21) 이종수 · 윤영진 외, 『새행정학』(서울: 대영문화사, 2014), p.435.
22) 강용기, 『현대지방자치론』(서울: 대영문화사, 2014), p.233.

〈그림 7-2〉 지방자치단체 사무의 분류 체계

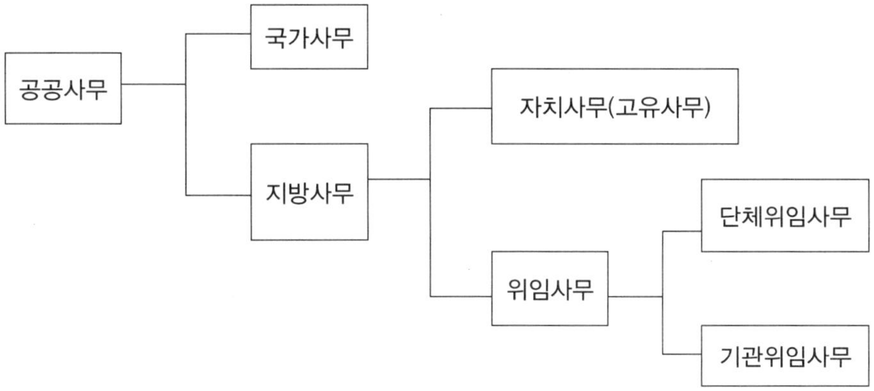

1) 국가사무

국가사무는 국가 전체의 이해관계가 결부되어 있는 국가의 고유한 사무들이기 때문에 국가(중앙정부)가 지방자치단체에 위임하지 않고 직접 처리하는 사무를 의미한다. 국가사무의 처리에 소요되는 경비 전액은 국가가 부담하고 사무는 후에 국정감사의 대상이 된다.

지방자치법 제11조는 지방자치단체가 처리할 수 없는 국가사무를 열거하고 이외의 국가사무에 대해 법률이 허용하는 경우에만 지자체가 처리할 수 있도록 하고 있다. 지방자치법 제11조가 규정한 지방자치단체가 처리할 수 없는 국가사무는 ① 외교, 국방, 사법, 국세 등 국가의 존립에 필요한 사무, ② 물가정책, 금융정책, 수·출입정책 등 전국적으로 통일적 처리를 요하는 사무, ③ 농립·축수산물 및 양곡의 수급 조절과 수·출입 등 전국적 규모의 사무, ④ 국가종합경제개발계획, 국가하천, 국유림, 국토종합개발계획, 지정항만, 고속도로, 일반국도, 국립공원 등 전국적 규모 또는 사무, ⑤ 근로 기준, 측량 단위 등 전국적으로 기준의 통일 및 조정을 요하는 사무, ⑥ 우편·철도 등 전국적 규모 또는 이외에 비슷한 규모의 사무, ⑦ 고도의 기술을 요하는 검사, 시험, 연구, 항공관리, 기상행정, 원자력 개발 등 지방자치단체의 기술 및 재정 능력을 감당하기 어려운 사무 등이다.[23)]

2) 지방사무

우리나라 지방자치법 제9조에는 지방자치단체가 수행해야 할 사무로서 ① 그 관할구역의 자치사무와 ② 법령에 의해 지방자치단체에 속하는 사무 등 두 가지를 규정해 놓고 있다. 동법 제9조에서 열거하고 있는 지방사무는 크게 여섯 개의 영역으로 구성되어 있다.

첫째, 지방자치단체의 구역, 조직 그리고 행정관리 등에 관한 사무 분야인데 ① 관할구역 안 행정구역의 명칭 · 위치 및 구역의 조정, ② 조례 · 규칙의 제정 · 개폐 및 그 운영 · 관리, ③ 산하 행정기관의 조직관리, ④ 산하 행정기관 및 단체의 지도 · 감독, ⑤ 소속 공무원의 인사 · 후생복지 및 교육, ⑥ 지방세와 지방세 외 수입의 부과 및 징수, ⑦ 예산의 편성 · 집행 및 회계감사와 재산관리, ⑧ 행정장비 관리, 행정전산화 및 행정관리 개선, ⑨ 공유재산관리, ⑩ 호적 및 주민등록관리, ⑪ 지방자치단체가 필요로 하는 각종 조사 및 통계의 작성 등이다.

둘째는 주민의 복지 증진에 관한 사무 분야인데 ① 주민 복지에 관한 사업, ② 사회복지시설의 설치, 운영 및 관리, ③ 생활곤궁자의 보호 및 지원, ④ 노인, 아동, 심신장애자, 청소년 및 부녀자의 보호와 복지 증진, ⑤ 보건진료기관의 설치, 운영, ⑥ 전염병 및 기타 질병의 예방과 방역, ⑦ 묘지 · 화장장 · 납골당의 운영, 관리 등이다.

5. 지방자치단체사무의 유형별 분류

통상적으로 지방자치단체의 사무 유형은 자치사무, 단체위임사무, 기관위임사무로 구분된다.[24)]

1) 자치사무(고유사무)

지방자치단체의 자치사무는 일반적으로 지방자치단체의 존립을 목적으로 지방

23) 신승춘 · 하재룡 · 최미옥 · 신현기 · 신윤창 · 장덕희 · 김병준, 『현대행정의 이해』(서울: 대영문화사, 2015), p.317.

24) 한국지방자치학회, 『한국지방자치론』(서울: 삼영사, 1999), p.238.

자치단체가 주민의 복리 증진을 위한 지방적 공공사무를 자기의 책임과 부담 하에 수행해 나가는 것으로서 본래적인 사무라는 뜻에서 '고유사무'라고도 부른다.[25] 자치사무를 수행하는 데 필요한 비용은 자치단체의 자주재원과 기타 보조금 등으로 부담하는 것을 원칙으로 한다. 또한 지방의회는 이 자치사무에 대해 폭넓게 관여할 수 있게 허용된다. 반면에 국가(중앙정부)에게는 다만 극히 한정적으로 합법성과 사후 감독만이 허용되는 특징을 지니고 있다.

2) 단체위임사무

이것은 자치단체가 국가나 상급 자치단체로부터 위임받아 수행하는 사무를 말한다. 즉, 이 사무는 지방적이고 전국적 이해관계를 동시에 지니기 때문에 지방재정법 제18조 1항에 따라 업무 수행에 소요되는 비용은 양자가 부담한다. 위임기관은 자치단체에 부담금 명목으로 보조금을 지급하는 게 원칙이며, 다른 경우에 비해 국가의 감독이 비교적 크다. 보건소의 운영이나 예방접종에 관한 사무, 국세 및 시 · 도세의 징수사무, 그리고 시 · 도의 국토 유지 및 수선사무 같은 것이 단체위임사무의 좋은 예가 된다.[26]

3) 기관위임사무

이는 지방보다는 전국적 이해관계가 더 큰 사무들로서 국가나 상급 지방자치단체로부터 자치단체의 집행기관에만 배타적으로 처리가 위임된 사무들을 말하며, 이 경우 위임받은 집행기관은 국가기관의 지위에 서게 된다. 따라서 이러한 사무에 대해서는 지방의회가 관여할 수 없다. 국가는 기관위임사무에 대한 강한 통제권을 가지며 그 비용도 대부분 국가가 부담한다. 기관위임사무의 종류에는 호적사무, 주민등록, 병사사무, 총선과 대선에 관한 사무, 국민투표, 경찰사무, 소방사무, 지적 등이 있다. 이것들은 사실상 국가사무라고 할 수 있다.[27]

---

25) 신승춘 · 하재룡 · 최미옥 · 신현기 · 신윤창 · 장덕희 · 김병준, 『현대행정의 이해』(서울: 대영문화사, 2015), p.319.

26) 강용기, 『현대지방자치론』(서울: 대영문화사, 2014), p.236.

27) 강용기, 『현대지방자치론』(서울: 대영문화사, 2014), p.238; 김영기, 『지방자치행정론』(서울: 대영

〈표 7-4〉 기관위임사무와 단체위임사무의 비교

구분	중앙의 감독(통제)	지방의회의 간여	경비부담	이해관계	법정조치
기관위임사무	적극적(강): 교정 + 예방	불가(x)	국가 100%	국가(전국적)	불필요
단체위임사무	소극적(약): 교정	가능(0)	지방+국가	국가+지방	필요

출처: 이동진 · 한인규 공저, 『행정학개론』(서울: 대영문화사, 2014), p.620.

4) 행정사무 배분의 원칙과 기준

일반적으로 행정사무 배분이라 함은 어느 일정한 행정구역 내의 주민에 대한 서비스의 공급을 어떤 정부 단위가 수행할 것인지에 대한 문제이다. 이러한 여러 가지 종류의 행정사무들을 각급 지방자치단체 간에 분담시켜 그 사무의 처리에 관한 권한이나 책임을 지혜롭게 분담하고자 하는 것을 말한다.[28] 여기서 행정사무 배분은 자치단체의 계층구조와 구역의 크기, 능력 및 중앙집권과 지방분권의 문제와 밀접하게 연계되어 있다.

5) 사무 배분의 유형

한 국가에서 사무 배분은 중앙정부와 지방정부에 의해 분담되고 수행된다. 양자는 상호 밀접한 관계를 유지하면서 국가의 사무를 위해 협조하게 된다. 일반적으로 사무 배분 방식은 두 가지로 유형화할 수 있다.

첫째는 개별적 지정 방식인데, 이것은 자치사무를 개개의 지방자치단체별, 사무 종목별로 각각 지정해 배분하는 방식이다. 주로 영국, 캐나다, 호주, 스웨덴, 덴마크 등에서 활용하고 있다. 이 유형의 장점은 상호 사무 배합이 명확하기 때문에 중복이 없고 책임의 한계가 명확해 자치행정 기능이 광범위하다는 점이다. 그러나 개별성과 특수성을 너무 강조한 나머지 통일성이 저해될 수 있고 자치단

문화사, 1999, p.173.

28) 신승춘 · 하재룡 · 최미옥 · 신현기 · 신윤창 · 장덕희 · 김병준, 『현대행정의 이해』(서울: 대영문화사, 2015), p.323.

체나 의회가 개별법을 개정할 때 많은 비용과 시간이 소요된다는 것이 단점으로 지적된다.

둘째는 포괄적 위임 방식인데, 한국 · 프랑스 · 독일 등 유럽대륙에서 활용되는 것으로, 특히 사무를 자치단체에 구별을 두지 않고 포괄적으로 일괄 규정하고 법률로 금지된 경우를 제외하고는 어떤 사무든 처리가 가능하게 하는 배분 방식이다.

제3절 지방자치 재정

1. 지방재정의 개념과 특성

우리나라 지방자치단체의 지방자치재정은 지방의 경제 주체로서의 종합적인 활동이라고 불리고 있을 정도인데, 이는 지방자치를 수행하는 데 있어 없어서는 안 될 매우 중요한 요소이다. 우리나라 지방재정의 몇가지 특징을 중앙재정과 비교하면 다음과 같다.

첫째, 국가재정과는 달리 지방재정은 각각의 지역적 배경이나 환경에 따라 다양한 유형이 나타나고 자치단체의 재정자립도나 규모에 따라 상당히 다양하고 복잡한 양상을 보여 주고 있다.

둘째, 지방재정은 그 전체 재원의 적지 않은 부분이 특히 국고보조금이나 지방교부세 등의 도움을 받고 있어 자주성의 결여라는 문제를 안고 있다. 사정이 이러하다 보니 자치재정으로 자립할 수 있는 서울의 일부 자치구를 제외하고는 대부분이 재정난에 허덕이고 있다.

셋째, 지방재정은 탄력적이지 못하다는 점이 지적되는데, 자치단체에 들어오는 수입의 범위와 지출이 대부분 고정되어 있어 탄력성을 잃고 있다는 것이다. 국고보조금의 경우는 거의가 복지나 지역개발 부문에만 사용하도록 국한되어 있어 지방재정의 탄력성을 제한하고 있다.[29)]

---

29) 강용기, 『현대지방자치론』(서울: 대영문화사, 2014), p.233; 김영기, 『지방자치행정론』(서울: 대영문화사, 1999, pp.183-184; 한국지방자치학회, 『한국지방자치론』(서울: 삼영사, 1999), pp.392-393;

2. 지방재정 수입의 종류

일반적으로 자치단체의 재정수입은 자치단체가 그 자체의 재원으로부터 자주적으로 징수하는 수입인 자주재원과 국가(중앙정부)나 상급 자치단체 그리고 기타 지방자치단체들로부터 도움을 받는 재정적 지원인 의존재원으로 구분된다. 자주재원인 경우는 아래 표에서 보는 바와 같이 지방자치단체가 거두어들이는 지방세와 기타의 세외 수입으로 구성되는 재원이고, 의존재원의 경우는 국고보조금과 지방양여금, 그리고 지방교부금과 조정교부금 등으로 구성된다.

〈표 7-5〉 지방세의 구성(2011.1.1. 이후)

구분	특별시 · 광역시세	도세	시 · 군세	자치구세
일반 보통세	취득세, 레저세, 담배소비세, 지방소비세, 주민세, 지방소득세, 자동차세	취득세, 등록면허세, 레저세, 지방소비세	담배소비세, 주민세, 지방소득세, 재산세, 자동차세,	등록면허세, 재산세
특정 목적세	지역자원시설세, 지방교육세	지역자원시설세, 지방교육세	도시계획세, 사업소세	사업소세

출처: 임재현(2017: 315); 강용기(2014: 338); 이종수 · 윤영진 외(2014: 442).

우리나라의 국세 체계는 다음과 같이 구성되어 있다. 직접세가 6개, 간접세가 5개 그리고 목적세가 3개 종류이다.

〈표 7-6〉 국세 체계

직접세(6)	소득세, 법인세, 상속세, 증여세, 부당이득세, 종합부동산세 등
간접세(5)	부가가치세, 개별소비세, 주세, 인지세, 증권거래세 등
목적세(3)	교통에너지환경세, 교육세, 농어촌특별세 등

출처: 이동진 · 한인규 공저, 『행정학개론』(서울: 대영문화사, 2014), p.620.

신승춘 · 하재룡 · 최미옥 · 신현기 · 신윤창 · 장덕희 · 김병준, 『현대행정의 이해』(서울: 대영문화사, 2015), p.321.

1) 자주재원

(1) 지방세

지방세란 국가에서 징수하는 국세와는 달리 해당 자치단체가 자신에게 속한 조세의 대상들로부터 거두어들이는 보상 없는 강제세이다. 이는 보상이나 서비스의 제공 대가로 시민으로부터 받는 수수료나 이용료와 다르고 강제성을 원칙으로 한다는 데서 기부금과도 구별된다. 또한 지방세는 위의 표에서 볼 수 있듯이 성격에 따라 보통세와 목적세 그리고 자치단체의 종류에 따라서 크게 특별시세, 광역시세, 도세, 시세, 군세, 자치구세로 대별된다.[30)]

한편 보통세는 취득세, 마권세, 자동차세, 농지세, 담배소비세, 도축세 등이며, 주민에게 일반적으로 부과되는 강제세이다. 목적세는 도시계획세, 공동시설세, 지역개발세, 사업소세 등으로 경우에 따라 특정한 재원을 마련해야 할 때 그리고 특정인이나 특정도시계획 구역을 정하고 그 안에 있는 건축물이나 토지에 부과되는 조세이고, 공동시설세는 오물처리시설이나 소방시설을 건설하기 위한 목적으로 선박이나 건축물에 부과하는 것으로 역시 강제성을 띤 지방세이다. 사업소세는 환경의 개선이나 정비에 충당할 목적으로 일반사업소들에 부과되는 세금이다.

(2) 세외수입

넓은 의미에서 볼 때 세외수입이란 사용료와 분담금 · 부담금, 전입금, 기부금, 지방채 수입, 재산처분에서 생긴 수입, 나아가서 특별회계의 처리에서 나온 각종 수입을 의미한다. 좁은 의미에서는 넓은 의미에서의 수입 중 영업수입과 같은 특별회계상의 수입을 제외한 일반회계상의 경상적 수입만을 가리키기도 한다.[31)]

30) 이동진 · 한인규 공저, 『행정학개론』(서울: 대영문화사, 2014), p.620; 신승춘 · 하재룡 · 최미옥 · 신현기 · 신윤창 · 장덕희 · 김병준, 『현대행정의 이해』(서울: 대영문화사, 2015), p.322.

31) 김병준, 『한국지방자치론』(서울: 법문사, 1998), pp.111-112.

2) 의존재원

(1) 국고보조금

대규모 사업인 댐이나 교량 건설 등 국토 건설과 같은 경우는 지방자치단체가 자체의 재원만 가지고는 충당이 불가능하기 때문에 국가 전체적인 차원에서 접근해야만 한다. 국가(중앙정부)는 80%의 국세를 보유하고 있어 재원이 많다. 국가는 이 국고를 가지고 지방자치단체가 행하는 사업의 성격이나 내용 및 자치단체의 재정 상황의 난이도와 재정보유 능력 여부에 따라서 그 사업비용의 전부나 일부를 자치단체에 보조한다. 국고보조금의 특성으로는 이디 어디에 돈을 써야 할지가 정해져 있다는 점에서 특정 재원에 해당하고, 자치단체의 내부가 아닌 외부로부터 주어지는 재원이기 때문에 의존재원에 해당한다.[32)]

(2) 지방교부세

지방교부세는 비교적 재정 능력이 허약한 지방자치단체에 지역 간 불균형을 시정하기 위해 국세 중의 일부를 활용해 자치단체의 행정 수행에 소요될 최소한의 비용을 보장하는 동시에 지역 간의 재정불균형을 시정할 목적으로 지급하는 보통교부세, 특별교부세, 분권교부세, 부동산교부세 등을 말한다.[33)] 지방교부세는 국고보조금과는 달리 사용 용도가 지정되지 않는다. 크게 보통교부세와 특별교부세 그리고 증액교부세로 나뉘는데, 보통교부세는 매년도의 기초재정수입액이 기준재정수요액에 미달하는 자치단체에게 그 미달액(재정 부족분)에 준해서 교부된다.

(3) 부동산교부세

부동산교부세는 지방교부세법 제3조와 제4조 3항에 따라 종합부동산세법에 의한 종합부동산세 총액을 중심으로 형성된 교부세로 전액 지방자치단체에 교부된다.[34)]

---

32) 임재현, 『지방행정론』(서울: 대영문화사, 2017), p.317.
33) 임재현, 『지방행정론』(서울: 대영문화사, 2017), p.318; 강용기, 『현대지방자치론』(서울: 대영문화사, 2014), p.340.
34) 신승춘 · 하재룡 · 최미옥 · 신현기 · 신윤창 · 장덕희 · 김병준, 『현대행정의 이해』(서울: 대영문화사, 2015), p.323.

(4) 분권교부세

분권교부세는 국고보조사업을 이양받은 자치단체에게 교부하는 것인데 노무현 참여정부인 2005년 1월 1일부터 2009년 12월 31일까지 5년간 한시적으로 운영된 것으로 2014년 폐지되어 보통교부세로 전환되었다.[35]

(5) 조정교부금과 재정보전금

조정교부금과 재정보전금은 재정력이 취약한 자치구를 지원해 주기 위해 특별시와 광역시가 징수하는 시세금의 일부를 재원으로 활용하고 있는 제도를 말한다. 여기서 말하는 시세는 취득세와 등록세의 합산액에 조례가 정하는 일정한 비율을 곱해 얻은 금액을 말하는데, 실제로 서울시의 경우를 보면 취득세와 등록세의 50%를 이 조정교부금의 재원으로 쓰고 있다.[36]

재정보전금은 서울특별시, 6개 광역시와 9개 도가 그 관할구역 안의 시·군이 징수한 시·도세 수입의 일부를 일정한 기준에 따라 시·군에 배분하는 재원이다. 이는 시·도세 수입의 27%(인구 50만 이상의 시는 47%)이다.[37]

3. 지방자치단체의 재정자립도

지방자치단체는 스스로 재정을 마련해 운영하는 것을 그 핵심 내용으로 한다. 일반적으로 지방재정자립도라 하면 자치단체가 얼마만큼 스스로 자주재원에 의해 운영되어 나가고 있는가를 측정하는 지표를 의미하는데, 재정자립도 산출 공식은 다음과 같다.

$$\text{재정자립도(\%)} \quad \frac{\text{자체수입(지방세수입＋세외수입)-지방채}}{\text{일반회계 세입}} \times 100$$

지방자치단체들은 최대한으로 재정자립도를 높이기 위해 국세와 지방세의 조정, 지방채나 복권의 발행 그리고 공사, 직영기업, 공단, 민자 유치 및 지방공기업 운영 등의 방법을 활용할 수 있다.[38]

---

35) 강용기, 『현대지방자치론』(서울: 대영문화사, 2014), p.341.
36) 임재현, 『지방행정론』(서울: 대영문화사, 2017), p.321.
37) 최창호·하미승, 『새행정학』(서울: 삼영사, 2006), p.701.

제4절 지방자치단체 기관 구성의 의의

1. 기관 구성의 의의와 형태

우리나라 지방자치단체 기관의 구성은 크게 세 가지로 대별된다. 첫째, 의결기관인 지방의회와 집행기관이 단일 기관에 속하는 기관통합형, 양자가 각각의 기능을 달리하며 수행되는 기관대립형 및 이 양자를 혼합한 형태인 절충형이 있다.

1) 기관통합형

이 형태는 바로 영국의 지방정부와 미국의 위원회형 지방정부가 많이 활용하고 선호하는 방식이다. 주민 선출을 통해 구성된 지방의회가 정책결정기관과 정책 집행 기능을 모두 담당하는 형태로서 흔히 기관단일주의 권력통합형이라고도 부른다. 따라서 국가 권력 구조에서는 의원내각제와 유사한 모형이라고 볼 수 있다.[39]

기관통합형은 입법기관과 집행기관이 하나로 되어 있는데, 모든 권한과 책임이 주민의 대의기관인 의회를 핵심축으로 완전하게 통합됨은 물론이고 집중되어 있는 관계로 ① 정부 형태의 민주화를 실현할 수 있고, ② 행정 업무의 원활하고 분명한 수행, ③ 기관 분립의 경우 발생하기 쉬운 대립과 마찰의 여지를 제거함으로써 행정의 안정성 확보, ④ 정책 결정과 행정 집행의 유기적 관련성 도모, ⑤ 다수의 위원과 조화를 통해 자치행정의 신중한 운영을 할 수 있다는 장점을 가진다.

38) 강용기, 『현대지방자치론』(서울: 대영문화사, 2014), p.343.
39) 강용기, 『현대지방자치론』(서울: 대영문화사, 2014), p.343; 손재식, 『현대지방행정론』(서울: 박영사, 1991), pp.385-394; 이종수 · 윤영진 외, 『새행정학』(서울: 대영문화사, 2014), p.429.

〈그림 7-3〉 기관통합형과 기관대립형의 모형도

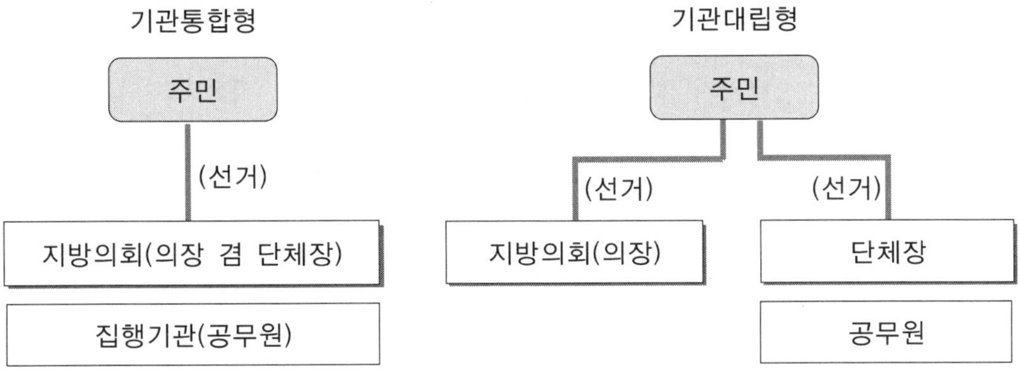

자료: 이종수 · 윤영진 외(2014: 429).

2) 기관대립형

자치단체의 기관구성에서 기관대립형이란 권력분립주의에 토대를 두고 의회와 집행기관의 권한을 각기 분리 독립시켜 상호 견제와 균형을 유지하는 유형을 의미한다. 이러한 유형은 양 기관의 상대적 지위에 따라 또다시 ① 단체장이 지방의회보다 상당히 강한 권한을 행사하는 강(强)시장-의회형 형태, ② 지방의회가 상대적으로 강한 권한을 행사하는 약(弱)시장-의회형 형태, 그리고 ③ 시장을 보좌하는 행정전문인을 수석 행정기관으로 두고 있는 강(强)시장-수석행정관형으로 크게 나누어진다.[40)]

기관대립형의 장점은 다음과 같다. 즉 집행기관의 단체장과 지역 주민의 직선에 의해 선출된 의결기관의 구성원이 중심이 되기 때문에 집행기관은 의결기관의 불합리한 정치적 결정을 적절히 견제할 수 있고 비전문성까지도 보완해 나갈 수 있다는 점과 의결기관은 집행기관의 권력 남용을 방지하고 동시에 감시와 비판적 기능을 수행함으로써 이들 기관 상호간의 견제와 균형을 유지하고 민주성을 기할 수 있다는 것이다.

---

40) 제갈돈 외, 『행정학개론』(파주: 법문사, 2017), p.260; 김병준, 『한국지방자치론』(서울: 법문사, 1998), pp.212-214.

3) 절충형

일반적으로 절충형은 의결기관과 집행기관을 별도로 설치 · 운영하고 있음에도 불구하고 상호 대립시키지 않는 지방정부의 형태를 말한다. 특히 양자를 대립시키지 않는다는 점에서 기관통합형의 요소를 내포하고 있다. 양 기관을 분리시키고 있는 점에서는 기관대립형의 요소를 어느정도 지니고 있는 절충형이다. 지방의회가 그 산하에 소수의 소속 의원으로 집행기관의 성격을 지니는 위원회를 별도로 구성해 이 위원회로 하여금 행정문제를 처리하게 하는 의회-집행위원회형과 지방정부의 운영에서 의회의 주도권을 그대로 유지하면서 의회가 지닌 행정상의 비전문성을 전문인의 영입을 통해 해결하고자 하는 제도인 시정관리관형이 그 대표적인 좋은 예이다.[41]

2. 자치단체의 기관 구성

우리나라는 집행기관과 지방의회가 상호 분리되어 있으면서 견제와 균형을 유지하는 기관 대립의 구조형태를 띠고 있다.[42] 이러한 쌍방 간의 내부적 관계에서 지방의회의 권한이 지방자치단체장의 권한에 비해 상대적으로 약한 강시장-의회형 방식을 취하고 있다. 그동안 이러한 강시장-의회형 제도 하에서 의회의 권한이 비교적 약하다는 문제점이 적지 않게 지적되어 오기도 했다. 그러나 지방의회도 조사권이나 의결권 그리고 감사권을 활용해 집행기관을 강하게 견제하고 있다는 점도 사실 부인하기 어렵다.[43]

41) 김병준, 『한국지방자치론』(서울: 법문사, 1998), pp.212-214; 최창호 · 하미승, 『새행정학』(서울: 삼영사, 2006), p.701.

42) 한국의 지방자치단체장(시장, 군수, 구청장, 도지사)은 주민으로부터 보통, 평등, 직접, 비밀선거를 통해 선출되고 임기는 4년이며 계속해서 3선까지만 허용된다. 연이어서 3선, 즉 12년 까지만 허용되고 한번 쉬었다가 다시 연이어 3선에 당선되는 것이 가능하다.

43) 강용기, 『현대지방자치론』(서울: 대영문화사, 2014), pp.270-275.

제5절 지방의회와 지방자치단체의 집행기관

1. 지방의회의 의의와 지위

지방의회라고 함은 지방자치단체의 의사 결정기관으로서 주민(시민)이 직접선거를 통해 선출한 지방의원들로 구성되어 의정활동을 수행하는 일련의 조직을 말한다. 우리나라의 경우 지방의회는 크게 두 가지 종류로 나누어진다. 즉 광역의회(시·도의회)와 기초자치단체의회(시·군·자치구의회)가 바로 그것이다. 우리나라 지방의회는 두 가지의 본질적 의미를 가지고 있다. 그 중의 하나는 반드시 주민으로부터 직선을 통해 선출된 지방의원으로 구성되어야 한다는 점이다. 다른 또 하나는 자치단체의 중요한 의사를 다루며 결정하는 기관이어야 한다. 원래 지방의회는 헌법기관이며 지방자치단체의 의사기관일 뿐만 아니라 주민대표로 이루어진 합의제 기관에 해당한다.

2. 지방의회의 권한

1) 의결권

지방의회의 의결권이라 함은 지방자치단체의 의사 결정을 위해 지방의회에 부여된 권한을 의미한다. 무엇보다 지방의회의 본질적 기능이 자치단체의 의사와 정책을 결정하는 것이다. 그러므로 지방의회가 가진 의결권이야말로 가장 핵심적인 권한인 것이다. 하지만 이 의결권은 우리나라 자치단체의 모든 사항에 대해 100% 허용되는 것이 아니다. 예를 들어 가장 기본적이며 중요한 사항에만 한정된다. 우리나라 지방자치법 제35조 1항이 명시하고 있는 중요한 의결 사항들에는 ① 조례의 제정 및 개폐, ② 예산의 심의 및 확정, ③ 결산의 승인, ④ 법령에 규정된 것을 제외한 사용료, 수수료, 분담금, 지방세, 가입금의 부과 징수, ⑤ 기금의 설치 및 운용, ⑥ 중요 재산의 관리 및 처분, ⑦ 공공시설의 설치, 관리 및 처분, ⑧ 법령과 조례에 규정된 것을 제외한 예산 외 의무 부담이나 권리의 포기, ⑨ 청원의 수리와 권리, ⑩ 기타 법령에 의해 그 권한에 속하는 사항 등이 있다.[44]

2) 행정감사권과 조사권

우리나라 지방자치법 제36조는 지방의회로 하여금 시장, 군수, 구청장, 광역시장, 도지사 등의 자치단체사무에 관해 매년 한 번씩 감사를 실시하도록 규정하고 있다. 일반적으로 시 · 도의 경우는 10일이다. 시 · 군 · 자치구의 기초자치단체는 7일의 기간 내에서 진행된다. 또한 자치사무 중 특정 사안인 경우 지방의회의 의결로 본회의나 위원회를 통해 조사하고 있다.[45]

3) 보고와 질의 응답권

우리나라 지방자치법 제37조는 지방의회가 자치단체장이나 관계 공무원에 대해 필요한 경우 의회에 나와 행정 처리 상황을 보고하도록 요구하거나 질의 응답하도록 하고 있고 동시에 단체장이나 관계 공무원은 의회나 위원회의 요구가 있는 경우, 출석 · 답변해야 하도록 규정하고 있다.

4) 선거권과 피선거권 및 자율권

우리나라 지방자치법 제42조는 지방의원 중에서 시 · 도의 경우 의장 1인과 부의장 2인, 그리고 시 · 군 · 자치구의 경우 의장 및 부의장 각 1인을 무기명 투표로 선출할 수 있는 권한을 지방의회에 부여하고 있다. 따라서 지방의회는 선거권과 인사권도 가지고 있다. 그 밖에 내부 운영에 관한 규칙 제정 권리와 내부조직권도 가지고 있다. 특히 외부로부터 어떤 간섭이 없이 스스로 결정하며 규율하는 자율권도 가지고 있다.

5) 청원 수리와 심사권

우리나라 지방의회는 주민의 난제들을 해결해 주는 대변기관으로서 자치단체

---

44) 제갈돈 외, 『행정학개론』(파주: 법문사, 2017), p.264; 강용기, 『현대지방자치론』(서울: 대영문화사, 2014), p.279.

45) 신승춘 · 하재룡 · 최미옥 · 신현기 · 신윤창 · 장덕희 · 김병준, 『현대행정의 이해』(서울: 대영문화사, 2015), p.328.

의 공무에 관해 청원을 수리하는 권한을 보유하고 있다. 의회에 청원하고자 하는 주민은 지방자치법 제65조에 따라 지방의회 의원의 소개를 통해 청원서를 제출하고 있다. 이때 지방의회 의장은 이 청원서를 접수 후 소관 위원회나 본회의에 회부해 심사해 타당한 청원은 의견서를 첨부해 자치단체장에게 송부하고 단체장으로부터 그 처리의 결과에 대해 정정 보고를 받는 절차로 구성된다.

6) 의안 발의 및 표결권

지방의회는 지방 업무의 범위 내에서 의안을 발의 및 토론하고 동시에 심의하고 처리하고 있다. 이 경우 지방의회 의원들은 표결권을 통해 찬성과 반대 및 기권의 의사 표시를 행한다.

3. 지방의회의 조직과 운영 및 기능

1) 지방의회의 구성

우리나라 지방자치법에 따라 지방의회 의원은 보통, 평등, 직접, 비밀선거로 선출한다. 그리고 의장, 부의장, 위원회, 사무국과 사무직원으로 의회를 구성하도록 규정하고 있다.

(1) 의장과 부의장

우리나라 특별시, 광역시, 도의회 의원은 의회 의원 중에서 의장 1인과 부의장 2인이 선출된다. 그리고 시 · 군 · 자치구의회의 경우는 각각 1인씩의 의장과 부의장이 무기명 투표에 의해 선출된다. 의장과 부의장의 임기는 각 2년이고 자치단체장의 임기 중 의장단이 1회 교체하도록 규정되어 있어 4년간 2명의 의장과 위원회위원장들이 탄생한다. 지방자치법 제43조 규정에 따라서 의장은 의회를 대표하고 의사를 정리하며 질서 유지를 포함해 사무를 총괄적으로 감독한다. 의장의 유고 시에는 부의장이 의장의 직무를 대행하며 의장과 부의장이 법률을 위반하거나 이유 없이 직무를 수행하지 않는 경우 지방의회는 불신임 결정을 할 수 있다. 이 불신임 의결은 재적 의원의 4분의 1 이상의 발의와 재적 의원 과반수의 찬성으로 행해지는 바, 결과에 따라 의장과 부의장은 그 직에서 해임된다(지방자치법 제49조).[46)]

(2) 위원회

우리나라 지방자치법에 따라 지방의회는 조례가 정하는 바에 의해 위원회를 둘 수 있다. 이 위원회는 소관 의안 업무와 청원 등을 심사해서 처리하는 상임위원회와 특정한 안건을 그때마다 일시적으로 한정해서 처리하는 특별위원회가 설치되고 있다. 위원회의 위원은 본회의에서 선임되고 위원장 1인과 의원의 신분을 가진 간사 1인을 두고 있다. 위원회의 정수는 당해 지방의회의 조례로 정해지며 일반적으로 내무위원회, 경제산업위원회, 건설 · 도시위원회, 교육 · 사회위원회가 설치된다. 광역자치단체와는 달리 기초자치단체에서는 상임위원회 수를 아래의 표에서 보는 바와 같이 제한하고 있다.

〈표 7-7〉 시 · 군 · 자치구(기초의회) 상임위원회 설치 기준

구분	설치 가능한 상임위원회(운영위원회 포함)
의원 정수 41인 이상	5개 이내
의원 정수 31인 이상~40인 이하	4개 이내
의원 정수 13인 이하	3개 이내

(3) 사무처와 직원

지방의회가 제정하는 조례에 따라 시 · 도의회는 사무처를 반드시 설치하여야 한다. 먼저 지방자치법에 따라 시 · 군 · 자치구 의회는 사무국(자치구 · 시의회)이나 사무과(군의회)를 설치한다. 지방의회 의장은 사무처장 · 사무국장 및 사무과장에게 지시하여 의회사무를 처리해 나가고 있다. 직원의 정수도 조례로 정해 사무

46) 신승춘 · 하재룡 · 최미옥 · 신현기 · 신윤창 · 장덕희 · 김병준, 『현대행정의 이해』(서울: 대영문화사, 2015), p.329.

직원은 의회 의장의 추천에 따라 당해 자치단체장이 자치법 제91조에 따라 임명하고 법률이 정한 것 이외에는 직원의 임용, 보수, 신분 보장, 징계 등은 지방공무원법에 따라 적용받는다.[47)]

4. 지방의회 의원의 권리와 의무 및 금지사항

지방자치법에 따라 지방의회 의원은 주민의 보통, 평등, 직접, 비밀선거에 의해 선출되는데 주민의 대표자로서 여러 가지 의무와 권리가 따르게 된다. 그러나 지방의원에게는 국회의원이 가지고 있는 면책특권(헌법 제45조) 같은 것이 인정되지 않고 있다. 지방의원의 직무 수행과 관련해 다음과 같은 권리와 의무 및 금지사항들이 규정되어 있다. 우선 그 권리에는 ① 임시회의 소집요구권, ② 회의 출석권, ③ 발언권, ④ 의안제출권, ⑤ 동의제출권, ⑥ 표결권, ⑦ 임시회의 소집과 회의재개요구권, ⑧ 청원소개권, ⑨ 징계자격심사 요구권, ⑩ 모욕에 대한 징계요구권 등이 있다. 그리고 그 의무로는 ① 청렴과 품위 유지의 의무, ② 직권 남용과 겸직·겸업 금지의 의무, ③ 규율 준수와 복종의 의무, ④ 회의 출석 의무 등이 있다. 또한 금지 사항에는 ① 지방자치단체와 영리행위 금지, ② 이해 관계에 있는 안건 참여 금지, ③ 모욕 및 사생활에 관한 발언 금지, ④ 의사 진행 및 발언 방해 금지 등이 있다.

■ 지방의원의 유급제

지방자치제도 시행 이후 명예직으로 운영되던 지방의원 제도는 2006년 1월 1일부터 유급제를 시행하게 되었다. 2006년 최초로 정해진 광역의원의 연봉은 가장 적은 3,960만 원(전남)에서 가장 많은 6,804만 원(서울)까지, 기초의원 연봉은 1,920만 원(충북 증평)에서 3,804만 원(서울 서대문)까지 다양하게 책정되었다(강용기, 2008: 296). 특히 2008년의 경우 대부분의 지방의원의 연봉을 대폭 인상함으로써 시민들로부터 많은 비난을 받기도 했다. 따라서 그 당시 안전행정부에서는 일정액을 정해 그 이상 인상하지 못하도록 권고했다. 그러나 이 같은 유급제가 지방의원들의 전문성 제고와 자질 향상을 통한 의정 활성화와 책임감 강화 등 본질적 취지와 목적을 충족하지 못한 채 예산만 낭비하고 있다는 시각이 많다.

---

47) 신승춘 · 하재룡 · 최미옥 · 신현기 · 신윤창 · 장덕희 · 김병준, 『현대행정의 이해』(서울: 대영문화사, 2015), p.330.

5. 집행기관의 개념과 지위

통상적으로 집행기관이란 지방자치단체에서 행정에 관한 의사를 결정하고 이것을 외부에 표시하는 권한을 갖는 기관을 의미한다. 그리고 이 자치단체 집행기관은 자치단체의 장, 보조기관, 소속 행정기관 및 하부 행정기관 등으로 구성된다. 집행기관은 당해 자치단체를 위한 사무의 영역 내에서 자치단체 의사를 결정하고 표시하는 권한을 가진 기관으로서 의결기관인 의회와 쌍벽을 이루고 있다. 일반적으로 자치단체 집행기관의 종류로는 시·도지사와 시장, 군수, 구청장과 같은 자치단체장과 부시장, 부지사, 부시장, 부군수, 부구청장 등의 보조기관 그리고 소속 행정기관, 하급 행정기관 등이 있고, 교육이나 학예자치단체의 집행기관으로는 교육감과 부교육감, 하급 행정기관인 시·군교육청 등이 있다.

6. 지방자치단체장

우리나라에서도 지방자치가 중단된 지 꼭 30년 만인 1991년 초대 지방의회 의원선거가 치러졌다. 1995년 6월 27일에는 단체장의 제5기 공선제가 실현되어 광역자치단체장 15명과 기초자치단체장 230명이 직선으로 선출되었다. 제6기는 1998년, 제7기는 2002년에, 제8기는 2006년에 각각 선거가 실시되었다. 그리고 9기는 2010년에, 그리고 2014년 6월에는 제10기와 2018년 6월 13일 지방선거가 실시됐다.[48]

지방자치단체장 피선거권자는 지방선거의 선거권이 있는 자로 선거일을 기준으로 해서 만 25세 이상인 자이되, 선거일 현재 계속해서 90일 이상을 그 해당 지역에 주민등록이 되어 있는 경우라야 한다. 또한 단체장의 임기는 지방자치법 제87조에 따라서 4년이며 3번(12년)까지만 연임이 허용되어 있고, 임기의 개시는 전임자의 임기 만료일의 다음날부터 적용하도록 되어 있다.

48) 2018년 6·13 지방선거 투표율은 60.2%를 기록했다. 사전투표율 또한 20.14%를 보여주었다.

〈표 7-8〉 우리나라의 지방자치선거 현황

선거 횟수	선거일	선거 구분		투표율 (%)	비고
		지방의회 의원	지방자치단체장		
1952년 (제1회)	1952. 4. 25 1952. 5. 10	•시읍면 의원 선거 •도의원 선거		90.7% 81.2%	전시 중 전시 중
1956년 (제2회)	1956. 8. 8 1956. 8. 13	•시읍면 의원 선거 •시 · 도의원 선거	•시읍면장 선거	79.5% 86.0%	수복 후 수복 후
1960년 (제3회)	1960. 12. 12 1960. 12. 19 1960. 12. 26 1960. 12. 29	•시읍면 의원 선거 •시 · 도의원 선거	•시읍면장 선거 •시 · 도지사 선거	78.9% 67.4% 75.4% 38.3%	4 · 19 후 4 · 19 후 4 · 19 후 4 · 19 후
1991년 (제4회)	1991. 3. 26 1991. 6. 20	•시군자치구의원 선거 •시 · 도의원 선거		55.0% 58.9%	30년 만 30년 만
1995년 (제5회)	1995. 6. 27	•시군자치구의원 선거 •시 · 도의원 선거	•시군자치구청장 선거 •시 · 도지사 선거	68.4%	동시선거
1998년 (제6회)	1998. 6 .4	•시군자치구의원 선거 •시 · 도의원 선거	•시군자치구청장 선거 •시 · 도지사 선거	52.6%	
2002년 (제7회)	2002. 6. 7	•시군자치구의원 선거 •시 · 도의원 선거	•시군자치구청장 선거 •시 · 도지사 선거	48.8%	동시선거
2006년 (제8회)	2006. 5. 31	•시군자치구의원 선거 •시 · 도의원 선거	•시군자치구청장 선거 •시 · 도지사 선거	51.3%	동시선거
2010년 (제9회)	2010. 6	•시군자치구의원 선거 •시 · 도의원 선거	•시군자치구청장 선거 •시 · 도지사 선거		동시선거
2014 (제10회)	2014. 6. 4	•시군자치구의원 선거 •시 · 도의원 선거	•시군자치구청장 선거 •시 · 도지사 선거	56.8%	동시선거
2018 (제11회)	2018. 6. 13	•시군자치구의원 선거 •시 · 도의원 선거	•시군자치구청장 선거 •시 · 도지사 선거	60.2%	동시선거

1) 단체장의 지위

당해 지방자치단체를 대표하는 단체장은 자치단체의 목적을 실현하는 최고 집행기관으로서 지방자치단체의 일반적 행정사무(교육, 과학 그리고 체육 제외)를 총괄하는 지위를 가지고 있다. 자치단체의 장은 여러 가지 지위를 지니고 있는데 그중 일부만 소개하면 다음과 같다. ① 자치단체 수장으로서의 지위, ② 국가행정기관의 책임자로서 지위, ③ 지역문제 해결 및 조정자로서의 지위, ④ 기획가 또는 지원자로서의 지위, ⑤ 지방의회의 견제·감시기관으로서의 지위, ⑥ 자치단체의 최고 행정기관으로서의 지위 등이 그것이다. 이와 같은 여러 지위 중에서도 지방자치의 근본 정신을 살리기 위해서는 수장으로서의 지위가 가장 중요시되고 있다.[49]

2) 단체장의 권한

우리나라는 일반적으로 지방자치단체장은 강시장-의회형(이른바 기관대립주의)을 채택하고 있어서 당해 지방자치단체를 통할·대표하며 법령에 근거해서 위임된 사무를 관리하고 집행하는 광범위한 권한을 소유하고 있다. 그중 몇 가지 주요한 권한만 열거하면 ① 대표권 및 사무통할권, ② 사무의 관리집행권, ③ 사무의 위임, 위탁권, ④ 직원의 지휘, 감독 및 인사권, ⑤ 사무조직권, ⑥ 행정청과 자치단체지도 및 직무이행명령권, ⑦ 시·도지사에게만 인정되는 권한, ⑧ 재정에 관한 권한, ⑨ 지방의회에 관한 권한, ⑩ 선결처분권, ⑪ 입법에 관한 권한 등이 있다.[50]

3) 부단체장

부단체장은 특별시, 광역시도특별자치도, 시군구에 각각 부단체장이 임명되어 각각 직무를 수행하고 있다.

---

49) 제갈돈 외, 『행정학개론』(파주: 법문사, 2017), p.258; 한국지방자치학회, 『한국지방자치론』(서울: 삼영사, 1999), pp.299-301.

50) 강용기, 『현대지방자치론』(서울: 대영문화사, 2014), p.270; 안용식 외, 『지방행정론』(서울: 대영문화사, 2000), pp.259-272.

〈표 7-9〉 부단체장의 종류와 직급

구분	정수	종류	직종 및 직급	임명
특별시	3인 이내	행정부시장(2인)	정무직 국가공무원	단체장 제청으로 대통령이 임명
		정무부시장(1인)	정무직 지방공무원	단체장이 임명
광역시, 도, 특별자치도	2인 이내	행정부시장(부지사)	일반직 국가공무원(고위공무원단)	단체장 제청으로 대통령이 임명
		정무부시장(부지사)	별정직 지방공무원(1급 상당)	단체장이 임명
시, 군, 구	1인	부시장, 부군수, 부구청장	일반직 지방공무원(2급-4급)	단체장이 임명

출처: 이동진 · 한인규, 『행정학개론』(서울: 대영문화사, 12014), p.614.

7. 지방자치단체의 보조기관

지방자치단체는 당해 기관의 업무를 원활하게 수행해 나가기 위해 보조기관과 소속 행정기관 그리고 하부 행정기관을 설치하고 있다. 자치단체장의 보조기관은 단체장의 권한 행사를 내부적으로 보조해 주는 입장에 있을 뿐 단체장의 의사를 결정한다거나 나아가서 외부적으로 어떠한 권한을 갖는 것은 결코 아니다. 따라서 단체장의 보조기관이라고 함은 시 · 도에서 부지사와 직원, 시 · 군 그리고 자치구에서는 부시장 · 부군수 그리고 부구청장 및 직원을 의미한다. 좀 더 구체적으로는 부단체장, 각 부서의 실 · 국 · 과 · 담당, 그리고 소속된 공무원 등을 지칭하는 것이라고 이해하면 된다.

1) 보조기관

(1) 부단체장

우리나라 지방자치법은 서울특별시와 광역시에 부시장, 도에 부지사, 시에 부시장, 군에 부군수, 자치구에 부구청장을 임명하는 것을 규정하고 있다. 말 그대로 특별시인 서울시의 부단체장은 제1행정부시장과 제2행정부시장 및 정무부시장 등 3인의 부단체장을 두고 있다. 행정부시장 2인은 정무직 국가공무원 신분이고 정무부시장은 정무직 지방공무원으로 보하고 있다. 참고로 2019년도 서울시 예산안 규모는 2018년보다 12.5% 증가한 35조 7843억원으로 역대 최대다.[51)]

광역도인 경기도의 경우는 제1행정부지사와 제2행정부지사 및 정무부지사로 조직되는데, 1,2부지사 2인은 일반직 국가공무원인 관리관으로 보한다. 그리고 정무부지사는 별정직 1급에 해당하는 지방공무원으로 보하되 경기도지사의 제청으로 행정안전부 장관을 거쳐 대통령이 임명한다. 그러나 정무부지사의 경우는 자치단체 조례로 정하고 있다.[52)] 부단체장들은 단체장을 보좌하며 직원들의 담당사무를 감독할 뿐만 아니라 때에 따라서는 단체장의 직무를 대리하기도 한다.

(2) 행정기구

지방자치법은 자치단체의 행정사무를 분장하기 위해 요구되는 행정기구를 두되, 광역자치단체에서는 대통령령의 범위 내에서 당해 자치단체 조례로 하고, 기초자치단체는 광역자치단체장의 승인 하에 당해 자치단체의 조례로 정한다고 규정하고 있다.

(3) 지방공무원

이처럼 행정기구가 조직되면 당해 자치단체의 비용으로 지방공무원을 임용한다. 지방공무원의 임용은 대통령령의 범위 내에서 당해 자치단체 조례로 정하며, 공무원의 임용과 시험 등은 지방공무원법에 따른다.

---

51) http://www.newsis.com/view/?id=NISX20181101_0000460780&cID(검색일: 2018. 12. 30).

52) 강용기, 『현대지방자치론』(서울: 대영문화사, 2014), p.274; 안용식 외, 『지방행정론』(서울: 대영문화사, 2000), p.278.

2) 소속 행정기관

일반적으로 소속 행정기관에는 직속기관, 사업소, 출장소 그리고 합의제 행정기관이 있다.

(1) 직속기관

지방자치단체는 자치법 제113조에 따라 필요한 경우에 대통령령과 그 소관 사무의 범위 안에서 조례가 정하는 바에 따라 자치경찰기관(제주특별자치도), 소방기관, 교육훈련기관, 보건진료기관, 시험연구기관 및 중소기업지도기관 등을 직속기관으로 설치할 수 있다. 조례에 따르는 경우는 행정자치부 장관의 승인이 필요하고 장관은 사전에 중앙행정기관의 장과 협의해야 한다.

(2) 사업소

자치단체는 지방자치법 제114조의 범위 내에서 상수도와 같이 별도의 기관에서 업무를 수행하는 것이 더 효율적이라고 판단될 때에는 대통령령의 범위 내에서 당해 자치단체 조례로써 사업소를 설치할 수 있다.

(3) 출장소

자치단체는 자치법 제115조에 근거해 원격지 주민의 편의를 위해 소관 사무를 분장 수행할 필요가 있거나 특정 지역의 개발 촉진을 위해 필요한 경우는 대통령이 정하는 바에 따라 출장소도 설치할 수 있다. 따라서 이것은 사실상의 사무분담을 의미한다고 볼 수 있다.

제6절 교육자치와 자치경찰

1. 교육자치

1) 교육자치의 개념과 원리

일반적으로 지방교육자치란 교육의 자주성, 전문성, 정치적 중립성을 보장해 일정한 지역 내의 실정과 민의에 따른 교육을 구현하는 것이라고 알려져 있다. 교육자치의 원리는 다음과 같이 네 가지로 정리할 수 있다.[53)]

첫째, 지방분권의 원리이다. 즉, 지방의 실정과 특수성 속에서 교육이 실시되어야 한다.

둘째, 분리 독립의 원리이다. 교육이란 일반행정으로 부터 독립되어 독자성을 보장받아야 한다.

셋째, 전문적 관리의 원리이다. 교육은 행정으로부터 벗어나 그 자체가 전문적인 지식과 기술을 갖춘 요원들에 의해 관리되어야 한다.

넷째, 주민통제의 원리이다. 교육자치는 원래가 주민들의 요구에 부응하기 위해 발전된 것이므로 그 심의와 결정 및 집행에 그들이 최대한 참여해야 한다.[54)]

한편 초·중·고등학교 교사들은 국가공무원의 신분으로 지방자치단체 예산으로 교육감 산하 교육청의 관리하에 운영되고 있다.

2) 한국의 교육자치

우리나라 교육자치는 시·도 단위로 나뉘어 실시되고 있다. 일반행정기관인 지방의회, 자치단체장, 그리고 교육위원회와 교육감이 각각 설치되어 기능하고 있다. 즉, 상호 분리하는 절충제로 운영되고 있다. 하지만 이 제도는 통합과 분리의 모든 폐단을 포함하고 있어서 현재 이 제도에 대한 논란이 매우 크다. 그래서

53) 신승춘·하재룡·최미옥·신현기·신윤창·장덕희·김병준, 『현대행정의 이해』(서울: 대영문화사, 2015), p.336.

54) 강용기, 『현대지방자치론』(서울: 대영문화사, 2014), pp.285-286; 최창호·하미승, 『새행정학』(서울: 삼영사, 2006), pp.690-691.

2006년 7월 1일 출범한 제주특별자치도의 경우는 교육위원회를 지방의회에 흡수·통합했다.[55]

2. 자치경찰

1) 자치경찰제 도입의 배경

우리나라는 1945년 일제로부터 해방된 이후, 미군정기인 동년 10월 21일 국립경찰을 창설했으며 2019년 기준 74주년을 맞는다. 1950년에는 민족 간의 분쟁에 의한 6·25라는 한국전쟁을 겪은 후 강력한 중앙집권 체제를 유지하기 위해 대륙법계 법제에 바탕을 둔 국가경찰제를 유지해 왔다.[56]

우리나라는 경찰권이 중앙에 집중된 결과 지방 주민들의 요구나 의사가 충분히 반영되지 못했을 뿐 아니라 지역 실정에 맞는 치안정책을 펴지 못했다고 평가된다. 더욱이 국가경찰 체제만으로는 주민들의 점차 고도화되고 있는 치안 욕구에 충분히 대응하기 어렵다는 점에서 자치경찰제가 도입되어야 한다는 주장이 꾸준히 호응을 얻었다. 그 결과 2006년 7월 1일 제주특별자치도가 도(道) 차원에서 국내 유일하게 자치경찰제도를 전격 도입했다. 그러나 나머지 광역 혹은 기초자치단체에 자치경찰제를 도입하기 위한 법안은 17대 국회 만료와 함께 폐기되고, 18대 국회가 새로운 자치경찰법(안)을 본격 논의했으나 특별한 성과를 내지 못했다. 2008년부터 2013년 2월 까지 집권한 이명박 정부에서도 자치경찰제 도입 논의는 있었지만 큰 진전은 없었다. 이어서 2013년 2월에 출범한 박근혜 정부에서도 기초자치단체 차원에서 자치경찰제를 도입한다는 이전 정부안을 유지 및 논의했으나 어떤 결과도 없었으며 2017년 5월 출범한 문재인 정부가 광역단위 자치경찰제 도입을 주요 국정과제 중 하나로 올려 놓고 대통령 소속 자치경찰위원회를 중심으로 도입방안을 본격 논의 중이다.

---

55) 최창호·하미승, 『새행정학』(서울: 삼영사, 2006), pp.690-691; 신승춘·하재룡·최미옥·신현기·신윤창·장덕희·김병준, 『현대행정의 이해』(서울: 대영문화사, 2015), p.303.

56) 곽영길·신현기, 참여정부의 자치경찰법(안)에 관한 역사적 고찰, 「자치경찰연구」, 1(1), 한국자치경찰학회, 2014, pp.165-170.

2) 자치경찰제 도입의 필요성

노무현 참여정부는 2005년 11월 3일 제17대 국회에 정부의 자치경찰법(안)을 제출하면서 “지방행정과 치안행정의 연계성을 확보하고 지역 특성에 적합한 주민생활 중심의 치안 서비스를 제공함으로써, 주민의 복리를 증진하기 위한 지방자치단체의 종합 행정력을 높이는 한편, 국가 전체의 치안 역량을 강화할 수 있는 제도적 기반을 마련하기 위해 시 · 군 · 자치구에 자치경찰 제도를 도입하려는 것”이라고 밝힌 바 있다. 이명박 정부의 자치경찰제(안)은 도입 단위를 시 · 군 · 자치구에 자치경찰대를 설치하는 것이었고, 박근혜 정부의 자치경찰제 논의도 거의 같은 선상에서 논의되다가 중단되었다. 2017년 5월 출범한 문재인 정부의 경우 새정부 인수위원회 역할을 했던 국정기획자문위원회는 지난 7월 활동을 마치면서 100대 국정과제 중 열세 번째로 ‘국민의, 국민을 위한 권력기관 개혁’이 들어 있었고 그 주요 내용에 ‘광역단위 자치경찰제 도입’ 과제를 제시했다. ‘2018년부터 자치경찰 관련 법률을 제 · 개정하고 2019년 시범 실시를 거쳐 2020년 전면 실시’라는 구체적인 플랜까지 제시하고 대통령 소속 자치경찰위원회가 구체화를 위한 논의 중이지만 최종적인 정부안 모델은 논의 중이다.

3) 경찰청 경찰개혁위원회의 자치경찰제 도입(안)

경찰청 경찰개혁위원회는 다음과 같이 전국 시 · 도에 자치경찰 조직을 신설하되, 시 · 군 · 구와의 연계성을 강화하도록 한다는 권고안을 제시했다. 본 조직도를 보면 이는 자치경찰제 이원화(안)으로서 73년 동안 유지되어 나온 국가경찰제를 그대로 놔둔 채, 완전히 별도로 광역 시도에 자치경찰제를 새로이 도입하는 모델이다. 특히 2006년 7월 시행된 제주자치경찰제 모델에다가 몇 가지 수사권만 새로이 부여한 것으로 모양 바꾸기에 불과한 것으로 평가된다.

〈그림 7-4〉 경찰개혁위원회의 자치경찰제 조직도(안), 2017.

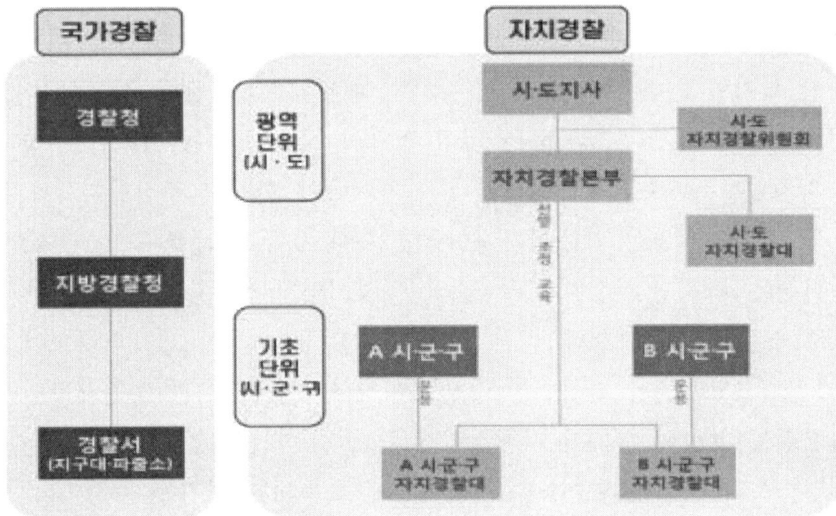

출처: 서울특별시, 서울시 특별사법경찰 10년 자치경찰제로의 전환을 위한 발전 방안 연구 보고서, 2017, p.258.

4) 서울시 자치경찰제 모델안

서울시 자치경찰제 모델을 제시한 것은 적지 않은 의미를 지니고 있는데, 특히 전국 17개 광역시도 중 가장 큰 광역시이기 때문이다. 실제로 전국광역시도들 중 서울시가 제시한 자치경찰제 모델에 대해 그 지지도가 90%를 넘기도 했다.

(1) 서울특별시 자치경찰모델(안)

서울시 자치경찰제 모델에서는 국가경찰 중 지방경찰청 이하 조직을 자치경찰로 전격 "전환" 하는 것이 바람직하다는 입장을 밝혔다(2018년 2월 6일). 자치경찰을 추가로 신설할 경우 막대한 예산이 소요되고, 국가경찰 전체 권력이 비대해지는 동시에, 〈자치분권〉이라는 근본 취지에도 맞지 않는다는 점에 주목할 필요가 있다.[57] 반면 경찰청 경찰개혁위원회는 "현재 국가경찰을 유지하되 자치경찰을 추가로 신설해야 한다"고 주장하는 입장이다.

---

57) 서울특별시, 서울시 특별사법경찰 10년 자치경찰제로의 전환을 위한 발전 방안 연구, 연구보고서 2017, 연구수행기관: (사)한국정책학회(책임연구원 신현기/ 연구원 이상열, 남재성, 양재열).

(2) 서울시 자치경찰모델안의 출발

2017년 발표된 경찰청 경찰개혁위원회의 자치경찰제모델 권고안은 17개 광역시도 중 가장 부자인 서울특별시도 불가능하기 때문에 예를 들어 서울시지방경찰청 조직을 서울시로 그대로 "전환"하는 것이 필요하다는 점이다. 이러한 주장에 따르면 향후 자치경찰은 〈도입〉이 아니라 〈전환〉이어야 한다고 주장한다. 여기서 "전환"이란 제주자치경찰제는 제주국가경찰청을 그대로 두고 새로 도입한 것이다. 제주자치경찰제는 자치경찰이 아니라 무늬만 자치경찰이라는 비판을 12년간 받아온 만큼 이제는 "전환"을 통해 다른 방향으로 바꾸는 것이 필요하다. 이 점에서 서울시 자치경찰모델안이 만들어진 출발점이었다. 서울시 자치경찰제모델안은 서울지방경찰청을 완전히 서울시 자치경찰제로 "전환"하는 방안으로 서울지방경찰청이 산하 경찰서와 지구대/파출소를 서울시장에 소속되게 하자는 주장이다.

〈그림 7-5〉 국가경찰과 자치경찰 조직 분리모델(안)

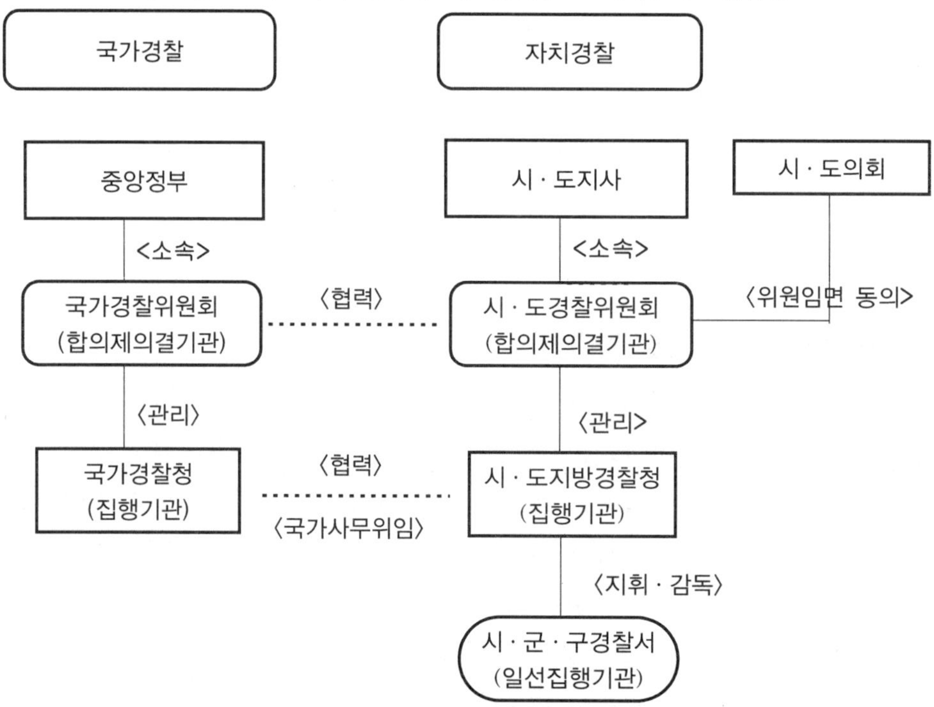

출처: 서울특별시, 서울시 특별사법경찰 10년 자치경찰제로의 전환을 위한 발전 방안 연구, 2017, p.258.

5) 대통령 소속 자치분권위원회 자치경찰특별위원회(안)

대통령 소속 자치분권위원회는 오랜 연구 끝에 우리나라 자치경찰제도입안을 발표했다(2018. 11. 13). 기본 골격은 2022년까지 전국 11만여명의 국가경찰 중 40% 가량인 4만3000명을 자치경찰로 이관한다는 내용이었다. 자치경찰은 생활안전과 여성청소년, 교통, 지역경비 등 주민과 가장 가까운 곳에서의 민생치안활동 관련 수사를 담당하고 국가경찰은 정보·보안·외사 및 수사 등 전국적 처리를 요구하는 사무를 맡게 한다는 것이다. 가장 큰 문제는 광역단체장인 시·도지사에게 경찰권이 이관될 경우 발생할 수 있는 권력남용을 어떤방식으로 막을 것이냐 하는 고민이 상존하는데 이것을 합의제 행정기관으로 시·도경찰위원회를 설치하여 예방하겠다는 복안이다. 대통령소속 자치분권위원회는 산하의 자치경찰제특별위원회가 마련한 '광역단위 자치경찰제 도입방안'을 공개했고 향후 이것을 공식 정부안으로 내놓을 예정이다.

〈그림 7-6〉 자치경찰제 도입 전후 경차조직 변화

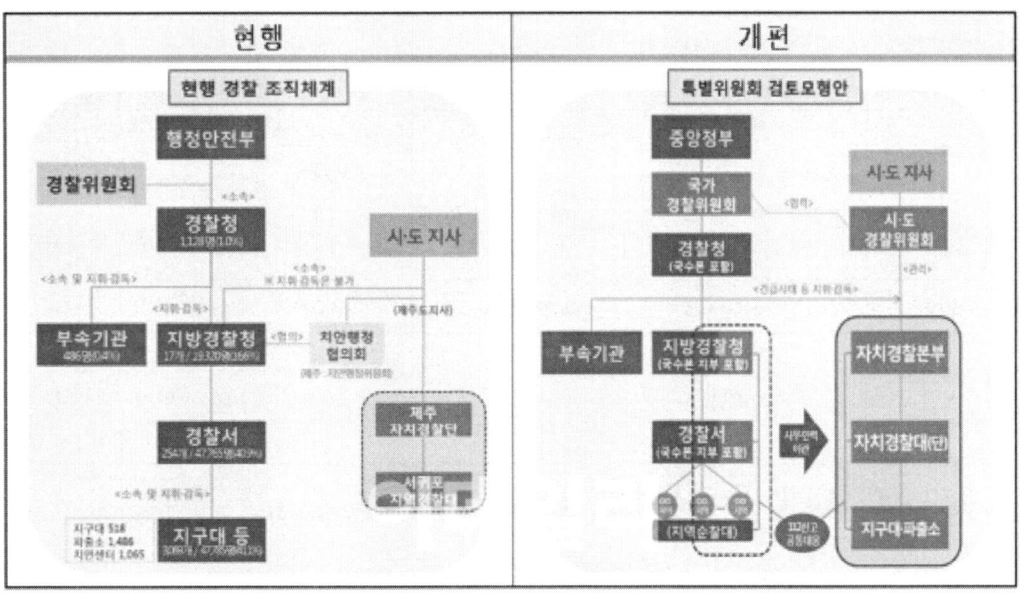

출처: 이데일리/https://news.v.daum.net/v/20181113100016682(검색일: 2018. 12. 20), (그림=자치분권위원회).

(1) 2022년까지 4.3만명 자치경찰로 이관 및 세종지방경찰청 신설

자치경찰제 특별위원회안은 각 시 · 도에 '자치경찰본부', 시 · 군 · 구에 '자치경찰대'를 신설하고 현재 지방경찰청 및 경찰서의 사무와 인력 일부를 이관하겠다고 밝혔다. 현재의 지구대와 파출소 역시 사무배분에 따라 자치경찰로 이관하겠다는 것이다. 또한 자치경찰본부장과 자치경찰대장은 각 시 · 도지사가 임명하기로 했다. 이것이 향후 정부안으로 확정된다면, 정부는 오는 2022년까지 3단계에 거쳐 현행 국가경찰 인력과 사무를 자치경찰로 이관하겠다는 것이다. 2019년에는 7000~8000명, 2021년은 3만~3만5000명으로 확대해 2022년에는 국가경찰의 36% 수준인 약 4만3000명을 자치경찰로 전환한다는 계획이다. 사무이관도 2019년에는 약 50%, 2021년 70~80%, 2022년 100%로 확대해 나가기로 했다.[58]

〈표 7-10〉 자치경찰제 단계별 도입계획

구분	1단계 (일부지역+일부사무)	2단계 (전국+일부사무)	3단계 (전국+전체사무)	최종단계
대상지역	5개지역 (서울, 세종, 제주 외 2개 시 · 도)	전국	전국	전국
사무	자치경찰사무 약50% (일부 수사권 포함)	자치경찰사무 약70-80% (일부 수사권 포함)	자치경찰사무 100%	평가 후 추가확대
인력	7,000-8,000명	30,000-35,000명	43,000명	
시점	2019년	2021년	2022년	정착 수준에 맞춰 평가 후 판단

출처: 2018. 11. 13(표=자치분권위원회)

58) 이데일리/https://news.v.daum.net/v/20181113100016682(검색일: 2018. 12. 20/ 송이라 기자/rassong@edaily.co.kr).

2019년에 본 계획안이 국회를 통과한 후 2019년 하반기쯤 1단계로 서울과 세종, 제주 외 추가 2개 광역시도를 포함해 총5개 지역에서 시범실시를 하겠다는 것이고, 나아가서 2021년부터는 전국적으로 확대 시행할 방침이다. 가장 큰 문제는 예산인데, 자치경찰제 시행에 필요한 예산은 국가부담을 원칙으로 하되 장기적으로는 '자치경찰교부세' 도입을 추진할 방침도 밝혔다. 그리고 자치경찰제에서 반드시 필요한 자치경찰본부를 설치하기 위해 세종시에는 2019년에 세종지방경찰청을 신설한다.[59)]

(2) 시·도지사에 인사·조직권 및 휘 감독은 경찰위원회

만일 이 방안이 실현된다면 에 따르면 국가경찰의 상당수를 지방직으로 전환되고 이들에 대한 인사권 및 조직권을 시·도지사가 지니게 된다. 시·도지사의 권한이 커진다는 뜻이다. 정부는 시·도지사의 경찰직무에 대한 지휘·감독을 차단하기 위해 정치적 중립장치인 '시·도경찰위원회'를 설치하기로 했다. 그리고 경찰위원회는 독립적 행정관청으로 일반 심의·의결위원회와는 달리 대외적인 의사표시가 가능하고 구속력 있는 처분권을 부여할 수 있으며 시·도지사로부터 독립적 직무수행이 가능하다는 권한이 부여된다는 것이 특이점이다.[60)]

그러나 현재 지방직인 소방직이 지역별 재정자립도 차이에 따른 소방서비스 불균형을 이유로 국가직화를 추진하고 있는 상황에서 경찰은 자치경찰제로 되레 역행하고 있다는 일선경찰들의 불만도 적지 않다. 이 때문에 실제 일선 경찰관 중 지방직인 자치경찰을 자원하는 수요는 많지 않을 것으로 예측된다.[61)] 이 문제가 돌발변수로 나타나면서 경찰청은 향후 자치경찰의 신분을 국가직으로 보장하는 방안을 검토 중이다. 그러나 이 경찰신분상의 국가직 유지 문제는 지방교육청

---

59) 이데일리/https://news.v.daum.net/v/20181113100016682(검색일: 2018. 12. 20/ 송이라 기자/rassong@edaily.co.kr).

60) 이데일리/https://news.v.daum.net/v/20181113100016682(검색일: 2018. 12. 20/ 송이라 기자/rassong@edaily.co.kr).

61) 이 문제에 대해 김순은 자치경찰특위 위원장의 입장은 다르다. 즉 그는 "독립적 합의제 행정관청인 시·도경찰위원회가 예산 편성 등에 있어서 충분히 목소리를 낼 수 있어 우려하는 것과 다르다"며 "또 2006년 제주특별자치경찰을 만들 때 지원자가 없을까봐 걱정했는데 의외로 많았다. 수요가 부족할 것으로 예상되는 일부 광역도에는 별도의 인센티브 부여를 검토할 수 있다" 고 설명한바 있다(송이라 기자/ rassong@edaily.co.kr).

소속인 교육공무원 모델을 참조해 관련법 개정을 마련할 예정이다.[62] 이는 국무회의를 거쳐 정부법안으로 국회 본회의를 통과해야 한다.

(3) 수사권 조정과 별개 추진 및 4조 이상 예산 소요 문제

자치경찰특별위원회는 이번 자치경찰제 도입방안이 검경 수사권 조정과는 별개라는 입장이다. 자치경찰의 업무범위가 성폭력, 학교폭력, 가정폭력, 교통사고, 음주운전 등 민생치안 분야인데 1차적 수사권을 가져온다는 전제로 업무배분을 한 게 아니라는 설명이다. 그러나 "2018년 12월 31일 까지도 정부확정안으로 결정된 것은 없다. 즉 다만 정부 합의안 단계대로 설계만 한 것"이고 "아직 정부안이 확정되지 않은 상태고 그와는 상관없이 자치경찰제 도입방안을 추진한다"는 정도일 뿐이다.[63]

한편 자치경찰제 도입에는 많은 예산이 필요한데, 경찰인력 1명당 약1억원 정도를 계산할 때, 4만3000명을 이관한다면 약4조 3000억 정도라고 추정한다.[64] 정부는 2019년 시범운영 예산을 우선 국비로 지원하고 장기적으로는 자치경찰교부세를 만들어 각 시·도에 지원한다는 복안이다. 하지만 아직 법적 토대가 구축되지도 않았고 풀어야 할 제도적 문제가 산적해 있으므로 2019년에 시범지역에서 도입을 위한 진전이 있을지는 두고 보아야 알 수 있다.

---

62) http://www.mbn.co.kr/pages/news/newsView.php?news_seq_no=3708811(검색일: 2012. 12. 30).

63) 정부는 지난 2018년 6월 경찰에 1차적 수사권 및 수사종결권 부여 등 현 검찰권한 축소를 골자로 하는 수사권 조정안을 발표했다(김순은 위원장). 그러나 2018년 12월 말까지 진전 없이 답보상태로만 머물고 있다.

64) 김순은 위원장은 "전체 경찰의 인력과 예산 중 자치경찰 예산이 자치경찰교부세로 이관되는 것"이라며 "구체적으로 확정되진 않았지만 개략적으로 경찰 1명당 1억 정도가 필요하다"고 말했다(http://www.mbn.co.kr/pages/news/newsView.php?news_seq_no=3708811(검색일: 2012. 12. 30).

제7절 지방공기업과 제3섹터

1. 공기업의 개념과 설립 이유

지방공기업은 지방자치단체(지방정부)가 지역 주민(시민)의 복리 증진을 목적으로 직접 설립해 운영하거나 법인을 설립해 경영하는 기업을 말한다. 따라서 지방공기업은 크게 세 가지 핵심 요소로 구성된다. 첫째는 경영 주체가 지방자치단체라는 점, 둘째는 지역 주민의 복리 증진을 목적으로 한다는 점, 그리고 마지막으로 공기업의 사업 성질은 어디까지나 기업이라는 점이 그것이다. 지방공기업의 주체는 국가나 일반 민간이 아닌 지방자치단체라는 점에서 국가공기업이나 일반기업과 구별되고 자치단체가 경영 주체가 되지 않는 자치단체 투자 기업과도 구별되는 것이다.[65)]

2. 지방공기업의 운영 기준

국가공기업이나 자치단체(지방정부)가 운영하는 공기업을 불문하고 모든 공기업은 공공성과 기업성을 최대한 조화시켜 운영해 볼 목적으로 설립되는 것이다. 다시 말해, 공기업은 민간 영역에만 맡겨둘 경우 독점성으로 인해 막대한 문제가 발생할 수도 있는 특성을 지닌 서비스나 재화를 직접 공공 부문이 나서서 생산하고 공급하겠다는 것이며, 또한 기존의 관료조직을 활용하기보다는 기업적 성격을 띤 별도의 법인을 세워서 운영·관리해 보겠다는 것이다. 정리해 보면 지방공기업은 일반 기업에서와 같이 최대의 실적을 추구하며 인사나 조직관리에서도 최대한 탄력성을 발휘해 나가면서 그 관리 주체를 여전히 자치단체라는 공공기관에 묶어둔 채 공공성과 기업성을 기하자는 것이다.[66)]

65) 김병준, 『한국지방자치론』(서울: 법문사, 1998), p.341; 신현기 · 박억종 · 노진덕 · 이상열, 『새행정학개론』(파주: 21시기사, 2008), p. 352.
66) 김병준, 『한국지방자치론』(서울: 법문사, 1998), p.342.

3. 지방공기업의 분류

1) 경영 형태에 따른 분류

(1) 지방직영기업

이것은 1992년 우리나라 지방공기업법의 개정을 통해 생겨난 것으로 정부부처나 행정기관의 형식으로 자치단체가 직접 설치해서 경영하는 것을 말한다. 공기업 특별회계와 독립채산제로 운영되며, 특히 자치단체의 해당 공무원과 행정조직을 직접적으로 경영에 투입·활용하기 때문에 공공성을 최대한 살릴 수 있다는 장점이 있다. 하지만 운영상 경영의 자주성이 부족하고 책임 의식이 약할 수밖에 없다는 단점도 있다. 지방직영기업의 예는 상수도와 하수도 사업 같은 공영개발 사업이 있다.

(2) 지방공사와 지방공단

1980년에 도입된 기구로서 자치단체가 법인을 설립해 경영하는 지방공기업을 의미한다. 자치단체가 전액의 자본금을 출자해 경영하는 것을 원칙으로 하고 있으나 필요한 경우에는 그 자본금의 2분의 1을 넘지 않는 한도 내에서 민간 부문의 자본금을 받아 공동 출자·운영할 수도 있도록 허용되어 있다. 의료원이나 도시개발 그리고 시설관리 등이 그 대표적인 예이다. 공사는 민간자본과 합작으로 하며 공단의 경우는 공공단체가 전액 단독으로 출자해서 이루어진다.

2) 사업의 종류에 따른 분류

우리나라 지방공기업은 1993년 4월 개정된 지방공기업법에 따라 상수도사업, 공업용수사업 등 전체 15개 사업을 종류에 따라 당연 적용 사업으로 명시하고 있다.

또한 임의 적용 사업은 자치단체의 조례가 정하는 바에 따라서 임의로 적용되는 사업을 의미한다. 도축장 사업, 통운사업 등 6개 사업 이외에도 경상비의 50% 이상을 경상수입을 통해 충당할 수 있는 사업도 공기업으로 경영할 수 있도록 조례가 허용하고 있다.

〈표 7-11〉 지방공기업의 유형

<table>
<tr><th>경영 형태</th><th colspan="2">지방공기업 유형</th><th colspan="2">지방자치단체 출자 영역</th><th>사례</th></tr>
<tr><td>직접경영</td><td colspan="2">지방직영기업</td><td>100%</td><td rowspan="3">전액출자</td><td>각지역 상수도, 하수도, 공영개발, 지역개발기금 등</td></tr>
<tr><td rowspan="4">간접경영</td><td colspan="2">지방공단</td><td>100%</td><td>각지역 시설관리공단, 환경공단, 경륜공단</td></tr>
<tr><td rowspan="2">지방
공사</td><td>전액출자형</td><td>100%</td><td>서울메트로, 부산교통공사, 인천교통공사, 김대중 컨벤션센터, 통영관광개발공사 등</td></tr>
<tr><td>혼합출자형</td><td>50% 이상</td><td rowspan="2">혼합출자</td><td>경기평택항만공사, 고양도시공사, 태백관광개발공사, 제주관광공사 등</td></tr>
<tr><td colspan="2">주식회사 · 재단 법인</td><td>50% 미만</td><td>서울관광마케팅(주), ㈜벡스코, ㈜아름다운 인재관광, ㈜강원심층수 등</td></tr>
</table>

출처: 강용기, 『현대지방자치론』(서울: 대영문화사, 2014), p.359 재인용.

4. 제3섹터의 개념

원래 제3섹터는 공공 부문과 민간 부문이 혼합된 영역을 의미하는 개념으로 쓰였는데, 국가와 지방자치단체와 같은 순수한 공공 부문을 제1섹터, 민간기업 부문을 제2섹터로 보고, 공공 부문과 민간 부문이 혼합된 부문은 제3섹터라고 부른다.[67] 한국지방자치학회(1999: 471)는 "지방자치단체와 민간이 공동으로 출자해 경영하는 기업으로서 하나의 지방자치단체가 25% 이상 출자한 지방공기업법, 민법, 상법상의 법인"이라고 규정하고 있다.

5. 우리나라 제3섹터의 현황

우리나라에서 제3섹터가 본격적으로 사용된 것은 1990년대부터인데 자치단체들

67) 강용기, 『현대지방자치론』(서울: 대영문화사, 2014), p.369.

은 개발사업을 추진하는 과정에서 부족한 재원을 보충하기 위한 수단으로 제3섹터 방식에 큰 관심을 보이기 시작했다. 1992년 12월 지방공기업법 제53조 2항이 규정한 자치단체의 출자 비율 50% 이상을 개정해 25% 이상 50% 미만을 출자한 경우, 민법과 상법에 의해 법인을 설립하도록 해서 제3섹터가 활성화되도록 하는 법적 근거를 마련했다. 1993년부터 제3섹터가 우리나라에 본격적으로 생겨나기 시작해서 1998년에는 전체 간접경영사업 110개 가운데 30개가 주식회사형 공기업(제3섹터)이 되었다.[68]

6. 제3섹터의 문제점

많은 장점에도 불구하고 제3섹터는 다음과 같은 문제점도 지니고 있다.

첫째, 수익성과 경제성의 유지 문제이다. 만약 자치단체가 민·관과 공동으로 출자해 설립한 회사가 적자에 빠지거나 도산한다면 그 부담이 최종적으로 자치단체 주민(시민)들에게 돌아오게 된다.

둘째, 민간업자와의 갈등문제이다. 자치단체들이 수익사업을 증대하기 위해 제3섹터라는 방식을 통해 기존의 영세 민간업자들이 운영하던 부문까지 침투해 이들과 갈등을 유발시킬 수 있다. 그 실례로 대구 남구청의 쓰레기 봉투 제작과 대구 경북 플라스틱사업 협동조합 간의 갈등이 있었고, 경기도 부천시와 경북 영천시가 각각 주유소와 휴게소를 설립함으로써 민간업자들과 갈등을 빚은 사례가 있다.[69]

7. 제3섹터의 활성화 대책

제3섹터 활성화 방안으로서 제3섹터 사업에 공무원의 파견 범위를 투명하게 설정하는 것이 중요하다. 동시에 국가의 정책적 지원이 늘어나야 함은 말할 것도

68) 이규환, 『도시행정론』(서울: 법문사, 2000), pp.579-580; 강용기, 『현대지방자치론』(서울: 대영문화사, 2014), p.365.
69) 강용기, 『현대지방자치론』(서울: 대영문화사, 2014), p.366.

없고, 특히 제3섹터 사업에 대한 공공기관으로부터 너무 지나친 통제는 그 원래의 취지를 저해할 수도 있다는 단점 때문에 어느 정도는 민주적 통제 수준을 설정해야 한다는 주장도 설득력이 있다. 또한 민간의 활동 범위를 크게 침해하지 않는 범위 내에서 제3섹터 사업 영역은 최대한 넓히면서 제3섹터에 대한 관심도를 계속해서 넓혀 나가는 일도 요망된다.

연습문제

01. 지방자치의 3대 구성 요소를 설명하시오.

02. 지방자치단체의 개념과 계층구조를 설명해 보시오.

03. 주민소환제와 주민발안에 관해 설명해 보시오.

04. 자치입법권과 자치재정권에 관해 설명하시오.

05. 자치사무와 단체위임사무에 관해 설명해 보시오.

06. 사무배분의 유형을 설명해 보시오.

07. 지방재정의 개념과 특성을 설명해 보시오.

08. 자주재원과 의존재원의 차이는 무엇인지 설명해 보시오.

09. 기관통합형과 기관대립형의 큰 차이는 무엇인지 설명해 보시오.

10. 지방의회의 조직과 기능에 관해 설명하시오.

11. 단체장의 의무와 권한에 대해 설명해 보시오.

12. 우리나라 교육자치와 자치경찰제에 관해 설명해 보시오.

13. 제3섹터의 개념과 문제점을 설명해 보시오.

14. 지방공기업의 개념과 설립 이유 및 운영 기준을 설명해 보시오.

15. 거버넌스와 로컬 거버넌스의 개념과 특징에 대해 설명해 보시오.

Chap. 8

행정책임과 행정통제

제8장 행정책임과 행정통제

제1절 행정책임과 행정통제

1. 행정책임의 이론적 배경

1) 행정책임의 개념과 유형

(1) 행정책임의 개념

책임(責任, responsibility)이라 함은 어떤 개인이나 단체가 맡아서 마땅히 해야 할 임무나 의무를 완수하는 일련의 상태를 의미한다. 흔히 법률에서는 책임을 행위의 결과에 따른 손실이나 제재를 떠맡는 것을 뜻한다.[1] 이러한 차원에서 볼 때 행정책임(行政責任, administrative responsibility)은 행정공무원이나 행정조직이 법령, 공익, 국민의 기대 등 일정한 행동기준[2]에 따라 행동할 의무를 토대로 하여 그 행동결과에 대해 비판이나 비난을 받을 입장에 있는 것을 의미한다.[3]

한국과 같이 민주주의 국가에서 행정책임이 의미하는 경우는 여러 가지가 있는데, 몇 가지만 소개하면 다음과 같다. 즉 ① 행정책임은 행정조직의 구성원 개개

1) 이동진 · 한인규, 『행정학개론』(서울: 대영문화사, 2014), p.639.
2) 행정책임의 기준에는 명문상의 기준이 있는 경우와 명문상의 기준이 없는 경우로 나누어 볼 수 있다. 우선 전자를 보자. 즉 행정목표, 정책, 사업계획, 관계법령, 국가공무원법이나 지방공무원법 등이 그 자체로서 행정책임의 기준이 된다(하상균, 『행정학원론』(서울: 대영문화사, 2005, p.571). 이어서 후자인 명문상의 기준이 없는 경우이다. 즉 행정책임의 기준으로서 명문화된 기준이 없는 경우는 공익, 행정이념, 직업윤리, 수익자집단의 요구, 국민의 여망 등이 행정책임의 기준이 된다.
3) 백완기, 『행정학』(서울: 박영사, 2007), p.328; 최창호 · 하미승, 『새행정학』(서울: 삼영사, 2006), p.821.

인의 책임을 의미할 때도 있다. ② 행정조직 자체의 책임을 의미할 때도 있다. ③ 때로는 행정조직의 주요 구성단위인 행정기관이나 보조기관의 책임을 의미하는 경우도 있다. ④ 여러 구성원이나 기관의 공동책임을 의미하는 경우도 있다.[4] 이상을 종합해 볼 때 행정책임은 국민 전체에 대한 봉사자로서 책임을 의미한다.[5]

(2) 행정책임의 성격

통상적으로 행정책임의 성격은 다양한데, 예를 들어 도의적 책임, 법적책임, 정치적 책임, 직업적 책임이냐에 따라 상당히 다양하며 물론 그 결과도 다음과 같이 원상회복, 배상, 변상, 징계, 형벌 등을 통해 매우 다양한 성격을 나타내 주고 있다.

(3) 행정책임의 특성

일반적으로 행정책임은 첫째, 행정상의 일정한 의무를 전제로 하여 발생하는 특성을 보여준다.[6] 둘째, 행정책임은 일정한 재량권이 주어져 있는 경우에만 주로 발생하는 특성을 가지고 있다. 즉 행정인의 일정한 자율성 및 계량성에 기인하여 남용된 재량권에 대하여 상응하는 행정책임이 발생한다.[7] 셋째, 행정책임은 공익적 요구에 충실하여야 하며 자기가 정하지 않은 어떠한 기준에 따라야 한다는 이른바 외연성(外延性)을 가지는 특성이 있다.[8] 넷째, 행정책임의 보장을 위해 행정통제가 흔히 사용된다. 다섯째, 행정책임은 공익과 밀접한 관계를 지니고 있다.[9] 즉 행정책임은 공익과 수익자 집단의 요구, 직업집단의 윤리성과 기술성에 충실하여야 한다.[10]

---

4) 최창호 · 하미승, 전게서, p.821.
5) 박연호 · 이종호 · 임영제, 『행정학개론』(서울: 박영사, 2007), p.431; 박억종 외, 『새행정학개론』(파주: 21세기사, 2008), p.367.
6) 하상군, 전게서, p.571.
7) 최창호 · 하미승, 상게서, p.822.
8) 김규정, 『행정학개론』(서울: 법문사, 1999), p.847.
9) 백정현, 『최신행정학요론』(서울: 학문사, 2005), p.428.
10) 하상군, 상게서, p.572.

2) 행정책임의 중요성

민주주의가 제대로 정책되고 발전하기 위해서는 입법, 사법, 행정이라는 3권분립이 제대로 조화를 이루는 동시에 상호견제와 균형이 알맞게 유지되어야만 한다. 하지만 오늘날에는 행정국가가 출현하여 행정이 입법부와 사법부에 비해 막강한 파워를 형성함은 물론 나아가서 절대적인 권력을 유지하게 되었다. 즉 이와 같은 행정국가의 출현과 더불어 대부분의 국가들이 관료제의 병폐로 알려진 이른바 행정의 독선주의화 경향이 각 정부들에 확고하게 자리를 구축하게 되었다고 해도 과언이 아니다. 특히 오늘날 관료(공무원) 집단은 정치권력의 중요한 권력자로서 커다란 파워를 유지하며 행사해 나가고 있다. 그러나 관료집단은 국민에 대해 직접적인 책임을 지는 것을 가급적 피하고 오히려 자기들의 행정수반이나 상관에 대해서만 책임을 다하려고 하는 경향을 강하게 보여주기 시작했다.[11] 결국 이러한 현상들은 우리가 속한 사회속에서 사실상 민주적 통제를 곤란하게 하는 동시에 많은 여러가지 폐단을 만들어 나가면서 모두를 힘들게 하는 경향마저 생겨나게 되었다.[12]

3) 행정권력의 남용

오늘날 사회에서는 행정기능이 질적인 측면에서 상당히 복잡한 모습을 보여주고 있으며, 이러한 추세에 따라 공무원에게 광범위한 행정상의 재량권이 주어지게 되었다. 결과론적으로 공무원들에게 권력을 남용할 기회를 넓어지게 되었다. 경우에 따라서는 공무원들이 주어진 재량권 및 권력을 행사하는 와중에 책임성을 완수하지 못하는 사례도 보여주기도 했다. 공무원들이 주권자인 시민에 대해 책임감 넘치는 행정서비스를 펼쳐 나가도록 함은 모두에게 상당히 의미 있는 중요한 과제인 것이다. 공무원들로부터 발생되는 행정권력의 남용사례는 무수히 많겠으나 예를 들어 부정행위, 비윤리적 행위, 법률위반, 정당한 절차의 위반, 정실행정, 실책의 은폐, 적극성의 결여 등은 그 좋은 예가될 수 있다.[13]

---

11) 이광종, 『행정책임론』(서울: 대영문화사, 1990), p.823.
12) 신현기 · 박억종 · 노진덕 · 이상열, 『새행정학개론』(파주: 21세기사, 2008), p.366.
13) Nigro, Felix A. and Lioyd G. Nigro, The New Public Personnel Administration(a), Itasca, Ill.: F. E.

2. 행정책임의 유형

1) 내재적 책임과 외재적 책임

행정책임 유형의 경우는 두 가지로 나누어지는데 내재적 책임과 외재적 책임이 바로 그것이다.[14] 행정부 내외를 기준으로 외재적 책임은 입법부, 사법부, 국민에 대한 책임이 좋은 예가되고, 내재적 책임은 조직 내에서 상급자와 감독기관에 대한 책임이 대표적이다.

(1) 내재적 책임

행정의 내재적 책임이란 자율적이고 주관적인 책임을 의미한다. 이는 외부적인 힘이 아니고 관료(공무원) 자신의 전문지식 혹은 기술 및 마음속에 있는 기준에 의한 책임을 뜻한다.[15] 또한 내재적 책임은 행정인(行政人) 또는 행정기관이 행정조직 내부에서 행정수반, 상관, 상급감독기관, 행정목표 등에 대해서 지는 것을 말한다.[16]

(2) 외재적 책임

이는 관료 자신의 내면적 판단 기준이 아니다. 즉 외부적인 힘에 의한 통제에 따라서 확보되는 책임을 말한다. 여기서 외부가 뜻하는 것은 법률, 입법부, 사법부, 국민 등이 대표적이다. 다시말해 행정조직 또는 행정인이 대외적으로 입법부인 국회, 사법부 또는 국민에 대해 정치적인 책임을 지는 것을 말한다.[17]

Peacock Publishers, 1986, pp.412-421.

14) 김규정, 『행정학원론』(서울: 법문사, 2000), p.700.

15) 이동진 · 한인규, 『행정학개론』(서울: 대영문화사, 2014), p.639.

16) 신현기 · 박억종 · 노진덕 · 이상열, 『새행정학개론』(파주: 21세기사, 2008), p.369; 백정현, 전게서, p.429.

17) 최창호 · 하미승, 상게서, p.825.

2) 법적책임과 도의적 책임

(1) 법적책임

법적책임은 공적인 계층제적 조직에서 명령계통을 통해 이루어지는 것으로 해당자가 당연히 그 행위 결과에 대해 책임을 지는 것을 말한다.[18] 다시 말해 법적책임은 법령에 위반되지 않을 책임을 의미한다. 따라서 이는 결코 분담될 수 없는 책임 및 공식적, 객관적, 설명적 책임을 의미한다.

(2) 도의적 책임

공공업무를 수행하는 공무원은 자기 결정에 대해 법적책임은 없는 경우에도 도의적인 책임을 져야 하는 경우가 발생할 수 있다. 말하자면 부하가 잘못하여 문제가 발생한 경우 경우에 따라서는 그 도의적 책임을 분담해야 하는 경우도 나올 수 있다.[19] 공식적 지위나 권한과는 무관하게 국민의 여망에 부응해야 할 응답적 책임과 윤리적 책임으로 부하의 책임으로 인해 지게 되는 것으로 공유 및 분담되는 책임을 말한다.[20]

3) 합법적 책임과 재량적 책임

(1) 합법적 책임

이는 공공행정에서 행정을 수행하는 행정인이 법규나 기준 또는 각종의 규칙에 위배되지 않도록 해야 하는 일련의 책임들을 말한다. 법적책임은 입법부, 사법부에 대한 행정부의 책임이라고 할 수 있으며 동시에 내재적으로는 상사에 대한 행정공무원의 공식적인 책임을 의미한다.

(2) 재량적 책임

우리의 공공행정에서 행정을 수행하는 공무원이 공익에 위배되지 않도록 해야

18) 이동진 · 한인규, 『행정학개론』(서울: 대영문화사, 2014), p.640.
19) 백완기, 『행정학』(서울: 박영사, 1993), p.434.
20) 신현기 · 박억종 · 노진덕 · 이상열, 『새행정학개론』(파주: 21세기사, 2008), p.369.

하는 책임을 의미한다.[21] 즉 공익을 증진하는 동시에 확보하며 나아가서 윤리적 기준에 위배되지 않을 책임을 의미한다.

4) 정치적 책임과 기능적(직업적) 책임

(1) 정치적 책임 혹은 민주적 책임

행정인(공무원)이나 행정조직이 국민의 의사에 얼마나 충실하고 발빠르게 대응하였는가에 대한 가치판단적 차원의 책임을 의미한다. 즉 공무원이 국민에 대해 지는 민주적 및 응답적 책임을 의미한다.[22]

(2) 기능적(직업적) 책임 혹은 직업적 책임

행정인(공무원)에게는 전문직업인으로서의 직책이 주어진다. 이 직책을 직업윤리와 전문적·기술적 수준에 따라 반드시 성실하게 수행해야 한다는 기술적 차원의 책임을 의미한다.[23] 다시 말해 전문직업인으로서 직업윤리나 전문적 및 기술적 기준을 따라야만 할 책임을 말한다.

5) 변명적 책임과 수난적 책임

(1) 변명적 책임

변명적 책임이란 행정인(공무원)이 행정서비스를 수행하면서 경우에 따라서는 잘못 실수를 하게 되어 문책을 받아야 하는 경우가 생길 수 있다. 이 경우 그 행위의 외면적 결과가 명령이나 지시 및 기준에 합치된다는 것을 설명하거나 규명하여야 하는 책임을 의미한다.[24]

21) 백정현, 상게서, p.429.
22) 이동진·한인규, 『행정학개론』(서울: 대영문화사, 2014), p.640.
23) 김규정, 『행정학개론』(서울: 법문사, 1997), p.850; 하상군, 전게서, p.574.
24) 하상군, 전게서, p.575.

(2) 수난적 책임

수난적 책임은 행정인(공무원)이 행정을 수행하면서 때로는 실수를 하게 되는 경우가 생기는데 이러한 경우 자기에게 쏟아지는 비난이나 제재를 스스로 감수하여야 할 일련의 책임을 바로 수난적 책임이라고 한다.[25)]

6) 회고적 책임과 전망적 책임

(1) 회고적 책임

회고적 책임이란 행정인(공무원)이 행정을 수행함에 있어서 정해진 규칙에 의해 행정일을 수행해 나가야 하는데도 불구하고 이것을 본의 아니게 어김으로써 문제가 발생할 수 있다. 이것에 대한 책임을 져야만 하는 경우를 바로 회고적 책임이라고 부른다. 다시말해 비난을 받고 있는 상태에서 제기되는 책임을 말한다.[26)]

(2) 전망적 책임

전망적 책임은 앞으로 다가올 미래에 있어 어떤 비난을 받게될 가능성이 존재하는 것을 하나의 전제로 하는 책임을 의미하는 것이다. 궁극적으로 전망적 책임이란 하나의 정해진 행동 기준에 응해야 하는 의무를 책임지는 것을 의미한다.

3. 행정책임의 현주소

1) 행정책임에 대한 종합평가

오래전부터 선진국들은 행정책임과 관련해 외재적, 민주적, 정치적 책임을 중요시해 왔다. 하지만 오늘날에 와서는 행정기능이 매우 복잡다기하고 상당히 전문화되었다. 이러한 이유 때문에 점차 내재적 및 재량적 책임 방향으로 급속히 전환되어 가고 있는 현상을 보여주고 있다.[27)]

---

25) 신현기 · 박억종 · 노진덕 · 이상열, 『새행정학개론』(파주: 21세기사, 2008), p.371.
26) 최창호 · 하미승, 전게서, p.825.
27) 하상군, 상게서, p.574.

우리나라의 경우도 예외는 아니어서 1945년 해방 후 개발도상국의 과도기를 거치면서 입법부 및 사법부보다는 오히려 급속하게 행정부의 위상이 훨씬 강화되는 특징을 보여 주었다. 입법부(국회)와 사법부(법원) 및 국민에 의한 행정의 통제가 미약한 국가들은 사실상 내부적 통제보다는 오히려 외부적 통제가 더욱 강조될 수밖에 없을 것으로 본다.

2) 행정책임의 기준(준거)

행정인(공무원)은 반드시 관계법령을 준수해야 한다. 일반적으로 법의 추상성과 형식성에 비해서 볼 때, 법령의 합목적적 운용이 요구된다. 좋은 예가 국가공무원법 제7장인데, 여기에 공무원의 성실의무, 복종의 의무, 청렴의 의무, 정치운동의 금지, 집단행위의 금지 등이 아주 좋은 예가된다. 또 하나는 명문의 규정이 없는 경우는 주관적 책임하에 행정은 공익을 추구하며 실현시켜야 한다. 따라서 행정은 언제나 민주성, 대응성, 형평성, 능률성, 효과성, 합법성이라는 행정이념 등에 충실해야 한다.[28]

3) 행정책임의 논쟁과 행정통제

세계대전과 경제대공황을 계기로 행정관료제가 대단히 확대되었다. 이를 계기로 프리드리히와 파이너 간에 행정책임 테마를 놓고 논쟁을 벌리기도 했다.

(1) 프리드리히(C. J. Friedrich)

프리드리히는 새로운 현대적 책임론을 제시하였다. 그는 의회나 법원이 전통적인 제도적 통제를 통해서 그동안 강화되어 나온 행정을 통제하고 책임성을 지우는 데에는 일정한 한계가 있다고 지적했다. 따라서 그는 행정책임을 외부 강요보다 기능적 · 내재적 책임으로 인식했다.[29] 즉 그는 행정책임을 자율적 · 주관적 내

28) 이동진 · 한인규, 『행정학개론』(서울: 대영문화사, 2014), p.641.
29) 신현기 · 박억종 · 노진덕 · 이상열, 『새행정학개론』(파주: 21세기사, 2008), p.372; 백정현, 상게서, p.431.

부통제의 중요성을 강조했는데 이는 관료의 책임의식과 집단규범, 전문직업적 기준을 통한 자율적 윤리규범의 준수를 강조하고 있다.

(2) 파이너(H. Finer)

파이너는 위에서 소개한 프리드리히가 주장하는 기능적 책임은 관료제에 의한 통치라는 새로운 전제주의를 초래할 우려가 있다고 지적한다. 그리고 파이너는 민주국가에서 행정책임의 보장은 국민의 대표기관인 의회가 주축이 되어 이루어져야 하는 외부통제 및 객관적 통제의 중요성을 매우 강조했다.[30] 특히 파이너는 외재적으로 설정되는 기대나 의무가 조직 내의 역할을 규정한다고 보았다. 이와 관련해 파이너는 법률이나 규칙에 대한 책임, 상급자와 부하라고 하는 계층구조에 대한 책임, 정책에 대한 책임, 국민에 대한 책임, 의회에 대한 책임 등을 제시하고도 했다.

(3) 최근의 경향

최근에는 지방화 시대를 맞이하여 시민의 적극적인 참여를 통해 행정책임을 확보하고자 하는 노력이 강해졌다. 우리나라도 1991년부터 지방자치제를 실시하여 중앙정부 이외에 17개 지방정부가 각자 행정책임을 확보해 나가고 있다.

제2절 행정통제

1. 행정통제의 의의

1) 행정통제의 개념

행정통제(行政統制, administrative control)란 예를 들어 공무원이 행정체제에서 일탈하는 것에 대해감시와 처벌을 가함으로써 행정목표를 달성하려는 활동을 의미한다. 특히 행정책임은 행정통제의 목적이라고 정의된다.

30) 하상군, 전게서, p.574; 백정현, 전게서, p.431.

행정학자인 디목(M. E. Dimock)은 행정통제란 행정목적이 효과적으로 달성되고 있는가의 여부를 행정관리층이 결정하는 수단이라고 정의했다.[31] 다시 말해 행정통제란 국민의 요구나 입법부, 사법부, 행정부의 장(長)이 원하는 방향으로 행정이 수행되도록 제어하는 것이다. 부언하면 행정목표 달성을 위한 계획이 이탈하지 않고 계획대로 시행되게끔 시정조치를 취하는 동시에 다음의 정책결정 및 정책집행에 환류시키는 기능을 수행한다. 통상적으로 행정통제는 외부통제와 내부통제로 구분되고 있다. 내부통제는 행정부 자체가 행정에 대해 스스로 통제를 가하는 것을 의미한다. 반대로 외부통제는 행정부를 감시하는 기능을 가진 입법부, 사법부, 민중이 입법통제, 사법통제, 민중통제를 가하는 것을 의미한다. 특히 행정통제는 목표달성을 위한 하나의 수단이다. 특히 계획과 불가분의 관계를 맺고 있다. 행정통제는 행정책임을 확보하기 위한 것이다. 따라서 강제성을 수반한다. 오류에 대한 시정조치를 위한 하나의 환류과정으로도 일컬어진다. 행정통제의 목표는 목적달성의 극대화에 있다. 이뿐만 아니라 행정통제는 계속적인 하나의 과정으로 정의된다.[32]

2) 행정통제의 원칙

행정통제를 실행에 옮기는데 있어서 다음과 같은 원칙을 지키는 일도 중요하다고 본다. 여러 가지가 있을 수 있으나 몇가지만 소개하면 다음과 같다. 합목적성의 원칙, 적량성의 원칙, 즉시성의 원칙, 융통성의 원칙, 적응성의 원칙, 예외성의 원칙, 일치성의 원칙, 경제성의 원칙이 대표적이다.

(1) 합목적성의 원칙

모든 것은 목적에 적합하지 않을 경우 그 의미를 상실하게 된다. 따라서 행정통제가 합목적성을 지니고 있느냐 아니냐 하는 문제는 매우 중요한 것이다. 즉 합목적성의 원칙은 목적에 적절한 통제수단을 사용해야 한다는 원칙을 말한다.

---

31) Marshall E. Dimock and Gladys O. Dimock, *Public Administration*, 3rd ed.(New York: Holt, 1964), p.262; 신두범 · 오무근, 『최신행정학원론』(서울: 박영사, 2003), p.110.

32) 이동진 · 한인규, 『행정학개론』(서울: 대영문화사, 2014), p.644.

(2) 적량성의 원칙

행정통제에 있어서 너무 과도한 통제행위는 공무원의 사기 저하나 창조성 약화 등의 부작용을 초래하게 될 수도 있다. 따라서 과도하게 통제하는 것은 바람직하지 않다.

(3) 즉시성의 원칙

계획이 집행단계에 들어감과 동시에 통제가 시작되어야 한다는 것을 의미한다. 즉 행정통제는 결정된 기획이 실천단계에 들어감과 동시에 신속하게 시행되어야 한다는 것을 의미한다.

(4) 융통성의 원칙

융통성의 원칙은 계획의 변경, 차질 그리고 실패 등 예측하지 못했던 상황에 즉각적으로 대처할 수 있는 융통성이 가미된 통제가 필요하다는 점을 말한다.

(5) 적응성(신축성)의 원칙

적응성의 원칙은 행정업무의 성질 혹은 필요성 따위를 십분 감안해 그때 그때마다의 주어진 상황에 알맞도록 통제하는 일이 중요하다는 점을 뜻한다.

(6) 예외성의 원칙

예외성의 원칙은 거대 규모를 자랑하는 조직체에서 이를 관리하는 관리자들이 행정과정의 전체를 통제한다는 것은 사실상 쉬운 일이 아니므로 예외적으로 어떠한 사항만을 선택해서 통제하는 것을 말한다.[33]

(7) 일치성의 원칙

일치성의 원칙은 말 그대로 행정통제는 통제를 당하는 이른바 피통제자의 책임과 개인적 권한에 일치할 수 있도록 이루어져야지 그렇지 않으면 바람직하지

---

33) 신현기 · 박억종 · 노진덕 · 이상열, 『새행정학개론』(파주: 21세기사, 2008), p.374.

않다는 것을 말한다.[34] 즉 피통제자의 권한과 책임이 반드시 일치하도록 통제헤애 한다는 것을 의미한다.

(8) 경제성의 원칙

경제성의 원칙은 행정통제를 행한 후에 얻을 수 있는 산출비용이 행정통제를 가하는데 들어가는 비용보다 적으면 안되고 훨씬 더 커야 한다는 것을 말한다.

(9) 지속성의 원칙

지속성의 원칙은 1회적인 통제의 경우 그 통제에 대한 면역성과 불감증만 높여줄 뿐 효과가 없으므로 행정통제는 지속적으로 진행해야 한다는 것이다.[35]

3) 행정통제의 특성

일반적으로 행정통제는 다음과 같이 몇 가지의 특징을 가지고 있는데 목표, 강제성, 계속성, 책임 등이다. 첫째, 행정통제는 목표를 떠나서는 존재할 수 없다. 목표가 없는 행정통제는 죽은 것이나 다름없다. 둘째, 행정통제는 강제성을 항상 수반하고 있다. 행정통제에서 강제성이 없다면 행정통제가 이루어지는데 어려움이 너무 클 수밖에 없을 것이다. 셋째, 행정통제는 계속성을 지니고 있어 계속적으로 행해지는 것이다. 행정통제가 진행되다가 중단된다면 의미가 상실되기 때문에 반드시 지속성이 요구된다. 넷째, 행정통제는 반드시 책임을 전제로 하고 있다.[36] 책임성이 결여된 행정통제를 진행한다면 그것은 그 의미를 이미 상실한 것이나 다름없는 것이다.

34) 하상균, 상게서, p.577.
35) 이동진 · 한인규, 『행정학개론』(서울: 대영문화사, 2014), p.644.
36) 최창호 · 하미승, 『새행정학개론』(서울: 삼영사, 2007), p.128; 신현기 · 박억종 · 노진덕 · 이상열, 『새행정학개론』(파주: 21세기사, 2008), p.374.

4) 내부통제를 기준으로 본 행정통제의 절차

행정통제의 절차를 보면 다음과 같은 과정을 거친다. 즉 통제기준 설정 단계 ▶ 성과측정과 평가 및 보고 단계 ▶ 시정조치 단계가 바로 그것이다. 통제기준 설정 단계에서는 짧은 기간에 총체적 상황을 파악할 수 있는 전략적 통제점(strategic control point)을 신속히 선정해야만 한다.[37] 성과측정과 평가 및 보고 단계에서는 시행성과를 측정해 신속하게 측정편차를 발견해 비교하고 평가한다. 시정조치 단계에서는 편차를 제거하고 조정해 주는 일을 해야 한다. 이 단계에서는 단순 오차를 수정하는 소극적 시정조치가 있고 자체를 수정하는 적극적 시정조치가 있다.

5) 행정통제의 유형

흔히 행정통제는 크게 외부적 통제와 내부적 통제로 나누어진다. 외부적 통제는 다시 제도적 통제와 비제도적 통제로 구분된다. 공식통제와 비공식적 통제로 구분할 때는 공식기구와 절차가 그 기준이 되는냐 여부에 따라 정해진다. 그리고 행정통제의 시기가 언제냐에 따라 사전통제(지침, 허가, 승인 등 예방적 통제), 동시통제(과정통제), 사후통제(감사, 근무성적평정, 입법통제, 사법통제)로 구분하고 있다.

먼저 제도적 통제종류에는 입법통제, 사법통제 및 옴부즈만 통제가 있다. 그리고 비제도적 통제에는 민중통제와 전문직업집단에 의한 통제가 있다. 또한 내부적 통제에는 역시 제도적 통제와 비제도적 통제가 있다. 제도적 통제에는 행정수반에 의한 통제, 정책결정, 기획에 의한 통제, 요소, 절차, 운영통제, 감사원에 의한 통제, 조정기구, 계층제에 의한 통제 등이 있다. 그리고 비제도적 통제에는 자율적 직업윤리에 의한 통제, 관료제의 대표성에 의한 통제, 비공식적 조직에 의한 통제, 기능적 책임에 의한 통제 등이 있다.

---

37) 이동진 · 한인규, 『행정학개론』(서울: 대영문화사, 2014), p.645.

〈표 8-1〉 행정통제의 유형

구분	내용	공식성
외부통제(민주통제)	① 민중통제: 일반 국민이 행정기관을 간접적으로 통제	비공식 통제
	② 사법통제: 행정부의 위법한 침해를 사후구제	공식 통제
	③ 입법통제: 입법텅제: 입법기능을 통해 국정에 대한 비판, 감시 기능 수행	
	④ 옴부즈만제도(행정감찰관 제도)	
내부통제(자율통제)	① 행정수반에 의한 통제	
	② 정책 및 기획 통제	
	③ 운영통제(심사분석에 의한 통제) -관리통제	
	④ 감찰통제: 감사원	
	⑤ 요소별 통제(법제, 예산, 정원, 인사통제, 물자통제)	
	⑥ 절차통제(보고, 지시)	
	⑦ 행정윤리의 확립	
	⑧ 비공식집단에 의한 통제	비공식 통제

출처: 이동진 · 한인규, 『행정학개론』(서울: 대영문화사, 2014), p.645.

2. 행정통제의 방법

1) 외부통제

흔히 외부통제(민주통제)란 대부분 행정의 민주성을 확보하는데 그 목적이 있다.[38] 외부통제에는 입법통제, 사법통제, 민중통제, 옴부즈만(Ombudsman)통제, 헌법통제, 국제통제 따위가 있다. 즉 국민에 의한 통제가 대표적이다.[39] 입법통제는 행정부의 의회에 대한 책임을 그리고 사법통제는 행정부의 법원에 대한 책임을 그리고 민중통제는 행정부의 국민에 대한 책임을 의미하고 있다.[40]

38) 백완기, 상게서, p.332.
39) 백정현, 전게서, p.431
40) 신두범 · 오무근, 전게서, p.110; 신현기 · 박억종 · 노진덕 · 이상열, 『새행정학개론』(파주: 21세기사, 2008), p.375.

(1) 입법통제

입법통제는 국민의 대표기관인 의회를 통한 행정통제를 의미한다. 입법부인 의회는 법률제정권, 예산심의권, 임명동의권, 해임건의 및 탄핵소추권 등을 보유하고 이를 행사하고 있다. 입법국가 시대가 점차로 변화해 근대에 와서 행정국가화 현상이 나타났다. 그에 따라 입법통제가 상대적으로 행정부보다 약화되었다. 그 후 행정부의 재량권이 급속히 확대되었다. 결국 이는 경제권의 강화와 국정에 대한 행정부(대통령)의 정보독점 등에 기인한다.

입법통제를 하는 방법은 다음과 같이 네 가지가 있다.[41] 첫째, 법률을 통한 통제인데, 의회는 법률에 따라 행정조직을 신설하고 폐지한다. 즉 행정기관이 행정업무를 수행할 공공정책의 주요목표들을 우선적으로 설정하게 된다. 둘째, 행정운영에 대한 통제가 있다. 국회는 행정공무원의 인사 관련 사항에 대한 동의, 불신임의결, 탄핵소추, 의원질의, 국정감사권, 조사권의 행사 등을 통하여 일반 행정부를 통제한다. 셋째, 재정에 대한 통제인데, 국회는 예산의 수정, 삭감, 지출, 결산통제 등의 권한을 유지하고 있다. 이러한 재정권 행사를 활용해 행정을 통제할 수 있다.[42] 넷째, 외교에 대한 통제가 있다. 흔히 국회는 조약체결에 대한 비준동의권을 유지하고 있는데 이러한 권한의 행사를 통해 행정통제를 행사할 수 있다.

한편 입법통제는 다른 한편에서 다음과 같은 일정한 한계점을 지니고 있다. 즉 국회는 지식과 전문성의 부족으로 인해 시간이 지나면서 점차적으로 행정에 대한 비판능력을 상실해 가는 모습도 보여준다. 국회의원의 경우를 보면 입법기능에 대한 전문성이 낮은 편인데, 국민들이 볼 때 국회의원이 저 정도의 수준밖에 안되는가 하는 안타까운 경우도 언론을 통해 자주 목격하고 있는 실정이다. 이런 실정이다 보니 국회의 행정에 대한 인식이 많이 부족하다. 그 좋은 예가 국회의원들이 국민 전체의 이익을 대변하기보다는 자기 출신지역구만을 위한 이익을 대변하는 경향이 높은 것이 사실이고 이것은 결국 큰 그림에서 볼 때, 국회의 행정부에 대한 통제가 미약해 질 수밖에 없을 것이다.

---

41) 신현기 · 박억종 · 노진덕 · 이상열, 『새행정학개론』(파주: 21세기사, 2008), p.376.
42) 하상군, 전게서, p.580; 백정현, 상게서, p.432.

(2) 사법통제

일반적으로 사법통제는 공무원이 공무를 집행하면서 국민의 권익을 위법하게 침해한 경우 사법부가 이것을 구제하는 통제방법이다. 동시에 행정부가 결정한 정책에 대한 위헌여부를 심사하는 통제방법이다.[43] 이 밖에 사법통제는 행정명령, 처분, 규칙 등의 위헌 및 위법여부를 심사함으로써 통제를 가하기도 한다.

한편 사법통제의 한계로 들 수 있는 것은 어려운 일이다. 즉 일반법관이 행정에 대한 전문지식이 부족한 경우 행정부가 행하는 부당한 행정재량권을 모두다 통제하는 데는 일정한 한계가 있다.[44]

하지만 일반적으로 사법통제는 몇가지 약점을 지니고 있는데 백완기는 다음과 같이 지적하고 있다. 첫째, 권익의 침해를 전제조건으로 하기 때문에 사후적 통제에 지나지 않는다는 것이다. 둘째, 소송절차가 복잡하고 경비와 시간이 많이 소요된다는 것이다. 셋째, 행위만을 전제로 하기 때문에 부작위에 대한 통제가 어렵다. 넷째, 위법한 행위에 대한 사후적 통제이기 때문에 언제나 소극적인 통제를 벗어나지 못하고 있다.[45]

(3) 민중통제(국민에 의한 통제)

민중통제(국민에 의한 통제)는 우리 국민이나 민중이 행정기관을 간접적이고 비공식적으로 통제하는 것을 의미한다. 그 구체적인 방법을 예를 들어 보면 선거, 여론, 이익단체, 정당, 매스컴, 주민참여, 시위, 서명운동, 대중운동 등을 통해 가능하다.[46] 하지만 후진국에서는 이러한 방법이 큰 효과를 거두기 어렵다는 지적이 많다.

(4) 옴부즈만 제도

옴부즈만(ombudsman) 제도는 1809년 스웨덴에서 헌법기관으로 처음 시작되었다.[47] 그 이유는 의회나 법원이 행정통제의 기능을 제대로 발휘하지 못하는 경우

43) 신두범 · 오무근, 상게서, p.111; 백정현, 전게서 p.432.
44) 김규정, 전게서, p.855.
45) 백완기, 전게서, p.334.
46) 신현기 · 박억종 · 노진덕 · 이상열, 『새행정학개론』(파주: 21세기사, 2008), p.377.
47) 하상균, 상게서, p.581; 신두범 · 오무근, 상게서, p.111.

이것을 보강하여 시민의 권리나 이익의 침해를 방지하려는 것이었다. 공무원의 부당한 행위로 인해 침해를 받은 시민이 그 불평과 민원을 조사하여 관계 기관에 시정 권고를 하게 되는 기관인데 조사관, 호민관, 행정감찰관이라고 부른다. 다시 말해 옴부즈만 제도란 의회에 의해 임명된 자로 하여금 법령이 행정부에 의해 적절히 집행되었는지를 조사하여 관계기관에 알리며 밝혀진 위법이나 부당한 일에 대해 시정을 요구하게 되는 것을 말한다. 옴부즈만은 입법부에 소속된 공무원이며, 정치적으로 독립되어 있다.[48] 스웨덴의 경우 옴부즈만은 여야합의로 추천해 의회가 임명한다. 당연히 의회 소속이며 하지만 의회가 지휘할 수 없다. 이런 옴부즈만 제도는 한국과 프랑스만 의회가 아니고 행정부 소속으로 운영된다. 옴부즈만이 할수 있는 행위는 공무원의 불법행위, 부당행위, 부정행위, 비능률, 과실, 태만, 결정 편파성, 신청에 대한 무응답 민원 등이다. 옴부즈만은 행정행위를 무효나 취소시킬 수 있는 권한은 없고 간접적인 통제 장치인데 그래서 이빨없는 감찰견(watch dog without teeth)에 비유되곤 한다. 이들은 담당기관에 시정조치를 건의하는 정도다. 직권에 의한 조사가 가능하고 법원에 비해 처리가 신속하며 비용이 적게 든다. 옴부즈만은 독립성을 갖는 헌법상 독립기관으로서 위치를 지니고 있다.[49]

옴부즈만은 합법성 여부뿐만 아니라 합목적성 여부까지 조사가 가능하다. 한국형 옴부즈만 제도는 1997년 국무총리 소속으로 설치된 국민고충처리위원회가 대표적이다. 그리고 감사원과 청와대의 민정비서실 및 사정담당보좌관실은 외국의 옴부즈만 제도와 비슷한 경우이다. 그후 국민권익위원회가 국무총리 산하에 만들어졌다.

한편 옴부즈만 제도의 특징을 백완기는 다음과 같이 지적하고 있다.[50] 첫째, 옴부즈만 제도는 의회의 기관이지 행정부의 기관이 아니다. 둘째, 옴부즈만에게 고발할 수 있는 행위는 불법행위, 부당행위, 비능률, 부정행위, 태만, 과실 등 매우 다양한 모습을 보여준다. 셋째, 옴부즈만은 기존의 행정결정이나 행정행위를 무효화시키거나 취소할 수 없다. 넷째, 옴부즈만은 시민의 고발에 의해 활동을 개시하는 것이 일반적이다. 특히 신문보도나 여론을 토대로 하여 자기직권으로 조사활동을 진행하기도 한다. 다섯째, 시민의 불평에 대한 처리과정이 신속하게 이루어진다.

48) 백정현, 상게서 p.432.
49) 이동진 · 한인규, 『행정학개론』(서울: 대영문화사, 2014), p.647.
50) 백완기, 상게서, pp. 334~335.

2) 한국의 민원에서 옴부즈만 제도

세종시 정부청사 내에 국민권익위원회가 국무총리 소속으로 만들어져 있으며 이곳에서 행정기관에 관한 고충민원을 처리하며 행정제도를 개선해 주고 있다. 각 지방자치단체에도 역시 시민고충처리위원회가 설치되어 있어서 지방자치단체 주민들의 고충을 해결해 주고 있다. 국민권익위원회에는 여러 가지 고충이 들어오는데, 예를 들어 위법 및 부당한 행정처분, 접수거부, 처리지연, 불합리한 제도 및 시책 등 다수가 있다. 여기서는 감사나 기타 법률에 의해 불복절차가 진행 중인 사안은 제외된다.[51] 국민권익위원회에서 다루는 사안들은 신중한 판단과 결정이 필요한 특수성 때문에 합의제 형태인 심의 의결기구를 운영하는 것이다. 국무총리 산하라고는 하지만 어디까지나 직무상으로 독립성과 자율성을 보장하고 있다. 하지만 조사권만 가지고 있고 직권조사는 불가능하다. 물론 사전조사권도 없다. 그리고 법률에 의해 설치된 기관인 국민권익위원회는 헌법상 기관들과 비교하면 조직적 안정성이 다소 부족한 입장이다.

〈표 8-2〉 옴부즈만제도의 비교

구분	스웨덴(핀란드)	한국
소속	입법부	행정부(대통령 소속의 국민고충처리위원회)
독립성	헌법에 근거한 헌법기관	국민고충처리위원회의 설치 및 운영에 관한 법률에 근거한 법률기관
고발 내용	불법행위, 부당행위, 비능률, 부정행위, 태만, 과실, 결정의 편파성, 신청에 무응답	위법, 부당한 행정처분, 접수 거부, 처리지연, 불합리한 제도나 시책
조사개시	시민의 요구, 신청, 고발, 직권조사 있음	신청에 의한 조사만 가능, 직권조사 없음
결과조치	조사 ▶ 공개 ▶ 건의	시정권고, 설득 및 고발

출처: 이동진 · 한인규, 『행정학개론』(서울: 대영문화사, 2014), p.648.

51) 이동진 · 한인규, 『행정학개론』(서울: 대영문화사, 2014), p.647.

3) 내부통제

(1) 내부통제(자율통제)의 개념

행정의 내부통제(자율통제)란 행정책임을 확보하기 위해 자체적으로 행하는 행정관리 통제를 의미한다. 즉 행정부서의 행정활동이 원래 목표나 방침대로 달성되고 있는지에 대해 스스로 확인하고 평가하며 필요할 경우 시정조치를 행하는 것을 말한다.

첫째, 대통령인 행정수반에 의한 통제이다. 행정수반(대통령)은 정치적 리더십, 공무원임명권, 준입법권(대통령령), 행정개혁권, 여론의 호소 등을 통해 통제기능을 수행한다. 둘째, 정책 및 기획통제이다. 예를 들어 대통령실, 국무총리실, 경제장관회의, 경제정책조정회의, 국무회의는 정책 및 기획통제를 행하는 좋은 예이다. 셋째, 감찰통제이다. 감사원은 공무원에 대해 직무감찰과 회계검사를 행한다. 넷째, 운영통제이다. 우리나라에는 인사통제, 재무통제 및 물자통제 등을 행하고 있다. 인사통제는 행정안전부장관의 적절한 인사행정의 운영을 말한다. 재무통제는 기획예산처 예산실의 예산통제기능을, 그리고 물자통제는 조달청의 집중구매제도를 예로 들 수 있다.[52)]

(2) 내부통제의 원칙

일반적으로 내부통제의 원칙을 다음과 같이 정리하고 있다.[53)] 첫째, 합목적성의 원칙이다. 이것은 통제의 목적에 적합한 통제수단을 사용하여야 한다는 것이다. 둘째, 즉시성의 원칙이다. 계획과 통제는 상호 밀접한 관련성을 지니고 있기 때문에 계획의 시작과 함께 통제도 시작되어야 한다는 것이다. 셋째, 적량성의 원칙이다. 공무원을 너무 통제하지 않아도 부정부패 등 많은 문제점을 나타내게 된다. 그러나 공무원을 너무 통제해도 사기가 저하되고 창조성이 대폭 결여되는 문제점도 심각하게 나타날 수 있다. 그래서 공무원을 너무 지나칠 정도로 통제하는 것 또한 바람직하지 않다. 넷째, 적응성의 원칙이다. 행정을 통제하는데 있어

52) 신현기 · 박억종 · 노진덕 · 이상열, 『새행정학개론』(파주: 21세기사, 2008), p.379; 신두범 · 오무근, 『최신행정학원론』(서울: 박영사, 2007), p.111.
53) 신두범 · 오무근, 『최신행정학원론』(서울: 박영사, 2007), p.112.

서 항상 그 상황에 알맞도록 그때 그때 마다 적당히 통제를 해야 하는 것이 중요하다. 다섯째, 융통성의 원칙이다. 행정을 수행하는 경우에 있어서 중간에 계획이 변경되어야 하는 경우도 발생할 수 있다. 이런 경우를 대비해서 항상 행정통제에는 융통성 있는 통제를 수행할 필요가 있다. 여섯째, 예외의 원칙이다. 사실상 대규모 조직에서 관리자가 행정 전반을 모두 통제하는 데는 일정한 한계를 가질 수밖에 없다. 따라서 예외적으로 좋은 것과 특별히 나쁜 것들만을 골라서 통제할 필요가 있다는 것이다.

4) 행정통제의 문제점

우리나라 행정통제에서 나타나고 있는 문제점을 몇가지 소개하면 다음과 같다.[54)]

첫째, 외부적 통제의 기능이 미흡하다는 것이다. 둘째, 자율적 내부통제가 미흡하다는 점이다. 셋째, 입법, 사법의 기능약화는 행정부에 대한 통제기능을 결여시킨다는 것이다. 넷째, 행정인의 권위주의, 우월감, 형식주의가 만연되어 있다는 것이다. 다섯째, 관료들이 정책결정이나 기획수립시에 독단적이고 절차를 무시하는 경향이 있다는 것이다. 여섯째, 우리나라에는 강력한 행정통제를 할 수 있는 독립기관이 없다는 것이다.

5) 우리나라 행정통제의 한계 및 개선

대통령과 같은 최고지도자에 의해 행해지는 일련의 정책에 대한 통제를 가하기는 쉽지 않다. 예를 들어 청와대와 국가정보원의 조직이나 예산은 증가하고 있지만 이에 대한 통제가 활성화 되어 밖으로 나타나지 않는 한계가 있다. 한국은 권위주의 문화가 강한편이라서 외부통제로부터 들어오는 통제를 관료들이 잘 수용하려고 하지 않는 특성도 있다. 또한 관료들의 저항도 행정통제를 어렵게 하고 있다.

우리나라 행정통제의 개선방안은 몇가지가 있을 수 있다. 국회, 국민권익위원회 활성화, 감사원 기관들이 상호 협조하여 통제를 강화해야 한다.[55)] 그리고 국

54) 백정현, 『최신행정학요론』(서울: 학문사, 2005), p.435.

민이 행정부에 대해 알권리를 제안할 수 있는 행정정보공개제도, 행정절차법제도, 입법예고제도, 내부고발자제도를 활성화해야 한다. 나아가서 시민감사참관제도나 비정부단체(NGO)에 의한 행정부 감시를 활성화해야 한다. 그리고 내부고발자제도 역시 활성화해야 한다.

연습문제

01. 행정책임의 개념을 논하시오.

02. 행정책임의 특성을 논하시오.

03. 행정책임의 유형을 논하시오.

04. 행정통제의 원칙을 설명하시오.

05. 외부통제와 내부통제를 논하시오.

06. 우리나라 행정통제의 문제점에 대해 설명하시오.

55) 이동진 · 한인규, 『행정학개론』(서울: 대영문화사, 2014), p.650.

Chap. 9

행정의 개혁

제1절 행정개혁이란 무엇인가?

제9장 행정의 개혁

제1절 행정개혁이란 무엇인가?

1. 행정개혁의 본질

1) 행정개혁의 의의

행정개혁(administration reform)이란 무엇인가? 통상적으로 행정개혁이라 함은 한 국가의 발전을 극대화하기 위해 행정체계를 적극적으로 개선해 나가고자 하는 연속적이며 지속적인 변화와 노력의 활동을 말한다.[1] 무엇보다 새로운 아이디어를 적극적으로 창안하여 실천에 옮기는 것이다. 그리고 이것은 일종의 적응적 변화를 말한다. 오늘날 행정개혁의 개념은 어디까지나 국가발전 및 변화를 전제로 하고 진행되는 것이다. 행정개혁에서는 인간의 정신을 어떤 방법으로 계발하느냐 하는 점이 그 핵심과제로 떠올라 있다.[2] 특히 행정개혁은 조직구성원의 가치관이나 행태를 변화시키기 위한 하나의 의도적으로 계획된 변혁과정을 말한다.[3] 종합해 보면 행정개혁이란 바람직한 미래의 상태를 달성하기 위해 의식적이고 계획적인 일련의 변동을 의미하는 것이다. 행정개혁은 현재보다 더 좋은 쪽으로 개선하는 것이다. 새로운 방법으로 행정을 개선하고자 하는 의식적이며 인위적인 노력을 지칭하는 것이다. 결론적으로 행정개혁은 행정인(공무원)들의 가치관, 신념, 태도의 변화를 통해 더 나은 행정으로 바꾸는 과정이다.

---

1) 신두범 · 오무근, 『최신행정학원론』(서울: 박영사, 2003), p.126; 신현기 · 박억종 · 노진덕 · 이상열, 『새행정학개론』(파주: 21세기사, 2008), p.376..

2) 신현기 · 박억종 · 노진덕 · 이상열, 『새행정학개론』(파주: 21세기사, 2008), p.385.

3) 최창호 · 하미승, 『새행정학』(서울: 삼영사, 2006), p.191.

2) 행정개혁의 특징

행정개혁은 국민의 세금을 절약하는데 있어서 매우 중요한 위치를 점하고 있다. 행정개혁을 통해 공무원 인력을 유용하게 활용할 수 있으며 낭비되는 세금을 절약할 수도 있다. 행정개혁에는 다음과 같은 특징들이 있다.

첫째, 행정개혁은 가치 및 목표지향성을 지니고 있다. 특히 행정개혁은 가치와 목표를 분명히 지향하고 있다고 보여진다. 어디까지나 행정개혁은 과거나 현재가 아니라 분명 미래를 향해 보다 나은 상태를 끝없이 추구하는 것임을 특징으로 한다. 둘째, 행정개혁은 저항성, 동태성, 행동지향성 등을 가지고 있다. 사실상 미래를 향해 개선을 한다는 것이기 때문에 절대적으로 기득권자들로부터 저항을 받을 수밖에 없다는 특징을 지니고 있다. 결국 행정개혁은 언제나 보다 나은 것을 추구하는 동태적인 일련의 활동을 의미한다.[4] 이뿐만 아니라 행정개혁은 지속적으로 행동지향성이라는 특징을 품고 있다. 셋째, 행정개혁은 인위성, 계획성, 지속성(계속적 과정)을 지니고 역동성을 발휘하는 특징을 지니고 있다. 특히 행정개혁은 자연적이기보다는 인위적일 수밖에 없다는 특징을 지닌다. 행정개혁은 반드시 이를 행하고자 하는 정부와 같은 주최측의 계획에 의해서 수행된다는 특징을 지니고 있다. 그리고 행정개혁은 일회성 활동이 아니라 끝임없이 연속적으로 추진해 나가야 하는 일련의 과정이라는 특징을 지니고 있다. 넷째, 행정개혁은 포괄적인 연관성(관련성)을 중시할뿐 아니라 그에 적극적으로 대처하는 활동이라는 특징을 지니고 있다.[5] 이런 의미에서 볼 때 행정개혁이란 과거와 현재 그리고 미래를 연계지어 발전을 추구하는 연계성을 중요시하는 특징을 보여준다. 다섯째, 행정개혁은 주최측으로부터 열심히 추진하지만 반대로 행정개혁을 원하지 않는 그룹으로부터 부단한 저항을 받을 수 밖에 없다는 특징을 지닌다.[6] 행정개혁이란 항상 어려운 것인데 특히 기존에 유지되어 오던 기득권을 어떤 무엇으로 바꾸어 변화시키는데서 오는 두려움을 누가 좋아하겠는가. 예를 들어 어떤 국가나 사회의 각종 제도를 개혁해 기존 시스템을 교체한다고 가정했을 때, 그

4) 백정현, 『최신행정학요론』(서울: 학문사, 2005), p.437.
5) 하상군, 『행정학원론』(서울: 대영문화사, 2005), p.589; 신현기 · 박억종 · 노진덕 · 이상열, 『새행정학개론』(파주: 21세기사, 2008), p.385.
6) 위계점 · 이원희, 『알파플러스 행정학』(서울: 고시연구사, 2004), p.989.

행정개혁에 의해 누군가는 반드시 이익을 볼 것이다. 반대로 누군가는 반드시 손해를 보는 사람도 나올 수밖에 없을 것이다. 이와 같은 과정에서 손해를 본 사람들은 반드시 강한 저항을 보이게 될 것이다. 따라서 행정개혁 추진자는 행정개혁 반대자들과 얼마나 조화를 이루며 동시에 그들을 얼마나 설득하고 이해시키느냐에 따라 그 개혁의 성공여부가 결정될 것이다. 이것이 행정개혁을 다루는 기획가들의 중요한 과제이다. 여섯째, 행정개혁은 대부분 정치적 영향을 적지 않게 받는다. 행정개혁은 누군가 예고 없는 무방비 상태에서 실행시켜 나가는 것이 아니고 흔히 정권이 교체될 때 새로운 행정수반(대통령)이나 힘있는 정치가을 통해 기획 및 결정되고 실행에 옮겨진다는 특징을 보여준다.

한국이나 외국의 경우를 보면 행정개혁은 정권을 잡고 새로이 출범하는 정권들이 대부분 초창기에 행정개혁을 힘차게 추진한다는 공통점이 나타난다. 과거의 정권에서 보여졌던 국가적, 사회적 모순, 제도적 부조리 등 문제점으로 지적되어 왔던 대상이나 각종 제도들이 행정개혁의 중요한 대상이 된다.

3) 행정개혁의 필요성과 목표

(1) 행정개혁의 필요성 및 동기

모든 행정체제는 그 사회가 필요로 하는 끝임 없는 요구들뿐만 아니라 새로운 미래의 요구나 도전들에 적극 부응해야 하는 과제를 지니고 있다. 분명한 것은 보다 나은 효과적인 방법을 활용해 행정조직이 살아남고 튼튼하게 유지되기 위해서는 행정개혁이 반드시 필요하다. 조직이 과거에 머물고 개혁을 지속적으로 단행하지 않으면 그 조직은 이미 죽은 조직이라는 점에서 행정개혁의 필요성을 찾을 수 있다.

한편 행정개혁의 동기는 행정목적의 변동, 행정조직에서 기구의 개편, 새로운 기구의 신설, 행정의 낭비와 중복이 발견되는 경우 및 전쟁 등과 같은 여러 가지 행정의 변화가 있는 경우에 그 시급한 필요성이 나타난다.

행정개혁이 필요한 것은 정치이념과 변동, 권력투쟁의 작용, 정부역할과 행정수요의 변동, 조직확대 경향과 관료들의 이익 추구, 행정의 능률화 및 효율성 제고, 새로운 기술의 도입 등 때문이다.

〈표 9-1〉 행정개혁을 촉진시키는 상황

급격한 변화가 있을 경우	인구와 고객변화 등 행정환경의 변화가 있을 경우
조직구성원 간 이질성이 높을 경우	정치 행정의 영역에서 이해 관계의 대립이나 행정기관 내부 긴장과 대립의 격화 등 조직구성원 간 갈등이 심화될 경우
실적이 목표에 미달할 경우	효과성이나 능률성의 계속적인 저하는 행정성과 능률 증진을 위해
목표 수준이 적합하지 못할 경우	현재의 목표수준이 적합하지 않을 경우 등임.

출처: 이동진 · 한인규, 『행정학개론』(서울: 대영문화사, 2014), p.652.

(2) 행정개혁의 목표

행정개혁이 성공하기 위해서는 정확한 목표가 세워져야 한다. 목표가 정확하지 않으면 행정개혁은 성공하는데 있어 여러 가지 어려움을 겪게 된다. 케이든(G. Caiden)은 행정개혁의 목표로 정부조직의 업무 간소화, 정부기관의 합리화와 행정과정의 단순화, 각종규제와 형식화된 업무의 폐지, 관료제에 대한 과잉 의존의 축소, 공공관료제에서 주민대표성의 증대 등을 제시하고 있다.[7)]

유훈은 행정개혁의 목표를 예산의 절약과 능률성 제고, 정치이념의 실현, 행정의 간소화, 행정수반의 관리능력의 강화, 시대상황에 맞는 필요한 새로운 제도의 도입 등을 들고 있다. 그리고 박문옥은 행정개혁의 목표를 조직의 탄력성과 간소화, 인사관리의 개선, 공무원의 정리, 조정과 통제체제의 확립, 업무의 능률화, 새로운 행정기술과 관리방법의 도입 등을 제시하고 있다.[8)]

4) 행정개혁의 일반원칙

정부가 행정개혁을 실행하는데 있어 특별히 지켜져야 할 대표적인 원칙이 있다. 몇 가지만 살펴보면 다음과 같다. 첫째, 행정개혁은 사회적 목적을 더욱 효과

7) Caiden, Gerald. *Administrative Reform*, Chicago: Aldine, 1969, p.37; 박억종 외, 『새행정학개론』(파주: 21시기사, 2008), p.386.

8) 박문옥, 『행정학』(서울: 신천사, 1974), p.45; 하상군, 『행정학원론』(서울: 대영문화사, 2005), p.591; 박억종 외, 『새행정학개론』(파주: 21시기사, 2008), p.386.

적으로 달성하기 위한 하나의 수단이어야 한다. 둘째, 행정개혁의 대상이 조직상의 것인가 아니면 절차상의 것인가를 판별해야 한다. 셋째, 행정개혁이 행정통제와 조정, 그리고 통합에 더욱 기여할 수 있도록 해야 한다. 넷째, 구성원들의 노력을 목표달성에 최대한 공헌시킬 수 있도록 하는 것 등이다.[9)]

5) 행정개혁의 성공적 요건

한 국가의 행정개혁 과정에서 성공할 수 있는 중요한 요건은 여러 가지가 있겠으나 몇 가지만 살펴보면 다음과 같다.

첫째, 정치적, 사회적 안정과 강력한 정치적 리더십의 확립이 필요하다.[10)] 어느 국가이든지간에 정치적·사회적으로 상당히 안정적이어야만 행정개혁이 성공할 확률이 높다. 어느 국가를 막론하고 정치와 사회가 불안한 경우는 추진하고자 하는 행정개혁에서 실패할 가능성이 커질 수밖에 없을 것이다. 그리고 또한 어느 국가이든 간에 대통령 같은 행정가의 정치적 리더십이 국민들의 강한 지지를 받으면서 강하게 확립되어 있지 않은 경우는 행정개혁 추진에서 성공할 확률이 그만큼 낮아질 가능성이 커진다.

둘째, 행정개혁 지향성의 존재 여부이다. 행정개혁을 추진하는데 있어 얼마나 큰 행정개혁을 위한 추진력과 지향성이 강하게 존재하느냐의 여부는 그 개혁이 성공할 것인지 실패할 가능성이 큰지 등을 좌우하는 바로미터가 된다고 볼 수 있다.

셋째, 행정개혁을 위한 여론의 지지, 상향적 및 수평적 의사소통의 개선이다. 행정개혁 시에 여론을 통해 강력하며 지속적인 지지를 받지 않고서는 추진하고자 하는 행정개혁이 결코 성공하기 쉽지 않은게 사실이다. 또한 행정개혁은 상향적, 수평적 의사소통이 원활할 때만 훨씬 그 추진 속도와 지원을 받을 수 있다.

넷째, 행정조직의 신축성과 관리층의 적극적인 역할은 행정개혁 성패를 좌우해준다. 만일 행정조직이 발전하기 위해서는 유연성이 중요하다. 그런데 행정조직

9) 최창호·하미승, 『새행정학』(서울: 삼영사, 2006), p.195; 신현기·박억종·노진덕·이상열, 『새행정학개론』(파주: 21세기사, 2008), p.387.
10) 위계점·이원희, 『알파 플러스 행정학』(서울: 고시연구사, 2006), p.990.

이 만일 신축적이지 않으며 반대로 굳어 있는 경우라면, 아무리 행정개혁을 위한 의도와 계획이 우수하다고 할지라도 그 행정개혁은 추진속도를 내는데 있어 곤란에 직면할 가능성이 크다. 또한 행정개혁은 아래서부터 진행되는 것이 아니라 위로부터 추진되는 것이기 때문에 행정관리층의 적극적인 역할이 미비하다면 행정개혁은 추진중에 중단되거나 실패할 확률이 커질 수밖에 없다. 이 때문에 행정개혁의 성공을 위해서는 행정조직의 신축성과 관리층의 적극적 역할은 행정개혁을 위한 성패를 좌우해 준다.

2. 행정개혁의 접근방법

1) 구조적 · 기능적 접근방법

구조적 접근방법이란 조직의 구조적 설계를 개선함으로써 행정개혁의 목적을 달성하는 접근방법을 말한다.[11] 이는 공식적 · 합리적 조직에 중점을 두는 전통적 조직이론에 입각하여 공식적 조직의 명령체계, 권한과 책임의 한계, 소관사무의 합리적 배분, 계선기관과 참모기관의 관계 등을 행정개혁의 주요대상으로 삼고 있다. 하지만 이는 행정조직의 구조, 기술 및 절차의 변경에만 치중하고 조직과 환경과의 관계 그리고 조직 내의 인간관계 등을 도외시했다는 비판을 받고 있다.[12]

구조적 접근방법은 과학적관리법이나 막스 베버(Max Weber)의 관료제이론에 근거를 두고 있는 이론이다.[13] 미국 후버(Hoover)위원회의 활동이나 한국의 행정개혁도 사실상 구조적, 기능적 접근방법에 토대를 두고 진행되어 왔다. 하지만 위의 접근방법은 발전도상국가들을 참고하여 볼 때, 현실적으로 수행되는 기능과

11) 오석홍, 『조직이론』(서울: 박영사 1990), p.673; 이종수 · 윤영진, 『새행정학』, 서울: 대영문화사, 2006, p.240; 백완기, 전게서, p.343.

12) 신두범 · 오무근, 『최신행정학원론』(서울: 박영사, 2003), p.129; 이종수 · 윤영진, 『새행정학』, 서울: 대영문화사, 2006, p.671.

13) 막스 베버(Max Weber)는 관료제 이론을 처음 만든 사람이다. 독일의 부유한 가정에서 태어나 베를린(Berlin)과 하이델베르크(Heidelberg)에서 공부하고 프라이부르크(Freiburg)대학과 뮌헨(München)대학교에서 교수로 지냈다. 수많은 저작을 남긴 법학자, 사회학자, 정치학자이며 행정학자였다고 볼 수 있다. 관료제란 공무원인 관료들을 지칭하며 주어진 하루의 시간동안 일을 하고 매달 국가로부터 봉급을 받는 제도를 관료제라고 주장했다.

불일치 및 격차가 크다는 약점을 가지고 있다. 이뿐만 아니라 행정조직의 동태적 성격과 환경적 요인조차도 충분히 고려되지 않았으며 인간적 요인이 독립변수로서 고려되지도 않았고 과소평가되었다고 지적된다.[14)]

2) 인간관계적 접근방법

인간관계적 접근방법은 위에서 살펴 본 구조적, 기능적 접근방법의 단점을 한층 개선하기 위해 제시된 방법론에 해당한다. 사실상 인간관계론적(행태적) 접근방법은 인간행태의 변혁이 조직구조의 변화를 초래하고 새로운 관리기법을 적용 가능하게 한다는 사고에 그 중요한 이론적 근거를 두고 있다고 한다.[15)]

어느 국가에서든지 행정개혁의 성공적 추진을 위해서는 행정개혁을 추진하게 되는 행정인의 가치관과 뚜렷하고 분명한 태도의 변혁이 선행되어야 성공의 가능성이 커진다. 그리고 행정 개혁과정에서 행정인의 광범위한 참여과정을 통해 그들의 심리적 욕구까지 충족시켜야만 성공 가능성이 커질 수 있다.[16)] 이 인간관계적 접근방법은 행정인을 직접적으로 여러 가지 중요한 결정과정에 참여시키는 입장이다. 이러한 참여를 통해 행정인은 심리적 욕구를 충족시키고 조직목표와 개인목표의 통합을 추구하면서 집단토론, 감수성 훈련 등 조직발전기법을 활용해 자율적으로 행태 및 가치관의 변화를 유도하려는 접근방법이 바로 인간관계적 접근방법인 것이다.[17)]

하지만 이 방법의 경우 다음과 같은 단점을 지니고 있다. 즉 인간의 행태변화에는 비교적 긴 시일이 소요된다는 점, 자유로운 의사소통과 토론 기회가 받아들여지기 어려운 권위주의적 행정문화 속에서는 성공하기 어렵다는 점, 정부조직의 경우 현실적인 법적제약이 존재한다는 점 등이 바로 그것이다.[18)]

---

14) 위계점 · 이원희, 『알파 플러스 행정학』(서울: 고시연구사, 2006), p.990.
15) 이종수 · 윤영진, 『새행정학』, 서울: 대영문화사, 2006, p.672; 백정현, 『최신행정학요론』(서울: 학문사, 2005), p.438.
16) 신두범 · 오무근, 『최신행정학원론』(서울: 박영사, 2003), p.129.
17) 위계점 · 이원희, 『알파 플러스 행정학』(서울: 고시연구사, 2006), p.991.
18) 이종수 · 윤영진, 『새행정학』, 서울: 대영문화사, 2014, p.673.

3) 관리기술적 접근방법

관리기술적 접근방법은 일단 행정이 추진되는 과정에 우선 치중하면서 행정기술, OR, 컴퓨터 장비, 수단을 개선하고 동시에 관리과학, 체제분석 등을 적극 활용함으로써 행정성과의 향상을 도모하는 접근방법이다. 이 관리기술적 접근방법은 주로 계량화 기법을 활용하는 것으로 일종의 과정적 접근방법이라고도 이해된다.[19]

이 접근방법은 기술적 쇄신을 통해 표준적 절차와 조직의 과업수행에 영향을 주는 것은 물론이다. 동시에 조직형태와 인간행태에 영향을 미친다는 장점을 지니고 있다.[20] 그럼에도 불구하고 기술과 인간성 간의 갈등을 간과할 수 있다는 점이 큰 단점으로 지적되고 있다.

4) 종합적 접근방법

종합적 접근방법은 개방체제에 입각해 개혁의 구성요소를 포괄적으로 관찰함은 물론, 여러 가지 세분화된 접근방법들을 일괄적으로 통합하여 그 근본적인 해결방안을 탐색해 보려고 하는 일련의 종합적 접근방법을 의미한다.[21] 사람들이 행정개혁을 시도할 경우 구조, 인간, 환경의 문제를 하나의 체제로서 파악하는 것이다. 그리고 이들 상호간의 관련성 및 의존성을 종합적으로 고려에 넣은 후 접근하는 것이 필요하다.[22] 그 근본적인 이유는 위에서 소개한 구조적, 관리기술적 접근방법이나 인간관계적 접근방법만 가지고는 완벽할 수 없기 때문이다.

3. 행정개혁의 상호비교

일반적으로 행정개혁은 크게 두 가지로 구분해 볼 수 있다. 하나는 정부주도형

---

19) 위계점 · 이원희, 전게서, p.990; 백정현, 『최신행정학요론』(서울: 학문사, 2005), p.438.
20) 이종수 · 윤영진, 『새행정학』, 서울: 대영문화사, 2014, p.672.
21) 이종수 · 윤영진, 『새행정학』(서울: 대영문화사, 2014, p.673; 백정현, 『최신행정학요론』(서울: 학문사, 2005), p.439.
22) 신두범 · 오무근, 『최신행정학원론』(서울: 박영사, 2003), p.130.

행정개혁이고 다른 하나는 민간주도형 행정개혁이 바로 그것이다. 이 내용을 세부적으로 구분해보면 다음과 같다.

〈표 10-2〉 행정개혁에서 정부주도형과 민간주도형의 비교

정부주도형	민간주도형
○ 실제적인 정책·사업계획에 보다 더 관심을 둔다.	○ 행정조직의 구조문제나 행정원칙에 더 중점을 둔다.
○ 공익보다 관료의 이익을 우선시킬 가능성이 있다.	○ 국민의 지지획득이 용이하고 정치적 측면을 고려할 수 있다.
○ 개혁안의 실행과 조직변동이 직원의 복지에 미치게 될 영향에 더 중점을 둔다.	○ 종합적이고 객관적이다.
○ 덜 세밀하고 비용이 덜 들며 보고서가 보다 짧고 중점적이다.	○ 보고서가 세밀하고 건의안이 과격하다.
○ 개혁안의 집행이 용이하고 빠르다.	○ 시간과 경비를 더 많이 필요하게 된다.
	○ 실행 가능성과 집행문제를 검토하기 위하여 내부인사의 추가연구가 필요하다.

출처: 위계점·이원희, 『알파 플러스 행정학』(서울: 고시연구사, 2006), p.991에서 재인용.

4. 행정개혁의 과정

1) 의의

행정개혁의 과정을 케이든(Caiden)은 다음과 같이 ① 개혁필요성의 인식, ② 개혁안의 작성, ③ 개혁시행, ④ 개혁평가 등으로 구분하였다.[23]

23) 신현기·박억종·노진덕·이상열, 『새행정학개론』(파주: 21세기사, 2008), p.391; G. Caiden, Administrative Reform, Chicago: Aldine Publishing Co, 1968, pp.129-160.

2) 개혁필요성의 인식

행정개혁이 본격적으로 추진되기 위해서는 기존에 객관적 차원에서 일어난 행정개혁의 필요성에 대한 개혁 주체세력의 뚜렷하며 강한 주관적 인식이 절대적으로 중요하다. 사실상 객관적인 상황발생 그리고 이와 직접적으로 연계된 주관적인 인식이 곧바로 결합되는 경우 대부분 추진하고자 하는 행정개혁은 곧 시작의 닻을 올리게 되는게 일반적인 현상이다.[24)]

3) 개혁안의 작성

일반적으로 개혁안의 작성시에는 작성자, 개혁범위와 수준, 개혁전략, 개혁안의 수 등을 심층적으로 참고해야 한다.

4) 행정개혁의 시행

개혁안의 실천에 필요한 요소들은 다음과 같이 법안의 정비, 조직변동에 따른 예산의 이체, 예비비의 사용과 같은 예산조치, 관계 공무원의 보직변경, 새로운 제도나 절차 및 방법 따위를 적용하기 위한 공무원의 훈련 등이 주류를 이룬다. 위와 같은 요소들이 연계된 조치들이 수반되어야만 비로서 행정개혁은 시행이 가능할 수 있다.[25)]

5) 개혁평가

이미 추진 및 시행된 행정개혁이 처음부터 의도했던 대로 성공적으로 수행되었는지 여부를 확인하는 과정을 행정개혁평가라고 한다. 하지만 개혁평가는 모든 행정개혁의 과정이 마무리된 후에도 경우에 따라서는 시행과정에서도 이루어질 수도 있다.

---

24) 이종수 · 윤영진, 『새행정학』, 서울: 대영문화사, 2014, p.574; 백정현, 『최신행정학요론』(서울: 학문사, 2005), p.437.

25) 이종수 · 윤영진, 『새행정학』, 서울: 대영문화사, 2014, p.579; 백정현, 『최신행정학요론』(서울: 학문사, 2005), p.437.

5. 행정개혁에 대한 저항 및 대책

1) 의의

일반적으로 행정개혁은 시일 내에 끝나기 어려운 어렵고도 험난한 노정이라고 표현된다. 원래 조직은 변하지 않으려고 고집하는 고유의 특징을 지니고 있다. 어느 조직이든 간에 그 조직 속에 소속되어 있는 기득권자들은 기존에 자신들이 굳건히 향유하고 있던 위치가 바뀌는데 대해 상상 이상의 저항을 나타내는게 일반적이다. 이러한 자세는 바로 기존에 보유하고 있던 기득권을 계속해서 유지하려는데 기인한다. 교체, 변화 및 이전의 제도를 바꾼다는 것이 얼마나 어려운 일인가는 상상 그 이상이라는 것이 일반적 시각이다.

2) 저항의 이유

왜 행정개혁의 대상자들은 저항하는가. 기득권자들은 행정개혁 시에 기득권을 침해받을 가능성이 조금이라도 감지된다면 곧바로 저항을 나타낸다. 즉 기득권자들은 개혁을 즉시 반대하며 기득권을 유지하려는 방호벽을 친다. 그리고 강력히 저항할 계획을 세우고 실천에 옮기게 된다. 행정개혁이 비공개적이고 불명확하게 추진되는 경우에는 그 잠재적 위협으로 인해 보다더 강력한 저항에 직면하게 된다. 따라서 성공적인 개혁이 되려면 주최측에서 보다 더 투명하고 될 수 있으면 투명하고 공개적으로 수행함은 물론 행정조직의 구성원들로부터 양해와 설득이 나오도록 협의하는 일이 중요하다. 행정개혁수행자들이 다소 무능하고 어설프게 추진되는 경우에 그 행정개혁은 곧바로 벽에 직면할 가능성이 커진다.

한편 행정개혁 시에 격렬한 저항이 일어나는 원인은 다음의 원인이 크다.[26] 즉 ① 기득권의 침해의 우려 때문에 발생할 수 있다.[27] ② 타성으로 인한 저항에서도 나타난다. ③ 개혁내용의 불확실성으로도 나타난다. ④ 정치적인 외압이나 사회적인 요구들의 저항이 나타날 수 있다. ⑤ 무사안일주의나 보수성 등으로 나타날 수 있다. ⑥ 미지의 새로운 행정환경에 대한 부담 때문 등이다.

---

26) 이종수 · 윤영진, 『새행정학』, 서울: 대영문화사, 2014, p.579; 백정현, 『최신행정학요론』(서울: 학문사, 2005), p.438.

27) 백완기, 『행정학』(서울: 박영사, 2007), p.348.

3) 저항의 극복방안

행정개혁의 저항에 대해 원활하게 극복할 수 있는 방안은 다음과 같은 3가지 방법이 있다. 즉 규범적 · 협조적 방안, 기술적 · 공리적 방안, 그리고 강제적 방안이 있다.[28)]

(1) 규범적 · 협조적 방안

행정개혁 시에 대내외적으로 참여의 폭을 대폭적으로 확대하여 추진함으로써 해당 구성원들로부터 그 필요성에 대한 이해와 공감대를 만들어야 한다. 예를 들어 행정조직의 구성원들을 집단토론이나 훈련기회를 만들어 상호 의사소통이 원활하도록 해주는 동시에 점차적인 이해를 시켜주어야 한다. 그러나 이러한 방안은 행정개혁을 신속하게 진행하는데 있어 적지 않은 시간과 비용을 필요하게 만들 수 있다. 이것이 좋으면서도 비용이 많이 든다는 단점을 동시에 지니고 있다. 하지만 이 방법은 행정개혁 시에 발생하는 저항에 대한 근본적인 해결방안으로 행정조직의 인간화를 주장하고 중요시 하는 현대사회의 논자들이 가장 선호하고 있다.[29)]

(2) 기술적 · 공리적 방안

기술적 · 공리적 방안은 급진적이지 않은 방법이다. 즉 이 방법은 시간을 넉넉히 가지고 적절한 시기를 정한 후 천천히 행정개혁을 추진해 나가는 방안을 말한다. 사실상 이 방안은 기득권을 어느 정도 유지해 주면서 진행하는 방안이다. 기술적 · 공리적 방안이야말로 신분보장과 같은 반대급부를 구성원에게 적극 보장해 주는 것이다. 가급적이면 적절한 인사배치 등을 통해 행정개혁의 구성원에게 이해를 구하면서 저항을 극복해 나가는 것이다. 하지만 이 방법은 반대급부를 제공한다는 차원에서 또다른 차원에서는 도덕성 결여의 문제라는 도전에 부딪칠 수 있다는 단점을 동시에 지니고 있다.

---

28) 위계점 · 이원희, 『알파 플러스 행정학』(서울: 고시연구사, 2006), p.992; 이종수 · 윤영진, 『새행정학』, 서울: 대영문화사, 2014, p.580.

29) 이종수 · 윤영진, 『새행정학』, 서울: 대영문화사, 2014, p.579; 신현기 · 박억종 · 노진덕 · 이상열, 『새행정학개론』(파주: 21세기사, 2008), p.393.

(3) 강제적 방안

강제적 방안은 상급자의 권한을 활용하여 어느정도 긴장된 분위기를 형성하고 물리적 방법을 통해 행정개혁을 단행하는 것을 말한다. 이 강제적 방안은 단기적 차원에서 추구하고자 했던 행정개혁의 목적을 조기에 달성할 수 있다는 장점을 지니고 있다. 하지만 반대로 장기적으로 흐를 수 있고 경우에 따라서는 또 다른 저항의 빌미를 줄 수도 있고 동시에 계속 저항과 충돌하고 부딪칠 가능성도 존재한다는 단점을 가지고 있다.[30] 이러한 방안은 잘못 사용하면 추진하고자 했던 행정개혁에서 실패를 초래할 수도 있다.

4) 박근혜 정부의 정부3.0

박근혜 정부는 2013년 2월 25일 출범하여 2017년 5월 9일까지 집권했다. 취임한 2013년 6월 19일 정부운영 패러다임으로 정부3.0 추진 기본계획을 발표했다. 이전의 정부 2.0이 인터넷을 기술적 기반으로 국민이라고 하는 집단 중심의 민주성 패러다임이었다면, 정부3.0은 스마트 모바일 기술의 기반 위에 국민 개개인에게 대응하는 확장된 민주성을 추구하면서 동시에 개방과 소통 및 협력을 중요시하는 것이었다. 박근혜 정부는 국민행복 시대를 주창했다.[31] 성장보다는 구민의 행복을 더 강조했지만 정책공약을 제대로 추진하지는 못했다. 국민경제가 계속 침체했기 때문이다. 조세개혁이나 경제민주화 추진도 활발하지는 못했다. 기초연금, 의료보장, 반값등록금 분야에서의 큰 행정개혁을 이루지 못하고 탄핵으로 인해 2017년 5월 10일 임기를 채우지 못하고 물러났다.

30) 이종수 · 윤영진, 『새행정학』, 서울: 대영문화사, 2014, p.580.
31) 이종수 · 윤영진, 『새행정학』, 서울: 대영문화사, 2014, p.593.

연습문제

01. 행정개혁의 개념을 설명해 보시오.

02. 행정개혁의 특징을 설명해 보시오.

03. 행정개혁의 필요성을 설명해 보시오.

04. 행정개혁의 접근방안을 설명해 보시오.

05. 행정개혁의 저항 극복방안을 설명해 보시오

참고문헌

1. 국내 문헌

강용기, 『현대지방자치론』, 서울: 대영문화사, 2014.

곽영길 · 신현기, 참여정부의 자치경찰법(안)에 관한 역사적 고찰, 「자치경찰연구」, 1(1).

공무원시험연구소 편, 『행정학개론』, 서울: 2017.

김구, 『열린정부의 이해와 실체』, 서울: 윤성사, 2018.

김렬, 『인사행정론』, 서울: 박영사, 2014.

김영기, 『지방자치행정론』, 서울: 대영문화사, 1999.

김영식, 『논점행정학』, 서울: 대명출판사, 1999.

김재기, 『행정학』, 서울: 법문사, 1999.

김병진, 『정책학개론』, 서울: 박영사, 2002.

노승용, 『전략적 기획과 성과관리』, 서울: 윤성사, 2018.

디지털거버넌스센터, 『행정학트레이닝』, 서울: 윤성사, 2018.

박억종 외, 『새행정학개론』, 파주: 21세기사, 2008.

박연호 · 이종호 외, 『행정학개론』, 서울: 박영사, 2007.

박동서, 『한국행정론』, 서울: 박영사, 1997.

박응격, 「행정학강의」, 서울: 박영사, 1995.

박성복 · · 이종열, 『정책학원론』, 서울: 대영문화사, 1998.

백완기, 『한국의 행정문화』, 서울: 고려대학교 출판부, 1982.

백정현, 『최신행정학요론』, 서울: 학문사, 2005.

서울특별시(신현기, 이상열, 남재성, 양재열), 서울시 특별사법경찰 10년 자치경찰제로의 전환을 위한 발전 방안 연구 보고서, 2017.

손재식, 『현대지방행정론』, 서울: 박영사, 1991.

신승춘 · 하재룡 · 최미옥 · 신현기 · 신윤창 · 장덕희 · 김병준, 『현대행정의 이해』, 서울: 대영문화사, 2015.

신현기 · 김택 · 박억종 · 성조환 · 최미옥 · 한형서 · 황명선 공저, 『행정학개론』, 서울: 웅보출판사, 2004.

신현기,「경찰조직관리론」, 파주: 법문사, 2018.

신현기,「경찰인사관리론」, 파주: 법문사, 2018.

신현기 · 한형서 · 김택, 「지방행정론」, 일산: 한국학술정보(주), 2002.

신현기 · 박억종 · 노진덕 · 이상열, 『새행정학개론』, 파주: 21세기사, 2008.

신현기 · 박억종 · 성조환 · 윤종설 · 최미옥 · 한형서, 『정책학개론』, 서울: 웅보출판사, 2003.

신두범 · 오무근, 『최신행정학원론』, 서울: 박영사, 2003.

임재현, 『지방행정론』, 서울: 대영문화사, 2017.

유민봉 · 박성민, 『한국인사행정론』, 서울: 박영사, 2014.

오세덕 외 3인, 『조직행태론』, 서울: 윤성사, 2018.

오석홍, 『조직이론』, 서울: 박영사, 2006.

이동진 · 한인규, 「행정학개론」, 서울: 대영문화사, 2014.

이종수 · 윤영진 외, 「새행정학」, 서울: 대영문화사, 2014.

이경서, 『행정학 강의』, 서울: 삼영사, 2002.

이광종, 『행정책임론』, 서울: 대영문화사, 1990.

이동진 · 한인규, 『행정학개론』, 서울: 대영문화사, 2014.

이종수, 『새행정학개론』, 서울: 대영문화사, 1997.

이종수 · 윤영진 · 곽채기 · 이재원 외, 『새행정학』, 서울: 대영문화사, 2014.

이창원 외, 『새조직론』, 서울: 대영문화사, 1997.

이창원 · 최창현, 『새조직론』, 서울: 대영문화사, 2006.

제갈돈 · 김병규 · 도수관 · 윤기웅 · 이곤수, 『행정학개론』, 파주: 법문사, 2017.

주운현 외 3인, 『쉽게쓴 행정학』, 서울: 윤성사, 2018.

정정길,『정책학원론』, 서울: 대명출판사, 1997.

최창호, 『지방자치학』, 서울: 삼영사, 2007.

최창호 · 하미승, 『새행정학개론』, 서울: 삼영사, 2007.

홍용기, 『조직론』, 서울: 형설출판사, 2000.

하상군, 『행정학원론』, 서울: 대영문화사, 2005.

하상군, 『인사행정론』, 서울: 대영문화사, 2015.

하재룡 · 김영대,"인터넷 전자상거래의 정책적 이슈, "한국정책학회 발표자료, 1997.

한국지방자치학회, 『한국지방자치론』, 서울: 삼영사, 1999.

황윤원, 『행정학원론』, 서울: 법문사, 2000.

2. 국외문헌

Amitai Etzioni(1961), A Comparative Analysis of Complex Organizations : On Power, Involvement and their Correlates, N.Y. : The Free Press.(1967), "Mixed - Scanning: A 'Third' Approach to Decision - Making," Public Administration Review, Vol. 27, No. 5 (Dec).(1968), The Active Society : A Theory of Societal and Political Processes (New York: The Free Press).

Almond, G. A. ed., Comparative Politics Today: A World View(Boston: Company).

Bennis, Warren, "Organization of the Future," In D. L. Yarwood(ed.), Public Administration: Politics and People, N.Y.: Longman, 1987.

Blau, P. M. & Scott, W. R.(1962), Formal Organization, San Francisco : Chan-dler Publishing Company.

Caiden, G., Administrative Reform, Chicago: Aldine Publishing Co, 1968, pp.129~160.

Cohen M., March J. & Olsen J., "A Garbage Can Model of Organization Choice," Administrative Science Quarterly, Vol. 17, No. 1 (Mar), 1972.

Crandon, Garth, "The MedialView of the Police," Policing, Vol. 6, No. 3, Autumn, 1990, p.575.

Dahl, Robert(1947), "The Sience of Public Administration," Public Administra- tion Review, Vol. 7, No. 1(Mar).

Dror, Y., Public Policymaking Reexamined, Chandler Publishing Co., 1968, Part IV.

Dimock, M. E., Marshall E., "The Administrative Stall College: Executive Development in Government and Industry," American Political Science Review 50-1, 1969.

Hyde, Albert C., Performance Appraisal in Post Reform Era, Public Personal Management, 11(4), 1972.

Harmon, Michael M.(1981), Action Theory for Public Administration, N. Y.: Longman.

Helsby, R. D.(1973), A Political System for a Political World - in Public Sector Labor Relations, Labor Law Journal, 24.

Henry Mintzberg(1979), The Structuring of Orgs. Prentice-Hall. Structure in Fives : Designing Effective Orgs. Prentice-Hall, 1981.

Hogler, R. L.(1988), Public Sector Strikes: Employee Rights, Union Responsi-bilities and Employee Prerogatives, International and Personnel Management Association, Washington D.C.

Hollinger, Robert A., Post-modernism and the Social Sciences: A Thematic Approach (Thousand Oman, CA: Sage Publications, 1994).

Kilpatrick, F. P. et al., The Image of the Federal Service(Washington D.C: The Brooklngs Institution, 1964.

Leftwich, A., "Governance, the State and the Politics of Development," Development and Change, 25, 1994.

Marshall E. Dimock and Gladys O. Dimock, Public Administration, 3rd ed.(New York: Holt, 1964).

Mosher, Frederick C., "Careers Services in the Public Service," Public Personnel Review, Vol. 24, Jan. 1963.

Mawby, R. I., Policing Across the World: Issues for the Twenty-first Century(UCH Press Limited, London, 1999).

Miles, R. E. & Snow, Causes of Failure in Network Organizations, California Mnangement Review, 1992.

Nakamura, R. T. and Smallwood F., The Politics of Policy Implementation, St. Martins Press, 1980.

Nigro, Felix A. and Lioyd G. Nigro, The New Public Personnel Administration(a), Itasca, Ill.: F. E. Peacock Publishers, 1986.

Urban, E. Michael, The Idology of Administration: American and Soviet Cases, Albany: State University of New York Press, 1982.

Wildavsky, A. (1975). Budgeting, Boston: Little Brown.

Wildavsky, A., H. Smith, A., Budgeting. Boston: Little Brown, 1975.

[저자 약력]

가평 설악 중 · 고등학교

국민대학교 법정대학 행정학과 졸업

국민대학교 행정대학원(행정학 석사)

독일 라인란트-팔츠주 슈파이어(Speyer) 행정대학원 수료(인사행정 전공)

독일 바이에른(Bayern)주립 뮌헨(München)대학교(Dr. phil./ 정책학 박사/ 사회학 부전공)

(현) 한세대 경찰행정학과 교수, 기획처장 겸 전국대학교기획처장협의회장, 일반 대학원 및 경찰법무대학원 경찰학 석사/박사과정 학과장, 인문사회과학부장, 경찰행정학과장, 한국경찰복지연구학회장, 한국위기관리학회장, 경찰청 외사 협력위원, 경찰청 경찰공무원 복지정책심의위원회 위원, 경기남부지방경찰청 인권위원, 군포경찰서 집시위원, 군포시 및 의왕시 정보공개청구위원, 서울시 자치경찰시민회의 위원